探索之路

——北京景山学校在"三个面向"
指引下的教育改革

范禄燕 著

商务印书馆
2010年·北京

涵芬楼文化　　出品

1983年国庆节前夕邓小平为北京景山学校题词

2001年时任全国人大常委会委员长李鹏和范禄燕校长合影

全国政协主席贾庆林2003年到北京景山学校视察

刘延东同志来北京景山学校检查工作

范禄燕校长在北京景山学校建校50周年庆祝大会上与来宾合影

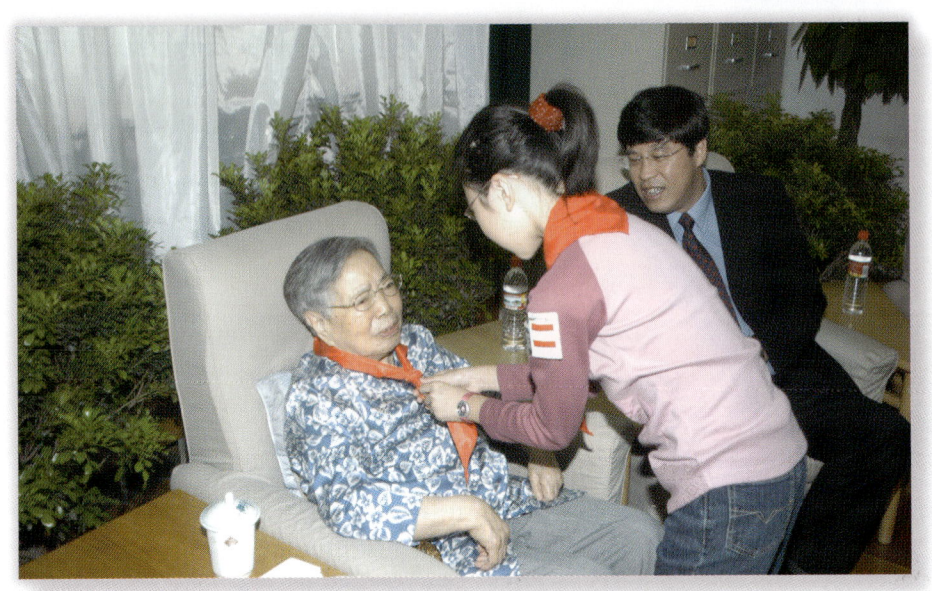

2003年9月10日北京景山学校师生代表拜访卓琳

1999年劳安同志到北京景山学校参观新校舍的教学设施

北京景山学校领导
拜访雷洁琼女士

全国政协副委员
长热地到北京景
山学校参观

2003年中国中学生体育协会排球分会成立大会在景山学校举行

2000年时任教育部副部长王湛前来参加北京景山学校40周年校庆

2000年时任北京市教委主任耿学超参加北京景山学校40周年校庆

2007年，我校和奥地利利伯瑙联邦高级寄宿学校举行了同心结友好交流签字仪式

著名歌唱家彭丽媛与北京景山学校教师合影

著名书法家欧阳中石先生现场泼墨——承前启后,继往开来

2003年联合国前秘书长安南夫人访问北京景山学校

2000年美国前教育部长赖利先生和我国时任教育部长陈至立在赖利先生办公室接见赴美北京景山学校师生

海部访问北京景山学校

范禄燕校长在隆重纪念邓小平为北京景山学校"三个面向"题词二十周年大会上讲话

范禄燕校长会见美国宇航员哈里森

法国教育部数学总督学访问景山学校

范禄燕校长在北京景山学校建校50周年庆祝大会上讲话

全国教育科学"十一五"规划教育部重点课题北京景山学校子课题开题会

贯彻党的教育方针，培养社会主义现代化需要的建设者和接班人

江泽民

一九九三年九月四日

1993年9月4日
江泽民为北京
景山学校题词

1998年9月16日
李鹏为北京景山学校题词

> 景山学校要全面贯彻"三个面向"的教育方针，为培养新时代建国人才奠定良好的基础
>
> 李鹏
> 一九九八年九月十六日

> 坚持三个面向 培育四有新人
>
> 李瑞环 一九九七年九月三日

1997年9月3日
李瑞环为北京景山学校题词

2010年3月20日吴邦国为北京景山学校题词

2000年3月1日贾庆林为北京景山学校题词

2000年4月1日薄一波
为北京景山学校题词

坚持"三个面向"
培育"四有"新人

为北京景山学校建校四十周年题
薄一波 二〇〇〇年四月一日

认真学习和贯彻小平同志关于教育要面向现代化、面向世界、面向未来的重要指示,为基础教育的改革和发展事业作出更大的贡献

赠景山学校

李岚清 一九九三年九月十二日

1993年9月12日李岚清
为北京景山学校题词

贺景山学校建校四十周年

坚持"三个面向"

培育二十一世纪新人

习仲勋

二○○○年四月二日

2000年4月2日习仲勋为北京景山学校题词

你们立志改革，卓有成效。小学二年识字二千，这是打倒了爬行主义意义的。同小可。谨向你们热烈祝贺！望你们坚持下去，多动脑筋，不怕讥笑，不怕寂寞，联合有志之士，把中小学的改革搞好。

景山学校

陆定一 八十有五 草 北京

1981年陆定一为北京景山学校题词

目 录

序一 ··· 李连宁 i
序二 ··· 顾明远 iv
序三 ··· 陶西平 vii

北京景山学校50年教改历程的回顾 ············· 范禄燕 1
——在庆祝北京景山学校建校50周年大会上的讲话（代自序）

做实践"三个面向"的开拓者

坚持"三个面向"方针，全面实施素质教育 ············ 11
北京景山学校以"三个面向"为指导，
　　深化教育改革、实施素质教育的整体构想 ········ 19
工会组织是办好现代化学校的重要力量 ············ 28
怎样当好基层干部 ···························· 31
我心中面向未来的基础学校 ······················ 36
学校管理之我见 ······························ 44
全面发展打基础　发展个性育人才 ················ 47
参加全国第三次教育工作会的启示 ················ 55
继往开来，再造辉煌 ···························· 64
在庆祝北京景山学校建校40周年大会上的讲话 ······ 83

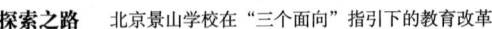
探索之路　北京景山学校在"三个面向"指引下的教育改革

为新世纪中华民族伟大复兴而育人 …………………… 89
北京景山学校计算机教育20年的回顾与展望 ………… 95
坚持景山语文教学特色　创造语文教学新经验 ……… 101
积极探索学校教育与排球运动相结合的新途径 ……… 105
遵循学生身心发展特点，整体构建德育工作体系 …… 108
北京景山学校教改试验课题六年规划 ………………… 114
学习胡锦涛总书记讲话《树立社会主义荣辱观》体会 … 120
师徒结对，促进青年教师专业化发展 ………………… 125
关于全面推进素质教育的几点思考 …………………… 127
在邓小平"三个面向"指引下,景山学校的改革与发展 … 130

做实践"三个面向"的改革者

实践"教育要面向现代化，面向世界，面向未来"
　　的指导方针 …………………………………………… 151
关于推进素质教育，培养学生
　　创新精神与实践能力的认识与实践 ………………… 162
科技教育是实施素质教育的重要途径 ………………… 175
进一步推动景山教材的建设与改革 …………………… 181
坚持"三个面向"，创办新世纪的示范性普通高中 …… 185
教改是景山学校生命力之所在 ………………………… 202
对新世纪高中课程改革的思考 ………………………… 206
以"三个面向"为指针，构建北京景山学校课程教材新体系 …214

目录

总结过去，展望未来，再创辉煌 …………………… 224

继承传统，构建特色，创新发展 …………………… 232

学校哲学 …………………………………………… 240

奥林匹克与学校教育 ………………………………… 249

"数字景山"的建设与思考 …………………………… 254

坚持课程领导，构建景山学校课程教材新体系 …… 259

立足现代　放眼世界　把握未来 …………………… 269

北京景山学校的特色管理 …………………………… 279

关怀与重托 …………………………………………… 286

抓住课改新机遇，全面深化教育教学改革 ………… 292

以ESD教育理念为指导，促进学校可持续发展 …… 309

北京景山学校初中管理的改革与试验 ……………… 319

深化学区化管理，推进教育优质均衡发展 ………… 343

提高学生科技素养，培养创新精神 ………………… 346

"迎奥运'景山杯'国际中学生排球邀请赛"开幕式发言 … 351

教改是景山人的品格 ………………………………… 354

办好具有景山特色的试验学校 ……………………… 358

北京景山学校义务教育阶段国家

　　课程(语文、数学)校本化与优化的研究与试验总结提要 … 363

北京景山学校九年一贯制学生

　　发展性德育评价体系的研究与试验 …………… 374

为学生未来的发展奠定坚实的基础 ………………… 385

探索之路　北京景山学校在"三个面向"指引下的教育改革

以课改促发展，构建优质初中教育 ·················· 393
在积极研究与实践中稳步推进高中新课改 ·············· 400
《北京景山学校九年一贯制义务教育阶段
　　课程与教学改革的试验研究》课题结题报告 ········· 406
北京景山学校综合实践活动课程校本化的实践 ············ 425
北京景山学校可持续发展教育的实践与探索 ············· 439
论学校规范化管理 ···························· 458

做实践"三个面向"的探索者

革命人永远是年轻 ··························· 471
承上启下　勇往直前 ·························· 478
重任一身兼 ······························· 486
教育要面向现代化 ··························· 489
教育要面向世界 ···························· 500
教育要面向未来 ···························· 512
高扬起理想的风帆 ··························· 524
求真务实　开拓创新　勇为天下先 ·················· 535
浓缩生命精华　铸就育人华章 ····················· 548
中国现代教育的航标 ·························· 557
以底蕴引航船，以创新谱新篇 ····················· 567

序一
——"三个面向 无尽探索"

教育需要正确的理念，要正确的教育思想、教育理论、教育观念去引领学校教育的一切活动。没有理念的教育，就像迷失方向的羔羊。教育需要有燃烧的激情，以教育的执著追求和满腔的热情，去凝聚人心、激发活力，启动灵气，催生英才。没有激情的教育，就像一潭冰冷的死水。教育更需要有扎实的行动，在正确的教育理念指引下，以燃烧的激情，全身心地投入到学校教育工作中去，咬定青山不放松，扎扎实实、持之以恒地去做认准了的事情。作为一所成功的学校、一位成功的校长，可能还需要更多的品质，但我认为，这三个要素是一所成功的学校、一位成功的校长所不可或缺的。而景山学校也正是这样一所成功的学校，范禄燕校长和他的前辈一样，也是这样一位成功的校长。

景山学校是一所教育改革实验学校，建校五十年来制订了融古今中外百家之长的继承、借鉴、融合、创新的教育改革的思想，尤其1983年，邓小平同志给景山学校题词："教育要面向现代化，面向世界，面向未来。"二十多年来，景山学校高举"三个面向"的旗帜，以改革为历史使命，坚持做实

探索之路　北京景山学校在"三个面向"指引下的教育改革

践"三个面向"的开拓者、改革者、探索者,走出了一条改革创新之路。

当今时代,科技进步日新月异,国际竞争日趋激烈。党中央提出了"人才强国和科学发展观战略",国家更富强,民族要振兴,归根到底,有赖于人才的培养,这是每一个教育工作者所面临的历史使命。

多年来,景山学校始终坚持不在节假日给学生补课,不允许向学生收取补课费。尽管因目前的中考、高考制度,应试教育的压力无从回避,但景山学校还是秉持这样的理念,"学生快乐成长高于一切",学校有责任自觉主动地调整教育教学的安排,教师有责任精心备课提高效率,尽量给学生一个自主的学习空间。在多年的实践中,景山学校的中、高考成绩优异,特别是随着近年来中、高考试题向考查学生能力的方向转变,景山学校学生能力强、知识面宽、学有特长的优势日渐凸显。景山学校的学生,眼界开阔、思维活跃,敢想敢说,不乏创造力和想象力。这是中小学基础教育最应珍惜的成果。

范禄燕校长和他领导的景山学校自始至终坚持高举改革的旗帜,在教育改革征途上不断创新,在改革学校管理机制,充实教师队伍,完善教学设施等方面取得了积极的成效。

在现代化德育教育方面:要让学生的品德素质与所处时代的发展变化相适应,做到"明理、勤奋、严谨、创新",为此,景山学校制订了小学到高中德育序列纲要;

在现代化教学系统探索方面:贯彻景山学校的教改实验宗旨,进行学制、课程、教材、教法、教学手段、考试评价、学校管理的系统改革,形成一套有景山风格的教学体系,在不断提高学校教学效率和质量方面发挥了重要作用;

在现代化教师队伍建设过程中:坚持"尊重老教师、重用中年教师、培养青年教师"的策略,鼓励教师成名成家,帮助教师著书立说,引导教师从传统经验型向专家学者型转变。逐步形成一支有资深专家、知名教师和优秀管理人员的现代化教师队伍;

序一

在现代化教育技术配置方面：把先进的教育设施、教育技术、教学资源进行整合，建立校园多媒体教学网络系统，成立数字景山网络联盟，并将景山学校优质教育资源辐射向全国各地，努力推动教育的均衡发展；

现代化校园环境育人方面：优美的环境不仅陶冶性情，也是保障教学工作质量、培养优秀人才的重要条件。在政府有关部门和社会各界的支持下，景山学校坚持以人为本的理念建立了适合现代教育与教学工作需求的新型校园，为实现把景山学校办成科学知识的摇篮、文学艺术的花园、社会正气的堡垒、身心健康的乐园创造了良好的条件；

在现代化国际教育交流进程中：打开国门，走向世界，让景山学校与外部世界建立起和谐、畅通的交流机制，与国际化、全球化的潮流融为一体，培养具有国际视野、国际理解能力的学生，这是让景山学校基业长青、永葆活力的百年大计。

景山学校建校已经五十年了，禄燕校长也年过五十。"五十知天命"。知天命就是能够体察万物运行的规律，洞悉万物发展的趋势。相信"知天命"的学校和校长，今后的教育改革探索之路会走得更好，取得更大的成功。

2010年8月

探索之路　北京景山学校在"三个面向"指引下的教育改革

[序二]

　　景山学校是在教育改革中诞生的。1960年成立的时候正是教育大革命以后,探索着走我们自己的路。在这之前,中国教育在向苏联学习一面倒的政策下,一直是以苏联教育为蓝本。到1958年,我们开始感到苏联教育并不是十全十美的,许多东西不一定适合中国的国情,开始进行改革,寻求建立中国自己的社会主义教育体系。景山学校就是在这样的背景下创办起来的。

　　在"文革"以前6年中,景山学校开展了许多改革实验,做了许多开创性的改革,成为教育改革的先锋。"文革"后,景山学校更加焕发了青春,特别是邓小平为景山学校题写"三个面向"以后,景山学校坚持高举"三个面向"的旗帜,坚定不移地走改革创新之路,取得了新的辉煌。景山学校的经验值得认真的总结。这个总结当然主要要由景山学校的教师们自己来做,才能做得深刻、真切。我作为一名关注者,而且也是同时代过来的人,当时我在师大附中工作,附中也在进行改革,改革开放初期我多次参加由童大林主持召开的座谈会,讨论过景山学校发展的问题。我也谈几点感想,不一定真切,不一定正确。

　　首先,景山学校的改革目标很明确,起点很高,在创办之初就瞄准要培养高质量的全面发展的人才,拿今天的词汇来讲,就是要培养创新型人才:

序二

他们的信念要坚定、知识要丰富、要有创造精神和能力。也就是后来邓小平倡导的"四有人才"。学校要改变过去少慢差费人才培养的模式。改革开放以后，曾多次研究如何实现教育现代化问题，认为要把最先进的知识教给学生。所以邓小平"三个面向"的题词不是偶然的，是非常切合景山学校的实际的。

景山学校在当今"应试教育"声嚣尘上的时候，仍然坚持素质教育不动摇，坚定不移地培养创新人才，这是十分难能可贵的。这就是景山的精神。

第二，是紧紧抓住课程改革这个核心，以小学的课程改革为起点。小学语文采用黑山经验，分批集中识字，用一、二年级两年时间解决识字问题；语文教学以作文教学为中心，带动阅读教学；高年级增加了文言文的分量等等；数学引进了外国的教材，在师大几位老师的帮助下，自编小学数学教材。改革开放以后，更加坚持改革，在教学现代化、信息化方面开创了我国教育改革的先河。

第三，在学制上进行改革，把小学和中学连贯起来，统一调整课程。为一贯制学校创造有益的经验。

第四，景山学校有坚强的领导和领导集体。景山学校是当时中宣部直接举办和领导的，中宣部给了许多特殊政策，如学制的改革、课程教材的改革等。中宣部秘书长童大林同志为景山学校的发展倾注了大量心血。直到前几年他生病住院之前还召开座谈会，讨论景山发展的问题。

景山学校本身也有很强的领导集体。方玄初、贺鸿琛、苏式东、陈心五、刘曼华等都是景山学校的元老，他们团结一致，为景山学校的后来发展奠定了坚实的基础。

第五，有一支高质量的教师队伍。建校之初，从北师大调来了一批教师和应届毕业生。他们都受过师范教育的良好训练，懂得教育规律，有创新改革的精神，无论从整体素养来讲，还是业务能力来讲，都堪称一流。正是有了这支队伍，才能够高屋建瓴地把握教育改革的方向，才能具体地进行教育教学改革，包括课程教材的改革，才能坚持素质教育不动摇。

探索之路　　北京景山学校在"三个面向"指引下的教育改革

　　景山学校是在改革中诞生的,也是在改革中成长的。邓小平"三个面向"题词以后,景山学校进入了新的发展历史时期。二十多年来,景山学校高举"三个面向"的旗帜,坚持改革创新,探索新时期教育规律、教学规划、人才成长的规律,又取得了许多新经验。范禄燕主持景山学校以来,继承了景山学校改革创新的传统,坚持在"三个面向"指引下探索深化教育改革之路。范校长把他在领导景山学校教育改革中的规划、报告、经验、体会汇集成册,就是这部数十万字的巨著《探索之路——北京景山学校在"三个面向"指引下的教育改革》。该书内容丰富,涵盖了学校规划、管理、课程、教学以及对外交流等方方面面,虽然有点零散,但可见景山经验丰富之一斑。我想通过这本书,读者会更加了解景山,并从中得许多启示。

2010年6月5日识于北京

序三
——无尽的探索

景山学校五十年来一直对中国基础教育事业的改革与发展进行着不懈的探索，向党和国家呈送了一份份合格的答卷。这些成果都是宝贵的财富，为基础教育阶段的学校教育提供了可贵的借鉴。

范禄燕校长长期在景山学校担任教学和领导工作，培养了许多优秀的人才，一方面对从宏观到微观的教育问题有过很多独到的见解，同时，以高尚的情操和无畏的勇气，追求着我国教育事业的新境界。在为教育事业服务的实践中，探索着中国教育改革与发展之路。

范禄燕校长作为一位优秀的教育工作者长期战斗在基础教育的第一线，了解我国基础教育的实情，了解基础教育的规律，有着深厚的教育实践的积淀。特别是走上领导岗位以后，以邓小平同志"三个面向"为指针，坚持进行符合教育发展规律的要求，符合时代发展的要求，符合建设中国特色社会主义对人才的要求，符合以人为本的要求的教育改革实验。

中国的教育事业正伴随着社会的变化经历着艰难的转型。教育从来没有像今天这样有着这么多的利益相关体，引起社会这样广泛的关注。也从来

探索之路　　北京景山学校在"三个面向"指引下的教育改革

没有像今天这样,人们借鉴国内外各种教育理论,从不同的视角来审视中国的教育问题;更没有像今天这样,每一种教育政策的提出,都会产生多种反响,引起完全不同的评价。这是社会转型期活力的张扬,也是社会转型期发展的困惑,归根结底是对教育工作者如何正确地回答中国面临的诸多教育问题的挑战。

教育面对的课题需要理论和实践相结合来回答,浮躁的空谈无法给出真实而合理的答案。当前教育研究包括教育决策存在的通病,是简单的就事论事,就事论理,结果决策匆忙而又经不起实践的检验。想解决这个问题带出了另一堆问题,注意了一种倾向忽视了掩盖着的另一种倾向。教育是由若干相互联系而又相互制约的因素构成的系统,正是这些因素的矛盾运动推动了教育事业的发展。因此重视系统的研究教育问题,重视通过整体实验促进教育工作的科学发展,以防止和减少片面性,是教育事业改革与发展的方法论基础。将"三个面向"的重要指示转化为现实的学校教育活动,转化为一线教师的教育行为,并不是一件容易的事。往往一种正确的价值取向,一个积极的政策措施,传递到终端时,已经大大衰减,甚至完全违背了初衷。因此,通过实验架起理论与实践的桥梁,无疑是一条正确的道路。景山学校正是肩负着这项光荣而又神圣的使命。

范禄燕校长在这条艰难的探索之路上上下求索,使我们看到一位教育家求实创新的卓绝意志,一种不达目的绝不罢休的坚强决心。

教育要"面向未来",就必须突出教育工作者的创新性,教育不应被动地走向未来,而应当主动地创造未来。我们在落实国家教育改革与发展中长期规划纲要的过程中,面对着诸多教育难题需要破解,因此,教育的改革与创新已经成为今后推动教育事业发展的动力和主题。UNESCO总干事伊琳娜·博科娃在2009年11月世界教育创新峰会上的讲话中提出了全球教育需要创新的论断,她说:"21世纪的教育需要重大创新,这是因为我们的世界正在变得越来越复杂、越来越融合,知识驱动性也越来越强。在这种情形下,我们必须就教育的目的、学习的内容、为什么学习以及如何学习开展批

序三

判的、持续的交流和对话。"范禄燕校长在特定的历史背景下，面对教育难点，从理论和实践相结合的角度，从学校工作的多个角度，进行着促使教育发生良性变化的改革实践，并且经过实践检验，取得了良好的效果，不断给我们以新的启示。

教育创新的主力军是教师。范禄燕校长深知教育水平归根结底是由教师水平决定的。优质教育归根结底就是优质教师进行的教育，素质教育归根结底就是高素质教师进行的教育。所以，始终把加强教师队伍建设作为提高教育质量的关键。在景山学校，我们看到尊重，看到快乐，看到敬业，看到创造，看到和谐，景山学校的教育实验不仅提高了广大群众对学校教育的满意度，也对全国教育事业的改革与发展产生深远的影响。

从来没有理想的学校，但许多校长都在追求创造一所理想的学校，而对理想的追求必须转化为踏踏实实的努力才有实在的意义。现在的某些体制和机制容易使校长急欲求成，从而，有意或无意地违背教育的客观规律。教育事业的发展过程是一个创新过程，同时是一个积累过程。蓬蓬勃勃的创新和扎扎实实的积累的有机融合，才是教育发展的保证，也才是校长健康成长的保证。

范禄燕校长踏上的是一条既执著求索于理想，又奋力拼搏于现实的道路，体现了创新与积累的很好的结合，这本书正是这种结合的产物。

我想，这本书会鼓励所有的校长和教育工作者，奋然前行，也投入这无尽的探索之中。

2010年6月7日

北京景山学校50年教改历程的回顾
——在庆祝北京景山学校建校50周年大会上的讲话
（代自序）

尊敬的各位领导，

女士们、先生们，

亲爱的老师们、同学们：

50年前的今天，1960年的5月4日，以开展中小学教改实验为宗旨的北京景山学校，在中共中央宣传部的直接倡导下，在北京市和东城区的大力支持下正式建立。

时任国务院副总理、中宣部部长的陆定一同志，亲自为北京景山学校题写了校名。

创立之初的景山学校，直接隶属中宣部领导。一大批风华正茂、业务精良的年青老师，从北京师范大学等国内一流师范院校，直接抽调、充实到这所学制全新的学校。童大林、敢峰、罗劲柏等锐意进取、才识卓然的科技、文化、教育界专家、领导，亲自参与了景山学校的创办与教改事业。教育家敢峰同志出任了景山学校的第一任校长。

50年前，年青的共和国刚刚走过十个年头。尽管当时国家和人民也经历着波折和困难，但另一方面，新中国培养的一代教师人才刚刚破茧而出，生长在新社会、新时代的一代学子，也刚好进入学龄成长期。新国家、新社会、新人、新学校，春阳普照，万象更新——这就是那一代景山人的真实心态。北京景山学校的创立，可谓生逢其时，得天独厚。她期许着自己，在一片充满阳光雨露的广阔田野，播撒希望的种子、结出丰硕的果实。

创办最初的五六年间，景山学校即迎来了她的第一个黄金发展期，短暂，但不乏辉煌。

探索之路　北京景山学校在"三个面向"指引下的教育改革

短短的五六年间,虽然未能完整地贯彻预定的学制周期,但景山学校初步明确了教改实验的目标、方面和具体实施步骤——

景山学校率先实行学制改革,尝试把法定的基础义务教育与高中教育相衔接,将小学、初中、高中形成一贯制,为义务教育的学制延伸与变革做出了大胆有益的探索。这项学制改革的进程,虽然因为"文革"的破坏而中止,未能完成,但方向既明,方法初探,最初的经验积累,弥足珍贵。

景山学校依靠自身的教学力量和资源,独立进行教材改革。成立之初的景山学校,教师队伍不仅业务精湛,更是勇于探索,大胆创新。在教育部课程教材处、北师大、人民教育出版社等单位的大力协助下,部分基于景山学校教改实践的实验教材,在1963年已经框架确立,略备雏形,并已将部分内容引入了当年的教学实践。

以学制和教材改革为基点,景山学校还在课程设置、管理体制、教学方法、考试方法、品德教育、劳动教育等方面,进行了系统的改革实验,完整地贯彻了当时中宣部对景山学校提出的"大胆改革,认真总结,一切通过试验"的办校方针。

这一阶段,奠定了景山学校的立校之本:那就是顺应时代的进步、社会的发展,对教书育人这项人类古老而年青的事业,坚持不懈、矻矻以求地探索、改革、创新。

原本风光无限、充满希望的探索之途,不幸因"文革"而中断。十年浩劫,万灵荼毒,是非不辨,倒行逆施。在这场全民族的灾难中,景山学校不仅和全中国的每一个文化教育单位一样,遭受恶浪冲击,更因贴近政治风暴的中心而首当其冲。到"文革"结束时,景山学校那支原本年青、充满活力和敬业精神的教师队伍,已经星散零落,元气大伤。

1978年,中共中央第十一届三中全会以后,随着中国社会步入改革开放的新纪元,向以教育教学的改革创新为安身立命之本的景山学校,躬逢盛世,正得其时,恰如一艘依风顺水、破浪扬帆的航船,在近30年的征途上,不仅领略了一路风光,更是中国教育事业历史性变革的见证者、参与者和推动者。

最令景山人自豪与骄傲的，是中国改革开放的总设计师邓小平同志，对中国教育事业的战略规划与展望，是通过给我校的题辞来表述的。

1983年国庆节前夕，邓小平同志特为北京景山学校题辞："教育要面向现代化，面向世界，面向未来。"

我们认为，小平同志一生，最为举世公认的伟大历史成就，就是率领我们的国家、民族，走进了举世瞩目的改革开放进程。邓小平同志"三个面向"的教育思想，其核心理念，依然要从改革开放的大背景下来理解和贯彻，也是对景山学校教改的巨大鼓励和支持。从那以后，景山学校的办学宗旨、办学思想，以及教育、教学工作的具体政策措施，须臾不离"改革"二字。

我们清醒地认识到，中华民族改革开放的历史进程，波澜壮阔，但绝非一帆风顺。每个社会阶层、每个行业领域、每个地区，乃至每个家庭、每个公民，都将可能经历艰难的，甚至痛苦的适应和转型过程。

我们国家的教育事业，同样如此。

随着科学技术的迅猛发展和中国社会的巨大变化，教育资源如何公平分配，素质教育与应试教育如何协调，学生的思想品德教育与社会文化观念的衍变如何相适应，书本知识与社会知识怎样结合等问题，一直为教育界人士以及广大人民群众普遍关注。在改革开放的历史时代办学校、办教育，就不能回避我们这个时代最迫切、最突出的问题。景山学校在改革开放的30年来，坚持以改革创新的精神，面对困难，迎接挑战，走出了一条有景山学校特色的教育改革之路，并取得了学生和家长的满意，教育界同人的肯定，以及社会的公认。

几十年来，中国教育界很多开风气之先的事件发生在北京景山学校。

早在1978年，全国第一批中小学特级教师，就产生在北京景山学校。马淑珍、郑俊选、方碧辉三位老师的荣誉，象征着中国社会尊师重教的古老传统，在拨乱反正中得以恢复。

探索之路 北京景山学校在"三个面向"指引下的教育改革

也是在改革开放之初的1979年，国务院主管科技文教工作的方毅副总理访问美国。方毅同志敏锐地意识到世界将要进入个人计算机普及应用的信息化时代，特意从美国带回了一台IBM的PC机，并将它送给了景山学校。我校立即利用这台当时非常宝贵的PC机，成立了全国第一个中小学的计算机教研组，随后，又率先在全国开设了中小学计算机课程，编写了第一本计算机教材，并率先实现了光纤校园网络。

景山学校还是第一所把本校的教育资源优势，利用互联网与全社会实现共享的重点示范学校。在互联网时代到来之际我们响应党和国家的号召，大力推进教育的均衡发展战略，将景山学校的优质教育资源辐射向全国。2009年，景山学校不以市场商业利益为圭臬，率先成立了公益性的、无偿的、面向全国教育界的"景山教育网络联盟"，目前全国已有80所学校加盟，初步实现了资源共享、优势互补、相互辐射、共同提高的目的。

景山学校是全国第一所根据中小学九年一贯的学制自编教材的学校。这套教材也是目前唯一获教育部批准在全国推广的中小学校自编实验教材。全国先后有24个省市500多所学校使用景山教材，并在使用过程中对教材给予了充分肯定。

景山学校还首创了中小学与国家重点高校合作办学的范式。2000年，我校与清华、北大等十所全国重点高校以及北京的科研单位建立友好合作关系，利用这些高校、科研单位先进、高端的科研资源，包括国家实验室，让中小学生尽早接触最先进、最前端的科学成果和理念，为培养创新型人才打基础。为此有大批聪明有才华的中小学生在全国乃至世界各级各类竞赛中获奖。

景山学校还是第一所承担全国性中学生排球运动普及的中学。2003年，中国中学生排球运动协会在我校宣布成立，并将协会常设机构设立在我校。从那以后，中国中学生排球联赛每年举办，目前已经有会员学校113所，协会工作及联赛得到了教育部中小学生体协、国家体委排管中心的高度重视和大力支持。据不完全统计，八年来会员校向各级各类高等院校、专业队输送了

4000多名优秀排球人才。先后举办了八届全国中学生排球比赛、两届国际中学生排球比赛。这一举动得到全体会员校、体育主管部门及国内外友人的一致好评，更提升了景山学校在国内外的影响。

景山学校从1977年以来始终坚持组织学生参加学工、学农、学军等社会实践活动。这一教育内容现在看来很正常，但在那个年代的确受到很多非难。这一教育内容的安排绝非上级的要求或指令，而是办学过程中学校认定的一种有利于学生成长的自觉安排。我们认为，这是让学生接触社会、了解生活的有益途径，也有助于加强学生们团结协作、吃苦耐劳、增强国防意识以及达到多种教育目的效果。实践证明，这种做法完全符合国家要求，也受到了学生的欢迎。

不可否认，我们所处的社会转型期，很多矛盾交织纠缠，急功近利的浮躁心态相当普遍。但教书育人，最需平心静气，最需有所为、有所不为的抉择和担当。

多年来，景山学校始终坚持不在节假日给学生补课，不允许向学生收取补课费。尽管因目前的中考、高考制度，应试教育的压力无从回避，也有来自社会家长的呼声，但我们还是秉持这样的理念，就是学校有责任自觉主动地调整教育教学的安排，教师有责任精心备课提高效率，尽量给学生一个快乐轻松的学习空间。"学生快乐成长高于一切"。在多年的实践中，景山学校的中、高考成绩并未受影响，特别是随着近年来中、高考试题向考查学生能力的方向转变，景山学校学生能力强、知识面宽、学有特长的优势日渐凸显。

景山学校的学生，眼界开阔、思维活跃，敢想敢说，不乏创造力和想象力。我们认为这是中小学基础教育最应珍惜的成果。美国宇航局在向全世界中小学生征集的实验方案中，选中了北京景山学校李桃桃提出的"蚕在太空中吐丝结茧"方案；前不久我国"希望一号"卫星发射搭载的唯一中小学生的实验方案，选中了景山学校刘重华同学设计的"天圆地方"实验方案。

我校的张尚同学，曾在波兰举办的世界航模锦标赛上荣获冠军；杨歌

探索之路　　北京景山学校在"三个面向"指引下的教育改革

同学，则在世界中学生最高赛事——美国工程师大奖赛上，获得银奖；宫郑同学在第12届国际天文奥林匹克竞赛中荣获金牌；王文翰同学在全国物理联赛中获一等奖，被清华大学提前破格录取到"诺贝尔基础班"等等，这些成就，说明景山学校的学生，不囿于教科书和应试教育的藩篱，具有现代化、国际化的竞争能力。

这些年，我们国家国民经济的飞速发展，为教育事业的发展提供了机遇和条件。景山学校适时地改革学校管理机制，充实教师队伍，完善教学设施，使我们的校园更加美丽、环境更加舒适、设备更加现代化。

我们以"三个面向"为指导制定的"十一五"发展的规划中要实现的六项教育教学设施改革已初具规模，并在教育教学工作中发挥着日渐明显的积极作用。

在现代化德育教育方面：要让学生的品德素质与我们所处时代的发展变化相适应，形成"明理、勤奋、严谨、创新"的进取性格，我们制定了北京景山学校小学到高中德育序列纲要；

在现代化教学系统调整方面：贯彻景山学校的教改实验宗旨，进行学制、课程、教材、教法、教学手段、考试评价、学校管理的系统改革，形成一套有景山风格的教学体系；

在现代化教师队伍建设过程中：坚持"尊重老教师、重用中年教师、培养青年教师"的策略，鼓励教师成名成家，扶助教师著书立说，引导教师从传统经验型向专家学者型转变。逐步形成一支有资深专家、知名教师和优秀管理人员为骨干的现代化教师队伍；

在现代化教育技术配置方面：利用先进的教育设施、教育技术，建立校园多媒体教学网络系统，为改进教学手段和方法，不断提高教学的效率和质量发挥了重要作用。

现代化校园环境育人方面：优美的环境不仅陶冶性情，也是保障教学工作质量、培养优秀人才的重要条件。在政府有关部门和社会各界的支持下，我们坚持以人为本的理念建立了适合现代教育与教学工作需求的新型校园，包括干净优美的教室和设施先进的专业教室，电教中心，图书资料中心，艺术教育中心，劳动技术教育中心，体育活动中心等；

在现代化国际教育交流进程中：打开国门，走向世界，不仅是我们这一两代人的使命，也将是后代子孙的不二选择。让景山学校与外部世界建立起和谐、畅通的交流机制，与国际化、全球化的潮流融为一体，培养具有国际视野、国际理解能力的学生，这是让景山学校基业长青、永葆活力的百年大计。

尊敬的各位领导，各位嘉宾，女士们，先生们，亲爱的老师们，同学们：

景山学校建校50年来，始终伴随着共和国的成长而成长。50年光阴，在中华民族的历史长河中，仅仅是短暂一瞬。景山学校，在960万平方公里大地上，也只如沧海一粟。正因为我们古老民族历史文化的悠久，正因为我们伟大祖国的幅员辽阔，我们感到自己肩负使命的重大，我们感到作为今天的景山学校的一员，无比自豪。

景山学校因教改实验而创办，景山学校因改革开放而发展。今后，景山学校将继续在"三个面向"指引下，在科学发展观的统领下，在国家中长期教育规划的要求下，在总结景山学校50年成功经验和失败教训的基础上，发扬景山人敢为天下先的改革创新精神，在"以人为本，一切为了学生着想"的理念指导下，制定好"十二五"发展规划。我相信，景山学校还会因不断的改革探索、创新而取得更大的辉煌!

谢谢!

范禄燕

2010年5月4日

探索之路

做实践"三个面向"的开拓者

做实践"三个面向"的开拓者

坚持"三个面向"方针，全面实施素质教育

北京景山学校是中共中央宣传部和北京市于1960年创办的一所专门进行城市教育教学改革试验的学校。从60年代开始，学校进行了学制、课程、教材、教法、教学手段、教学管理、思想教育、劳动教育、课内外结合等一系列的改革探索，实践证明这条路被社会媒体认为是"一条正确的道路"。1977年底，国家教育部为落实邓小平同志关于要办重点学校的指示，确定了全国20所中小学作为全国重点学校。北京景山学校便是其中的一所。到1983年，景山学校用了五六年的时间基本上恢复了"文革"前的各项教改试验，并进入全面改革中小学教育的新阶段。这个时期也正是我国进入到一个全面开创社会主义现代化建设新局面的时期。在这种形势下，教育工作应该怎么办？中小学的整体改革应该怎么改？应该按照什么方向来设计发展？为此，景山学校在1983年国庆前夕给邓小平同志写了一封信，请他为学校题词，或说几句话，以指明改革的方向。邓小平同志很快就给予了回复："教育要面向现代化，面向世界，面向未来。""三个面向"的伟大指示是邓小平同志关于建设有中国特色社会主义总蓝图在教育工作上的一面鲜艳的旗帜，是中国教育改革与发展的战略方针，也是邓小平教育思想的精髓。遵照"三个面向"的指示，15年来，在国家、市、区

探索之路　　北京景山学校在"三个面向"指引下的教育改革

各级领导、专家的支持和参与下,通过学校党政班子和全体教职工的不断探索,开展了大量的科学研究和教改试验项目,取得了许多有益的成果。实践使我们更加认识到,要使我国教育切实担当起培养面向21世纪的"四有"人才的重任,就必须坚持"三个面向"的方针,全面实施素质教育。

■ 高举"三个面向"旗帜,全面实施素质教育

邓小平同志给我校题词15年来,我们按照21世纪我国社会主义现代化对人才的素质要求,着重做了以下八方面的探索和试验。

2000年3月29日教育部基教司司长李连宁陪同美国教育部长赖利及夫人来我校参观

1. 从转变观念入手,落实"三个面向",实施素质教育。

要落实邓小平同志提出的"三个面向"的指示,必须对学生实施素质教育。中小学是人生打基础的关键阶段,基础打不牢,不具备一定的科学

■ 做实践"三个面向"的开拓者

文化素质、思想道德素质、身体健康素质和心理健康素质，就不可能实现"三个面向"的最终目标。15年来，我校在落实邓小平同志"三个面向"指示精神，全面安排素质教育内容的过程中，遇到了不少困难，如缺钱、缺师资、缺场地、缺设备，特别是以升学率的高低来评价学校优劣的"应试教育"大环境……所有这些都使我们的教改困难重重。我们在不断的思考和实践中逐渐认识到：办现代教育没有钱还不是真正的贫困，真正的贫困是观念的贫困。景山学校在60年代取得教育教学改革试验的成绩，被社会舆论认为"走的是一条正确的道路"，不就是在不到十亩地的破旧校园里，突破传统、观念更新，靠全校教职工勇于实践、敢于探索、不怕各种议论，最终取得的成绩吗？一个学校领导、教师如果总是思想僵化，因循守旧，照章办事，没有符合实际的办学思想和思路，就不可能把学校办成有自己特色的，符合时代要求的社会主义现代化学校。正是基于以上的认识，我们对邓小平"三个面向"题词不断加深理解和认识，不断探索从办学思想、培养目标和未来社会对所需的人才要求出发，一边实践，一边创造条件，勇敢地走景山学校改革试验之路，努力实践、落实"三个面向"的指示，全面实施素质教育。

2. 完善中小学的培养目标，向学生实施"全面发展，发展个性特长"的教育。

15年来，为了全面落实邓小平同志为我校的题词，按照21世纪社会主义现代化对人才的素质要求，我们在一贯重视全面发展的基础上，大力发展学生的个性特长——这是现代教育的一个重要特征，是出人才，特别是出尖子人才的一条基本经验。我们不仅在学科教学中注意分类指导，因材施教，而且积极开展丰富多彩的课外活动。据统计，自1984年至1997年的十余年中，我校学生在国际性、全国性、北京市、东城区的各类竞赛中，分别获得国际性奖项76个、全国性奖项386个、北京市奖项1143个、东城区奖项2143个，总计3748个奖项。在制定景山学校综合整体改革方案时，我们提出景山学校学生应具备以下特色：

- 关心国家的命运，面向世界，具有振兴中华的远大抱负；
- 思考问题务实、求新，讲究辩证法；
- 文笔通顺，有一定的文采；
- 能写一笔好字；
- 能用外语进行有关学校生活的日常会话；
- 学习的思维比较灵活、敏捷，敢于提出问题；
- 会使用电子计算机；
- 自学能力比较强，有博览的习惯，知识面比较宽；
- 有一定的艺术鉴赏能力，能有一两项艺术特长；
- 喜欢体育锻炼，会游泳，能掌握一两项适合自己身体条件的体育项目。

这些具有景山学校学生特色的要求，为完善国家提出的中小学培养目标，实施"全面发展打基础，发展个性育人才"的办学思想，起到了很好的作用。

3. 改革义务教育阶段的学制。

"文革"结束后，我校在全面恢复"文革"以前教改试验项目的基础上，经过几年的酝酿和研究，学校领导慎重地作出决定，从1984年秋季开始，实行小学、初中九年一贯制。在此学制下，初中不再择优招生，小学五年级的学生，只要达到升级水平，就全部升入本校六年级，取消小学升初中的选优、淘汰制，从而从学制上实现了从"应试教育"向素质教育的转变。

在多年的学制改革试验中，我们深深地感到，九年一贯制的学制改革试验具有明显的优越性。第一，把小学和初中九年作统一安排，便于教师探索儿童、少年身心发展的规律；加强了小学和初中的衔接，使小学毕业生减少心理压力，较快地、顺利地适应初中的要求；第二，它可节省小学升初中时一个学期左右的复习应考时间，有效地减轻了学生过重的学业负担，并向他们实施德、智、体、美、劳全面发展的教育，使学生的个性特长得到健康发展；第三，有利于解决两极分化的问题，缩小落后面，大面积提高教学质量。

15年来，由于我校坚持以邓小平"三个面向"的指示精神指导中小学教育改革的研究与实践，我校的学制改革是成功的，受到了广大学生和家长的欢迎。

4. 严格按国家教委颁布的课程计划全面开足、开齐各类课程。

为了全面培养学生，真正达到教育的功能，学校一贯坚持：

■ 严格执行国家教委颁布的课程计划，开足、开齐各种课程，不允许随意砍课和加课时，不随意收取学生费用，对学生不按分排名次；不论外界刮什么风，我们都坚持不加班加点，不搞整班补课，不利用休息日、寒暑假组织全班性的补课，并鼓励学生在教师教的基础上，努力刻苦自学，不断提高自学的能力。

■ 全面安排劳动技术课。15年来，劳动技术课从开始的缝纫、航模两门，发展到共有自行车维修、计算机打字、摄影、汽车维修等六门。同时我们还在部分年级安排了学农劳动、校园公益劳动和军训。我校劳动技术教育课程多次在全国和市、区工作会议上做经验介绍，学校的劳动技术教研组被评为"北京市优秀教研组"。

■ 我校初中年级的形体课、书法课，高一年级的美术课，高二年级、初三年级的音乐欣赏课，不仅体现在课表上，而且切切实实体现在教学之中，为提高学生的整体素质发挥了积极作用。

5. 改革学生的思想教育工作，以适应培养"四有"新人的要求。

培养"有理想、有道德、有文化、有纪律"的一代新人，是邓小平同志在总结我国社会发展变化规律的基础上，对全国人民精神素质提出的总的要求，是建设社会主义精神文明的中心内容，毫无疑问也是我国教育事业的根本任务。邓小平同志说"现在中国提出'四有'，其中我们最强调的是'有理想'"，因此，抓好学生思想政治工作中的共产主义理想教育、爱国主义教育；教育学生把人类命运、国家的前途与自己的命运、前途结合起来，成为我们工作的重中之重。为此，我们制定了符合景山学校实际的校训，这就是"明理创新"。这个校训，几乎包括了学校育人的全部要求。

根据"明理创新"的校训，15年来，我们在学生思想教育工作方面进行了改革与探索，形成了德育系列，它包括：① 原则教育；② 主题教育；③ 实践教育；④ 常规教育；⑤ 活动教育。

6. 加强教育科研，把中小学教育科研、教改试验、日常教育教学工作"三位一体"地结合起来。

北京景山学校，作为一所专门进行教改试验的学校，历来重视教育科研和教改试验。1979年春，景山学校在全国的中小学校中率先成立了教育科学研究室，负责规划全校的综合整体改革试验以及各项教改试验，并配合学校行政推动各项教改试验的实施。1983年邓小平同志为我校题词以后，学校立即按照"三个面向"的战略思想进行了面向21世纪的学制、课程、教材、教法、教学手段、思想教育、劳动教育、发展特长教育以及学校管理体制等方面的综合整体改革试验。

为了更好地发挥教育科研在教改试验中的作用，1989年秋，学校又把原来的教育科学研究室扩大为中小学教育改革研究所。

在长期的教育科研和教改实践中，我们把教育科研与教师所承担的教改试验任务和日常的教学任务结合起来，使三者成为完全一致的、有机的整体。

据不完全统计，1985—1995年，全校共有900多人次承担科研和教改课题721项，参加人数占任课教师的70%。1985—1996年，我校教改试验、

■ 做实践"三个面向"的开拓者

科研硕果累累，获全国、北京市奖4项，东城区一、二等奖86项，连续10年获北京市东城区教育科研先进集体称号。在此期间，学校教师积极总结教改经验，撰写专著，编辑、编写小学语文、数学、英语教材。在全国和省市各级各类刊物发表论文100多篇，专著、论文总字数约500多万字。

7. 积极探索建构21世纪办学模式的"六大工程"。

1993年，也就是"三个面向"的跨世纪指导方针实践了10年之后，我们总结了30多年的教改经验，吸取了许多专家的意见，正式提出了我校1993—2003年的奋斗目标，即：三年上一个新台阶，五年具有现代化学校的初步规模，到2003年，即邓小平同志"三个面向"题词20周年时，把景山学校建设成为具有现代化水平的、在国内外有一定影响的教育改革实验学校。为实现这一奋斗目标，学校提出了21世纪办学模式，同时构建了实施这一办学目标和办学模式，推进教育"三个面向"的"六大工程"。即：现代德育工程、现代教学系统工程、现代教师队伍工程、现代校园大网络工程、现代新校舍工程、现代教育产业工程。目前我校为实现"六大工程"制订了"学校五年发展规划"，为建构21世纪的办学模式而努力。

8. 加强对外交流与合作。

取古今中外百家之长，走继承、借鉴、创新之路，是景山学校改革教育的基本途径，也是面向世界，加强国际交流，学习借鉴外国教育成功经验的重要方法之一。

景山学校和国外教育界保持着广泛交流。它是联合国教科文组织所属的"亚洲教育革新发展计划"组织的联系中心之一。1984年我校和美国(波士顿)牛顿城公立学校建立起友好关系，双方定期交换师生到对方学校教学和学习，到1998年已互派7批师生(各50人)，相互交流。1995年又和法国阿尔萨斯学校建立了友好关系，并且进行了首次的师生交流(法方师生15人来我校访问，我校师生14人到法国进行回访)。

探索之路　　北京景山学校在"三个面向"指引下的教育改革

此外，我校与新加坡莱佛士书院、韩国现代女子学校也相继建立了友好关系，进行了互相访问。

自1983年至1997年，我校教师100多人次先后访问考察了日本、韩国、以色列、泰国、马来西亚、巴基斯坦、美国、英国、法国、德国、瑞士、奥地利、澳大利亚、罗马尼亚、匈牙利、香港、澳门等国家和地区。我校学生艺术团赴香港演出获得成功。

■ 迎接21世纪的到来

"三个面向"题词是邓小平同志对景山学校的期望，也是他对我国教育改革、发展提出的战略指导方针。回顾15年所走过的道路，我们深切地体会到"三个面向"具有深远的战略指导意义。迎接21世纪到来，首要的大事是深入学习邓小平同志的教育理论，坚持以"三个面向"为指针，继续深入实践，全面实施素质教育，运用科学理论解决新问题。

在21世纪即将到来之际，景山学校将继续坚持以"三个面向"为指针，为培养走向现代化、走向世界、走向未来的一代新人打好基础，为中国和北京市的教育改革和发展作出新的贡献。

（1998年9月）

北京景山学校以"三个面向"为指导，深化教育改革、实施素质教育的整体构想

一、景山学校的基本情况

北京景山学校是中共中央宣传部和北京市于1960年创办的一所专门进行城市中小学教育改革试验的学校，1977年国家教育部为落实邓小平同志关于要办重点学校的指示确定的全国20所重点学校之一，1978年被确定为北京市和东城区的重点学校，1985年被教育部确定为联合国教科文组织"亚洲教育发展革新计划"的联系中心之一，1983年9月邓小平同志为景山学校题词："教育要面向现代化，面向世界，面向未来。"

景山学校占地面积32亩，建筑面积33000平方米，体育场4500平方米，室内体育馆2个，占地面积1800平方米，室内游泳馆和形体馆各1个，实验室、演播室、专业教室配备齐全。学校教职工总数为252人，其中小学教师56人，中学教师113人，干部11人，职工72人；学校共有特级教师6人，中学高级教师74人，中学一级教师46人，小学高级教师46人，小学一级教师35人。教师中获研究生学历和正在进修研究生课程的共41人。市中青年骨干

教师4人，区学科带头人13人，学科指导组成员13人。目前全校有49个教学班，其中高中12个，在校学生总数2300人，其中高中学生510人。

分部在职教职工总数72人，其中小学教师30人，中学教师29人，干部4人，职工9人。中学高级教师3人，中学一级教师1人，小学高级教师7人，小学一级教师7人。分部有32个教学班，其中小学20个班，在校学生共999人，其中小学649人。

近年来我校被授予的荣誉称号有：

"中国航天之星"青少年太空探索计划年活动"超新星"学校(2000年度)；北京市先进体育传统项目学校(1998—1999学年)；全国中小学现代教育技术实验学校(1998年)；北京金鹏科技团第七分团金鹏科技奖(3项)；中学校园环境建设达标校(东城区教育局授)；先进教职工之家标兵；北京市实施《国家体育锻炼标准》模范学校(1995年)；东城区军(警)民共建先进单位(1996年)；安全防范标兵单位(1998年)；北京市基础教育系统电化教育先进集体(1998年)；北京市中小学科技活动示范学校；全国少年电子技师北京地区认定单位；东城区精神文明建设文明单位(1999年)；贯彻《学校体育工作条例》课间操先进单位(1999年)；北京青少年科技俱乐部活动基地学校(1999年)；实验教学普及工作先进单位(1998年)；全国青少年生物和环境科学实践活动第五届评选优秀项目一等奖(1999年)；东城区普教系统美育工作先进集体(1999年)；1999年敬老先进学校(1999年)；东城区《实施国家体育锻炼标准》甲级校(1998—1999学年)；首都国庆群众游行组织工作先进集体；健康促进学校银奖(1999年)，接受了健康促进学校金奖的验收。

二、景山学校的优势和现存的不足

景山学校的优势主要有以下几点：

1.景山学校建校40周年，在这40年的教育教学改革历程中，取得了许

做实践"三个面向"的开拓者

多有价值的成功的经验,为探索中国基础教育的规律和发展做出了一定的贡献,形成了自己的办学特色。教改是景山学校的特点,是景山学校干部教师的责任,更是景山学校生命力之所在。

2.景山学校有一支事业心强、甘于奉献、愿意扎根在景山学校教改试验沃土,求实创新的干部教师队伍。

3.景山学校在近30年的教育教学改革试验中,特别是在1983年邓小平同志为景山学校所题的:"教育要面向现代化,面向世界,面向未来"的指示精神指引下,在"全面发展打基础,发展个性育人才"办学思想的基础下,逐步形成了对学生全面实施素质教育的理论和思路,形成了符合国家对教育的要求、体现现代化教育理论的办学特色。

4.党和国家各级政府以及社会、家长对景山学校寄予厚望并给予各种形式的支持和帮助。

5.景山学校已基本具备了构建21世纪办学模式的校舍及硬件设施。

当然,景山学校也存在一些亟待完善的地方:

1.随着教育改革的不断深入,党和国家对教育工作的要求越来越高,部分干部、教师在教育观念、教育理论、教育思想、教学方法、教学能力、知识结构等方面与构建21世纪现代化学校存在较大的差距。

2.学校教育科研的组织机构、科研队伍、知识结构与景山学校教改试验和科研的需要还存在一定的差距,需要补充和加强。

3.对学生实施全面素质教育的整体安排和评价还有待于进一步深化。

综上所述,我校的优势与不足相比,优势大于不足。我们要面对现实,面对全国教育改革的大趋势,不能躺在过去的功劳簿上坐等新的成功——坐等是没有出路的——可以说,迎接21世纪的到来,既是"机遇"又是"挑战"。"机遇"对每个学校来说都是平等的,但有准备和无准备不一样。有准备就有可能抓住机遇,无准备可能机遇在你身边也会丧失。所谓"挑战"是指深化教育改革、全面推进素质教育如何继续推进,这就要靠我们干部教师去钻研、去实践,再从中总结经验。因此

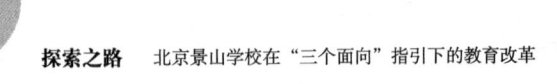

探索之路　　北京景山学校在"三个面向"指引下的教育改革

这对我们来说,更是挑战。我们必须抓住这一机遇和挑战,发扬景山学校40年探索试验的精神,不怕困难,不怕寂寞,不怕外界议论、讽刺,努力构建景山学校21世纪办学模式。

■ 三、景山学校构建21世纪办学模式的整体设想

1.21世纪学校发展的总目标是:在各级教育部门的领导下,发扬景山学校教育改革的传统和优势,全面贯彻邓小平同志"教育要面向现代化,面向世界,面向未来"的教育思想。树立新的适应知识经济时代、以学生发展为本、为学生一生发展着想的教育理念,探索适应现代社会对人才培养的教育思想、教学方法、教育手段以及学制、课程、教材,加强对学生认知能力、道德风貌、精神力量和情感的全面提高,提高学生的创新精神和实践能力,把景山学校办成国际一流的现代化的科学知识的摇篮,文学艺术的花园,社会正气的堡垒,身心健康的乐园。

2.办学思想是:以"三个面向"为指针,继承、借鉴、创新,全面发展打基础,发展个性育人才。

3.办学特色是:以先进的教育思想为先导,以教育理论为指导,以教改试验为基础,探索21世纪从小学到高中的人才培养的新方法和新模式。

4.学校的定位是:积极进行教育改革的试验学校;传播教育观念、教育管理、教改成果的示范学校;推动教育改革与全国各地教育加强交流的促进学校;在国内外有影响的国际化学校。

■ 四、景山学校小学、初中九年一贯和高中现代化改革思路

根据第三次全国教育工作会议《关于深化教育改革全面推进素质教育的决定》,我校认真总结40年教改试验的经验,结合21世纪景山学校办学模式的总目标、办学思想、办学特色以及学校的定位,制定了景山学校小学、

初中九年一贯和高中现代化的改革思路，立志攀登基础教育新的高峰。

（一）关于小学、初中九年一贯的改革思路

我校从1984年以来，坚持进行"小学、初中九年一贯，五、四分段"的学制改革与试验。在课程、教材、教法、课外活动、学生教育、学校管理等全面地进行了积极的探索与试验，这些改革与试验已取得了阶段性的试验成果，并分别于1991年和1996年通过了国家专家组的鉴定验收。但是这一试验在课程设置(特别是四年初中)、选修课程、活动课程、九年一贯的整体组织管理、学生德育教育的系统安排、学生个性特长验收达标等方面，由于过去受各种条件制约以及总体协调不够，还是把小学和初中分为两个学段，只是取消了小学升初中的选优淘汰制度，实行了学制上的一贯，还不是真正意义上的九年一贯。

目前我校校舍建设任务已基本结束，现代化的校舍为我校全面落实从小学到初中九年一贯的办学思想创造了有利条件，我们要迎接新世纪的挑战，落实中央提出的深化教育改革，全民推进素质教育的决定，必须在过去"九年一贯，五、四分段研究与实验"基础上，把小学和初中作为一个统一的学段，从学制课程、教材、教育、管理、课外活动、学生特长的培养等方面，统筹安排九年义务教育阶段的教育教学的活动，实行一体化的统一管理。

（二）关于小学、初中九年一贯改革内容

1. 进行九年一贯学校管理体制的改革与试验。

2. 制定九年一贯制德育工作大纲及优秀学生、特长学生、进步学生评价评选标准。

3. 制定景山学校学生在全面发展的基础上应达到的十项特色的具体内容及验收的标准，以及毕业时特色生的证书颁发要求(学校根据特色的内容建立评价验收小组)。

4.深化课程改革，优化学科课程，加强活动课程，开发环境课程。加强课程的基础性，把语文、数学、外语作为基础工具课的全体课程，把基础知识打深、砸实。加强课程的实践性，为培养学生的认知能力、动手动脑的能力，培养学生科学素养开设多种形式的活动课、实验课、选修课。加强课程的综合性，第一步：与人教社课程教材研究所合作，先进行小学社会、自然科学综合课实验教材的开发和试验。第二步：把初中历史地理综合为一门中外史地课，把初中的物理、化学、生物和自然、地理、天文的基础知识，综合为一门自然科学课，进行以上课程的改革，从而有利于学生从整体上认识自然界和社会，有利于将所学知识和实际生活联系起来，有利于培养学生分析和解决问题的能力，有利于减轻学生负担，提高教学质量。

5.九年一贯开设每周三课时的体育教学研究与试验课。

6.进行小学语文、数学面向21世纪新教材编写的试验。

7.为了鼓励优秀学生的成长，满足超常学生和家长的要求，制定景山学校超常优秀学生跳级的研究与试验。

8.根据教育部《2000—2010年全国基础教育课程改革指导细要》以及新教学大纲课程、课时的要求，总结16年来我校在进行课程课时试验的经验与不足，制订景山学校21世纪教学计划。

（三）关于高中现代化改革的思路

景山学校高中定位为大学预科，其任务是向国家各级各类高等院校输送优秀的、有实践能力和创新精神的合格毕业生。在高中阶段特别要注意对一部分有才能、学有潜力、个性特长突出、具有一定研究能力的学生超步学习，努力为培养21世纪拔尖人才打好坚实的基础。

（四）关于高中现代化改革的内容

1.提倡在高中一年级实行文理分科，其目的不是简单的分班或分科，不只是为了考上大学，不只是为了满足学生的个性爱好和对某种学科的偏好。而是为了满足学生个人追求的目标，确定学生发展方向，使选学理科的学生，既要学好理科的有关课程，把基础打深、打扎实，又要把文科的有关课程基础打宽打牢，但不求深；而选学文科的学生既要学好文科的有关课程，把基础打深、打扎实，又要把理科有关课程基础打宽、打牢，但不要求深。在此基础上使学文、学理的学生能有更多的时间和空间去发展个性特长，真正达到高中现代化思路中所制定的目标。

2.根据21世纪社会经济和科技发展的趋势和对人才的要求，结合教育及课程设置计划，结合景山学校自身的优势和有利条件，深化课程改革，优化必修课，加强选修课，开发培养学生实践精神和创新能力的活动课程；使信息科学、生命科学、人文科学、管理科学几方面课程相结合，最终达到培养学生自学能力，使他们能够勤于思考、敢于提问、善于动手、勇于创新，为培养拔尖人才打好基础。

3.景山学校与北京的名牌大学(如清华、北大、人大、北工大、北医、北外等)挂钩，签订合作协议。学校可以根据大学的要求加深某些学科的学习，聘请高校的教师讲课、讲座，学生也可以自己聘请指导教师到大学的实验室或科研机构搞专项研究。协议签订后，双方将以双向选择的原则，采取大学测试、优秀学生保送、参加统一高考等多种形式开展多元合作。

4.建立科学的、能发展学生个性特长爱好的，有利于培养学生科学思想、实践能力和创新精神的活动课程。为此实行每周五下午半天或周末，由学生自愿结合，自选题目，与名牌学校或科研机构联系挂钩，采取"走出去、请进来"的方式。在课题研究过程中，要选取一些紧密联系学生生活实际和当今世界科学发展相关的、具有一定研究价值的课题向年级申报，进行较长时间的研究。长期为一年，短期为一学期，定期交流。从而培养学生严谨扎实的研究态度、刻苦的学习精神和科学的学习方法，养成爱科学、用科学的习惯，为走入高等院校打下良好的文化知识基础和科学研究基础。

5.高中实行学分制，其主要目的是要体现以学生发展为本的原则，激励学生积极主动的学习，改变教学上的大锅饭、齐步走的学习弊端，促进学生的全面发展，使学生个性特长得到培养和拔高。实行学分制以后，必须科学地分配必修课、选修课、活动课的学分比例。根据我校80年代曾经实行学分制的做法，一般必修课学分占总学分的60%，选修课学分占总学分的20%，活动课学分占总学分的20%。必须保证必修课和选修课的质量。各自的学分不能互相替代。

实行学分制第一年为试行，学分与学习实际成绩一并记入学生成绩单，采取学分记分管理与实际成绩相结合的办法，凡在各项竞赛中获奖或有发明创造成果(含校级竞赛)应在成绩表上附记。

实行学分制管理后学生可以起步学习，凡是已经提前修完的功课，经学校考试及格可提前取得学分，若所修各科都已提前完成学分的，准许提前毕业。

有关必修和选修、活动课的具体学分，研究确定后附表公布。

6.改革高中招生制度，继续执行九年级学生直升高中(1—2个班)的制度，申报高中示范校，争取获得高中提前招收优秀学生的资格。保持高中学生整体一流的水平。

7.制定景山学校高中学生在全面发展的基础上应达到特色生的十项内容及验收评价的标准。学校根据景山学校特色学生的要求，建立评价验收组。

特色学生评价的内容列入成绩单，凡是达到要求的学生，毕业时除颁发高中毕业证书外，还要颁发学有特色证书，有此种证书的学生优先向高等院校推荐。

8.研究学法，改革教法，提高质量。

教学方法的改革不是一朝一夕的事，传统的教学方法许多方面是值得发扬和继承的，但是传统教学的一些方法与现代社会的发展与要求不相适应，比如当前我们提出的"教育要树立以学生发展为本的教育思想"，就是当今社会对传统教学提出的新的思想要求。21世纪是信息技术的社会，教育要想跟上现代社会的发展，就要充分运用现代教育技术，改革以传授为主的传统教育模式，要求教师学会运用现代信息技术手段，具备收集、处理和使用信息的能力。一本书、一支粉笔、一言堂已不能适用渴求知识的现代学生。这就要求教师在教学过程中能够运用现代教学技术，以多种形式、多角度激发学生学习的兴趣。形成学生自主学习、主动参与、主动探究，教师与学生双向良性互动的教学过程，从而提高学生理解分析问题的能力，为学生终身学习和可持续发展打好基础。

实行高中现代化的教育改革，关键是教师要具有现代化的教育教学思想，具有现代化的业务知识和使用现代化教育技术的能力，在教改实践中边干边学，从传统经验型教师向现代学者型、研究型教师转变。

9.继续进行高中一年级数学分层次不分班教学的试验，并逐步扩大和推广。继续进行高中数、理、化尖子生的培养的试验。

五、九年一贯，高中现代化的改革试验项目按五年规划分三步实现

第一步：2000年9月—2001年9月，各项试验有序起步，稳步发展。

第二步：2001年10月—2004年9月，各项试验阶段成果初见成效(部分项目总结收尾)。

第三步：2004年10月—2005年9月，各项试验验收目标基本实现。

注：1998年学校开展的18项实验课题不变，归入九年一贯和高中现代化试验方案内。

(2000年4月5日)

探索之路　　北京景山学校在"三个面向"指引下的教育改革

工会组织是办好现代化学校的重要力量

——2000年10月25日全国总工会召开现场会上的发言

一、全心全意依靠工会组织是党的性质决定的

党是无产阶级的先锋队，工人阶级是党的阶级基础，中国共产党的奋斗目标和基本纲领都是为工人阶级和劳动群众的解放而奋斗。党与工人阶级是种特殊的血肉关系。党中央多次重申要全心全意地依靠工人阶级，这绝不能只看成是政治宣言，而是贯穿在我们各项工作中的根本指导方针。邓小平同志《论工人阶级与工会》一文中提出："把人民拥护不拥护"、"人民赞成不赞成"、"人民高兴不高兴"、"人民答应不答应"，作为制定各种方针政策的出发点和归宿。这就是彻底的群众观点，把广大劳动人民的态度视为各级政府制定方针政策的依据，这就要求我们领导要时刻想着人民、想着群众，依靠群众做好工作。

二、工会组织是办好现代化学校不可缺少的力量

当前，我们的经济体制改革进入了全面推进、重点突破的攻坚阶段，我们面临许多的情况和新的问题。我国的教育也进入深化改革，全面推进素质教育的攻坚阶段，面临如何建立教育管理制度、人事制度、办学体制等问题，现代教育教学方法与手段的应用，教材内容的更新，奖励机制等项改革将全面的展开。广大教职工是改革的生力军，是改革的基本动力，不能设想没有广大教职工群众的积极性，改革能够深入开展。同时也要看到，这些改革都涉及教职工的切身利益，群众对改革的关心是非常正常的。这么大的改革难度，没有广大教职工的共同努力，很难闯过难关。这是我们党的干部必须清醒认识到的，就像胡锦涛同志说的："各级党委和政府必须旗帜鲜明地毫不动摇地坚持全心全意依靠工人阶级的方针。"因此，建设一支好的工会干部队伍是十分必要的，我校党总支非常重视工会委员会的建设，把具有一定政治素质、热心社会工作、有群众基础、能参政议政的同志推选到工会来工作，保证了工会委员会的政治素质，使我校的工会工作能生机勃勃地开展，赢得广大教职工的信赖和支持。

三、依靠教职工办好学校，就要为工会工作创造良好的工作环境，就要舍得投入

1.加强对工会工作的领导，尊重工会独立开展工作的权利，认真听取工会的计划和总结，指导工会的工作。

2.关心工会组织的思想、组织建设，支持工会干部的工作，给予工会主席相应的政治经济待遇，使其能参与学校的管理。

3.积极依靠教代会民主管理、民主监督、民主决策，学校的重大决策必经教代会审议，认真听取代表的意见，加以修改，再实施。避免了工作

探索之路　　北京景山学校在"三个面向"指引下的教育改革

中的失误。

4.依靠教职工办好学校，就要舍得投入。1993年我校搬入新校舍，教育教学条件得到一定的改善，但是随着教育教学的发展，教学用房、经费仍有困难。我们考虑到教职工工作强度大、时间长，不少教职工上班较远，为了让他们有充沛的精力做好工作，必须结束多年没有教工之家的局面。因此，学校行政决定将一层楼腾出，作为教工之家，并通过社会资助，开辟了教职工休息、娱乐的场所。教工之家丰富了教职工的文化体育生活，增强了凝聚力，在学校的精神文明建设中起了积极的作用。

5.工会自身的经费是有限的，为了保证工会能有充足的经费，开展群众喜爱的多种活动，每学期开学初，学校都将工会本学期需要的经费拨到工会的账上。经常在组织大型活动时，行政与工会协商各承担部分经费，这样既保证了活动的开展，又为工会节省了部分经费，使工会能开展经常性的活动。近几年，工会除每天教工之家的文体活动外，每个月都有2—3项有组织的活动，在学校的全面建设中发挥了积极的作用。

怎样当好基层干部

一个好的基层干部除了要具备一定的政治素质、道德素质、知识素质、身体素质、能力素质和心理素质，更重要的是在实践工作中能够运用具备的素质处理好以下两方面关系。

一、要处理好"权力"、"责任"、"服务"的关系

"权力"是一个领导者的基本特征。领导者在领导活动中，为了实现领导目标行使权力，是天经地义的。领导者没有权力，也就无法领导。权力是领导者在领导活动中不可缺少因素，也是领导者实施其领导活动的基本保证。但权力并不等于权威，它只是权威的一部分。从领导科学的角度出发，权力只是领导者实施领导目标的一种手段或工具、最终权力的体现靠威信和信任。一个基层领导在单位威信高低，群众的信任度高低，是非强制性的，不是领导者的必有的特征，也不是法定的。但一个基层领导要实现领导目标，要使自己的权力产生一定的影响，核心是官德问题，即：品格因素，才能因素、知识因素、情感因素。为什么有的基层领导做不好工作?最根本的问题是，他们只知道当官要掌权，权力越大，职位就越

探索之路　北京景山学校在"三个面向"指引下的教育改革

高,至于如何掌好权,如何使用自己的权力,似乎与掌权无关。近些年来出现的那么多基层干部违法犯罪,以权谋私等现象都说明了这一点。因此,权利的取得靠的是威信,权力的行使靠的是威信,权力是为广大人民服务的工具。

"责任",领导干部不仅要知道手中的权力,更重要的要知道身上的责任。责任的本义有负责的意思。作为一个基层的领导,负责一个地区或一个部门的工作,对上有"量上"的责任,对下有"维下"的责任。但在我们日常工作中,往往有的基层领导不懂得身上的责任,其表现有:1.两眼朝上,只"量上",不"维下",工作上往往打着上级的旗号,压制群众的意见。2.有时明明上级布置的工作有漏洞,与本单位的实际不相符,也不加思考,一味的按错误的要求往下灌。3.两眼朝下,只见到自己小集体的利益,不管上级的规定和要求。4.欺上瞒下,唯我所欲。以上这四种表现,反映了一些基层领导对自己所承担工作的态度。说重一些,反映了他们把手中的权力和责任当儿戏,只图自己一时的痛快,只是为了完成一时的任务,久而久之给革命事业和本单位的工作造成损失;说轻了,也是对党和国家、人民交给的工作极不负责任。因此,作为基层的领导对自己承担的工作切记不能马虎。基层领导的责任就在于:1.要从思想上认识到承担工作的必要性,只有认识到你所担任的责任是上级的信任、群众的拥护,做好上下的工作是责任所迫,是事业的要求,做得好不光是个人问题。2.要做好基层领导工作,必须明确对外对上级是代表群众,代表单位,要明确做好本单位工作,就必须老老实实、实实在在地带领大家完成确定的工作目标,只有处理好代表与带领的关系,才能完成和实现自己的责任,责任体现在服务工作的好坏。

"服务",我们的各级领导,不论职位高低,资历深浅,所承担的工作最终都要归结到为人民服务上来。服务是"权力"、"责任"统一的基础,"权力"是工具,是为人民服务的工具,"责任"是服务的体现。如果有了权力,不是为党的事业和广大群众的利益去行使手中的权力,不把责任看成是各层领导者应尽的义务，那么早晚会受到党和人民的反对。

总之，基层干部在担任领导岗位前，必须树立牢固的服务意识。用手中的权力，发挥责任的作用，最终体现到为党和国家、人民的最大利益去服务。

二、基层的领导要注意树立现代领导观念

观念即人们所具有的相对稳定的思想意识，是思维的结果。观念一旦形成，又反过来潜移默化地影响人们的思维过程，制约着人们的行动。对于现代领导者来说，其观念对领导的行为有直接的、根本性的影响，观念是领导者精神上的眼睛，不同的观念，会使他们在观察问题时具有不同的着眼点、落脚点，会使他们选择不同的思路，会为他们的行为提供不同的空间、范围和领域，决定他们对知识的取舍。

观念对领导工作的影响分为两种情况。一般说来，陈旧的、过时的观念束缚着领导行为，而新的、适应社会发展潮流的观念则为领导的行动开阔了广阔的前景，例如：自改革开放以来，我们国家取得举世瞩目的成就，但在我们教育界，仍有一部分基层领导受陈旧的、过时的观念的束缚，思想僵化，止步不前，仍然按计划经济体制下的办学模式思考学校的发展，其表现有：1. 不善于学习，不善于接受新的思想，新的思维，即便学了，也不善于用新的观念去看待自己所从事的教育工作，去指导自己所从事的教育工作。固步自封、"等靠要"思想仍是其做好教育工作的前提，甚至有的等国家提出新的教育思想和方法，提不出自己的想法和改革的措施。2. 仍死抱着传统的一本书一支粉笔的教育模式，不接受新事物，懒得动手、动脑、去改变落后的面貌，死守着陈旧的方式，当看到兄弟学校向前发展时，还美其名曰：人家有条件，有人支持，我们与人家不能比。这些人根本不理解人家的"条件"、"支持"靠的是思想的解放、观念的更新和艰苦的奋斗。3. 目光短浅，打着改革的幌子，只图自己的圈

探索之路　　北京景山学校在"三个面向"指引下的教育改革

子、范围内一时的稳定,而学校的教育教学改革丝毫没有变化,没有进展。以上这些表现,又怎么能把中国的教育全面推向21世纪?因此破除旧观念,树立新观念,是做好领导工作的必要前提。

与以上陈旧观念相反,也有相当一批从事教育工作的基层领导,注意从传统的旧的教育观念中解放出来,主动吸取各行各业改革开放的新思想、新思路,注意从传统的教育教学经验中吸取有益的成果和经验,提出了在社会主义市场经济这一大背景下,充分利用现有的各种政策,大胆积极地发展教育事业,运用新的思想、新的思路、新的方法、弥补国家对教育经费的投入不足,在有限的条件下,使自己的学校得到发展,办出了有自己特色、有较大影响、有社会主义特色的新型学校。不仅扩大了学校的影响,也为国家培养和输送了各方面有用的人才。比如我们学校,在多年的教育实践中校长提出了"什么是最大的贫穷?最大的贫穷就是观念的贫穷。"为什么提出这种观点,这是我们在实践中体验出来的。比如:粉碎"四人帮"以后,我们国家的工作重点转移到了以经济建设为中心上来,教育工作也自然转移到以教学为中心上来。但教育工作以教学为中心,不光是只抓教学不抓其他,我校在冷静思考的基础上,认为学校必须以教学为中心,但必要的社会实践如学农、学军也不能不要,因为青少年在长知识、长身体的重要时期必须要接触社会,了解社会,但绝不能像"文革"那样把学生当纯劳动力来使用,不能冲击学校正常的教学。因此我校从1977年开始,坚持组织高年级学生参加学军、学农,当时很多人不理解,但是我们顶住压力坚持了下来。这些活动弥补了我们的教育内容,达到了让学生接触社会、了解社会的目的,最终被国家教委所肯定,并为国家制定中小学教育内容提供了宝贵的经验。目前国家教委已将中学生阶段学农、学军、参加社会实践作为必修的课程,并将此内容列入教学计划中给予保证。又比如:为了冲破传统观念的束缚,针对国家人多、底子薄、教育经费不足,我校根据国家的政策,大胆的进行了引资建校的做法,向外方出让了2000多平米的地，用外方投入的资金买回了4000多平米的地，盖起了一座现代化的教学大楼，包括国际标准的游泳馆和天文台，总计引入资金一个亿。大大改善了学校原有的办学条件和标准，弥补了国家投入不足状况。尽管教师一时的福利待遇没有得到改善，但这样一来为今后较快、较大的改善教师的生活福利待遇提供了良好的条件和环境基础。为实现邓小平同志为我校的题词，"教育要面向现代化，面向世界，面向未来"大大的向前推进了一步。

从以上两例可以看出，观念是人创造的，归根到底是人们对客观现实的反映，是与当时的现实相适应的。现实是不断向前发展的，当旧的观念不再适应新的现实时，就需要创造新的观念。但是，观念的更新不可避免地要受到旧观念的抵制，尤其是在两种体制并存、转换的过程中，作为旧体制反映的观念不可避免地与反映新体制的新观念发生冲突。在这种尖锐的冲突面前，领导者必须有大无畏的气概和勇于创新的意识，才能破除旧观念，树立新观念，实现观念的更新。

探索之路　北京景山学校在"三个面向"指引下的教育改革

［我心中面向未来的基础学校］

基础教育肩负着为祖国未来发展培养人才的重要任务，基础教育的发展关乎一个国家和民族的未来发展。如何创办人民满意学校，培养面向未来的合格人才？我校在过去45年中积极探索了具有自己特色的基础教育改革与发展的新路子，概括起来就是：

1.景山学校办学的战略目标是：遵循"三个面向"的战略指导思想，探索中小学培育人才的客观规律，要出人才苗子，出经验，出理论，出教材，为提高教育质量，为发展具有中国特色社会主义教育理论和教育改革实践做出贡献。

2.景山学校办学思想的哲学基础是辩证唯物论和唯物辩证法。强调要对教育教学过程中矛盾的诸方面具体分析、辩证结合、组成系统、重点突破，促使其向最佳方向发展。

3.景山学校教育改革的基本途径是：取古今中外百家之长，走继承、借鉴、融合、创新之路。

4.景山学校教育改革的基本方法是：把教育教学工作、教学科学理论研究、教育教学改革试验三者紧密结合成"三位一体"。

5.景山学校办学理念和改革目标是：全面发展打基础，发展个性育

■ 做实践"三个面向"的开拓者

人才。

6.景山学校教育改革基本保证是：建立一支志存高远，有共同教育理想，自愿献身教改事业的干部和教师队伍。

景山学校在长期的教改实践中，总结出指导教育教学活动的基本原则，即以下十个"结合"：

2004年作者在景山学校第十九届科学节上发言

1.把德、智、体全面发展的统一要求与发展个性特长的多样结合起来；

2.把牢固掌握基础知识、严格训练基本技能与发展智力、培养能力结合起来；

3.把提高智能与发展非智力因素结合起来；

4.把发挥教师主导作用与培养学生独立学习的主动精神结合起来；

5.把教学中细水长流、循序渐进的训练方式与集中时间、重点突破、适度跃进的训练方式结合起来；

6.把量力性与一定的难度结合起来；

7.把利用最佳年龄重点进行某类学科的教学与通过教学促进智能进一步得到发展结合起来；

8.把班级教学与分类指导结合起来；

9.把课内与课外、校内与校外的教育教学活动结合起来；

10.把基础文化教育与劳动技能教育结合起来；把传统教学媒体与现代教学媒体结合起来。

探索之路　北京景山学校在"三个面向"指引下的教育改革

结合我校过去四十多年办学经验和未来社会发展的学习化、科学化、信息化和合作化等特点，我认为，面向未来的基础学校应该具有以下几个特点：

一、面向未来的基础学校应具有开放性

教育改革发展的态势必然是以教育的开放性、多样性替代传统教育的保守性、封闭性和僵化性。

1. 学校教育、家庭教育与社会教育紧密结合。

学校教育在青少年的发展过程中起主导作用，这是毋庸置疑的，也是青少年成长所不可少的。然而，人们常说："家庭是孩子的第一学校，父母是孩子的第一任老师。"在青少年的成长过程中，家庭教育在对学生品德、启蒙教育、劳动等方面的教育也确实起到了重要作用。与此同时，随着报刊、杂志、电视和网络等传媒业的迅猛发展，社会信息的不断增加，单纯依靠学校与家庭来传授知识，已远不能满足学生的求知欲望，不能适应时代的需要。另外，学校、家庭、社会这三方面从不同的空间、时间上占据了学生的整个生活。因此，无论哪一方面出现疏忽，使学生在空间与时间上放任自流，不良的因素便会趁机进入学生的生活。

因此，为了保证教育要求的一致性，实现教育的互补性、发挥家庭教育中的感情色彩和社会教育在内容上具有多样性、实用性、及时性和补偿性的特点，学校教育、家庭教育、社会教育应该做到紧密结合，从而通过多种途径更好地发挥整体教育的作用。

2. 重视与国内外教育机构的交流。

通过参观学习、互派教师、网络沟通等方式，加强与国内学校的交流与合作，取长补短，共同发展。尤其加强与薄弱学校的交流，可以使他们

做实践"三个面向"的开拓者

共享名校教育资源，缩小学校间的差距，创办和谐教育。

树立国际化的办学思路，吸收中西方教育的精华。学校积极鼓励和组织学生参加各种竞赛，并与不同国家的学校建立友好学校关系，派师生赴国外考察、交流、学习。同时，景山学校也多次接待外国首脑、国际友人、教育界同行来校进行参观访问，成为展示中国基础教育成就的一个窗口。在中国日益向世界开放的历史背景下，在"走出去，请进来"的交往过程中，学校师生逐渐培育起我们这个全球化的时代所倡导的世界公民意识。

3. 学校管理的开放式

（1）学习企业管理的经验：建立人事制度，采用末位淘汰制，教师同时加强对末位的培训与再就业安排。

（2）开放管理：受社区、家长的监督和参与管理，家庭与学校共同管理。

（3）管理内容、范围变化：注重德育的实效性、管理的"多方位"及管理的"整合性"，主管校长要教育、教学一起抓，不能教育教学"两张皮"。

二、面向未来的基础学校要培养学生的人文精神

当今愈来愈多的社会问题(如环境恶化、价值危机、道德沉沦、精神颓废)难以解决，人文精神重新受到关注，人们希望通过人文精神的弘扬与熏陶达到正确处理人与自然的关系，处理个体发展与社会进步的关系的目的。我们在反省现代唯理性教学带来的负面影响的同时，深感培养学生人文精神的重要性。

1. 将人文精神渗透到各学科教学之中。

人的成长发展是人文素养、科学素养有机整合的结果。特别是青少年学生，既要学习如何做人的人文知识、培养心怀天下的人文精神，又要学习

探索之路　　北京景山学校在"三个面向"指引下的教育改革

如何做事的科学知识、科学方法，培养勇于探索的科学精神，缺少任何一方面，都会营养不良，甚至片面、畸形发展。因此，在重视科学知识安排的同时，也要重视人文知识的安排，尽可能在各学科交叉渗透，促进自然科学与社会人文科学知识的相互融合，达到培养全面发展的新人的目的。

2. 在教学过程中要遵循体现人文精神的教育教学原则。

我们坚持统一要求与因材施教的原则，在普遍施教的前提下，承认个性差异，尊重特长与爱好，倡导教师对学生因材施教，实行个性化教学。尤其在小学基础教育阶段，充分发挥多种教育手段，减轻学生的课业负担，为学生创造宽松自由的成长空间，使学生学习活动变成一项愉快的有兴趣的活动，变成学生健康成长的一部分，把人文教育思想贯穿于教学过程的始终，这样，才能使我们的学生、我们的教育、我们的社会不断地走向健康、完美与和谐。

3. 不断加强人本管理，让人文精神成为广大师生的自觉追求。

人文教育的终极关怀是促进人格的完善，最终使"人文精神"的追求成为师生的自觉追求。在通向这个目标的征程中，学校管理工作的方方面面均要"以学生发展为本"。因此，我们要牢固树立以人为本的管理思想，奉行以学生发展为本的理念，促使学生全面和谐发展，让学生学会做人、学会思考、学会学习；做到各项决策注重人，教学的组织实施依靠人，总结评比激励人，使其处处感受到人文的关怀。如果长抓不懈，人文精神必将成为广大师生的自觉追求。

■ 三、面向未来的基础学校，要建构"学习型组织"

在学习型学校中，每个教师充分理解并认同学校的发展目标，全心全意为学校的发展做出奉献，并把学习作为生存和工作的方式，作为工作和

■ 40

生活中不可缺少的组成部分，在工作的同时，不断吸收新技术和新知识。通过坚持不断的学习，创造自我，发展自我，促进人才的培养、质量的提高。而学校组织的主体是教师，造就一个学习型、创造型的教师团体，是建构学习型学校的关键。

因此，作为学校的管理者应当鼓励、强调教师参与学校的管理，建立同事之间横向的交流与分享；学校要积极为教师提供学习的机会，鼓励教师的进修学习，开展各种形式的校本培训，组织各种形式的讨论交流，从而营造浓烈的学习气氛，创设"我在学，你在学，他在学"的环境；将校长的办学理念转化为全校教职员工的共识，作为学校全体教师努力的目标。只有当全体教师有了共同的发展愿望，成为学校组织成员共同努力的目标。才能将愿望转化为自觉的行动，积极为学校的建设共同努力。

四、面向未来的基础学校，要拥有一支高素质教师队伍

在景山长期的教育改革实践中，我们深深地感到，一所好学校，除了要有好的干部队伍，好的教育条件，更重要的就是要有一支优秀的教师队伍。《中国教育改革和发展纲要》中明确指出，"振兴民族的希望在教育，振兴教育的希望在教师"，指出了加强教师队伍建设对振兴民族、振兴教育的重要性。我们深切地认识到，没有高素质的教师队伍建设，一切高水平的教育计划都会陷于空谈。我们认为高素质教师应具备以下几种品质：

1. 学习精神

知识的更新速度不断加快，教师要给学生一杯水，自己需要是一条常流常新的小溪。知识经济的到来要求教师要不断地学习，勤奋地钻研，要使自己的观念能够与世界教育发展同步，用科学发展观来对待工作，对待学生，

探索之路　北京景山学校在"三个面向"指引下的教育改革

对待教育事业。正如联合国教科文组织在报告《学习——财富蕴藏其中》中所强调："今天，世界整体上的演变如此迅速，以致教师和大部分其他职业的成员从此不得不接受这一事实，即他们的入门培训对他们的余生来说是不够用的，他们必须在整个生存期间更新和改进自己的知识和技术。"因此，在知识经济时代，不仅要求教育内容的不断更新，更要求教师不断学习，具有自我深造的能力。

2. 敬业精神

作为世界闻名、全国一流的景山学校，必须拥有一支高素质、高水平、团结协作、积极进取的教师队伍，这就需要全体教职员工把办好教育作为自己的一项事业来做，爱岗敬业，热爱学生，严谨笃学，团结协作，廉洁从教，为人师表，建立科学的为教育服务的观念，以高度的责任感做好本职工作，对教学工作精益求精，并能够与时俱进，根据学科的发展，及时调整教学内容，提高专业发展水平。

3. 创新精神

要使今天的教育为明天的创造服务，必须有一批具备创新精神和创新能力，掌握科学的教学规律，把创造教育贯穿于方方面面的创造型教师。这种创新包括教学理念、教学方法、教学手段、教学内容等诸多方面协调一致、相辅相成的创新，也包括教师自身的创新素质。因此我们要继续发扬景山人锐意改革、勇于探索、大胆实践的优良传统，在"三个面向"的指引下，为景山学校的明天再创辉煌。

4. 良好的心理品质

教师应具有以下品质：关心学生，热爱学生。待人诚恳，对真、善、美有执著的追求。胸怀坦荡，能采纳不同的意见，勇于改正错误和承担责任。淡泊名利，甘为人梯。性格开朗，愉快，幽默。

5. 强烈科研意识和能力

现代教师要由职业型向事业型转变，由应试型向育人型转变，由单一型向复合型转变，由传统经验型向科研型转变，因此时代呼唤科研型教师。校本课程的开发、研究性学习的有效进行、德育工作的实效性探索、教育教学方法的改革，都离不开广大教师参与的教育科研，这就要求教师有强烈的教育科研意识，有较强的开展教育科研的能力，有分析和解决教育问题的能力。能站在一个比较高的理论层面，指导日常教育教学工作，从而实现理论的实践的指导，达到教育的最佳效果。

我心中的面向未来的基础学校是一所开放性的"学习型学校"。在这里，一支高素质的教师队伍在"三个面向"的旗帜下积极探索扎根中华，面向世界，取中西教育之长，去中西教育之短，探索中西教育最佳结合点，形成中国特色基础教育办学的新途径和新模式；从教学目标、教学内容、教学方法等方面重视对学生人文精神的培养，从而培养走向现代化，走向世界，走向未来的有理想、有道德、有文化、有纪律的一代新人，为学生终身学习和一生健康发展奠定坚实的基础。

（2005年5月）

探索之路　北京景山学校在"三个面向"指引下的教育改革

学校管理之我见

学校的管理无非是人、财、物的管理，其中又以人的管理为最困难。要把人管理好，必须要处理好党政工的关系，使其团结协作，心往一处想，劲往一处使，三者中的关键是党政一把手。"文革"结束后我们国家的基础教育开始实施校长负责制，学校的党政一把手是校长，所以在学校的管理中校长的作用非常关键。

但是校长不能把权力看成唯一，不能把权力看成是自己的。作为校长，权欲观要淡薄，决不能陷入到权利的欲望中去。教育界流行一句话：一个好的校长就是一所好的学校。这也说明了在学校管理中校长作用的重要性。我认为，我们校长要做一条延绵不绝的小溪，不要做高深莫测的深潭。如果当校长是武大郎开店，都用比自己能耐小的小二，是不正确也不成的，因此做校长要把"权"放开来。

校长的办学思想要贯彻，必须注意发挥党支部、工会、教代会的作用。我认为发挥这三方面的作用是做好学校管理工作的重要环节，校长的思想得不到这几支队伍的支持与理解就成了无源之水，无本之木。

我当校长的这几年中，非常重视发挥这两方面的作用，不但没有影响工作的发展，反而推动了管理工作的进程。形成了上下的共识，大事经支委和教代会再作决定，当然不是所有的事情都必须这么做，否则学校管理也就毫无效率可言了。

在学校管理中我提出三"不"：

一、不自以为是。

二、不偏听偏信。顺心的话要听，不顺的话也要听。

三、不独断专行。讲民主，但是关键时刻应"独断专行"。

什么样的校长是成功的校长？如何成为一个成功的校长？我认为应当具备以下的七个条件：

1.具有使命感，奉献精神，开拓进取精神。

2.有明确的办学思想和理念。

景山学校坚持教改40余年，主要不是靠国家的政策，而是靠不断的奋斗，靠历任学校领导对教育事业的追求，靠先进的教育思想，靠先进的办学理念和每个时期制定的目标。

其实每个学校有每个学校的特点，特点不同制定的方向目标的内容就不同，要因校制宜，因地制宜，既要做好当前，又要谋划长远的发展。

3.敢于进行课程教学的改革。当前，国家非常重视课程教材建设，并拨专款用于教材的建设，因为当前我校的教材偏深偏旧，所以当前迫切的任务就是进行教学改革。

4.敢于进行课堂教学模式、方式方法的改革。

5.注意加强学校内部管理体制的改革。

时代不同，要求改革。

形式不同，要求改革。

学校的每个时期工作特点不同，管理要跟上这些变化。景山学校建校40余年来，非常重视学校管理体制的改革，体制是办学思想、办学目标实现的重要保证。比如教育部正在制定《教师职务条例》，实行教师全员聘任制，今年北京市实行试点，实行教师资格制度，面向社会认定教师资格，从身份管理向岗位管理转化。今后我校也要制定校长选拔的资格和条件，实行校长职级制。

6.有较强的教师管理能力，有凝聚力、有号召力、有思想。

校长的人格力量是非常重要的，管理才能从何而来？除了有经验，有主意，有能力，最重要的就是具有人格魅力。人格的力量体现在文明的行为习惯里，体现在一个人的言行举止、穿衣戴帽、办事公正上，关心部下，敢于提出自己的办学思想，具有奉献的精神，率领大家争创先进的精神，建立良好的干群关系等等，综合起来就会产生或形成自觉不自觉的凝聚力与号召力。

事业能留住人，这是成就感使然；感情也能留住人才，感情是纽带；合适的待遇也能留住人，这是保障。

7.勤奋学习，善于钻研。在这个知识经济时代、信息时代，不学习就是落后。校长要养成读书的习惯，在学校里要多走、多看、多想、多与教师交谈。

（2001年11月）

全面发展打基础 发展个性育人才

——北京景山学校21世纪办学思路规划

一、四十年教改历程的基本回顾

北京景山学校是中共中央宣传部和北京市于1960年春创办的一所专门进行中小学一贯制教育改革试验的学校。1977年，教育部为落实邓小平同志关于要办重点学校的指示，将其确定为全国20所重点学校之一，1978年被确定为北京市和东城区的重点学校。

如今，景山学校已在风风雨雨中走过了40年。回顾40年来的教改历程，景山学校走的是一条坚持教改之路。这是融古今中外百家之长，走继承、借鉴、创新之路的40年，也是饱经风雨、坎坷不平的40年。这里既有成功的喜悦，又有遭受挫折的辛酸，特别是"文革"10年遭受的灾难更是伤筋动骨。但是，不管在顺境还是逆境，我们的教改试验从未间断。特别是在1983年国庆前夕，邓小平同志给景山学校题词"教育要面向现代化，面向世界，面向未来"，给我们指明了新时期的教改方向。历史的实践证明，"三个面向"是中国教育改革和发展的战略指导方针，是景山学校教

探索之路　　北京景山学校在"三个面向"指引下的教育改革

改的灵魂和旗帜。

我们在学习邓小平教育理论和党的十二大《全面开创社会主义现代化建设新局面》报告的精神,认真总结国内外和我校教育改革的基本经验教训的基础上,制定了以"三个面向"和党的教育方针为指导,"全面发展打基础,发展特长育人才"的综合改革方案。在教育理论、学制年限、课程设置、教材编写、教学方法、教学手段、考试制度、课外活动、思想教育、劳动教育、智力超常教育,以及学校管理体制等方面,进行了结构性的综合调整改革试验。

北京景山学校的教改试验始终是以教育科学理论作指导,以教育科学试验为基础的。1979年2月,在全国中小学中率先设立教育科学研究室,1989年发展成为教育改革研究所。它的宗旨是以"三个面向"为指针,根据党和政府改革中小学教育的有关方针和国内外教育科研的最新成果,以学校为试验基地,对中小学教育的改革进行应用性研究,负责规划和组织学校的教改试验和教育科研,代表学校承担国家和北京市的教育科研课题。

北京景山学校一贯重视在全面发展的基础上,发展学生的个性特长。这是现代教育的一个重要特征,是出人才,特别是出尖子人才的一条基本经验。我们不仅在学科教学中注意分类指导,因材施教,而且积极开展丰富多彩的课外活动,为学生的全面发展提供良好的条件。

为了面向世界,景山学校与国外教育界建立了广泛的联系,不仅成为联合国教科文组织亚洲教育革新发展计划联系中心之一,还与美国波士顿牛顿公立高中、法国阿尔萨斯学校建立了友好交流关系,双方师生定期互访。

■ 二、21世纪北京景山学校办学基本思路与总体规划

北京景山学校是一个教学改革的"熔炉",建校40年来坚持教改不

做实践"三个面向"的开拓者

息，在40年来的教改实践中，最显著的办学特色就是办学思想先进。我们十分重视把中国传统教育思想的精华和西方现代教育观念的精华两者辩证结合，融为一体，走继承、借鉴、创新之路，改革意识鲜明，形成了具有自己特色的办学模式和办学思想，概括起来有以下几点：

（一）景山学校办学的战略目标是：遵循"三个面向"的教育思想和国家的教育方针，探索中小学培养人才的教育规律，要出经验、出理论、出教材、出名师、出人才苗子，为提高教育质量，为发展具有中国特色的教育理论和教育实践做贡献。

（二）景山学校办学的基本模式是：以"三个面向"为指导，"全面发展打基础，发展个性育人才"，为培养走向现代化，走向世界，走向未来的有理想、有道德、有文化、有纪律的人才苗子、为学生一生的发展打好坚实的基础。

（三）景山学校办学一贯坚持的方向是：全面贯彻党的教育方针，全面落实国家教育部的课程计划，开足、开齐课程，不随意加减课时，不利用节假日补课，不乱收费，不给教师下升学指标。我们强调教师精心备课，坚持向课堂教学要质量，向管理要质量，向教育科研要质量。

（四）景山学校进行教改的基本途径是：融古今中外百家之长，走继承、借鉴、创新之路。

（五）景山学校进行教改的基本方法是：把教学工作、教育工作改革试验和教育科学研究三者紧密结合，形成"三位一体"。

（六）景山学校进行教改的基本保证是：建立一支具有共同教育理想，自愿献身教改事业的干部和教师队伍。

历史的车轮已经驶入新世纪，我们的教育改革遇到了历史上最好的时期：（1）国际上各个国家都把教育放在了突出发展的地位，各国都在总结和反思教育发展途径和办法，世界教育的相互融合的趋势越来越明显，各国都在相互学习，相互借鉴。（2）我国处于教育改革和发展最活跃、思想最解放的时期，在第三次全教会上，江泽民总书记、朱镕基总理、李

探索之路　　北京景山学校在"三个面向"指引下的教育改革

岚清副总理的一系列重要讲话精神，特别是《中共中央关于深化教育改革全面推进素质教育的决定》，为我们新时期教育改革指明了方向。（3）"入世"让中国与世界开始了真正的融合，更有利于国内的学校与国际上的学校以及教育机构的交流与合作，为中国教育在21世纪的发展提供了巨大的机遇，同样也为景山学校在21世纪的发展提供了更好的机会。（4）我校教育改革更加深入人心。近一年来，我校开展18个教改课题研究，参加国家级、市级、区级的教改试验内容越来越多。校园经济的不断发展，社会各界的大力支持，为我们进行教改试验又提供了保证。基于以上的条件，认真总结我校40年来教改试验的基本经验，根据21世纪对人才素质的要求，我们制定了景山学校21世纪办学的总体规划：

（一）景山学校21世纪发展的总目标：

全面贯彻邓小平同志"教育要面向现代化，面向世界，面向未来"的教育思想，树立新的适应知识经济时代，以学生的发展为本，为学生一生发展着想的教育理念，以提高学生的素质为根本宗旨，以培养学生的创新精神和实践能力为重点，把景山学校办成国际一流的现代化的科学知识的摇篮、文学艺术的花园、社会正气的堡垒、身心健康的乐园。

（二）景山学校21世纪办学思想：

以三个面向为指针，继承、借鉴、创新，全面发展打基础，发展个性育人才。

（三）景山学校21世纪办学的特色：

以先进的教育思想为先导，以教育理论为指导，以教改试验为基础，探索21世纪从小学到高中的人才培养的新方法。

（四）景山学校21世纪的定位：

积极进行教育改革的试验学校，传播现代教育观念、教育技术和教改成果的示范性学校，推动教育改革与交流的促进学校，在国内外有影响的国际化学校。

我们还必须制定出景山学校教育改革试验的总体规划以保证景山学

做实践"三个面向"的开拓者

校21世纪办学总体规划的实现,以保证景山学校在我国教育界的影响和示范性。

三、具体打算与做法

根据21世纪办学的基本思路,学校将从6个方面深化改革,努力攀登世界基础教育的高峰:

1.关于小学、初中阶段的改革。继续"小学、初中九年一贯"不分段的一体化的综合整体改革试验,进一步在学制、课程、教材、教法考试、优秀学生跳级、思想教育、劳动教育、发展培养学生个性特长以及一体化管理体制等方面进行深化改革。深入探索九年义务教育阶段全面贯彻教育方针,全面实施素质教育,全面提高教育质量的新模式、新途径和新方法。逐步扩大初中毕业生直升高中比例,为全面提高九年义务教育质量提供新经验,做出新贡献。

小学、初中九年一贯不分段的改革试验,具有一定的理论和实践价值。一是通过改革试验,探索九年义务教育作为一个统一的学段,统筹考虑九年一贯的教育教学计划和活动,有利于全面实施素质教育,全面提高教育质量。这是九年义务教育阶段比较理想的一体化的管理体制和管理模式。对将来全面实行小学、初中九年一贯不分段的学校提供理论依据和实践经验,有积极的参考价值;二是深化课程改革,优化学科课程,加强活动课程,开发环境课程,加强课程的基础性、实践性和综合性。特别是把语文、数学、外语作为基础工具课的主体课程,根据不误学时和不违学时的原则一定把基础打深,打扎实。将一部分知识性的学科综合为一门综合课是当今发达国家中小学课程改革的基本趋势。实行综合课程,有利于学生从整体上认识自然界和社会,有利于将所学知识和实际生活联系起来,有利于培养学生分析和解决问题的能力。同时,减少课程的科目数,有利于减轻学生负担,提高学习质量。我们和人教社课程教材研究所合作,第

探索之路　北京景山学校在"三个面向"指引下的教育改革

一步先进行小学社会、科学综合课实验教材的开发和试验；第二步把初中的历史、地理课综合为一门中外史地课，把初中物理、化学、生物和自然地理、天文的最基础的知识综合为一门自然科学课。

2.景山学校的高中定位为大学预科，其任务是为大学输送优秀的、有思想、有创新能力和实践能力的高中毕业生。因此，高中阶段特别要注意在全体学生全面发展的基础上，对有才能、学有潜力、个性突出、具有一定研究能力的学生，我们鼓励、支持他们冒尖，允许他们超步学习，允许跳级，努力为培养21世纪拔尖人才打好坚实的基础。第一，我们将鼓励高中生提早确定自己的文理倾向，提倡无论学文、学理都要把基础课知识打牢，从而发展、提高个性和爱好。第二，为了更好地落实江总书记提出的"教育是知识创新、传播和应用的主要基地，也是培养创新精神和创新人才的摇篮……"的指示精神，结合我校的优势和有利条件，我校将深化高中的课程改革，优化必修课，开发和加强选修课和活动课程。拟选定生命科学、信息科学、人文科学、管理科学以及综合的边缘科学作为培养拔尖人才的主攻方向。第三，加强教科研，向全国招聘科研人员，聘请北京市著名的专家、学者来我校任教，与我校骨干教师相结合，对有潜力的学生实施尖子生培养试验。第四，根据学生的个性特长爱好和学习基础，加强第二课堂的研究活动，在志愿的基础上，帮助学生有计划地组织专题性研究小组，开放实验室，聘请名牌大学和科学院的专家、学者、教授为导师，安排必要的课时，以"走出去，请进来"的方式，进行专题研究和个别指导，培养高中学生的实践能力和创新精神，为大学培养高层次人才苗子，输送优秀高中毕业生。第五，完善奖励机制，加大奖励力度，鼓励学生冒尖。

3.景山学校将与北京的重点、名牌大学建立友好合作关系，并签订合作协议书。根据大学的要求和学生成长的志向进行重点培养，双方根据协议和双向选择的原则，按国家的有关政策和一定的测试结果向合作高校选送、推荐优秀的高中毕业生。

做实践"三个面向"的开拓者

4.新世纪我们要深化改革,实现改革目标,关键是教师队伍的建设和全面素质的提高,为加快景山学校"名师工程"的建设,我们将从以下几个方面采取措施:(1) 景山学校教师要具有现代先进的教育思想,扎实的业务知识和使用现代化教育技术的技能,爱岗敬业和锐意改革的精神,要从传统经验型教师向学者型、研究型教师转变。(2) 一流的学校需要一流的师资,学校要努力培养一批占全校教师总数15%—20%的学科带头人。他们要了解世界主要国家学科教学改革与发展的趋势,并能指导学科的教学改革,学校要创造条件让他们能够活动在我国教育教学改革的舞台上,为"教育要面向未来",为创建21世纪的先进学校做贡献。(3) 在新世纪,学校要努力为老、中、青三个年龄结构中的优秀教师提供在国内教育发达地区进行交流和考察的机会。以优秀教师的亲身体验和收获推动教育的改革和发展。(4) 在3—5年内,实行聘请专家学者,聘用优秀、高水平的兼职教师,从大学毕业生中挑选研究生以上学历的优秀毕业生,逐步补充到现有教师队伍中来,实现教师队伍的不断优化。(5) 鼓励老、中、青教师冒尖,一马当先,鼓励优秀教师著书立说,对先进、优秀教师的教育教学成果及时在区、市、全国进行总结、研讨、推广。出版特级教师的专著,总结优秀教师的经验,不断推举新秀,优化教师队伍,形成合理结构,对优秀教师给予重奖,在晋级、职评、表彰、奖励、分房等方面优先考虑。

5.加大对校园网的投入和建设,加强景山学校校园网对全国的辐射作用,加强景山学校教师运用现代化教学手段,进行教学方法和教学手段的改革与试验。50岁以下的教师要人人用现代化教学手段和技术进行课件的开发和制作,50岁以上的教师要把自己多年的教学经验与青年教师一起研究,开发出教学软件,加快教学软件的开发,力争三年内形成有景山特色,便于操作、实用性强、能突破教学难点的教育教学软件系统,建立有景山特色的资源库,使景山学校校园网和现代教育技术在教育教学中的应用名列前茅,走向世界。

探索之路　北京景山学校在"三个面向"指引下的教育改革

6.加强与国内外学校和教育机构的交流与往来。

景山学校40年的教改试验中,始终坚持走继承、借鉴、创新之路。我们认为:一所优秀、著名的学校,如果不注重继承自己祖国优秀的文化遗产,不借鉴国内外教育的先进思想方法和手段,没有不断创新和革新的教育家的胆略,就不会有突破,没有突破就不可能有发展。江泽民总书记曾经指出,我国有要创办若干所世界一流大学的任务,但是"世界一流的大学,如果没有一流的中学作为基础,是不可能的。"景山学校应当为北京建设世界一流的中学做出自己的努力。我们将:(1)继续巩固、加强与美国波士顿牛顿公立学校及法国阿尔萨斯学校建立的姊妹友好学校关系,逐步扩大交流师生人数,深入了解发达国家在学校管理、经费运作、教材内容、教学手段、师生评价多方面的先进经验,缩小与国际教育水平的差距。(2)为优秀的中青年教师出国深造和考察交流提供多种渠道和条件,争取5年内学校有30—50名优秀教师出国学习与考察。(3)加强与国际上优秀的学校进行科技、学科、体育、文化艺术的交流,努力实现邓小平同志"教育要面向世界"的思想,逐步扩大景山学校在国际上的知名度,力争在5年内与五大洲中的一所著名的学校建立友好关系。

总之,景山学校的创建者、干部和教师都怀有的心愿和认识是:在21世纪,我们仍必须遵循"三个面向"指示的方向,把"三个面向"作为教改实践的灵魂,发扬改革的传统,"全面发展打基础,发展个性育人才",让教改的火炬永远传递。

（2000年5月）

参加全国第三次教育工作会的启示

在1997年以前我校集中精力抓了学校的各项硬件设施建设（主要是校舍建设和校园网的建设），在教育教学方面坚持"全面发展打基础，发展特长育人才"的做法，顶住了家长、社会对学校的各种压力，坚持不搞应试教育，对学生进行素质教育。不随意增加课时，不利用节假日（包括寒、暑假）给学生补课，不给教师下达升学指标，强调向课堂教学要质量，向管理要质量，向科研要质量，这已经在我校上下形成共识，蔚然成风。保质保量地开足教委规定的各项课程，将应由学生自己支配的时间全部留给学生，发展其个人爱好，发展他们的个性特长。实践证明，我们这样做不仅没有影响学校的升学率，相反，升学率还大大高于同类生源的学校。

1997年，我们的老校长突然患重病住院，新的领导班子走马上任。在中央、北京市、东城区各级领导的亲切关怀和大力支持下，我们用最短的时间完成了校园建设各项工程的收尾工作，整治了校园环境，并及时整顿了校内混乱的财务工作，将有限的财力投入到学校的软件建设上，并适当改善了教师的生活待遇。新领导班子踏实的工作作风和高效率的工作，让全校教职工深为叹服，极大地增强了学校的凝聚力。在此基础上，及时召

探索之路　　北京景山学校在"三个面向"指引下的教育改革

开了全校教职工代表大会，制定了我校的长期发展规划，将我校的工作重心转到全面开展教育教学改革的轨道上。

我有幸参加了全国第三次教育工作会议，亲耳聆听了江泽民、朱镕基、李岚清等中央首长关于教育工作的指示。回校后，及时向全校师生员工进行传达，并进行了认真学习和研究。根据全教会"全面推进素质教育，深化教育改革，以德育为核心，以培养学生创新精神和实践能力为重点，造就有理想、有道德、有文化、有纪律的德、智、体、美全面发展的社会主义建设者和接班人"的精神，全校上下一致认为：景山学校是高举"三个面向"伟大旗帜的学校，是中国教育改革的排头兵，我们对推进全国的素质教育、创新教育，探索新的教育方法和教育途径，有义不容辞的责任。我们现在已经具备了一流的教学设施，全面开展教改试验的各种条件已经成熟。为此，我校制定了学校的研究课题，这个课题是："为培养21世纪的创新人才，为素质教育、创新教育探索出一套比较全面的、新的教育教学模式、行政管理模式。"力争在五到九年内完成这个课题。这个课题的具体目标是：

1.培养出一支具有现代教育观念，掌握现代教育方法、教育手段，敬业、敬职的教师队伍。

2.培养出一支掌握现代管理技术，全心全意为教学第一线服务，工作效率高的职工队伍。

3.编写出一套相应的新教材。

4.培养出一批有创新意识，有特长，德、智、体、美全面发展的毕业生。

5.总结出一套开展素质教育、创新教育的新模式、新方法。

学校总科研课题的内涵非常丰富，它涵盖了中小学教育的方方面面。校领导及时布置各年级组、各教研组、各行政部门，认真分析本部门的状况，针对普遍存在的问题，参考国内外的先进经验，根据全校总科研课题的目标，制定出各部门的子课题。在此基础上，再次召开了全校教职工代

做实践"三个面向"的开拓者

表和部分骨干教师的联席会议，对各单位提出的课题报告进行评审。经过筛选，为总课题制定了十八个子课题，并为各个子课题的研究确定了时间表。进而又确定了在现阶段优先突破的四个重点子课题。

1. 对信息课（计算机课）教学方法和教学模式的探索与研究。
2. 培养中小学生科研意识和动手能力的探索与研究。
3. 将"计算机作为学具带进课堂"的课堂教学模式的探索与研究。
4. 利用多媒体技术、网络技术、现代通讯技术，开展远程教育的试验与研究。

一、关于"对信息课（计算机课）教学方法和教学模式的探索与研究"。

（一）制定的依据：

1. 多媒体技术的发展是现代科学技术发展的标志。任何一个搞现代科技发明创造的人，都离不开多媒体技术的支持和帮助。为了培养创造性人才，必须将多媒体技术课（又称计算机课，又广称为信息课）列为中小学的必修课。

2. 多媒体技术发展日新月异，广大青少年接受新事物快的特点在接受多媒体技术方面得到了充分展示，教师的课堂教学已远远赶不上多媒体技术发展的速度和青少年在这方面的求知欲望。

3. 教师与学生同时面对新知识、新技术，有很多学生甚至超过了老师，改革计算机课堂教学模式势在必行。

因此，我们制定了"对信息课（计算机课）教学方法和教学模式的探索与研究"的课题。

（二）我们的做法是：

1. 在课堂教学中，强化"任务驱动教学法"，即在课堂上要求学生用

探索之路　　北京景山学校在"三个面向"指引下的教育改革

最新的技术解决并完成教师向学生提出的任务或学生自己提出的任务，使学生不断掌握新技术的使用与操作，赶上新技术发展的潮流。

2. 开辟"师生互学，生生互学"的新的学习模式。为此，我们组织了"北京景山学校青少年计算机爱好者协会"，目前有核心会员50多名（各年级都有）。在教师指导下，根据他们的爱好与特长，分为"硬件组"、"软件组"、"网络组"，学校为该协会的活动安排了丰富的内容。

学校领导和计算机组老师共同分析研究后，决定将计算机房更新换代的任务交给协会硬件组。学校的决定向硬件组的同学宣布后，会员们群情激奋，他们立即开展了工作，利用课余时间开展市场调查、研究，找出了最佳的性能价格比，拟定了改换机型的方案。在老师的带领下，用节假日采购各种硬件设备，然后自己动手组装。在不到两个月的时间里，组装了55台计算机，改造了一个机房。通过这项活动，学生们不仅在计算机方面学到了更多知识，提高了动手能力，其他各方面的素质和能力都有所提高。这些会员们还利用课余时间，应邀到同学和老师家中帮助排除计算机故障，指导计算机的使用，家长们普遍反映：景山的学生真能干！

我们建议各科教师将教学中需要的课件和协会软件组的同学一起研制，同学们通过软件的研制，不仅提高了软件制作水平，还加深了对学科知识的理解。软件组的张蓬同学在学习物理的过程中，发现一本物理课外读物中的一道习题与自己的答案不符。他经过思考，编写了一个程序，在计算机上进行了模拟试验，结果证明自己的答案是正确的，他为此写了一篇论文，已在《少年电子世界》杂志上发表。

我校利用校园网建立各班网页，形成各班的对外窗口。网络组的学生自然是设计各班网页的主力。我校每年举办一次"科学节"，在"科学节"中有一项"网页设计竞赛"的活动。学生们设计出了许多精美的网页，令专家们赞叹不已。今年的"学生网页大赛"活动的录像带，已在北

■ 做实践"三个面向"的开拓者

京电视台教育台播出。

在"中学生网上论坛"的活动中，我国有七位中学生赴美国参加"论坛高峰会议"，其中有我校两名学生，他们在国外向世人充分展示了中国学生的风采。

■ 二、关于"培养中小学生科研意识和动手能力的探索与研究"。

（一）制定依据：

通过对我校留学校友的调查及查阅各种资料，我们了解到中国青少年学生普遍存在动手能力差，科研意识较薄弱的问题，这些问题严重影响了他们后期发展。留学人员普遍认为，他们与国外同类人员相比，基础理论知识比较扎实，但捕捉科学前沿课题的能力相对较差，影响了自己在科研方面的发展。

造成上述情况的原因是多方面的。但是，我国中小学教育方法的滞后对此负有不可推卸的责任。因此，在我国中小学教育中必须探索出培养青少年动手能力，增强其科研意识的新路，因此制定了"培养中小学生科研意识和动手能力的探索与研究"的课题。

（二）我们的做法是：

1. 加强学生的课外活动，把每星期二下午全部变成课外活动时间，请各类专家给学生做专题报告，向学生介绍科学发展的状况，普及科普知识。

2. 强化一年一度的"科学节"内容，把"网页设计大赛"、"小制作、小发明的评比"列为"科学节"重点内容，以提高学生的动手能力。

3. 创建"走出去"的模式，所谓"走出去"就是将我校与各类科研院所、高等院校挂钩，在条件允许的情况下，将我校有特长的学生及基础知识学得扎实的学生，送到尖端科技实验室，让中学生们亲自参与部分课题

探索之路　　北京景山学校在"三个面向"指引下的教育改革

的试验与研究。实践证明，这样做成效显著。近三年来，先后将三批共11名学生送进了国家重点实验室参与课题研究与实验，其效果出乎我们的意料。其中刘欧同学被中国科协和市科协入选为"生命科学领域跨世纪一流科技人才早期发现及培养规划"的中学生之一，成为首批进入国家重点实验室的中学生。1998年8月她参加了在香港举行的第九届全国青少年发明创造比赛和科学讨论会，被评为一等奖，获金牌一枚。1998年8月代表中国赴韩国参加了首届亚太经济合作组织青年科学节的科技交流活动。获北京市中小学银帆奖。

李星平同学进入了"生命科学领域"国家重点实验室，利用课余时间，接受著名生物学家的直接辅导，选择科研课题进行研究。她的论文经过答辩和专家评审，获得了1998年北京市青少年科学小论文一等奖。参加了第九届全国青少年发明创造比赛和科学讨论会，获得了科学论文一等奖（金牌），为北京市代表队夺得九枚金牌，1999年获北京市银帆奖。

刁玉鹤同学参与的课题研究为通过"生物阻抗分析法和饮食调查"，调查中学生营养情况，这项研究已取得阶段性成果，近期准备赴美国参加第51届英特尔国际科学与工程大奖赛。

我校组织了200多名学生积极参加了搭载美国航天飞机上太空科学实验的"超新星"方案设计活动，其中"蚕在太空中生活"已选入实验项目。我校被评为"超新星"学校，并由美国太空仓公司投资5万美元，在我校建立地面实验室，共同开展试验项目。

三、关于"将计算机作为学具带进课堂"的课堂教学模式的探索与研究。

（一）制定依据：

1.将多媒体技术、幻灯等新技术引进课堂以后，使课堂教学直观、形象，提高了学生的学习兴趣，提高了课堂效率。近两年来，我校师生共同制作了几百个课件，用于课堂教学。这些做法虽然调动了学生的学习积极性，但基本上还是教师演示、学生看，教师讲、学生听，未能彻底改变学生被动学习的局面。离实现"学生为主体，教师为主导"的探究式教学模式还相去甚远。

2.教育信息资源日益丰富，以计算机为核心的信息技术可以使每个学生十分方便地从资源库中提取自己感兴趣的知识。

3.随着我国经济的发展，家长对于"教育产业化"概念的理解不断升华，许多家长不惜重金投入教育。

让部分家长为自己的孩子购置计算机，作为孩子的"学具"带进课堂，不仅是必要的，也是可能的。因此，我们制定了"将计算机作为学具带进课堂"的课堂教学模式的探索与研究。

（二）我们的做法是：

1.将我们的意图向家长宣传，家长的积极性之高出乎我们的意料。为稳妥起见，我们在六年级组建一个教学班进行试点，让试验班的每个家长出资购置了计算机和相关的软件带进了课堂。学校购进了教师的主机，并进行了联网。

2.为试验班组建了一个青年教师为主体的教学班子。以计算机教研组组长为课题组长，制定了精细的教育教学方案，总体思路是将各科的教学资料（包括课件、每节课知识要点、重点知识的思考题等）输入主机，并将网上各种适合学生学习的资料下载到主机里。学生根据自己学习的需要，在教室里模拟上网，提取自己所需的资料。这样做的结果是学生的学习主动性空前高涨，家长们普遍反映：我们的钱花得值，比花钱请家教、给学生买各种参考资料强得多。这项试验才刚刚开始，有待于不断总结和提高。

探索之路　　北京景山学校在"三个面向"指引下的教育改革

四、关于"利用多媒体技术、网络技术、现代通讯技术，开展远程教育的试验与研究"。

（一）制定依据：

1.景山学校是高举"三个面向"旗帜的学校，是中国教育改革的排头兵，我们有责任、也有义务将我们取得的点滴教改成果及时传播给全国，推动我国素质教育和创新教育的发展。我们同样有责任和义务使我国广大青少年特别是边远地区的青少年有获得良好教育的权利。

2.多媒体技术、网络技术、现代通讯技术的高速发展，使我们对我国教育事业的发展应尽的责任和义务有实现的必要性，也有了可能性。因此，我们制定了关于"利用多媒体技术、网络技术、现代通讯技术，开展远程教育的试验与研究"的课题。

（二）我们的做法是：

1.在远程网上设置同步教学课程，但不是将教材搬家，而是列出教材中的要点，列出重点、难点的教学思路，供教师和学生在教学和学习时参考。

2.开设虚拟课堂，每一个虚拟课堂分为若干个园地，例如：兴趣乐园、学科史料、名人名家小传、应用园地、学生论坛、竞赛园地、科技动态等等。以增加上网学生的课外知识，拓宽他们的知识面。总之，我们的远程网教学依然坚持"全面发展打基础，发展个性育人才"的行动方针。

3.每个虚拟课堂设立一个主持教师，与上网师生互相交流。

我们的远程网刚启动不久，我们将高中数学、初中语文，按照我们的设想在网上进行了试运行，获得了比较好的反响。我们将不懈地努力，我们的目标是将景山学校办成覆盖全国的——北京景山学校，让广大的青少年都能受到良好的教育。

我校对素质教育、创新教育的全面改革试验正处于探索、起步阶段，

■ 做实践"三个面向"的开拓者

我们决心团结一致，上下一心，不受任何干扰，集中全部财力、人力，完成我们的科研目标。使景山学校无愧于高举"三个面向"旗帜的学校，无愧于"中国教育改革的排头兵"的学校。

(2000年5月)

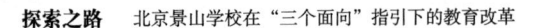

探索之路　北京景山学校在"三个面向"指引下的教育改革

继往开来，再造辉煌

——景山学校语文教学改革40年的回顾

　　景山学校是一所进行教学改革的试验学校。1960年在全国人大第二次会议上，国务院副总理兼中宣部部长陆定一同志作了《教学必须改革》的报告，提出了中小学进行教学改革的四项原则："适当缩短年限，适当提高程度，适当控制学时，适当增加劳动"。景山学校就是在这样的时代背景下，根据《教学必须改革》的精神，为了探索一条中小学教学改革的新路子，由中共中央宣传部于1960年春天创办的一所专门进行教学改革试验的中小学十年一贯制的学校。

　　教学改革是景山学校的生命。景山学校的41年，是进行教学改革的41年。景山学校的教学改革始于语文教学。因为语文课是学好其他课的基础课，语文教学的改革是普通教育改革的基础工程。景山学校主要的创始人、老领导，原中宣部秘书长童大林同志，我们的老校长、景山学校的创始人方玄初同志，和当时主抓语文教学的龙卧流同志，在60年代初，就提出了景山学校语文教改的整体思路：集中识字，精读名篇，以写作为中心来安排语文教学。

　　在小学阶段，运用识字规律，抓住儿童识字过程中各个阶段的主要矛盾，掌握儿童年龄特征，充分调动学生的积极性，严格基本训练，采用分批集中识字与阅读教学相对集中、交互进行的办法，使大量识字与写字、读书、作文结合起来，两年识字2200—2400个，到二年级，一般学生可写300—400字的作文，格式正确，书写整洁，会用六种常用的标点符号。还教会"音序查字"和"部首查字"两种方法，培养学生独立识字的能力。

到二年级识字2200—2400个，是一件大事。这使学生的阅读积极性和自由度大大增加了，对他们的科学启蒙、思想启蒙和写作启蒙可以提前了。开阔了视野，启迪了智慧的学生产生了自己动笔写作的强烈愿望，我校从三年级至五年级以写作为中心来安排语文教学，组织学生精读名家名篇，又广泛博览，打破桎梏学生作文积极性的框框，引导学生观察周围事物，将所见所闻所感，凝于笔端，发动学生写"放胆文"，提出"立下愚公志，攻上作文山"的口号。精读的自编教材有《儿童学现代文》、《儿童学文言文》。《儿童学现代文》中收有毛泽东、鲁迅、朱自清、冰心、叶圣陶、夏衍、巴金、赵树理等名家名作。此外，还安排课内的自由阅读课，读《十万个为什么》、《钢铁是怎样炼成的》以及《左传故事》、《春秋故事》及游记、传记等作品。精读的文言教材有《儿童学文言文》，其中包括修订和删改了的《三字经》、《千字文》、《幼学琼林》节选，寓言故事和《陋室铭》、《爱莲说》、《桃花源记》等短文，还有《孟子》十段。我们还自编了《儿童学诗》，收有短诗一百首。

写"放胆文"，就是放题材，放形式。让学生在他们熟悉的生活范围内，用他们的眼睛去观察，放开胆子，不受限制，自由地表达喜怒哀乐，这样做，打开了生活和写作的通道，克服了畏难情绪，激发了写作的兴趣，解决了有得写的问题。在形式上也不搞一刀切。不限字数，能写几千字的敞开写，能几百字成文的也很好，只能写小段不成文的也可以，只要努力了，老师都鼓励。能夹叙夹议，叙中有抒情的固然好，只能记叙的也放行，总之，能写出真情实感来，老师都肯定。写放胆文还要放题目。老师让学生出题汇总后，各班建立"作文题目册"，由学生自由选择。写放

探索之路　北京景山学校在"三个面向"指引下的教育改革

胆文是三年级训练的重点，到四年级是学生作文的基础训练阶段，让学生逐步掌握记叙文中写人、记事、状物、写景的一般方法。五年级是学生作文综合提高阶段。努力提高学生的思想认识，丰富他们的生活，引导学生在立意上下功夫，并让他们学会夹叙夹议夹抒情的能力。

在作文训练中，我们坚持课内作文与课外练笔并重，教师命题与学生自由命题相结合的做法。为使作文教学有生气、有波澜、有高潮，我们每学期用两三周的时间，集中时间精力练作文，以突破一个难点，上一个台阶，最后人人动手总结写作上的体会。在整个作文训练中，我们把作文修改当作一项重点工作来抓，修改的方法有教师示范，学生小组修改，同学互相修改，全班集体改，但主要是培养学生修改自己的文章的能力。

小学阶段的语文改革力度很大，可以概括为：小学一、二年级集中识字2200—2400个，三至五年级以作文为中心来安排语文教学，大量阅读名家名篇，兼顾文言启蒙。

到初中阶段，教学改革的目标是，学生能借助工具书阅读浅近的文言文，在现代文的阅读和写作上能基本过关。

初中前两年约用一半的课时集中学《古文观止》80—100篇，要求全部熟读成诵，能背能默的不少于40篇。先学《孟子》、《国语》、《国策》、《史记》中的名篇，这些文章故事性强，人物个性鲜明，语言简练生动，在疏通文字的基础上，开展课堂讨论，对故事人物作评点，写《故事新编》。到初二下学期再学《孟尝君传》、《范增论》等，学生写历史人物评论。当年12岁的学生写过《李斯其人》等人物评论。

除古文外，学生还学习我校自编的毛泽东同志的政论，朱自清的散文，此外，为活跃学生思想，开拓写作思路还选编了文质兼美的时文。作为教材的还有古代白话小说，科学常识作品选读，各体应用文选读等。

在写作上，我们积极地把学生古文学习的成果转化为对写作的有利条件，培养他们的历史唯物主义的观点，发展他们的想象力，锻炼文字能力。坚持练笔，在两周一次的大作文中作章法指导。在初中阶段作文训练

■ 做实践"三个面向"的开拓者

总的要求是：文字和思想并重，思想重在思路、思想方法的训练。具体要求是：思路开阔，条理清楚，文理通达，思想健康；用词准确，词汇丰富，句式多样，篇幅适中；会写比较复杂的记叙文应用文和比较简单的说明文应用文；会写限时命题的作文。

到高中阶段，除用统编教材外，还用自编的《政论文选》、《现代作品选读》及中国历史名著的选读。在写作上总的要求是：着重提高学生的认识能力，同时提高文字能力。具体要求是：思想开阔，条理清楚，合乎逻辑，观点正确，材料确切，引证熨帖；会写论说文，比较复杂的应用文（计划、总结、请示报告、实验报告、发言提纲等）；有一定的文采，对于命题限时作文，能应付自如。写作训练的方式仍是练笔和课堂作文双管齐下。

总之，在中学阶段，语文教学改革的思路为：集中学习文言文，初中基本过关（借助工具书可以阅读浅近文言文），高中则复习、巩固、强调自读；以作文为中心安排语文教学，在现代文的教学中，从理解性阅读逐步过渡到鉴赏性、研究性、拓展性阅读，并通过写作实现鉴赏和研读的深化。在写作训练中坚持思想带文字的原则，在初中、高中要求不同。

以上就是我们对"文革"前景山学校语文教学整体改革的简单回顾，对这六年的实践，我们有如下体会：

一、语文教学改革是中小学教学改革的基础。语文课是学好其他课程的基础课程，要全面提高中小学教学质量，必须提高语文课的教学质量。而中小学的语文教学又是一个完整的体系，必须总揽全局，宏观把握，全面规划，统一研究，明确小学、初中、高中各个阶段的要求，制订实施计划，才能真正做到"适当缩短年限"、"适当提高程度"。

二、要抓住学生学习语文的黄金时期。小学、初中阶段是学生学习语言，特别是学习母语的黄金时期，在这一时期，学生记忆力最好，课业负担不重，抓紧这一阶段，打好语文基础，有利于学生一生的发展。这样做符合学生心理生理特点和母语学习的规律。

探索之路　　北京景山学校在"三个面向"指引下的教育改革

三、以写作为中心来安排语文教学抓住了主要矛盾。教改之初，我们曾以阅读为中心，以政治思想教育为主来安排语文教学，效果都不理想。1962年春，学校强调作文训练，一年多后，语文教学出现了新局面。1964年秋，提出了以写作为中心来安排语文教学的整体改革思路。这样做并不是把阅读当作写作的附庸，我们以精读和博览的方式强化了阅读教学，并以之为基础，同时以写作促阅读，使学生从一般理解到学以致用。从教的角度看，写作水平的提高难于阅读水平；从学的角度看，写作水平的提高难于阅读水平。从语文教学的整体看，写作是最富个性的最有创造性的实践活动，写作能力是学生语文能力的综合体现，首要标志。所以，以写作为中心来安排语文教学就抓住了语文教学的主要矛盾，打好基础，突出中心，就能总揽全局，使语文教学出现新局面，全面提高学生的语文能力。以写作为中心来安排语文教学就要求教师要有强烈的搞好作文的意识，要不断探索提高作文教学水平的规律，并围绕这个目的，适当地选择教材，改进方法，安排时间。在写作教学上，课堂作文与练笔并重，初高中的练笔是小学放胆文的延续。在写作指导上，我们以思想带文字，同时进行严格的文字训练，当然，在不同的阶段不同的年级要求不同。

四、中小学生学点文言文是必要的。让中小学生学文言文不是复古，不但可以培养学生文言阅读的能力，更有利于用中华民族优秀的文化传统来塑造学生的人格，健全他们的文化素质。因为我们选的古文承载了深厚的文化内涵，其中蕴含的道德理念价值取向多是圣哲先贤们建立理想社会、塑造理想人格和人性的标准。诺贝尔奖获得者杨振宁曾说，1934年他的父亲发现他有数学天才，为他请的辅导老师不是教数学的，而是讲《孟子》的古文老师，一年多后，杨振宁可把《孟子》从头到尾背下来，他说："这对我有很大意义"，"这里很重要的是价值观。"（见《中学生时事报》1995年7—8期）

五、搞教改必须进行教材建设。"文革"前六年，为了适应教改需要，我们始终抓住教材的建设，因为教材是教育思想、教育观念的载体，

■ 做实践"三个面向"的开拓者

既是确定教法和培训师资的依据，也是培养学生语文能力的依据。

我们编写了如下教材：

小学一、二年级的《识字课本》、《阅读课本》和《写字练习册》。小学三至五年级的《儿童学现代文》、《儿童学文言文》、《儿童学诗》、《词选》。

初中，以《古文观止》为主的《文言文选》、《鲁迅作品选读》、《科学常识作品选读》、《各体应用文选》。高中，《毛泽东著作选读》、《现代文选读》、《中国历史名著选读》。

此外，从小学到高中都有补充教材，这里不赘述了。

景山学校语文教学改革的思路不但是学校老领导们的真知灼见和远见卓识，也是对古今中外先进教育思想的继承和发展。

17世纪，我国清代著名教育家陆世仪说："自十五以前，物欲未染，知识未开，则多记性少悟性。自十五以后，知识既开，物欲渐染，则多悟性，少记性。故人凡有所当读之书，皆当自十五以前使之熟读。"17世纪英国教育家洛克的《漫话教育》中也有类似的话："儿童是很少会因为过多的语文知识而负担不了的。"如果推迟了语文学习，则"年岁已大，不能再局限在文字的学习上了，他需要的是懂得事物"，这样就会"浪费了一个人一生一世最美好的时间"。当今，美国有名的教育家波依儿也特别强调"儿童时代是学习语言的时代"，给儿童打好语言基础，是关键的关键。而且，现在欧洲国家的中学非常重视希腊语、拉丁语的学习，认为这是语言的语言基础，学会了希腊语、拉丁语，其他语言就好办了。上述种种，和我校的集中识字，阅读名家名篇，打好文言基础的思想如出一辙。

关于"放胆文"，这是南宋诗人谢枋得在《文章规范》中"放胆文"卷一的提示中出现的，他说："凡学文，初要胆大，终要小心，由粗入细，由俗入雅，由繁入简，由豪荡入纯粹。"此言虽是就教材的选文而言，但很得写作的内在肌理。在小学，若不令学生放胆为文，势必切断

探索之路　北京景山学校在"三个面向"指引下的教育改革

生活和作文的通道，从而产生畏难情绪，出现学生八股，甚至集体失语的悲惨境地。朱自清也说过类似的话："我的经验，出题目命学生做，在教室内学作文，都是在束缚学生的思想力，使他不能发展。这种方法只可偶一用之，使学生也经验经验限题的情培，俾使将来遇这种情境时，也可适应。平常则以用自由的方式为宜。"

至于把写作放在语文教学中心的思想，早就有人论及。黎锦熙是我国现代语文教育史上一位成绩卓著的大家，也是最具现代意识最具前瞻性的改革家之一，他在《各级学校作文教学改革案》中说："各级学校本国语文科，其水准颇有江河日下之势，原因全在教学方法上的陈陈相因"，因此，他提出"教学上的三原则"：一、写作重于讲读，二、改错先于求美，三、日札优于作文。为什么提出"写作重于讲读"呢？我们的理解是：在中小学，写作能力的培养难于阅读能力，而且写作能力对阅读能力的包容性大于阅读能力对写作能力的包容性，语文教学矛盾的主要方面在写作教学，所以，写作教学在整个语文教学的结构体系中的重要性大于阅读教学。著名的语言学家朱德熙先生在《作文指导·序》（1951开明书局版）中也说："在目前一般同学的语文程度低落的情况下，作文教学在语文教学中是应该占有特别重要的位置的。过去各级学校的国文课程，形式上虽是包括读本和作文两方面，而实际重点却放在读本上，作文成为附属的东西。"朱先生的话一语中的，可惜的是，重读轻写的情况至今没有根本转变。

"文革"前六年是景山学校的初创时期，教学改革的大发展时期，在语文教学改革中有不少突破，也创造了一些新鲜的经验。但时间短，经验不足，不成熟的地方也肯定有。"文革"十年景山学校被砸烂，一切教学改革被迫中断。"文革"后的20年是各项教学改革恢复和发展期，特别是1983年邓小平同志书赠景山学校的"教育要面向现代化，面向世界，面向未来"的题词，为我校在新时期的教学改革指明了方向。由于种种原因，全面恢复"文革"前语文教改试验项目不可能了，而中考和高考指挥棒的

做实践"三个面向"的开拓者

影响，又使一些很好的试验项目中断了。但"文革"后语文教学改革没有中断过，而且在恢复中有了新的发展，而发展又是以继承为前提的。

现在，小学的集中识字仍在进行，在过去《识字课本》、《阅读课本》的基础上，我们自编了《北京景山学校小学语文实验课本》，从小学一年级至五年级共十册。这套教材通过了教育部的审订，在全国24个省市自治区直辖市500余所学校使用。十册书共93万字，每册书配有阅读教材，约七万字。精读教材仍选古今中外的名家名篇，如普希金的《渔夫和金鱼的故事》，安徒生的《卖火柴的小女孩》，契诃夫的《万卡》等；从三年级开始，每册书选十首古诗词，三篇短小的古文。阅读教材中有高士其的《灰尘的旅行》，《伊索寓言》等。

在初中，为了适应中考，集中一段时间学百十篇古文已不可能，但精读和泛览相结合，以写作为中心的教学改革在坚持中又有发展。

初中的阅读教学由三部分组成：阅读统编教材；开设列入课表的阅读课；开设列入课表的选修课。

把阅读课列入课表始于1992年，现在阅读课是这样开设的：

在六至七年级，每周一节古诗文课，教材为我校自编的《少年学诗》和《古诗词文》两本，共有古诗120首，词30首，文言文20篇。教学方法灵活多样：或老师讲，或学生自讲；或自背，互背；或开赛诗会等。

在六至八年级开设现代文阅读课。为此学校拨经费建立阅读书库。我们购置了"儿童文库"中五种图书和科普类图书（如《十万个为什么》、《凡尔纳科幻小说》全集等）。还在图书馆的配合下，整理了一大批中外名著，由中学阅览室管理保存。在此基础上，按不同年级特点，作不同的配置。在阅读课上，可读书库中的书，也可自带图书阅读，或去中学阅览室读书。此外，还印发了季羡林、叶永烈、刘震云等学者、作家指导读书的文章。课内阅读我们管，课外阅读我们也管。我们进行问卷调查，向学生征集书目，由老师汇总整理，形成推荐书目，印发给学生，由家长配合开展课外的阅读。初中组的老师们把阅读课的内容与指导方法作为一个课

探索之路　北京景山学校在"三个面向"指引下的教育改革

题进行研究，不断总结改进，以期形成初中语文阅读课的配套教材，完善阅读书库，并探索阅读指导的有效方法。

在阅读课上，根据学生特点，老师们八仙过海，各显其能。有的老师要求学生制订阅读计划，不限书目，但期末要交读书报告；有的老师在班上开展名篇名段的背诵活动；有的老师结合名著品评影视作品；有的老师结合阅读内容开展讲成语的活动，或与作品同题材的音乐作比较，培养联想和想象的能力；有的老师召开全班读书心得交流会；有的老师潜心研究，阅读课上得有声有色，形成自己的特色，有比较成熟的经验。首先，从激发阅读兴趣出发，在全班召开读书交流会，师生共谈自己喜欢的一本书，引起学生读书的兴趣。第二，培养学生读书的好习惯。根据《略谈学生读书》（叶圣陶）一文的内容，老师归纳出读书的四个好习惯：先看序言，有问必究，计划读书，择要笔记。要求学生每周写一篇读书笔记，内容包括摘抄和简评两个部分。第三，介绍读书方法。先初读；查生字、词，并在文中用符号标出；了解文章中的主要内容；摘录好句好段。阅读课一般以学生的阅读为主，老师也作朗读方法的指导和示范，在此基础上，召开全班的朗诵会和年级的朗诵比赛。第四，帮助学生选择有益的书籍。针对目前图书市场泥沙俱下、鱼龙混杂的情况，根据学生的年龄特点，教师提出选书的三原则：选名著，选经典；选适合少年阅读的有关社会、历史、自然科学等方面的书；联系社会实际，选有利于少年身心健康的书。第五，训练综合能力。为配合学校的"科学节"，组织科技书籍专题阅读，内容有科学探险小说、科学家传记、科幻故事、科学珍闻等，读后要求学生每人出一份"科技小报"，报名、栏目、选材、美术设计、排版、抄写、绘画全由自己承担，使学生的才能、潜质得以发挥。第六，组织名著的专题阅读。组织过意大利作家亚米契斯的《爱的教育》的专题阅读，组织过冰心作品专题阅读等。

初中语文组对七至九年级13个班作问卷调查，实际有效问卷400多份。其中七年级5个班，八年级5个班，九年级3个班，统计数据覆盖面广，能反映开设课内阅读课的真实情况。有88%的学生喜欢阅读课，85%的学生认为自己提高了阅读兴趣，87%的学生觉得自己的阅读能力提高了，85%的学生认为阅读范围扩大了，94.4%的学生觉得在阅读课上获得了知识，84.5%的学生提高了语文学习的兴趣，90%的学生认为老师提示的阅读方法对培养自己的阅读能力有帮助，61%的学生希望老师对作品中的难点给予阅读指导。这一组数据说明，设置阅读课受到学生的欢迎，对学生的精神家园的建设起了积极的作用，设置阅读课是必要的，可能的。当然，我们要继续调整、补充和完善阅读书库，开展生动活泼的阅读活动，探索有效的阅读指导方法。

列入课表的不仅有阅读课，还有选修课，由初中语文老师自己承担。开设的选修课以名家名作为主，如欣赏贾平凹、毕淑敏的散文精品，讲《红楼梦》，介绍著名的童话作家和作品，有的老师带着学生欣赏英国悬念大师希区柯克的著名电影，有的老师在选修课上辅导学生提高朗读水平……

在写作上，坚持两周一次大作文，每周一次练笔，初中高年级，除练笔外，还要求摘抄一段文字，自作评析。

教育要面向现代化，离不开教育手段的现代化，我们在1999年8月开始了计算机辅助语文教学的课题研究，现正在六（5）班和七（5）班试验。虽然还在起步阶段，我们也有一些体会。

首先，由于计算机具备多媒体的集成性和信息的多维性，能为语文课创设更好的情境，突破难点，它独具的视听效果增加了语文课的魅力。

其次，培养和发展学生对信息的辨别和提炼能力。在发动学生作语文课件时，学生会检索到大量的信息，必须筛选、组合，才符合要求。这个过程不但培养了学生辨别和选择的能力，而且会逐步体会到信息不一定是知识，要有化信息为知识、为智慧的本领。要在人机之间的交互作用中，掌握学习的主动权，这样有利于学生个性化的学习和创新思维的培养。

再次，有利于形成一种新的教学模式——合作教学。当学生自己能从

探索之路 北京景山学校在"三个面向"指引下的教育改革

电脑中检索资料理解作品时,教师不再是知识的化身,教师和学生共享学习资源,教学活动可以通过师生对话合作来共同完成,这是一种互为主体、互动的过程。那么,教师的作用如何体现呢?教师在搜索信息、整理信息、评析信息方面比学生有更高的素养,依旧能发挥自己的作用。

初中语文教学改革的情况大致如此。在高中阶段,多数学生将来是学理工的,课程多,高考压力大,谁也不能无视高考指挥棒的影响,但老师们加强阅读的基础、突出写作中心的思想是明确的。

在加强阅读方面大致有如下几种做法。

1. 在课前讲话的几分钟里,由学生介绍自己读过的作品并作简评。

2. 老师推荐名著,学生限期读完,召开全班的文学作品分析欣赏会,由学生轮流上台主讲。我们推荐过《复活》(托尔斯泰)、《高老头》(巴尔扎克)、《悲惨世界》(维克多·雨果)、《牛虻》(爱捷尔·丽·伏尼契)等作品。

3. 假期布置书目,开学学生交读书笔记。

4. 每周的练笔本上要有读书的摘抄,学生自行选择内容,但要做简析。

5. 开设列入课表的选修课,向高中生介绍古今中外的文学名著,如《论语》、《儒林外史》、《复活》、《雷雨》、老舍的作品等。

6. 结合教材来扩大阅读。

(1) 对教材中的长篇节选,老师要求任择其一,通读全书,并写读书笔记。

(2) 学习《纪念刘和珍君》时,教师印发有关资料:朱自清的《执政府前大屠杀记》,鲁迅的《无花的蔷薇之二》、《死地》等。

(3) 学习新诗单元后,教师要求学生每人选一首新诗向全班朗读并作介绍点评,也可以介绍自己的创作。在此基础上,印发郭沫若的《凤凰涅槃》,由教师主讲,看中央乐团的演出录像,然后全班排演,效果很好。

(4) 学完散文单元后,要求学生任择其一,或自选美文,自选音乐,每人交配乐朗诵的录音带，全班交流，评出等级。

(5) 通过比较阅读来扩大阅读。学《荷塘月色》时，印发不同时代不同作家笔下关于荷花的诗句、文章片段，通过比较，深刻领悟朱自清笔下的荷花的意蕴。学习《守财奴》时，印发《儒林外史》中的严监生临终的片段，《死魂灵》中的泼留希金的片段，让学生领悟世界文学史画廊中三个吝啬鬼的异同。学习《雷雨》时，以周朴园对鲁侍萍的始乱终弃，和《复活》中聂赫留道夫对玛丝洛娃的态度作比较。这种比较阅读不但可使学生多读名著，还能在不同作品不同人物的比较中发展思维能力。能发现不同作品不同形象二者之异，就能使学生的分析能力变得精细；而探求二者之同，就能使学生的综合能力得以提高。

(6)为缩小学生和有的教材的时代差而向学生介绍相关的文学作品或影视作品。对一些年代久远学生易产生隔膜感的教材，在讲解时代背景时，引入相关的作品以使学生感受那个时代的气息，使他们有置身其中的感觉。要了解汪曾祺的《胡同文化》，就向学生介绍京味小说及相关的影视作品。学生是难以理解茨威格的《世界最美的坟墓》中那"逼人的朴素"所引起的灵魂的震撼的。教师向学生介绍《托尔斯泰传》及《复活》等作品，了解了托尔斯泰的伟大，也就理解了伟大与朴素的强烈对比中产生的那种震撼人心的力量了。

在写作上，除两周一次的大作文外，高中生的练笔坚持到高三上学期。课下完成的练笔要有一段（或篇）摘抄和简评，还要完成一篇文章。

景山学校提倡小学写"放胆文"，初高中学生的练笔，就是"放胆文"在中学的延续。在中学，除了放题材，还要放思想，到了高中，主要是放思想，形式上也放。中学生可以在练笔中写诗歌，写武侠小说，写小小说，也可写散文，写鉴赏文字，总之，天高任鸟飞，海阔凭鱼跃。长大了，中学生对学校、家庭、社会、天下大事都有自己的看法；他们还有自己的困惑与焦虑，喜悦与苦恼，所爱与所憎；甚至他们要和自己对话，拆去心园的栅栏，卸下面具，真实审视自己。这些都需要有一个宣泄的渠

探索之路　北京景山学校在"三个面向"指引下的教育改革

道,而练笔正是适应这种精神需要的好形式。这种练笔就是他们的心灵领地,精神家园,真实地记录了他们的心路历程。读这样的练笔,是老师们的享受。我们创设了宽松而和谐的氛围,对他们在练笔中的坦诚和信任,我们表示欣赏和感谢;对他们的问题和困惑,我们给予理解和帮助,对他们的意见或要求,我们接受或转达;对一些热点话题,我们平等对话,共同探讨;对他们在练笔中保密的要求,我们一定尊重。这样,在写练笔和读练笔的过程中,师生像朋友一样地沟通和交心。学生通过练笔,在学习写作技巧和语言时,也在学习做人;老师在指导练笔时,也在塑造学生美好的心灵,培养他们健全的人格,同时,向学生学习,净化自己的灵魂。

还有的老师自己也写练笔,每星期一,学生把练笔交给老师,老师把自己的练笔交给学生,让班上练笔写得最认真的学生批阅,写评语。为了得到这种殊荣,同学们的练笔一次比一次认真,写作水平明显提高。周末,老师把练笔本发给同学时,也取回自己的练笔本,收获了那么多的理解与关爱。

练笔中还有一项是摘抄和简评,这是高中生必须完成的。摘抄即摘录所读作品的片段或全部,随即作出简要的评析。这是一种读写结合训练的好方式,既能扩大学生的阅读面,又培养学生的鉴赏能力。简评之初,多出现"好"、"妙"、"这篇文章太好了"之类的话,反映了学生在阅读初级阶段的特点:隐隐约约、朦朦胧胧的总体感觉,是接触作品的第一印象。这种"初感"是最可贵的,却是不够的。继之,我们要求学生对摘录内容的局部或整体作具体分析、鉴别和品味,进而把握其底蕴,要知其然,更能知其所以然。从文学的接受理论看,作品是作家和读者共同的产品,阅读不能停留在对精彩语句的圈点和品味上,不能停留在对作品巧妙构思的叹服上,而要独立思考,作出自己的阐释来,更要在文学作品的"空白"处,发挥自己的想象,参与作品的创作,这对培养学生的创造性思维大有好处。如马克·吐温的《丈夫支出账单中的一页》是小说,全文才七行,每行只有丈夫支出的一笔账目,为读者留下了极大的想象空间。

■ 做实践"三个面向"的开拓者

学生把每笔账目都看成一个信息，一个窗口，从中窥见一幕幕精彩的好戏，一个个未出场的人物，于是极具个性的各种"版本"的"账单"故事纷纷登台。他们从中懂得了一个道理：阅读不是被动的接受，而是一种创造。当然，创造的翅膀只能在作品可能涉及的领域翱翔，否则将导致阅读的随意性和作品的不可知性。在这样的摘抄和简评中，学生获益匪浅。

除正规的作文训练以外，单就练笔这一项看，每个初中生每学期写练笔10—15篇，每篇按500字计算，初中四年，每人练笔达100篇左右。高中生每学期练笔10—15篇，每一篇按1000字算，每人练笔60篇左右。每班以45人计，每位老师要为练笔付出多少时间，多少心血，要写多少评语，要作多少个别辅导！但老师们对自己的超量付出无怨无悔，因为我们要托起明天的太阳！

学生的好文章多半出自于练笔，据不完全统计，我校中学生公开发表的文章近2000篇，在各级各类作文竞赛中，多次获奖。现在我们学校是全国《中学生优秀作文》和中国首家中学生精品月刊《作文通讯》的编委校，多位语文教师担任过两个刊物的编委。很多老师组织学生编印自己所教班的作文选，有的班作出电子作文，作文光盘。现在，学生的文学社团也有了自己的出版物——《校园文学》。

"文革"后的二十年中，我们作了上述努力，但有些很有意义的语文教改试验项目因中考高考的影响中断了，终止了，十分遗憾。

其一，是初中语文的教材建设。从1979年到1983年，我们自编了初中语文教材五册，到初三下学期用统编教材，作中考适应性训练。五册课本共选文188篇，其中95篇是从未进入过教材的文质兼美的好作品，此外还使用我校自编的文言教材。这套教材是按阅读为基础、写作为中心的指导思想来编的，要求能在初中时学生达到读写能力基本过关。进行过两轮试验，效果是好的，中考成绩在东城区保持第一、二名。

第一轮试验中，有一个班42人，三年中，有22人次的作文在报纸、刊物上发表。第二轮实验中，一个班40人，四年中有26人次的作文公开发

表。1983年，我们参加了中考，为检验试验效果，在东城区语文教研室的协助下，曾抽取我校和东城区某一重点中学（用统编教材）各30份作文卷作过比较，统计数字如下。

	用我校教材的	用统编教材的
优秀率	73.3（22人）	56.6（17人）
最高分	48分（满分50分）	47分
最低分	30分	36分
错别字	共46个	共61个
病句	共11句	共50句
文章中心不明确观点含糊的	3篇	7篇
文中所记事例与中心不一致的	1篇	4篇

我们在使用中也发现些问题，如听说训练散见于各单元中，缺乏明确的序列，写作训练不够系统，学生活动形式不够丰富等。这套教材是当时主抓语文的副校长和三位语文老师全部用业余时间和假期时间编的，疏漏之处在所难免，在中考的压力下，集中不了相应的人力作全面的调整和修改，试验便终止了。

其二，从1987年到1989年，在学校的支持下，有的老师对语文教学进行了更有前瞻性更富创新精神的教改试验，从七年级开始，抛开统编教材及其规定的训练路径和方法，以"学"为依归，以学生的内在需求作支撑点，以语文实践活动作为教学的"版块"（结构形式），以道德启蒙、自然科学启蒙、文学启蒙为旗帜，来进行教改。

其中，比较大的实践活动有这样几次。

1.书写北京最美的一条街（东四到西四）系列作文。组织两支采访队伍，走访方方面面的生人熟人，自己读有关材料，写出一组作文专辑，汇编成册。因为采访的文化信息密集而浓郁，学生受到人文精神的涵育。

2.从写科学常识到创作科学小品的系列作文。让学生读相关资料，用

做实践"三个面向"的开拓者

简明语言概述一条科学常识,用想象用文学语言写科学小品。有一篇写水螅的文章曾被带到国际会议上交流展示。

3.书写下一个龙年(2000年)的人生幻想系列。让学生以少年公民的身份,思考未来的人生与社会,加速其思想成熟过程。这次活动对师生、对家长震动大,作文质量高。并相约封存稿子,于下一个龙年重读。

4.大量阅读名著的系列作文。教师组织学生用两个多月的时间在课上读课外书。学生咀嚼着名著世界的珍馐美味,摘录,作札记,思考。教师定期组织检查、交流和讲评。这次活动式教学的主题是:庄严的思考和选择是人生的真正开端;塑造坚韧而美丽的灵魂;夺取人生最高的立足点。养成的语文能力是:养成读书思考的习惯;养成读书做笔记的习惯;能用各种表达方式表情达意,议论能力提高更快;大量吸收了精美的语言。

5.文学启蒙的教学活动。分杂文、散文、诗歌等门类印编文学教材供学生学习。

6.自然科学的启蒙教育活动。组建生物小组、天文小组、开展局部的自然科学启蒙,通过论文和科学小品的写作使自然科学和语文教学有机结合。

这些实践活动,贯穿了两条线索。

第一条,是显性的,即根据学生精神需求来确定语文教学版块式的实践活动,放弃正规课堂教学模式。能让语文学习和学生的心灵成长同步进行,受到普遍欢迎。

第二条,是隐形的,即根据系统全面地培养语文能力的需要来进行训练。其中有:从实用语料中筛选信息,组合信息的能力,用各种表达方式表达精神成果的能力,学习语言精华提高语言表达能力,提高对作品的鉴赏能力等等。

这是现代文教学的部分。古文部分用人教社版的《文言读本》(上下册,系当时全国重点高中的语文实验课本)为主,融进初中统编教材的文言课文。从六年级开始到八年级结束,每周约用2/5的时间,效果也很好。

探索之路　北京景山学校在"三个面向"指引下的教育改革

这样的语文教学，既体现了语文教学的人文性，又体现了语文教学的工具性。在这样的语文教学中，学生的需要，特别是精神需要，是语文教学的生命线。顺之则生，逆之则会半死不活，停滞不前。在这样的语文教学中，师生围绕同一话题，都写文章，互相批改，乃至双方讨论，形成口头与书面的双轨交流和对话，师生关系空前密切而平等，双方始终处于感奋而憧憬的氛围中，师生心灵和谐共振，互相感染，使语文教学过程成为互相欣赏、创造互动的过程，体现了语文教学要以人为本，以人的健全发展为本的思想。

可惜，这么好的试验因为中考而中止，实验班解散了。

其三，1978年—1980年，我们在高中也进行一轮以作文为中心的大单元教学。我们按照适当集中、适当调整、适当增加、适当提高的原则，对统编教材作了处理：删去一部分，补充一部分自编的名作精品，按文体把高中几册书中的记叙文、散文、说明文、议论文集中起来（加上新增加的）编成大单元进行以阅读为基础，以写作为中心的大单元教学。大体上是这样安排的：高一上记叙文，高一下散文，高二上说明文，高二下议论文。说明文、科学小品、论说文的补充量大。古文分四个单元，安排在四个学期，除用统编教材中的古文篇目，还作补充。

进行大单元教学，每个单元约占半个学期左右，各单元教学一般安排三个基本步骤。首先是导入，帮助学生了解本单元的特点，和初中教学要求的差别。其次是教材学习，全面展开教学细目，引导学生学习在高中层次上的教学内容，既要扩大阅读（比统编教材的篇目多），又要突出写作中心。再次，是总结。大体包括检查自我学习的情况（主要是读写两方面的得失），同时系统地整理本单元所学知识，完成从感性到理性升华这两类内容。

统编教材的编排特点是"小而全"，一册书中各种文体面面俱到，浅尝辄止，不同年级教材的难易度也不易区分。而大单元教学可以扎扎实实的按文体特点一类一类的指导读和写，一个一个地攻克读写中的难关，经

■ 做实践"三个面向"的开拓者

过这种严格而有序的读写训练，绝大部分学生达到了预期的要求。进行大单元教学更有利于培养学生的语文能力。诚然，语文能力包括听说读写四个方面，但在高中语文教学中，对这四个方面不能一视同仁，要强调读写能力，突出写作的中心地位，因为这是母语教学。王充在《论衡》中也把"能精思著文，连结篇章"看作求学的最高境界，所以在大单元教学中把写作放在中心地位加以强调，就能把教学中最难、最关键的一环把握在手里，比较顺利地打开整个教学的局面。有的教材能为学生输送多方面的"营养"，以启迪智慧、开阔思路、净化心灵、志存高远；有的教材可作模仿借鉴的对象，通过写作这一目的性、创造性和实践性极强的活动，把学生吸收知识、培养能力、发展创造性思维结合起来，从而提高兴趣，增强学习的主动性，全面提高语文素养和能力。

通过两年的试验，全年级出作文选两本，每班出作文选一本，共六本。对这样的大单元教学，家长学生反映很好，1980年的高考也取得骄人的成绩。这个实验在高考压力下只进行了一轮就终止了。

41年过去了，历史已直入21世纪。今天，我们回首向来处，审视自己走过的足印时，深有感触。

60年代初，在把语文课上成文学课，或强调政治挂帅时，我们的老校长方玄初同志就明确提出语文是工具，但不是一般的工具，是思想性很强的工具。现在，这已是大家的共识，在强调阶级斗争的年代里，这种提法是冒风险的，这种认识设定了我校语文教学改革的轨道。用今天的话来说，语文是工具性和人文性统一的基础学科，语文教学要满足学生的精神需求，使学生的语文学习和心灵同步进行，只管知识、只管能力而不顾及人生和思想感情的语文教学，不是我们理想的语文教学。如果这的确是涉及语文教学的本质的话，那么，我校这41年的探索是有价值的，有些经验有普遍意义。这使我们想起叶圣陶在1922年的《小学国文教授的诸问题》中的一段话：

"……

探索之路　　北京景山学校在"三个面向"指引下的教育改革

第二，须认定国文是发展儿童心灵的学科。……儿童所以需要国文，和我们所以教儿童以国文，一方面在磨练情思，进于丰妙；他方面又在练习表出情思的方法，不至有把捉不住之苦。这两方面，前者为泉源，为根本，所以从事开浚和栽培，最为切要。切要的一步既然做到，自然联带及于后者，才研究到种种形式的问题。倘若观念颠倒，以为一切讲习作述，就是国文教授的出发点。于是种种功夫都成空渺的劳力；在儿童唯感这是并非需要的学科，即不努力亦无甚损害……发展儿童的心灵，务使他们情绪丰富，思想绵密，能这么做，才是探源的办法。顺次而训练学生的语言，使其恰当所思，明显有序，最后乃着力于记录写述等形式的方法……"

叶老的这段话，精辟地论述了语文教学的本质问题，也是对工具性、人文性之争的一个回答。根据语文是有很强的思想性工具的认识，我校提出了集中识字，精读名篇，以写作为中心来安排语文教学的整体改革思路，取得的成绩曾使国内外瞩目。今天，在教材教法作文训练等诸方面有不少变化，因为发展是以继承为前提的，而继承不是克隆。世易时移，守法不变只会使我们的改革陷于僵化而无生命力。遗憾的是对"文革"前六年的试验还缺乏系统而全面的总结，有些试验项目因种种原因而不能恢复。

以教学改革试验起家，以教学改革为己任的景山学校，邓小平生前寄予很大希望的景山学校，在新世纪开始的时候，必须在语文教学改革中确立自己的地位，作出自己的新贡献。

（2001年5月）

做实践"三个面向"的开拓者

在庆祝北京景山学校建校40周年大会上的讲话

尊敬的各位领导、各位来宾、老师们、同学们：

今天，我们欢聚一堂，庆祝北京景山学校建校40周年和邓小平同志半身铜像揭幕仪式。我代表全校干部和师生向各位领导和来宾表示热烈的欢迎和诚挚的感谢！

北京景山学校是由中共中央宣传部于1960年春创办的一所专门进行中小学教学改革试验的学校，今年她已进入不惑之年。

回顾景山学校40年的历程，是坚持社会主义办学方向、坚持教改的40年，是融古今中外百家之长，走继承、借鉴、创新之路的40年。1978年党的十一届三中全会的胜利召开，使景山学校获得了新生。"文革"中被迫中断的各项教改试验逐步得到恢复。特别是1983年国庆前夕，邓小平同志为景山学校题词："教育要面向现代化，面向世界，面向未来。"这是我们在新时期坚持教改的指路明灯。我们遵循"三个面向"的精神，制定了"全面发展打基础，发展个性育人才"的整体改革方案。在学制年限、课程设置、教材内容、教学方法、教学手段、考试制度、思想教育、劳动教育、发展个性特长教育，以及学校管理体制等方面进行了结构性的综合整体改革试验。我们参加了"六五"、"七五"、"八五"教育部级重点科

探索之路　　北京景山学校在"三个面向"指引下的教育改革

研课题的研究与试验；目前正在参加"九五"期间教育部级重点科研课题"21世纪中小学教育现代化的研究与实验"和教育部重点课题"运用现代远程教育为中小学实施素质教育服务"的研究与试验。

40年来，我校的各项改革试验都取得了可喜的成果和规律性的经验，得到了各级领导、社会各界、家长的支持和好评。对中国的基础教育改革起了积极的促进作用，做出了有益的贡献，在国内外享有一定的声誉。

北京景山学校是一个教学改革的"熔炉"。在长期的教改实践中，造就出一支具有一定教育理论水平和教育科研能力的骨干教师队伍，凝聚成了团结奉献、锐意改革的景山人的"景山精神"。形成了具有自己特色的办学模式和办学思想，概括起来，主要有以下六点：

一、景山办学的战略目标是：遵循"三个面向"的教育思想和国家的教育方针，探索中小学培养人才的教育规律，要出经验、出理论、出名师、出人才苗子，为发展具有中国特色的教育理论和教育实践做贡献。

二、景山办学的基本模式是：以"三个面向"为指导，"全面发展打基础，发展个性育人才"，为培养走向现代化，走向世界，走向未来的"四有"人才苗子、为学生的一生发展打好坚实的基础。

三、景山办学一贯坚持的方向是：全面贯彻党的教育方针，全面落实国家教育部的课程计划，开足、开齐课程，不随意加减课时，不允许节假日补课，不允许乱收费，不给教师下升学指标。我们强调教师精心备课，坚持向课堂教学要质量，向管理要质量，向教育科研要质量。

四、景山进行教改的基本途径是：融古今中外百家之长，走继承、借鉴、创新之路。

五、景山进行教改的基本方法是：把教育教学工作、教育教学改革试验和教育科学研究三者紧密结合，形成"三位一体"。

六、景山进行教改的基本保证是：建立一支具有共同教育理念，自愿献身教改事业的干部和教师队伍。

历史的经验和景山的教改实践充分证明，"三个面向"是中国教育改

做实践"三个面向"的开拓者

革和发展的战略指导方针,是景山学校坚持教改的旗帜和灵魂。我们要特别铭记的是,小平同志"三个面向"的题词将永远载入景山学校教学改革的史册,永远是我校坚持教改的指路明灯。我们全校师生对于小平同志怀有一种发自内心的特殊感情和真挚的敬仰之心。为此,我们在喜迎景山学校建校40周年之际,特意在校园内树立小平同志半身铜像,以表敬仰之心,以资永远纪念。

近一年来,我们在深入学习第三次全教会精神和江泽民总书记讲话的基础上,经过认真思考和研究,制定了北京景山学校21世纪办学的总体规划。基本思路是:

1.景山学校21世纪发展的总目标是:全面贯彻邓小平同志"教育要面向现代化,面向世界,面向未来"的教育思想,树立新的适应知识经济时代,以学生发展为本,为学生一生发展着想的教育理念,以提高学生素质为根本宗旨,以培养学生的创新精神和实践能力为重点,把景山学校办成国际一流的现代化的科学思想的摇篮、文学艺术的花园、社会正气的堡垒、身心健康的乐园。

2.景山学校21世纪的办学思想是:以"三个面向"为指针,继承、借鉴、创新,全面发展打基础,发展个性育人才。

3.景山学校21世纪的办学特色是:以先进的教育思想为先导,以教育理论为指导,以教改试验为基础,探索21世纪从小学到高中的人才培养的新方法。

4.景山学校21世纪的定位是:积极进行教育改革的试验学校,传播现代教育观念、教育技术和教改成果的示范学校,推动教育改革与交流的促进学校,在国内外有影响的国际化学校。

根据21世纪办学的基本思路,学校将从6个方面深化改革,努力攀登世界基础教育的高峰:

1.关于小学、初中阶段的改革。进行"小学、初中九年一贯"不分段的一体化的综合整体改革试验,进一步在学制、课程、教材、教法、考

探索之路 　　北京景山学校在"三个面向"指引下的教育改革

试、优秀学生跳级、思想教育、劳动教育、发展培养学生个性特长以及一体化管理体制等方面进行深化改革。深入探索九年义务教育阶段全面贯彻教育方针，全面实施素质教育，全面提高教育质量的新模式、新途径和新方法。逐步扩大初中毕业生直升高中比例，为全面提高九年义务教育质量提供新经验，做出新贡献。

2.景山学校的高中定位为大学预科，其任务是为大学输送合格的、有思想、有才华的高中毕业生。我们鼓励、支持学生冒尖，对有才能、学有潜力的特优生、特长生，允许他们超步学习，允许跳级。我们将鼓励高中学生提早确定自己文理倾向，提倡无论学文、学理都要把基础课知识打牢，从而发展、提高个性和爱好。为了更好地落实江泽民总书记提出的"教育是知识创新、传播和应用的主要基地，也是培养创新精神和创新人才的摇篮……"的指示精神，结合我校的优势和有利条件，我校将深化高中的课程改革，优化必修课，开发和加强选修课和活动课程。拟选定生命科学、信息科学、人文科学、管理科学以及综合的边缘科学作为培养拔尖人才的主攻方向。聘请名牌大学和科学院的专家、学者、教授为导师，安排必要的课时，以走出去、请进来的方式，进行专题研究和个别指导，培养高中学生的实践能力和创新精神，为大学培养高层次人才苗子，输送优秀高中毕业生。

3.景山学校将与北京的重点、名牌大学建立友好合作关系，并签订合作协议书。根据大学的要求和学生成长的志向进行重点培养，双方根据协议和双向选择的原则，按国家的有关政策和一定的测试结果向合作高校选送、推荐优秀的高中毕业生。

4.新世纪我们要深化改革，实现改革目标，关键是教师队伍的建设和全面素质的提高。为加快景山学校"名师工程"的建设，我们将从三方面采取措施：(1)景山学校教师要具有现代先进的教育思想，扎实的业务知识和使用现代化教育技术的技能，爱岗敬业和锐意改革的精神，要从传统经验型教师向学者型、研究型教师转变。(2)鼓励老、中、青教师冒尖，一马当先，鼓励优秀教师著书立说，对先进、优秀教师的教育教学成果及时在区、市、全国进行总结、研讨、推广。(3) 出版特级教师的专著，总结优秀教师的经验，不断推举新秀，优化教师队伍，形成合理结构，对优秀教师给予重奖，在晋级、职评、表彰、奖励、分房等方面优先考虑。

5.加大对校园网的投入和建设，加强景山学校校园网对全国的辐射作用，加强景山学校教师运用现代化教学手段，进行教学方法和手段的改革与试验。50岁以下的教师要人人用现代化教学手段和技术进行课件的开发和制作，50岁以上的教师要把自己多年的教学经验与青年教师一起研究，开发出教学软件，加快教学软件的开发，力争三年内形成有景山特色、便于操作、实用性强、能突破教学难点的教育教学软件系统，建立有景山特色的资源库，使景山学校校园网和现代教育技术在教育教学中的应用名列前茅，走向世界。

6.为了推进21世纪景山学校教育改革的步伐，必须建立一支有经验、高水平、懂教育、具有教育理论水平的教育科研队伍。为此，学校将采取在全国招聘、返聘、与科研院所合作等方式，加强和充实我校教育科学研究所力量，以保证21世纪各项教育改革试验项目在教育科研理论指导下，总结经验和取得成功，以保证我校21世纪办学总体规划的实现。

各位领导、各位来宾、老师们、同学们：

在我校规划21世纪办学总体思路和深化改革的过程中，值得我们骄傲和可喜的是：近两年来，我校21世纪办学思想已经在教职工的思想中产生共识，办学的新思路已经在教育教学中开始生根发芽。我们已经开始在某些教育教学领域探索出培养21世纪人才的新路，比如我校教材编写组编写的第四代小学语文、数学新教材，生物教研组进行的"探究法教学实验"，语文教研组进行的"教学组织形式多样化"的试验，计算机课进行"任务驱动试验"；比如高中进行的请名师、名家对数理化成绩优秀学生的指导，教师结合教学进行课件开发的制作，学生计算机爱好者协会参与学校机房改造、课件研制、班级网页制作等；比如鼓励支持部分学生走进

探索之路　　北京景山学校在"三个面向"指引下的教育改革

国家重点实验室,培养尖端科技后备人才的试验;把计算机作为学具,教师使用现代教育技术教学,学生使用现代教育技术学习;运用远程教育网为中小学实施素质教育服务等等。这些都为我校进行21世纪办学模式的改革和试验,提供了理论和实践的依据。我们将一步一个脚印,不断总结经验教训,不怕寂寞,不怕议论,任何干扰都不会动摇我们改革的决心。

北京景山学校的教改试验,一直得到中央和市区各级领导、社会各界知名人士、专家、学者和校友的关心和支持。为此,我代表学校特向他们致以真挚的感谢和崇高的敬意。并希望今后对我们的教改试验继续给予支持和指导。同时,我也代表学校领导向为景山学校教改40年来做出贡献的历任领导、教师、职工表示崇高的敬意和衷心的感谢!

值此世纪之交,继往开来之际,我们决心高举"三个面向"的旗帜,响应江泽民总书记的号召,在"'景山精神'+现代素质+教育科研"这种育人模式的推动下,全面推进素质教育,为把景山学校办成科学思想的摇篮、文学艺术的花园、社会正气的堡垒和身心健康的乐园而努力奋斗。

(2000年5月)

做实践"三个面向"的开拓者

为新世纪中华民族伟大复兴而育人

2000年5月4日现教育部部长袁贵仁同志与北京市人大常委会副主任陶西平等来我校参加北京景山学校与北大、清华等十所院校建立合作关系的签字仪式

1983年的8月,邓小平同志欣然为景山学校题词:"教育要面向现代

探索之路　　北京景山学校在"三个面向"指引下的教育改革

化,面向世界,面向未来。"今天,回眸改革开放以来教育战线所取得的令世人瞩目的成就,面对新世纪中国教育承担中华民族伟大复兴的历史使命,重温邓小平同志"三个面向"的题词,我们愈加体会到"三个面向"所蕴含的重大而深远的意义。

短短16个字,为我们正确解决教育领域里遵循传统还是锐意创新,以古为法还是面向未来,自我封闭还是对外开放,空谈政治还是服务经济等一系列教育原则问题作出了精辟的回答;

短短16个字,为我们正确处理教育与经济、政治、科技的关系,教育与传统文化的关系,教育与对外开放的关系,教育与本世纪发展的关系提供了基本思路;

短短16个字,为当今乃至下个世纪中国教育的发展勾画出了一条鲜明的轨迹;

短短16个字,就是景山学校进行教改试验的旗帜和灵魂。

2003年,作者接待来访的巴基斯坦总统夫人赛赫巴穆沙

做实践"三个面向"的开拓者

"三个面向"是一个相互联系、协调统一的整体,"三个面向"是邓小平理论的重要组成部分,其精髓就是为实现中华民族的伟大复兴培养人才。

江泽民同志在十六大报告中指出,教育是培养人才和增强民族创新能力的基础,在现代化建设中具有先导性全局性作用,必须摆在优先发展的战略地位,"科教兴国"成为实现中华民族伟大复兴的重大战略构想。正是在这个意义上,"三个面向"与"三个代表"重要思想以及科教兴国战略是内在统一的:它们统一于教育要大力弘扬先进的文化,统一于教育是推动先进生产力发展的不竭动力,统一于教育是最广大人民群众根本利益实现的促进与保障;中国教育只有服务于现代化,只有向世界先进教育水平看齐,只有为21世纪的国力竞争造就优秀人才,教育才有希望,中国才有希望。

今天,全国各行各业的建设者们正激情澎湃地将"三个面向"、"三个代表"、"科教兴国"思想和战略付诸实践,为中华民族复兴伟业建立功勋!

景山学校作为基础教育改革的一面旗帜,20年来,以"三个面向"为改革指南,与时俱进,致力教改,用新的理念改善自己的教育教学行为方式,取得了累累硕果,闯出了一条独特的育人之路。

按照"三个面向"精神,景山学校以教育科研为先导,以教改试验为基础,制定了"全面发展打基础,发展个性育人才"的整体改革方案和建设"现代德育工程,现代教学系统工程,现代教师队伍工程,现代校园大网络工程,现代新校舍工程,现代教育产业工程"六大工程。在学制、课程、教材、教法、考试、教育思想、劳动教育、发展个性特长教育以及学校管理体制方面进行了整体改革试验,形成了规律性的经验,为新世纪我国教育率先实现现代化探索出了一条路子。

按照"三个面向"精神,景山学校在全国中小学率先提出并且实行"小学、初中九年一贯制"学制改革试验,学生入学之后,从小学一年级一直学到九年级,小学和初中作为一个统一的学段,从学制、课程、管理

探索之路　北京景山学校在"三个面向"指引下的教育改革

等方面统筹安排九年义务教育阶段的教育教学活动，实行一体化管理，并且改革了原有的高中招生制度，实行部分九年级学生直升高中的方法，对全国的学制改革起到了积极的带头作用和推动作用。

按照"三个面向"精神，景山学校确立"九年一贯数学特长生的研究与实验"、"高中数、理、化、生培养优秀特长生的研究与实验"等18项科研课题，提出在初高中阶段特别注意在全体学生全面发展的基础上，对有才华、个性特长突出、有一定研究能力的学生，给予特别关注，允许他们超步学习，鼓励他们冒尖，为他们的成才创造有利的学习环境，允许个体差异发展，开发潜能，发展个性，形成了发展个性育人才的21世纪办学新理念。

走进21世纪，世界一体化步伐加快，我国加入WTO，在全面建设有中国特色社会主义小康社会的进程中，中华民族将实现伟大复兴，中国教育事业也面临前所未有的机遇和挑战。景山学校这颗璀璨的教改明珠在铭记昨日辉煌、今日灿烂的同时，又在教育现代化的修远征程中，上下求索。"三个面向"是邓小平同志建设有中国特色社会主义教育的核心思想，要真正贯彻和实现邓小平同志的教育思想，必须面对我国的社会主义发展和建设的实际，必须面对我国教育发展的实际，必须面对景山学校教育改革的实际。只有更新教育观念，树立现代教育思想，按照21世纪我国社会主义现代化对人才高素质的要求，对学生全面实施素质教育，景山学校才能面对世界、了解世界、学习世界、走向世界。

在面向未来的基础学校里，学生的现代文明与道德行为高度一致，并与学校的人文沃土紧密联系；面向未来的学校必须有优秀的教师队伍，以教师的人格力量去引导新一代的人格发展，以学校文化的底蕴去奠定新生代能力发展的基础。我国的教育改革任重而道远。实践证明，只有按照邓小平"三个面向"的要求深化改革，才能使我们具有现代眼光、世界眼光和发展眼光。教育是未来的事业，今天课桌旁的莘莘学子，将是21世纪世界舞台的主人。为他们设计未来，也就是为民族设计未来，为世界设计未来。

■ 做实践"三个面向"的开拓者

　　景山学校以而今迈步从头越的果敢与豪迈，以时不我待的紧迫感与责任感，将继续在"三个面向"的指引下，树立以学生发展为本，为学生一生发展奠定坚实基础的教育理念，以培养学生的创新精神和实践能力为重点，以提高学生综合素质为根本宗旨，深化教育改革，以信息化促现代化，继续为中国教育改革试验进行不懈地探索。

　　在新世纪，景山学校将进一步面向现代化，加大教育为现代化服务的力度，确立为21世纪我国经济和社会发展需要而培养科技拔尖人才打基础的教育观。

　　现代科学技术和传播手段的发展为广泛学习、借鉴世界文明提供了条件。景山将继续加大教育投入，把网络运用到育人的各个环节之中，让学生在一个更开放的环境中接受教育；同时，扩充现代远程教育网络，实现资源共享，不断增强教育的生机和活力，充分体现时代精神，不断增强开放性、灵活性和多样性，从而更好地适应经济发展和人民群众不断增长的更加广泛和多样化的教育需求。现代科技的日新月异也要求教育与之适应并超前发展。景山学校将提前灌输前沿科学知识与早期教育相结合，邀请生命科学等各个尖端领域中的知名专家为学生讲座，让学生们有序有计划地接触前沿的科学，从小培养学生们的科技创新精神和创新能力，从而使景山学校成为教育现代化的积极探索者以及国际一流的、现代化科学思想的摇篮。

　　在新世纪，景山学校将进一步面向世界，加强对外交流，吸收人类文明的一切优秀成果，借鉴世界上先进的办学经验和管理经验，提高我国教育的国际竞争力。

　　民族教育要走向世界，必须在教材上下功夫。为此，景山学校放眼世界，首先是"拿来"，选取世界各国先进的科学文化知识充实我国的民族教育内容，积极吸收国外基础教育的先进教学经验，并继承和发扬中华民族的优秀传统，形成具有中国景山学校特色的教材。其次是"请来"，邓小平同志多次指出："要利用外国的智力，把外国人请来参加我们的重点

探索之路　　北京景山学校在"三个面向"指引下的教育改革

建设以及各方面的建设，办教育，搞技术改造。"景山学校将直接利用外国人的智力，引入优秀人才，为学校的教育服务。景山学校在教材上所做的一系列大胆改革和试验，为我国教育改革提供了不可限量的典范作用，从而使景山学校为在新世纪发展具有中华民族特色的社会主义教育文化事业做开路先锋；

在新世纪，景山学校将进一步面向未来，着眼于孩子的未来和成长，使每个人的潜能得到充分开发与利用，个性得到充分体现与发挥，以最终实现先哲的"各尽所能"、"人尽其才"的理想，为建设祖国的未来输送大量优秀的人才。

一切以素质教育思想为先导，以教育科研理论为指导，以教改试验为基础，景山学校将继续积极探索21世纪从小学到高中直至高级学府专业性科研人才培养的新方法和新模式，"多出人才，快出人才，出好人才"；继续加强与北京大学、清华大学、中国人民大学、北京师范大学、北京外国语大学等十一所重点大学的合作与联系，采取各种学习和研究的形式，为知名大学及知名专业输送优秀学生。按照先进生产力的发展要求，朝着先进文化前进的方向，进一步探索基础教育与名牌大学最佳接轨的人才培养模式，使景山学校成为培养国际一流高科技人才的前沿阵地！

伟大的改革开放和现代化建设事业，正在向全世界展示出中华民族全面振兴的灿烂前景。景山学校将紧密团结在以胡总书记为核心的党中央周围，在认真执行党的教育方针的同时，更加全面贯彻邓小平同志"三个面向"的教育思想，努力实践"三个代表"，把景山学校办成国内一流、国际知名、人民真正满意的现代化学校；成为同学们热爱科学的摇篮，接受文学艺术熏陶的花园，练就健康身心的乐园；景山学校将继续努力攀登21世纪基础教育的高峰，创办人民满意的教育，为实现中华民族伟大复兴做出更大的贡献！

（2003年）

■ 做实践"三个面向"的开拓者

北京景山学校计算机教育20年的回顾与展望

　　北京景山学校是20年前在全国中小学中率先开展计算机教育的学校。1979年底，时任国务院副总理的方毅同志，为了支持景山学校的教育改革，将访问美国时带回的一台计算机转赠给景山学校。20年前的这台计算机，用我们现在的眼光看，它只相当于10年前风靡一时的学习机，但在当时，对于我们学校来说却如获至宝，有着多年教育改革经验的游铭钧校长，面对这样一种全新的教学设备，面对教师中无人会计算机，请来具备一定英语翻译能力的、退休在家休息的章淳老师，与我校几位数学教师一起攻关，研究这台计算机的操作及使用功能。可以肯定地说，这是我国中小学中第一台用于教学的计算机，景山学校的计算机教育工作就从这时起步。

　　在章淳老师和我校沙有威、郭善渡几位老师的共同努力下，很快掌握了计算机的性能和使用方法。为了普及计算机的教学，游铭钧校长决定组织部分优秀青年教师成立计算机工作小组，筹备景山学校计算机教育的开创工作。这是我国在中小学校成立的第一个由专职教师组成的计算机小组。为了逐步推进计算机的教育，面对当时计算机教师缺乏、计算机数量少的实际情况，1979年底，学校决定先在高中一年级成立计算机活动小

95

探索之路　　北京景山学校在"三个面向"指引下的教育改革

组。1981年,我校花8000元购置了一台TP单板机,这是我校第二台电子计算机,该机固化了BASIC语言。为此,学校在初中和小学又成立了计算机活动小组,三个小组的成员按活动时间学习BASIC语言。可以说,这些同学是我国第一批学习计算机程序设计的中小学生。1985年,我校学生余晨在首届全国中小学计算机程序设计比赛中取得优胜奖,并应美国苹果计算机公司邀请到美国参观、交流。余晨同学取得的成绩与早期参加计算机小组的学习和训练密不可分。此后,景山学校计算机教育和各项活动在全校有计划的开展起来。

1983年,敬爱的邓小平同志为我校题词:"教育要面向现代化,面向世界,面向未来"。1984年,邓小平同志提出:"计算机的普及要从娃娃做起"。为了落实邓小平同志的指示精神,学校在当时旧校舍条件十分艰苦、用房十分紧张的情况下,挤出两间教室建设机房。由于我校计算机教育起步早、普及面大,有一定的实践经验,在1982年、1984年、1986年由教育部、中国科协、北京市教委、东城区教育局等单位举办的先后三次计算机教育经验交流会上,我校都作了经验介绍和公开课。1984年5月,我校将计算机工作小组正式改为计算机教研组。1984年9月,我校计算机教师将计算机教学的经验编成教材《微电脑学习手册》正式发行。1985年,我校率先在全国中小学中开展LOGO语言程序设计教学。1986年9月,景山学校青少年计算机爱好者协会成立。1987年9月,宋庆龄基金会捐赠我校10台PC机,我校计算机教学从使用8位机向16位机过渡。1990年,我校建成10兆以太网。1992年,我校与长城计算机公司共同研制的计算机辅助教学软件《化学题库》获奖,成为我国中小学第一个商品化的大型题库软件。

1993年,我校搬入新校舍。为了适应新的形势,迎头赶上国际先进水平,实现教育教学手段的现代化,不断推进和保障信息技术教育的开展,崔孟明校长决定改造学校原有的计算机教学的设施和环境,投入人力和资金,在校园外界网络条件不具备的情况下,先建设校园内部的光缆网络。

■ 做实践"三个面向"的开拓者

1995年底,我校在全国中小学中率先建成了"校园信息高速公路",实现了全校联网,并先后与中国教育科技网、国际互联网联网,建立了图书馆、专业教室、学校办公等多媒体计算机系统,全校各教室都可以使用光盘、磁盘、录像带等辅助手段开展教学,为教育手段的现代化创造了必要的条件和环境。

大力发展远程教育是信息技术发展给学校提出的新的课题,是深化教育改革的重要任务,是对传统落后的、几十年不变的、被动式的教学方式方法的一种冲击,也是发达地区的教育向边远贫困地区传播教育理念、办学特色、教学经验、教学方法与教学手段的重要责任。为了发挥我校的优势,把景山学校优秀教师的课堂教学通过网络传播到各地,让全国不同地区的孩子同样接受景山学校教师的指导。1996年,我校与泰德集团合作,成立了景山远程教育网络技术有限公司,经过几年的实践和探索,在泰德集团的大力支持和配合下,景山远程教育网逐步形成了有自己特点、受各界重视、家长和学生较为欢迎的网络学校。1998年,我校品学兼优、有计算机特长的李依婷、田韬两位同学代表中国青少年参加在美国举行的"全球青少年网上论坛"高峰会议。1998年,学校决定在六年级成立"以计算机为学具"的教学试验班,率先将计算机和网络引进教室,开展各学科以计算机为辅助手段的教学方法的改革试验。1999年暑假,学校同意计算机爱好者协会部分同学在计算机组老师带领下,自己购置配件、将一个计算机教室的54台486计算机改造升级为相当于奔腾Ⅲ计算机,为学校节约20多万元。到2000年10月止,20年来,我校同学在各级各类计算机竞赛中有一千多人次获奖。

回顾20年来景山学校计算机教育所走过的道路,我们深深地体会到:

一、学校的校长和领导班子必须站在"科教兴国"、为21世纪培养创新人才的高度,与世界教育发展同步的高度来认识信息技术教育在学校各项工作中的重要地位。通过20年的艰苦奋斗和不懈探索,我们的计算机教师队伍不断壮大,我们的计算机设备逐步更新,我们培养的计算机创新人

探索之路　北京景山学校在"三个面向"指引下的教育改革

才不断涌现，硕果累累。如果没有从游铭钧校长到崔孟明校长对计算机教育的重视以及全校师生坚持不懈的努力，就不会产生一系列的开创和持续不断的发展，计算机教育就不可能取得如此巨大的成绩。

二、教师是推进信息技术教育的主力军。光有学校领导的高度重视是不够的，没有教师的参与，要推进信息技术教育就成为一句空话。20年来，我校在推进信息技术教育的过程中，注重教师队伍的建设，从开始建立计算机专职教师队伍，对教师学习计算机进行培训，为教师办公配备计算机，为教师制作课件配备专门教师，把掌握信息技术作为教师任职的条件，定期进行优秀课件的评选、发奖，聘请青年教师担任网上教师，开设虚拟教室，鼓励教师运用现代化教育技术改革课堂教学等等，20年来我校建立了一支既懂计算机，又能自觉把计算机作为教学工具的优秀教师队伍。

三、现代信息技术对传统、陈旧、落后的教学内容、教学方法、教学手段、教学目的和培养方式等产生了巨大的冲击。这种冲击是潜移默化的，它与观念的转变、现代教育技术水平的不断提高、学校改革的力度和氛围以及学校工作导向等相互联系，相互依存。不论承认与否，传统落后、陈旧的教育模式、教学内容、教学方法总要被先进的教育思想和方法代替，就如同我们不能不承认现代信息和高科技的发展推动了世界的发展与变化一样。当然，这种发展和变化不是几天就可以突变的，它需要一个过程，因此我们要抓住过程，大胆去实践，去探索。

四、必须把软件建设作为学校信息技术教育的头等大事，高质量的校园网络和计算机硬件只是信息高速公路的路和车，没有教育软件只能空驶。多年来，我们制定了软件发展的规划，组织师生制作和购置国内外优秀软件，充实了学校教育资源。但我们仍然感到要继续加大软件的开发力度，以适应信息技术教育的不断发展。

五、20年来，景山学校计算机教育的发展，离不开国家、北京市、东城区各级党和政府的关怀和社会各界的支持，如果没有方毅副总理支持我校教改赠送计算机，景山学校的计算机教育就不可能有这么迅速的发展。

■ 做实践"三个面向"的开拓者

如果没有中国改革开放的总设计师邓小平同志的题词和指示,我们的思想和眼界就不可能这么开阔。如果没有北京市、东城区政府和社会各界的关心和支持,就不可能有景山学校计算机教育的成果。

回顾过去,是为了更好的展望未来。

最近,教育部召开了全国中小学信息技术教育工作会议,教育部决定从2001年起,用5到10年左右的时间,在全国中小学基本普及信息技术教育,全面实施"校校通"工程。陈至立部长在讲话中指出:我们应增强紧迫性,在基础教育的改革中,把培养学生应用信息技术的能力放在重要位置,加快对信息人才的培养,迎接信息化发展对基础教育的挑战。根据教育部的指示精神,结合我校跨入21世纪信息技术教育发展的步伐,学校制定了2000—2005年教育发展规划,其中信息技术教育的发展规划作为学校改革发展的重中之重,并以此推动景山学校新一轮的改革高潮,景山学校21世纪信息技术教育的规划和思路是:

1. 2001年,用半年的时间,改造和提升原有景山校园网,经过改造成为具备国际先进水平的多媒体宽带网,为信息人才的培养,迎接信息化发展对基础教育的挑战,把信息技术教育有关内容,如录音、录像、光盘、课件、题库、软件等进行归纳整理,为景山学校信息技术教育面向世界打好基础。

2. 2001年底完成景山学校信息资源库的建设,为课堂教学模式及课堂教学内容、方法、手段的改革,提供良好的条件和资源,用跨越式发展的思路全面推进素质教育,实现景山学校新的跨越式的发展。

3. 用2到3年的时间,积极开展信息技术教育在课堂教学、课外活动、选修课程、科技活动、学生教育等方面的科研与探索。如:信息课对传统教学方法和教学模式影响的探索与试验;培养中学生科研意识和动手能力的探索与试验;将"计算机作为学具带进课堂"的课堂教学模式的探索与试验。

4. 在景山学校校园网改造和升级的基础上,加快与泰德集团合作与发

探索之路　　北京景山学校在"三个面向"指引下的教育改革

展的步伐，主动寻求国家卫星电视网络、计算机网络和电信网络的支持与合作，探索一条有景山特色的、把网络教育与传统的课堂教学、电视教育等多元教育手段有机结合的新型教育模式。发挥景山教育资源的优势，把景山远程教育网办成最优秀的中小学教育网站，联合优秀学校实现网络资源共享，为贫困地区和西部开发、为我国远程教育的发展作出贡献。

5.鼓励教师结合课堂教学进行课件的制作和开发，该项工作列入每学期学校工作计划，加大表彰奖励力度，并对冒尖教师给予重奖。

今天，总结20年来计算机教育的成功经验，展望21世纪景山学校信息技术教育发展方向，深感我们肩上的责任重大，深感信息时代需要教育的改革和创新，深感信息时代需要大批具备信息素养和具备信息处理能力的新型人才。为此，我们将继承和发扬景山学校计算机教育20年所取得的成功经验，落实"全国中小学信息技术教育工作会议"的精神，落实北京市提出的率先实现首都教育现代化的目标。我们全校师生决心高举邓小平同志"三个面向"的伟大旗帜，团结奋斗，坚韧不拔，扎扎实实地推进景山学校信息技术教育的步伐，努力实现学校教育从"应试教育"向培养学生创新精神和实践能力的素质教育转变，从传统、陈旧的教育内容和方法向集体化教育与个性化学习相结合的模式转变，为实现景山学校制定的21世纪办学目标，为把景山学校办成国际一流的，传播现代教育观念、教育技术和教改成果的示范学校而努力。

(2000年12月26日)

做实践"三个面向"的开拓者

坚持景山语文教学特色　创造语文教学新经验

■ 现在怎么想？

第一，总结景山学校语文教学改革41年的经验和不足，其目的是为了迈入新世纪、迎接新世纪对教育的挑战，发扬"景山人"敢想、敢做、敢拼，走自己的路，让人家去说的大无畏精神，向陈旧、落后、死板，不能引起学生学习兴趣的教学内容、教学方法、教学手段展开挑战。探索新世纪语文教学的新思路、新规律、新方法、新经验。

第二，语文是生活、学习和从事各种工作必须掌握的基础工具，对学生一生的成长产生影响。

一个人不会讲话，写不出流畅的文章，读书不畅达，听话不得要领，没有良好的语文素养，怎么能适应现代社会的需要？未来社会是一个更加开放、人际交流更加频繁、信息产业更加发达、物质文明和精神文明水准更高的现代社会，如果我们的学生不能正确地使用祖国的语言文字，不能在使用语言过程中得体地表现自己的思想，怎么能为社会主义现代化建设贡献力量，怎么能全面、准确地学会或掌握现代高新技术？

第三，语文教学改革是基础教育改革的奠基工程。

探索之路　　北京景山学校在"三个面向"指引下的教育改革

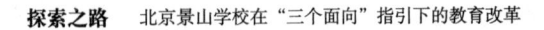

语文是工具性和人文性统一的基础学科，语文教学不仅是要教给学生识字读书，还要满足学生的精神需求，使学生的语文学习和心灵感染同步进行，只管知识、不顾及人生和思想感情，不注重能力训练的语文教学不是我们理想的语文教学。在深化教育改革的进程中，我们面临方方面面的改革问题，在众多的改革项目中，课程改革是核心，而课程改革中首当其冲的是语文教学改革。语文是生活、学习和从事各项工作都必须掌握的基础工具，语文课是学好其他课程的基础课程，语文教学内容、形式和方法的陈旧落后，必然会阻碍和延缓其他课程的改革。

■ 基于以上的想法，现在怎么做？

景山学校要继续走要继承、借鉴、创新之路。在今后5到12年语文教学改革方面，我们的思路是：总结继承集中识字、精读名篇和以写作为中心的语文教学传统，逐步建立新世纪景山学校从小学到高中的语文教材体系，加强对各段学生语文教学质量的检查和评价，形成景山学校小学、初中、高中语文教学的新特色。

具体做法是：

第一，继承景山学校语文教学的特色，比如小学的集中识字，以写作为中心的"放胆文"训练和名家名篇的阅读与背诵；如中学古诗文的阅读与背诵，名家名篇的精读和以写作为中心的练笔训练的经验；借鉴兄弟学校在语文教学方面创造的新经验和新方法，融百家之长，从中汲取有益的内容和方法。并在继承、学习、总结的基础上，不断取其精华，去其糟粕，探索有景山特色的21世纪功底扎实、内容丰富、学生喜欢的语文教学的新思路、新方法。

第二，建立景山学校语文教学改革的新体系。

1.加快景山学校小学语文21世纪新教材的编写和试验工作，并与音像公司、计算机公司合作开发与新教材相配套的图文声像结合的辅助教学的光盘及软件。

2.建立初中四年学制、符合国家初中《教学大纲》要求的、有景山学校特色的四年制语文教材编写组，尽快编写初中四年制语文学科的新教材。

3.建立景山学校高中语文教学的"校本课程"，该课程以国家及地方制定的课程纲要的基本精神为指导，依据学校的性质、特点、条件及可利用或开发资源，以学生发展为本，补充、丰富高中语文教学的内容，扩大高中学生语文学习的知识面，采取文史结合、文政结合、文学与艺术结合等多种学科综合形式，逐步形成景山学校的语文学科的"校本课程"，探索高中阶段语文教学课程改革的新思路。

4.在建立以上语文教学体系的过程中，注重教学手段、教学方法的改革。

第三，形成景山学校学生语文学习的新特色。

在语文学习方面，景山学校的学生应达到以下要求：

1.字迹端正，笔顺正确，结构合理，字体美观，能掌握和应用所学的生字，语文学习中的错别字很少。

2.能熟记课本规定和课外书籍中一批经过锤炼的诗文（各年级有确定篇目）。

3.养成阅读的习惯，读大量的、有益的名著名篇（各年级有确定篇目）。

4.作文语言通顺、生动，内容具体，有中心，条理清楚，有文采，每个学生都有机会在班级、学校、市、区乃至报刊、杂志上发表文章。

5.各阶段学生能达到正确、流利、有感情地朗读课文或报刊文章。

6.经过训练，每个学生能讲话流利，不带口头语，较准确地表达自己的心声和愿望。

7.能独立思考问题，敢于提出问题，有一定的分析能力和解决问题的能力。

第四，建立景山学校小学、初中、高中各阶段语文学习的终极目标及

探索之路　北京景山学校在"三个面向"指引下的教育改革

考核、评价标准，努力实现各阶段语文教学的大纲要求及对学生能力训练培养的目的。

■ 怎么保证语文教学改革取得成功？

1. 学校要进行教改试验队伍的重整。在信息时代，在深化教育改革，推进素质教育的时刻，为了深化景山学校的语文教学改革力度，学校将建立由学校总牵头，学者（聘请语言文字界知名人士）、专家（聘请教材专家和景山学校的著名教师）、在职教师（全体语文教师）和家长、学生组成教材研究、编写机构，并取得国家、市、区教育主管部门的支持。

2. 制定景山学校小学、初中、高中语文教学课程、教材改革的规划，以保证语文教学改革目标的层层推进，步步落实。

3. 要不拘一格，鼓励冒尖，加强改革试验阶段性的研究与工作进展的总结，及时反馈。

4. 保证语文教学内容、教学方法、教材编写等改革试验项目经费的投入。

5. 对在语文教学改革中做出贡献，敢为人先的教师给以表彰和重奖。

景山学校语文教学改革已经进行41年了，语文教学改革取得了一定的成就。我们相信：有景山学校语文教改41年的教学经验和成果为基础，有各级教育部门领导的支持，有良好的改革开放的蓝图，有学者、专家及社会各界的关心帮助，有全体语文教师的献身精神，有家长、学生的共同配合，我校的语文教学将会取得更多的、有益的经验，在教改的实践中也一定会涌现一批勇于献身语文教改事业的教师和出类拔萃的学生，我校的语文教改事业必将取得更大的成功！

(2001年)

做实践"三个面向"的开拓者

积极探索学校教育与排球运动相结合的新途径

——在中国中学生体育协会排球分会成立大会上的讲话

尊敬的全国政协周铁农副主席；
尊敬的中国奥委会名誉主席何振梁先生；
尊敬的各位领导、校长、代表们：

大家好！

受中国中学生体育协会的旨任，今天，我们在首届中国中学生体育协会排球分会主席校北京景山学校隆重举行中国中学生体育协会排球分会成立大会！首先请允许我代表首届主席校向亲临我们大会的各级领导，向来自全国各省市、自治区、特区的86所会员校，向各位代表和各新闻单位表示热烈的欢迎和衷心的感谢！

这次大会是在纪念邓小平同志为北京景山学校题词"教育要面向现代化，面向世界，面向未来"发表20年之际；是在新一届党中央领导坚决贯彻落实江泽民同志"三个代表"重要思想，全国人民躬逢盛世之际；是在新世纪中国女排继续发扬"团结拼搏"精神，第六次夺取世界冠军之际举行的成立大会。中排协的成立，联合了全国排球运动知名学校的力量，为在新世纪发展中等学校的排球运动提供了平台，同时也给学校教育在培养什么样人才的问题上提供了以排球为载体，"全面发展打基础，发展个性

探索之路　北京景山学校在"三个面向"指引下的教育改革

育人才"的新机制、新路子。它的使命是：不仅要在大力普及排球运动中落实"健康第一"的思想，促进学生素质的全面发展；同时，要以迎奥运为契机，加快优秀排球苗子的成长，为保持我国排球在世界的领先地位，提供大批的优秀排球后备人才。

　　20年前，邓小平同志以历史的眼光，从战略的高度，为北京景山学校提出教育要"三个面向"的理论观点，科学地揭示了教育发展、人的发展与社会发展三者之间的辩证关系，反映了建设有中国特色社会主义总体目标对教育事业的客观要求。"三个面向"已成为我们教育改革的旗帜和灵魂。"三个面向"的精髓就是改革和发展。中国中学生体育协会排球分会因深化教育改革而诞生，北京景山学校作为首届排球分会的主席校，我们一方面感受到一种荣誉，另一方面也感受到一种责任，我们有决心、有能力、有信心，不负众望，团结全体会员在贯彻落实分会宗旨和任务中，在发展先进的排球文化中，时刻不忘伟人的指引和教诲，把改革和发展作为分会工作最高的指导原则。

为此，我建议首届排球分会要突出抓好五个方面的工作：

1. 加强中排分会的自身建设。认真贯彻"民主集中"，依法办事和依章办事。

2. 大力宣传、落实中排分会的宗旨和任务。积极开拓我国"排球运动从小抓起"等各种途径，开展排球运动的普及和提高工作。

3. 搞好竞赛制度的改革；依托社会，摸索市场运作的组织、竞赛、活动的工作规律。

4. 以科研为龙头，梯度发展，逐步形成中排分会的教练员、运动员和裁判员的人才梯队。

5. 加强与国际间的沟通与交流，使我国的排球运动从青少年开始就走向世界。

我希望各位代表认真行使民主权力，认真审议筹委会草拟的章程和有关文件，选好主席团，把这次大会开成团结的、有实效的、能够推动全国中学排球运动及水平提高的大会。

中国女排提出的"团结拼搏"的精神，在中华民族的伟大复兴事业中，已成为全国人民宝贵的精神财富。今天，我们肩负使命，更需发扬中国女排"团结拼搏"的精神。只要我们全体排协会员学校团结一致，心往一处想，劲往一处使，在教育部中学生体育协会的领导下，我们一定会推动我国中学排球运动普及和提高，探索学校教育与排球运动相结合的新途径和新方法，为我们排球运动保持国际高水平输送源源不断的人才，开创我国中等学校排球运动光辉灿烂的明天。

最后，我预祝中国中学生体育协会排球分会成立大会取得圆满成功！

谢谢大家！

（2003年12月6日）

探索之路　北京景山学校在"三个面向"指引下的教育改革

遵循学生身心发展特点，整体构建德育工作体系

一、以"学生发展为本"，整体构建德育工作体系

德育，即从学生的实际出发，遵循学生身心发展的特点及规律，对学生进行基本思想政治观点、基本道德、基础文明行为习惯、良好个性心理品质和品德能力的培养。德育在学校教育中占有重要的地位，它关系到能否把学生培养成有理想、有道德、有文化、有纪律的新一代，是关系到社会主义事业的成败，国家和民族的前途和命运的一项战略性任务。

众所周知，德育工作的效果，不仅依赖于各种外部条件，同时必须依赖学生自身的内部因素，德育的作用不可能超越青少年学生身心发展规律的制约。当今教育"以人为本"已成为教育行动的准则。德育工作要获得实效，必须从学生心理规律和实际出发，这一观点已被国内外中小学教育所认同。中共中央办公厅、国务院办公厅《关于适应新形势进一步加强和改进中小学德育工作的意见》指出要"遵循中小学生的身心发展规律，从中小学生的实际情况出发，提高德育工作的针对性和实效性"。日本强调"道德教育重要的一点是不要陷入条条主义，过于拘泥道德的细目，而应努力达到儿童和学生内心世界的自觉"；美国全国教育协会将小学教

■ 做实践"三个面向"的开拓者

育目标归纳为六条,其中第二条便是"增进儿童的心理健康和发展儿童的人格",在中小学道德教育中经常运用蕴含着丰富道德因素的文学和历史典籍的传统故事来进行;澳大利亚强调"学生必须养成健康的习惯和态度,达到健全的身心";德国的小学德育内容包括"教育学生学会在集体中共处,学会谦让和合作,让学生在与周围人的接触中发现自己承担的责任"。但是在我国"德育工作一定要依据受教育者身心发展的规律"这条原则在实际的工作中并没有很好地贯彻执行,德育工作不能很好的根据青少年学生身心发展的特点开展,德育工作不适应社会生活的新变化,不适应全面推进素质教育的要求,不能对学生思想道德的发展有直接的帮助,造成德育工作实效性和针对性不强。

因此以"学生发展为本"理念的确立是时代的要求、历史的必然。以"学生发展为本"的思想,应充分体现在以提高学生的素质为核心,以发展学生的个性为基础,以注重教育的社会化和终身化为特征。以"学生发展为本"的德育体现在教育价值取向上是为学生的终身发展负责,一切为了学生;在教育的对象上是为了一切学生,它要求德育工作者面向全体学生,面对每一位学生;在教育的环境上应是开放的,给学生有一个发展的环境,使其有充分发挥人潜能的外部条件;在教育的方式上充分考虑到个性的差异,并从实际出发,既有整体的规划又注意到层次性,从而达到人格的完善。

为了更好地完成德育目标,将我校德育工作落在实处,根据我校的实际情况,我们提出"遵循学生身心发展特点,整体构建德育工作体系"这一课题,从学校实际出发,遵循青少年身心发展的特点和规律,以不同年龄学生的生理发育、心理品质和思想品德发展特点为依托,整体构建学校德育体系。在德育工作中注意中小学纵向衔接以及学校、社会、家庭横向沟通,各种教育的深浅和侧重点要针对不同年龄及学习阶段的理解和接受能力有所不同,逐步提高。还要坚持以学科为主渠道,课内外、校内外相结合。由浅入深,由低到高,由近及远,由具体到抽象,由感性到显性,

探索之路　北京景山学校在"三个面向"指引下的教育改革

构建从一年级到高三年级各年级在不同时间段进行德育工作的实施细则，形成系列化、规范化和相对稳定的德育工作体系。制定本校一年级到高三年级各年级在不同时间段进行德育工作的实施细则。

二、统筹规划，整体构建德育体系

中小学教育是基础教育，对学生一生的成长是十分重要的阶段，加强青少年思想道德教育是关系国家命运的大事，学校德育体系的构建对于德育作用的发挥起着重要作用。我国中小学德育一直分为小学阶段和中学阶段，每个教育阶段都有相应的德育大纲，这对于规范每一阶段的德育工作起到了明显作用。但客观上中小学分离、学校德育工作存在着"各管一段"的情况给德育工作造成了很大程度的"断层"，在认识上、做法上缺乏系统性、连续性、稳定性，在德育目标上，尚未做到分层递进，在德育内容上，尚未做到循序渐进，在教育实践中不可避免出现脱节、倒挂和不必要的重复问题。

北京景山学校在学制上是小学、初中九年一贯和高中三年，这样的学制给德育工作提供了优势，我们充分利用这种优势，构建整体化的、一贯性的德育工作体系。以保证在这个德育过程中要素结构的完整性和连续性，使之充分体现各年龄阶段学生身心发展的特点。德育工作体系以目标、内容、途径、方法、管理、评价等要素系统为纬，以年级层次系统为经，进行横向贯通，纵向衔接，分层递进，螺旋上升。以保证各个阶段德育工作的层次性和渐进性，充分发挥一年级到高三年级德育系统的整体功能，提高德育工作的针对性和实效性。

三、全员参与，整体构建德育体系

德育工作是一项整体化工作，学校的德育工作不仅应该领导重视，主管领导落实，而且学校的全体教职员工都是德育工作者，学校的全部工作都应渗透德育，因此全体教职员工必须树立教书育人、管理育人、活动育人、环境育人的整体育人思想，构建合理的德育工作体系是学校进行德育工作的重要保证，为此，我校设立了如下德育工作机构。

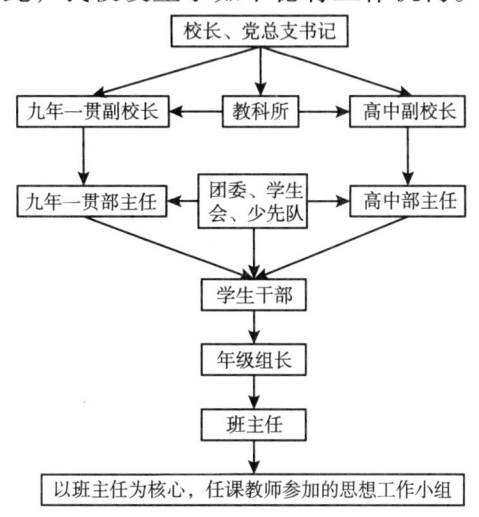

```
                    校长、党总支书记
                   ↙       ↓      ↘
         九年一贯副校长 ← 教科所 → 高中副校长
                ↓                      ↓
         九年一贯部主任  团委、学生   高中部主任
                     ↘  会、少先队  ↙
                        ↓
                      学生干部
                        ↓
                      年级组长
                        ↓
                      班主任
                        ↓
         以班主任为核心，任课教师参加的思想工作小组
```

四、整体构建德育体系的内容

我校提出以遵循各年级学生心理、生理、思想品德发展特点为依托，整体规划构建一至高三年级德育工作体系，在老师们多年积累的丰富经验的基础上，制定了我校从一年级到高三年级德育序列纲要及实施细则。

《北京景山学校德育序列纲要及实施细则》共分四个方面：

1.研究学生生理、心理发展的主要特点。主要包括：学生生理发展的主要特点；学生心理品质发展的主要特点；学生思想品德发展的主要特点。

2.德育工作目标主要包括：政治思想方面；道德行为方面；心理品质方面；学习态度、方法指导等方面。

3.德育工作内容主要包括：爱国主义教育；社会主义教育；集体主义教育；道德教育；劳动教育；遵纪守法教育；良好的个性心理品质教育。

4.德育序列纲要的实施细则。每学年共分四个阶段，每个阶段的工作各有侧重。学校的各个部门、各级领导及课任教师，都有明确的工作目标、方法，形成网状教育体系。

在总的德育目标、德育内容的基础上，分解成年级的德育目标、德育内容，并编写出具体的实施途径和方法。例如在九年一贯这个学段划分为三个阶段：1到3年级以行为规范训练为主，贯穿五爱教育，渗透保护环境教育；4到6年级以遵纪守法为重点，贯穿公平、公正、艰苦奋斗和公民权利、义务、责任感、辩证观教育，渗透合作、交往、挫折教育；7到9年级以道德品质为重点，贯穿竞争、诚实守信教育，渗透价值观、世界观、人生观教育。每一阶段德育目标的确定、德育途径和方法的选择，都是由浅入深、由低到高、由感性到理性、由具体到抽象，逐步深化。

分年级德育体系的基本框架是：

1. 学生心理、生理特征

2. 德育目标

3. 德育内容

4. 实施细则

年级德育体系从时间上划分为四个时间段：

上学期：开学初—期中；期中—期末。

下学期：开学初—期中；期中—期末。

北京景山学校德育序列纲要及实施细则的制定，为我校德育工作的系列化、制度化，实现了有章可循，为班级教育、年级教育，为实现教育的最终结果，起到了实效作用，这一整体德育模式的构建使我校德育工作跃上一个更新的发展层面。

■ 五、整体构建学校德育工作体系的意义

无论是从理论还是实践方面看，我国中小学德育工作从主流看还处于

一种传统模式中,没有将学生心理发展特点有机的融入德育工作中,在实际工作中没有考虑学生自身发展的需要和社会发展的需要,只是对学生施加外部影响,只求其表,不求其里。我校制定和实施的《德育序列纲要和实施细则》,是在继承、借鉴基础上进行的探索和创新。整体构建学校德育工作体系,既要考虑不同教育阶段学生心理特点和发展规律的特殊性,注意各教育阶段德育目标内容的层次性和渐进性,又要考虑十二年一贯制德育的统一性,注意各个教育阶段德育目标、内容的完整性和连续性。力求将学生的心理特点发展规律与德育具体目标和内容有机结合统一,从而使我校德育工作更具有科学性、实效性。

我校制定的这一德育序列纲要及实施细则是以不同年龄阶段学生心理特点为基础,以学生主体性发展为本,尊重道德学习主体的需要,使德育工作进一步贴近学生实际,起到更为直接的内化作用,促进学生知(认知)、情(情感)、意(意志)、行(行为)与社会现实要求和谐一致相适应,切实提高学校德育工作的科学性和实效性。这一纲要的制定与实施将使我校德育工作有一个新的发展,将为我国中小学的德育改革提供一些规律性的方法和经验。

北京景山学校在教育改革中诞生,在教育改革试验中发展前进,整体构建的德育序列纲要和实施细则还很不完善,我们将在实施的过程中进一步修改和提高。在新时期我们将继续坚持以"三个面向"为指针,为培养走向现代化、走向世界、走向未来的有理想、有道德、有文化、有纪律的一代新人奠定坚实的基础,做出我们应有的贡献。

(2005年)

探索之路　　北京景山学校在"三个面向"指引下的教育改革

北京景山学校教改试验课题六年规划

1999年9月—2005年9月

一、教改是景山学校的生命力之所在

北京景山学校是一所教育改革试验学校。建校40年来，始终坚持以教育理论为指导，以教育教学为试验的基础，以教改课题为依据"三位一体"的教育改革试验。40年来，我校的各项改革试验都取得了可喜的成果和规律性的经验，得到了各级领导、社会各界、家长的支持和好评。对中国的基础教育改革起了积极的促进作用，做出了有益的贡献。在长期的教改实践中，造就出一支具有一定教育理论水平和教育科研能力的骨干教师队伍，形成了团结奉献、锐意改革的景山人的"景山精神"。概括起来主要有以下六点：

1.景山学校办学的战略目标是：遵循"三个面向"的教育思想和国家的教育方针，探索中小学培养人才的教育规律，要出经验、出理论、出名师、出人才苗子，为发展具有中国特色的教育理论和教育实践做贡献。

2.景山学校办学的基本模式是：以"三个面向"为指导，"全面发展打基础，发展个性育人才"，为培养走向现代化、走向世界、走向未来的"四有"人才苗子，为学生的一生发展打好坚实的基础。

做实践"三个面向"的开拓者

3.景山学校办学一贯坚持的方向是：全面贯彻党的教育方针，全面落实国家教育部的课程计划，开足开齐课程，不随意加减课时，不允许节假日补课，不允许乱收费，不给教师下升学指标。我们强调教师精心备课，坚持向课堂教学要质量，向管理要质量，向教育科研要质量。

4.景山学校进行教改的基本方法是：把教育教学工作、教育教学改革试验和教育科研三者紧密结合，形成"三位一体"。

5.景山学校进行教育改革的基本途径是：融古今中外百家之长，走继承、借鉴、创新之路。

6.景山学校进行教改的基本保证是：建立一支具有共同理想、自愿献身教改事业的干部和教师队伍。

历史的经验和景山学校的教改实践充分证明，教改是景山学校的特色，教改是"景山人"的性格，教改是景山学校生命力之所在。

二、教改要跟上当前教育发展的总趋势

21世纪是知识经济的时代。在知识经济时代最大的特点是，知识特别是高科技知识不断地被人们有所新的发现和发明，这种新的发现和发明比历史上任何时代都要迅猛，时间之短，速度之快，效应之强难以按以往的习惯和方式来对待。因此，知识经济时代国家需要大批的具有专业知识和各种才能的人才，这些人才的来源依靠基础教育的输送。

当前，我们的教育改革遇到了历史上最好的时期：1.国际上各个国家都把教育放在了突出发展的地位，各国都在总结和反思教育发展途径和办法，可以说世界教育的相互融合的趋势越来越明显，各国都在相互学习，相互借鉴。2.我国处于解放以来教育改革和发展的最活跃、思想最解放的时期，在第三次全教会上，江泽民总书记、朱镕基总理、李岚清副总理的一系列重要讲话精神，特别是《中共中央关于深化教育改革全面推进素质教育的决定》，为我们新时期教育改革指明了方向，全国各地提

探索之路　　北京景山学校在"三个面向"指引下的教育改革

出教育改革内容，教育改革的措施、项目，是历史上任何时期都不可比拟的，再也不是少数地区、少数学校搞教改的形势了。3.我校教育改革更加深入人心。近一年来，我校开展18个教改试验课题，参加国家级、北京市级、东城区级的教改试验内容越来越多。校园经济的不断发展，社会各界的大力支持，为我们进行教改试验提供了保证。

基于以上的条件，要很好的制定景山学校教育改革实验的总体规划，以保证景山学校21世纪办学总体规划的实现，以保证景山学校在我国教育界的影响和示范性。

三、教改试验课题的分类及主要内容：

国 家 级 课 题

申报时间	课题简介	申报试验课题的题目	完成时间	主要负责人
"九五"规划	"八五"期间的课题滚动后形成的课题	《面向21世纪义务教育课程综合化的研究与试验》	2001年5月	
"九五"国家教育部级	1997年在小学劳动课中开设短期课程，进行环境教育	《小学劳动课中加强普及环境教育的试验》	2001年	
社会科学院（国家级）2000年6月		《德育工作》	2003年	
教育部级2000年6月		《景山学校远程教育网的研究与试验》	2001年7月	

116

北京市级课题

申报时间	课题简介	申报试验课题的题目	完成时间	主要负责人
"九五"规划	由市教育科学研究院主持，目的是研究北京市已经实行九年义务教育学制的现状、成绩、办学经验及问题等	《九年义务教育学制一体化的研究与试验》	2001年	

北京景山学校课题

申报时间	课题的题目	完成时间	主要负责人
"九五"规划	北京景山学校德育教育序列纲要及实施细则		
"九五"规划	"九年一贯"五、六年级中小学衔接问题的研究与试验		
（共18个课题，以下略）			

四、教育科研需要一支专业科研人员与教育教学一线教师相结合的队伍

要完成景山学校教改试验项目的"六年规划"，需要建立一支专业科研人员与一线教师相结合的队伍，没有这样一支队伍，就不能保证教改试验规划的落实和景山学校办学目标的实现，就不能保证办学思想、办学特色、学校21世纪定位的实现，就不可能出理论。为此，我们要采取以下措施：

探索之路 北京景山学校在"三个面向"指引下的教育改革

1. 建立一个由知名专家（兼职、聘请）与专职从事教育科研工作的教师组成的教科所。

（1）知名专家：从国家教育部、人民教育出版社、中央教科所、北京教科院、北京师范大学、东城区教研中心等单位聘请。

（2）专职队伍：我校现有人员+向全国各地招聘人员。教科所最少有专职人员6人（正式人员）。

2. 要鼓励从事教育教学工作实践的教师，把主要精力投入到不脱离实际，一边教学一边钻研教育理论，并结合景山学校的特点与实际，参与到景山学校改革试验的兼职教师队伍之中去。

（1）要让每位教师明确教改试验是景山学校的特色，教改试验是"景山人"的品格，教改试验是景山学校的生命力所在，边工作边科研是景山学校教师的分内工作，景山学校发展到今天，是靠教改起家，是靠教改而成功。

（2）要改变过去存在的只说不干，不说也不干，干好与不干一样的局面。要大力表彰又说又干，有突出效果，有成绩的兼职教师。

（3）要冲破在教育科研方面干得好与不干一样的局面，把一般性的参与与真正的参与并有成绩、有影响的同志区分开来，今后教师的结构工资中应加入参与教改试验项目的一项内容。

3. 教科所要真正发挥作用。

"科研兴教"是我们经常说的一句话，要真正实现"科研兴教"，必须充分发挥教科所的作用。

（1）每学年要有详细的计划说明，公布科研课题，有详细的指导、检查、评价、反馈方案。

（2）充实队伍，每学期校行政会上专项研究。

（3）保证经费。

（4）定期总结表彰。

（5）加强科研课题档案管理。

五、教改试验课题的组织、落实、检查、评价与奖励

1.组织：由教科所负责全部课题的组织实施工作（申报、制定方案）。

2.落实：教科所负责方案的实施与指导。学校行政协助教科所给予人员上的保证，行政处室、教研组、年级组承担落实、参与和执行。

3.检查：教科所负责课题的检查与指导，向校领导定期汇报课题的进展情况，并提出具体试验过程中的意见与建议。学校行政处室按课题的划分要经常了解课题执行和完成的情况，教研组长要了解参与支持各组教改试验课题的执行情况。

4.评价：教科所、校行政每年一次对课题执行、落实、效果、课题进展、成绩及问题给予评价。

5.科研经费及奖励：根据课题的完成时间、试验效果、指导和推广、意义等，每学年给予一定的科研经费。课题结束时，要以科研论文、试验报告或经验总结等方式，向学校汇报，学校将根据该课题的申报、执行、试验总结、效果、推广价值等，对参与试验课题的同志给予奖励。

同志们，景山学校的性质、地位和特点决定了景山学校的干部、教师所从事的工作战线长、任务重、压力大、工作忙、标准高的特点，我们大家要团结一致，为把景山学校办成积极进行教育改革的试验学校，传播现代教育观念、教育技术和教改成果的示范学校，推动教育改革与交流的促进学校，在国内外有影响的国际化学校而努力奋斗。

（1999年）

探索之路　北京景山学校在"三个面向"指引下的教育改革

学习胡锦涛总书记讲话
《树立社会主义荣辱观》体会

3月4日,胡锦涛总书记在看望政协委员时发表了关于"树立社会主义荣辱观"的讲话。胡锦涛同志说:"实现'十一五'时期的发展目标,必须广泛深入动员人民群众,坚定不移依靠人民群众,真心诚意造福人民群众,把人民群众的历史主动精神充分发挥出来,要把发展社会主义先进文化放在十分突出的位置,充分发挥文化启迪思想、陶冶情操、传授知识、鼓舞人心的积极作用,努力培育有理想,有道德,有文化,有纪律的社会主义公民。"胡锦涛总书记强调:"社会风气是社会文明程度的重要标志,是社会价值导向的集中体现。树立良好的社会风气是广大人民群众的强烈愿望,也是经济社会顺利发展的必然要求。在我们的社会主义社会里,是非、善恶、美丑的界限绝对不能混淆,坚持什么,反对什么,倡导什么,抵制什么,都必须旗帜鲜明。要在全社会大力弘扬爱国主义、集体主义、社会主义思想,倡导社会主义基本道德规范,促进良好的社会风气的形成和发展。要引导广大干部群众特别是青少年树立社会主义荣辱观,坚持以热爱祖国为荣,以危害祖国为耻;以服务人民为荣,以背离人民为耻;以崇尚科学为荣,以愚昧无知为耻;以辛勤劳动为荣,以好逸恶劳为耻;以团结互助为荣,以损人利己为耻;以诚实守信为荣,以见利忘义为

做实践"三个面向"的开拓者

耻;以遵纪守法为荣,以违法乱纪为耻;以艰苦奋斗为荣,以骄奢淫逸为耻。"胡锦涛总书记的讲话切中时弊,在全国各界引起了强烈的反响。经过认真学习,反复思考,我有以下三方面体会:

一、胡锦涛总书记提出的社会主义荣辱观的八方面,概括精辟,寓意深刻,富有鲜明的时代特色,是建设有中国特色社会主义必须坚持的,不可动摇的,大力提倡的,是发展社会主义道德风尚,形成良好社会风气不可缺少的内容。

树立社会主义荣辱观,是对广大干部群众在实现社会主义现代化建设"三步走"战略不可缺少的教育内容。

树立社会主义荣辱观,是构建和谐社会过程中广大干部群众最为关心的热点问题。

树立社会主义荣辱观,是加强未成年人思想道德建设,提高未成年人综合素养水平的不可缺少的教育内容。是进一步推进素质教育,实现人才强国战略的重要保障。为我们树立正确的人才观提出了重要依据,就是建设社会主义事业的合格人才必须是具备社会主义荣辱观、正确的价值观和是非观的一代新人,这也是对全国教育工作者提出的重要课题。

树立社会主义荣辱观,是传承中华民族几千年优秀思想、道德、文化的宝贵的思想财富。

二、胡锦涛总书记的讲话,是在新的历史条件下落实《中共中央国务院关于进一步加强和改进未成年人思想道德建设若干意见》的新内容和新要求。

未成年人是祖国未来的建设者,是中国特色社会主义事业的接班人。我们应该看到随着我国对外开放的不断扩大,社会主义经济建设的不断发展,不仅为广大未成年人了解世界、增长知识、开阔视野提供了更加有利的条件。与此同时,国际国内敌对势力与我争夺接班人的斗争也日趋尖锐和复杂。《中共中央国务院关于进一步加强和改进未成年人思想道德建设的若干意见》中已明确指示:一些领域道德丧失、诚信缺失、假冒伪劣、

探索之路　　北京景山学校在"三个面向"指引下的教育改革

欺骗欺诈活动有所蔓延;一些地方封建迷信、邪教和黄赌毒等社会丑恶现象沉渣泛起,成为社会公害;一些成年人价值观发生扭曲,拜金主义、享乐主义、极端个人主义滋生,以权谋私等消极腐败现象屡禁不止等等,也给未成年人带来了不可忽视的负面影响;互联网新兴媒体的快速发展,给未成年人学习和娱乐开辟了新的渠道,与此同时,腐败落后文化和有害信息也通过网络传播,腐蚀未成年人的心灵。这些新情况新问题的出现,使未成年人思想道德建设面临一系列新课题。在我们深化教育改革、落实《中共中央国务院关于进一步加强和改进未成年人思想道德建设的若干意见》进程中,胡总书记的"树立社会主义荣辱观"讲话,为我们的基础教育、加强对未成年人的思想道德教育提出了非常鲜明而又具体的教育内容和要达到的教育标准。我们由衷感到兴奋和责任的重大。教育工作者应该自觉地把胡总书记讲话精神融入到日常的教育教学工作中。

三、落实胡总书记的讲话精神,努力为各级各类学校输送社会主义现代化建设的合格人才。

近两年来,我校在落实《中共中央国务院关于进一步加强和改进未成年人思想道德建设的若干意见》过程中,重点做好四方面工作。第一,学校领导高度重视德育工作,校长书记亲自抓德育,参与制定"德育工作纲要",直接领导德育工作。在全校上下形成"德育为首"的思想共识。第二,狠抓师德建设,不断提高全体教职员工的师德修养水平。我认为教育工作效果的好与坏,要看教职工是否有端正的教育思想,即爱不爱教育事业,爱不爱你所教的学生。如果这两方面不具备就不可能做好教育工作,甚至出现违反师德的表现,造成学生成长方面的障碍。为此我们年年讲,月月讲,反复讲,抓住典型事例讲。把教师端正教育思想作为学校工作的重中之重,不断增强教职工自觉端正教育思想的意识。我认为做好这项工作是提高德育实效性的关键。我校每学期都要召开全校教职工参加的"德育论坛",树立师德方面的楷模,交流德育经验,或就某一德育专题进行研讨,以不断提高全校教职工的师德修养和育人水平。第三,在多年的实

■ 做实践"三个面向"的开拓者

践探索中,我们感到德育工作必须有章可循。为此在十五期间,学校综合教师们多年的经验,制定《北京景山学校德育序列纲要及实施细则》。根据不同年龄学生的生理心理特点,具体制定了从小学一年级到高中三年级,各个年级的德育工作目标及具体实施细则,成为全校教师开展德育工作的依据。第四,我校在开展德育工作过程中,非常注重贴近生活、贴近学生、贴近实际,用一种开放的、包容的"大德育观"指导德育工作,实现"知、情、意、行"的和谐统一。不断推进课程改革,发挥课堂主渠道作用,寓德育于教学中。通过开展丰富多彩的实践活动,增强学生的情感体验,道德感悟,寓德育于活动中。通过不断创新管理模式、管理方式,实现科学管理,民主管理,人性化管理,寓德育于管理中,寓教育于服务中。我校倡导学生不死读书本,不搞题海战术,多年来我校坚持不利用周六、周日、寒暑假给学生集体补课、集体加课,其中也包括毕业年级。每学年,学校都要隆重举办科学节、文化节、体育节,引导学生发展自己的兴趣爱好、个性特长。给科技、艺术、体育方面有特长的学生以展示的机会,鼓励全校学生全面发展,提高综合素质。我们请科学家、艺术家走进校园,与学生面对面交流,让学生走进国家重点实验室,进行科学研究。通过这些活动,学生开阔了视野,增强了"自主发展"的意识。近年来,我校教育教学质量不断提高,涌现出很多品学兼优、特长突出的学生,不少学生还获得科技创新大赛金牌、科技创新市长奖、明天小小科学家奖、金帆奖、银帆奖等等,真是硕果累累。我校的"太空蚕实验项目"在我国第二十二颗返回式科学与实验卫星上搭载成功,引起了广泛关注。在全市开展的"情系奥运,文明礼仪伴我行"主题教育活动中,我校又被市教委评为首批"文明礼仪示范校"和"奥林匹克教育示范校"。我校还积极与美国、法国、韩国、泰国、新加坡、香港、台湾等国家、地区的学校建立友好关系,定期派师生互访,师生通过这种跨国家、跨文化的交流活动,更加热爱自己的祖国,热爱中华文化,同时也对不同的文化多了一份尊重、理解和包容。这也是我校落实小平同志"三个面向"题词的具体行

探索之路　　北京景山学校在"三个面向"指引下的教育改革

动,同时体现了我校"全面发展打基础,发展个性育人才"的办学理念。

把我们的思想统一到胡总书记的讲话和《中共中央国务院关于进一步加强和改进未成年人思想道德建设的若干意见》上来,从确保党的事业后继有人和社会主义事业兴旺发达的战略高度,从落实科学发展观、创办人民满意学校的高度,充分认识加强未成年人思想道德建设的重要性和紧迫性,以学生为本,大胆探索在新的历史条件下全员做好学生思想工作的新内容、新方法、新途径,提高德育工作的实效性,努力开创未成年人思想道德建设工作的新局面。

(2006年3月12日)

师徒结对，促进青年教师专业化发展

——在景山—东华门学区年轻教师拜师会上的发言

今天我们在这里隆重举行景山—东华门学区中小幼集体的拜师会，一共有88对年轻教师与市、区骨干教师结成师徒对子，这是我们学区在贯彻落实东城区委、区政府、东城区教委加强学区建设、推动东城教育均衡发展战略的重要举措，也是我们学区在今年三月成立以来结合我学区特点，开展优质资源共享、相互交流、相互学习，提升我们学区教育质量、创办人民满意学校的又一举措。

大家都知道，近三年来东城教育发生了明显改变，一是政府加大了对教育的投入，一批中小幼学校办学条件有了明显的改善，为教师运用现代化的教育手段改进教育提供了良好的环境和条件。二是政府与教委在正确理解和号召全面推进素质教育等方面创造了新的经验和方法，比如学区建设、蓝天工程等等在全区产生良好的影响。三是注重教师队伍建设和提高办学质量。注重学校全方位的评价，加强教育教学研究和指导，加强初高三毕业班的工作管理。鼓励表彰各方面取得成绩的干部和教师队伍。

在看到成绩的时候，我们也应该冷静地面对我们的现实，这就是如何使一批优秀教师尽快地成长起来。我们知道，一所人民满意的学校，除了有自己多年的办学经验、特色和传统，在当今更重要的是优秀教师队伍。

探索之路　　北京景山学校在"三个面向"指引下的教育改革

北京市要在2010年实现教育的现代化，走在全国前列，关键看教师队伍的水平。目前我们学区普遍都存在教师群体中优秀教师人数匮乏的问题。一所学校如果是这种状态，就不可能成为优秀学校，更别提人民满意的学校。再过5年或10年，北京市的哪个区教育水平高、名校多，要看教师队伍的水平，哪个学校办的好，人民群众就愿意把孩子送到哪个学校，实际上还是在拼人才培养和优秀教师的人数和水平。青年教师要特别清醒认识，选择哪个学校工作，不完全由你自己，但努力教好每个学生，做优秀人民教师全要靠自己努力。这5—10年哪所学校重视教师队伍特别是年轻教师队伍的培养和建设，哪所学校就可以攀登教育的制高点，就能实现办人民满意的学校的目标。我学区这样安排，就是为青年教师成长创造一些客观的环境和条件，让青年教师向老教师学习，把优秀智慧和经验学到手，并结合自己的教学风格和特点教好每一个学生。今后我们会将这种推动教师专业发展、培养优秀教师的方法坚持下去，坚持三年就会有几百位年轻的教师快速成长起来，满足广大人民群众对优质教育的要求，为各级各类学校输送更多更好的优秀学生。

(2006年11月28日)

关于全面推进素质教育的几点思考

——2007年基础教育改革座谈会上的发言

改革开放以来，随着国家经济实力不断增强，人民生活水平不断提高，我国教育事业有了突飞猛进的发展和变化。教育事业的发展和变化离不开党中央、国务院对教育的高度重视和采取的强有力的措施保证。主要表现在三方面：第一，在改革开放以后的第二次全教会上明确提出深化教育改革、全面推进素质教育。第二，明确提出要把教育摆在优先发展的战略地位。第三，采取强有力的措施是指实施西部的"两基"攻坚计划，农村实行免费义务教育，大力发展职业教育，扩大高等教育招生规模，鼓励高等师范院校和有条件的综合大学开办教育硕士专业。我是全国教育硕士指导委员会委员，最近根据国务院学位办的精神，研究开办教育博士学位点的工作。在去年的7月至12月期间，温家宝总理在中南海主持召开了四次座谈会，同来自全国各地的教师、校长、专家亲切座谈，在会议上明确指出："把教育摆在优先发展的战略地位，这是我们国家必须长期坚持的一项重大方针。"并提出："当前，各级政府要进一步采取有力措施加强教育。要千方百计增加教育投入，努力实现财政性教育经费占国民生产总值4%的目标。"这些都充分体现了党中央、国务院对教育的重视和关心，否则就不会有教育事业发展变化的今天。

探索之路　北京景山学校在"三个面向"指引下的教育改革

我认为我们应该抓住教育发展的天时、地利、人和的时机，在深化教育改革、全面推进素质教育这方面应该很好地进行研究和调查，在切实减轻学生负担、全面推进素质教育方面下功夫。对此，我有三点想法或是建议：

第一，教育部对全国中小学都有统一的课程标准和课程计划，是否能够研究取消高考考纲及中考考纲，让教师把精力放到按课程标准和计划精心备好日常的每一节课和指导每一个学生，让学生认真上好每一节课，掌握每天学到的知识。把教师和学生、家长从繁忙的重复应付一个又一个考试中解放出来。中高考一律按初、高中课程标准和课程计划出题考试。我为什么要提这个建议，因为这种做法造成了我们在推进素质教育方面很难进行的现实。

一是造成教师教学中的两个标准，平时教按课标，到了高三要围绕考纲进行复习，忽视日常教学与高考的结合，到了高三玩命地复习，各地都出题，反复考。

二是想办法加课时，没课时占学生的自主学习时间和休息时间，提前结束课程，高三第一学期结束课，按考纲再进行复习。

三是学生只注重考试科目，非考科目、选修课、德育教育等课程很难调动学生的兴趣。

四是高中只有三年，六次期中考试，六次期末考试，十一门学科的会考，高考，无形中造成了很多重复学习，重复复习，学生、教师中许多问题都是这种环境条件下产生的。

五是出题者只围绕考纲，不以高中阶段学生的特点、兴趣，培养学生的目标为出发点，违背了考试的初衷，这种做法怎能培养出有创造性的人才？

六是教研部门把精力都放在了研究高考上，学生家长只注意高考，教育部门以高考评价学校，素质教育就成了空话。

第二，建议取消会考，不过早分文理科，按高考成绩发放毕业证书。

会考分散教师学生注意力，是一种重复的学习，占用大量的时间。六次期中考试、六次期末考试，十一门科目的会考，还要参加高考。这要占用多少时间，而且是每学年都有，既要期末考试，又要会考，学生大部分时间在应付考试，能有什么学习兴趣？

高中阶段不要分文理，基础教育阶段我们就是要引导学生学好每一节课，学生素质的高与低，与他各科学习水平高低、能力、吃苦精神有关。过早分班造成学文不重视理，学理不重视文，这种现象对学生今后上大学也没好处。而实际上，相当数量的学生不是因为喜欢文科才选择文科，而是理科学不好，选择文科逃避理科学习。过早的分班更造成相当一批学生不努力学习理科，这种人才的培养状况对学生未来走向社会也是有影响的。要实现素质教育，就应该引导学生在高考的时候根据自己的兴趣、爱好、特长、学习水平来选择今后自己的发展方向。

应该按高考的成绩或平时三个学年的成绩来确定是否发放毕业证书。我更倾向于按照高考的成绩发放高中毕业证书，取消会考。北京市从新学年开始，按学分制来决定是否取得毕业证书也是很好的办法。实际上不管考多少次试，一般来讲，学习好的学生总会在前，平时学不好的、不努力的、不刻苦的，你怎么补，怎么考，也不能考在前面，能不能拿到高中毕业证，高考试卷就可以决定，关键在出题的人怎么考虑，考试成绩可以分出合格、良好、优秀。合格的学生就可以发毕业证。

可以先试验，要给政策，不断改进提高，肯定能改变局面，真正实现学生素质的提高。

第三，改革学校评价体系，并严格遵守国家规定课程，严格执行课程标准、课程计划，不允许节假日补课、上课，更不允许收费上课。要提倡教师对学习有困难的学生课后给予免费辅导。

(2007年1月20日)

探索之路　北京景山学校在"三个面向"指引下的教育改革

在邓小平"三个面向"指引下，景山学校的改革与发展

——在"三个面向"题词25周年纪念大会上的发言

尊敬的各位领导、各位来宾：

由中国教育学会教育机制研究分会、北京景山学校教育促进会主办，北京景山学校承办的全国百校校长走进北京景山学校——纪念邓小平同志为北京景山学校"三个面向"题词25周年活动，今天在北京景山学校隆重举行。首先请允许我代表北京景山学校的全体师生，向各位尊敬的领导、专家，向来自全国各地兄弟学校的校长、老师们表示热烈的欢迎，向各新闻媒体的记者朋友们表示衷心的感谢。

今天我发言的题目是：在邓小平"三个面向"指引下，景山学校的改革与发展。

25年前，中国改革开放的总设计师邓小平同志为北京景山学校题词："教育要面向现代化，面向世界，面向未来"。25年来，小平同志"三个面向"的题词所蕴含的深刻的教育理念，已经成为中国教育实现跨越式发展的重要指导思想。我们北京景山学校的全体师生，都为自己的学校能与一位世纪伟人关乎民族复兴与民族未来的教育思想相关联，感到由衷的自豪。同时，我们也深深地体会到，历史在赋予我们荣誉感的时候，也将责任与使命赋予了我们。25年来，我们时刻不忘伟人的指引与教诲，不忘景

130

■ 做实践"三个面向"的开拓者

山学校作为教改试验学校,在贯彻、落实小平同志"三个面向"教育思想的实践中所担负的责任。今天,在纪念邓小平同志为景山学校题词25周年的时候,我们可以告慰小平同志,"三个面向"的思想已经深入人心,成为中国教育改革的旗帜和灵魂。他对我们景山学校和中国教育事业的殷切期望,正在一步步成为现实。

"三个面向"是改革开放时代的全新命题,"三个面向"是一个相互联系、协调统一的整体,"三个面向"的真谛是面向现代化,教育必须立足并促进我国社会主义现代化建设。教育面向世界是面向现代化在空间上的拓展,通过加强国际间的交流与合作,吸收、消化国外先进的教育思想、管理方法、技术手段,建设好具有中国特色、具有世界先进水平的现代教育。教育要面向未来是面向现代化在时间上的延伸,教育应发挥为未来社会发展服务的功能,着眼未来,以前瞻的意识培养社会主义现代化建设需要的人才。

"三个面向"的精髓就是改革和发展。北京景山学校因教育改革而诞生,随教育改革而发展。矢志于教改事业,是景山学校生命力与创造力的源泉。"三个面向"是景山学校坚持教改的旗帜和灵魂,教改是景山学校的历史使命和生命力之所在。为此我校制订了景山学校21世纪的办学理念、发展目标、办学特色、学校定位。

景山学校办学思想:以三个面向为指针,融古今中外百家之长,走继承、借鉴、融合、创新之路,全面发展打基础,发展个性育人才。

景山学校发展的总目标:全面贯彻邓小平同志"教育要面向现代化,面向世界,面向未来"的教育思想,树立以学生全面健康发展为本,为学生一生发展和终身学习奠定坚实的基础,深化教育改革,全面推进素质教育,以德育为核心,以提高学生的素质为根本宗旨,以培养学生的创新精神和实践能力为重点,把景山学校办成国际一流的现代化的科学知识的摇篮,文学艺术的花园,社会正气的堡垒,身心健康的乐园,努力攀登新世纪基础教育的高峰。

探索之路　　北京景山学校在"三个面向"指引下的教育改革

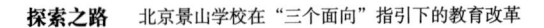

景山学校的办学特色：以先进的教育思想为先导，以教育科学理论为指导，以教改试验为基础，探索21世纪基础教育人才培养的新方法、新模式。

景山学校的定位：坚持进行教育改革的试验学校；传播现代教育观念、教育技术和教改成果的示范学校；推动教育改革与教育交流的促进校；在国内外有影响的有中国特色的国际化学校。

在坚持"三个面向"的办学过程中，我们的体会是：

第一，坚持"三个面向"办学，办学的道路就会越来越开阔，就会努力为学生的一生发展打好基础，创办人民满意的教育。

第二，坚持"三个面向"办学，就会自觉寻找教育改革的出路和教育发展的方向，就不会左右摇摆，办学就有生机。

第三，坚持"三个面向"办学，就会努力实现教育的价值取向，为国家各级各类学校输送优秀的有用的人才。

在"三个面向"指引下，我校的改革与试验：

一、进行了学制改革，确立了学制特色

（一）按照"三个面向"的精神，我校始终坚持学制的改革与试验，**学制改革分几个阶段进行：**

1. 1982年我们在全国率先进行了学制改革试验，将小学、初中学制由"六·三"制改为"五·四"制；

2. 1984年又开始在全国中小学校中第一个提出并且实行"小学、初中九年一贯制"的学制改革试验，实现了小学升初中的无淘汰制度。

3. 2000年我们实现了小学、初中九年一贯和高中三年的部分贯通12年教育。并且配合学制改革，我们进行了管理体制的调整改革，把原小学

办公室、初中办公室调整为"九年一贯办公室",统筹安排九年一贯的课程、教材、教育教学和活动,由一名副校长负责,实现了管理体制上的一贯。

(二)学制改革的优势:

1.九年一贯学制把小学、初中作为一个完整的教育教学阶段,便于统筹安排课程、教材、教育教学计划和活动。

2.有利于实现小学、初中的有机衔接,克服"铁路警察,各管一段"的弊端;坚持学校教育教学相融合,摆脱了教育教学相互脱节,"两张皮"的现象,有助于对学生进行管理和教育,有助于提升学校办学质量,促进学校的发展。

3.有利于解决初中阶段时间短、课程多、负担重、质量低的问题,较好的解决了初中生大面积分化和初二学生掉队的现象。

4.有利于克服"单纯应试教育"的弊端,有利于把学校办成使每一个学生都能"全面发展、发展特长"的"公民素质教育"的基地。

5.缓解了家长择校的压力,缓解了学校小升初的压力,受到学生、家长的欢迎。也为国家推进我国学制双轨制改革提供了有力的依据。

在我校实施九年一贯的学制过程中可以看出,小学五年可以在不加重学生学业负担的情况下完成国家课程标准规定的教学任务,我校除开齐、开全国家课程标准规定的科目外,还开设了具有我校特色的校本课程,如科学综合课、社会综合课、艺术创意课、形体课、书法课等。我校四年制初中优势明显,可以为学生学习提供较为宽松的课时,减轻学生的负担,使学生受到全面发展的教育。

我校的学制改革取得了比较好的效果:初中学生的课业负担大大减轻;学生获得了全面发展的教育时间和空间;学生的个性特长得到一定发展;每位学生都能在自己原有基础上全面提高自身的素质。近几年来,我校初中毕业成绩在东城区名列前茅。

探索之路　　北京景山学校在"三个面向"指引下的教育改革

■ 二、教材改革与试验

教材是课程的主要承载体，是组织学校教学的主要媒体。因此，在深化教育改革，全面推进素质教育的过程中，中小学教材建设是一项具有战略意义的基础性建设，它直接关系着中小学教育教学的水平，关系着学生终身学习和一生发展的基础。

北京景山学校从1960年创建以来，一直坚持进行结构性的综合整体改革试验，而课程教材建设始终是改革试验的重点和特色。我校小学、初中语文、数学教材改革试验已经进行了40余年，并将继续进行下去。

1999年春，我代表北京基础教育界参加了全国第三次教育工作会议，为了适应时代的要求，为了贯彻《中共中央国务院关于深化教育改革，全面推进素质教育的决定》，我校不失时机地抓住教材改革这个环节，以国家课程标准为依据，从教学理念、教材内容、学习方式、教学评估等方面全面进行总结，开始编写九年义务教育课程《21世纪小学、初中语文、数学实验课本》，并于2000年秋开始进行教材改革与试验。

我校教材采取边编写、边试验、边听课、边总结、边修改的方式，将教材编写、教学试验和教师培训有机结合起来，增强教材的实践性、针对性和适应性，以《全日制义务教育语文、数学课程标准（实验稿）》中规定的基本水平为依据编写教材，保证教材具有比较广泛的适用性。

景山学校小学语文教材的特色：以集中识字为起点；以阅读名家名篇为主体；以作文为中心、以写"放胆文"为主要方式，读写结合，学用一致，培养学生的表达能力和创新精神。教材的人文性和工具性和谐统一，练习的基础性和发展性相结合，全面提高学生语文素养。

景山学校小学数学教材的特色：遵循学生的认识规律和特点，关注学生的兴趣和经验，反映数学知识的形成过程，加强基础知识和基本技能的教学，削枝强干，返璞归真，加强小学数学的核心知识，突出教学本质；

重要的数学概念和规律，采用由浅入深，螺旋上升的方式，以符合小学生的认知规律；自主探索学习与有意义的接受学习相互为用，促进小学生的有效学习；重视数学文化的渗透。

景山学校自编初中语文教材的特色：强化写作教学，读写结合，以读带写，以写促读，编拟写作训练序列，设置写作重点单元；狠抓文言文阅读（我校自编教材编入古诗文86篇、古诗词70首，人教版统编教材编入古诗文45篇、古诗词29首）；强化自学指导，设立"自学资策"、"自学自省"等栏目，期末进行"自我评价"；将课外阅读纳入教学安排，每个单元至少安排一节阅读课。在小学五年学习的基础上，学生经过四年初中学习，初中毕业时语文基本过关。

景山学校自编初中数学教材的特色：以"数学抽象性与应用性相结合、数与形相结合，辩证施教"为指导思想，对国家规定的必学内容进行整合，对数学基础知识加以适当的调整，形成了比较完整、脉络清晰的知识体系。将继承式学习与探索式学习相结合，对传统的教学内容中的繁、难部分进行适当的调整，将培养学生的数学思想、数学方法放在首位，注重培养学生的学习能力、创新意识、动手能力和解决实际问题的能力。

我认为：教材的改革与试验是团体性的事业，一套教材的成功与推广需要在一定范围、一定数量的学校中进行试验，它需要集体的智慧，需要实践的探索。景山学校的教材改革与实验从来都不是孤立进行的，它上靠教育部、市区教育部门的关怀和领导，下靠各兄弟实验学校的支持、帮助，互相学习，群策群力。

从2000年教材实验至今，在全国已有四川、广西、内蒙古、江苏、新疆、云南、北京、天津、浙江、黑龙江等地的几十所学校使用景山教材并和我们同步进行实验。这么多的学校与我校一起参与这项试验项目，是对景山学校的莫大的支持与帮助，体现了兄弟学校领导和教师积极参加教育改革实践，立志为中国基础教育做出积极贡献的勇气和信心，也更加坚定了我们努力做好教材编写工作的决心。

探索之路　北京景山学校在"三个面向"指引下的教育改革

这两套教材的编写与实验是一项艰苦的工作，我校教材的主编及编委年龄都在65岁以上，但是他们凭着对景山学校的热爱和对教改事业的执著，为教材编写付出了巨大的努力，做出了很大的贡献。我校小学、初中全体语文、数学教师全部参与新教材的试验工作，在完成繁重的教育教学任务的同时，还积极参与教材的研讨、教材的交流培训以及教材配套资料的设计制订等一系列工作。各兄弟学校的领导和老师也为教材的编写与试验做了大量工作，提出了许多新经验、新方法和宝贵的建议。在这个过程中，许多青年教师得到锻炼，教师专业水平得到提高，成为学校的骨干教师。

说实话，参与此项教材实验，我们各个单位都没有得到什么实惠，景山学校也并未从中获取什么利益，而且我们每年都得想办法筹集用于教材建设的近百万元经费，但是我们大家并没有多从经济上考虑，我们一心为学生一生的发展着想，为中国教育事业的发展着想，为国家输送更多更好更优秀的人才着想，这就是我们开展教材实验的初衷和目的，也是所有参加实验的学校的最可贵的精神和力量源泉。

在各兄弟学校的大力支持下，北京景山学校小学语文、数学教材于2005年11月通过国家教育部教材审定委员会审定立项，批准为新一轮课程改革的第一个实验教材！北京景山学校主编的二十一世纪实验教材被立项为实验项目，并被批准实验使用，不仅是对景山学校，也是对多年来支持我国基础教育教材改革、与我们携手进行北京景山学校教材实验的兄弟学校和专家学者的辛勤工作的肯定。在此，我们向各位兄弟学校的领导和老师表示衷心的感谢。我们也希望有更多的学校参与进来，为我国基础教育教材建设做出贡献。

■ 三、立足校本，调整改革课程

学校课程的改革应该是基于学校的办学理念、办学目标，要立足校

做实践"三个面向"的开拓者

本，具有本校特色。根据学校和学生的实际，我们认为非常有必要进行课程的调整与改革。

（一）明确课程调整与改革的目标和原则

改革目标：以"三个面向"为指针，构建北京景山学校新的课程体系，即优化基础学科课程，加强综合实践活动课程，开发校本课程，改变传统的单一的学科课程体系，进行国家课程校本化（主要是语文、数学）和校本课程系列化的研究与试验。

改革原则：

1.面向全体学生，使学生在德、智、体、美等诸方面得到全面发展，同时关注学生的个性特长发展，全面推进素质教育。

2.全面落实国家课程计划，开足、开齐教育部颁布的课程标准中规定的课程。不以升学考试科目为唯一目标，不随意删减非考试科目。

3.优化基础工具学科，增加选修课程，创造条件开发校本课程，体现课程的综合性和实践性。

4.适当综合内容，体现传统与现代的结合，处理好继承、借鉴与创新的关系。

5.切实减轻学生过重的课业负担，提高教学质量。精心备课，确保每节课教学内容的完成，向40分钟要质量；注意调动学生的积极性，注意启发引导学生；作业要精选题目；不允许利用节假日进行集体补课。

6.课程改革本着全面发展、因人因课制宜的原则，突破原课堂、课程和课时的限制，形成开放自主的态势。

7.通过此次课程改革，充分彰显我校的办学理念和特色，在全面发展的基础上，实现我校培养学生的具体特色目标：能写一笔好字、能说一口流利的外语、有一两项各自的特长和掌握一两项适合自己身体的增强体质的运动项目。

8.课程改革发扬民主、实事求是、立足改革，以求发展。

（二）小学科学、社会综合课程的试验

21世纪中小学课程的一个重要发展趋势就是强调课程的整合。通过综合课程的建设实现相关学科的整合，避免分化过细、彼此孤立的课程状态。1999年，我校与人教社课程教材研究所共同合作，开始进行科学、社会启蒙教育的试验，将小学自然、劳技和健康教育课综合为科学课，将小学社会生活常识、思品课综合为社会课，提早在小学一、二年级开设。几年来，这门课达到了"老师喜欢教，学生喜欢学，家长满意"的良好效果。

综合课程具有以下几大特点：

（1）课程的宗旨以发展学生科学素养及人文素养为本，对儿童进行自然科学常识及社会科学常识的启蒙教育。

（2）课程内容选取注重生活化、社会化、综合性。

教材内容选择贴近学生生活的、接近周围社会和环境，符合现代科学技术和社会科学发展趋势的，适应社会发展要求的和有利于他们奠定终生发展的基础所最需要的内容，使学生感觉到学习的内容是熟悉的、亲切的。

（3）教学方式体现自主性和多样性。

在教师主导下，学生自主参与各种学习活动，是小学科学与社会课的主要教学形式。课堂教学采取了小班教学、课堂游戏、分组活动、小组讨论、室外活动、试验自主设计、方案评估、试验成果展示等方法。尤其是科学课采取了小班化小组教学的形式，一个教师面对24个学生，学生4人分成一组，比较四五十人的大班授课，其启发性教学优势突出，师生互动、生生互动效果明显。

（三）开发校本课程

我校在"关注学生，以学生的发展为本"这一课程开发的理念指导下，根据学生共性与个性的特点和需要，充分发挥学校的传统和优势，

开发一些适合学生发展需要的精品课程，形成了具有我校特色的校本课程体系。

北京景山学校校本课程设置总体框架

	课程设置	开设年级	课时分配
校本课程 / 必修类	科学综合课	一、二年级	每周2课时
	社会综合课	一、二年级	每周2课时
	艺术创意课	一、四年级	每周1课时
	书法课	三、四、五、六年级	每周1课时
	形体课	四、五、六年级	每周1课时
	生活技能课	六年级	每周1课时
	游泳课	一至八年级、高一、高二年级	每周2课时连续5周

（四）加强综合实践活动课程

综合实践活动是初中阶段学生的一门必修课程，也是我校一直坚持开设的一门课程。我们在六、七年级隔周安排一下午的综合实践活动，列入课表，学生在教师的带领下走出校门，走进自然，走入社会，通过考察、参观、访问等实践活动，让学生获得实际的体验，密切学生与自然、社会、生活的联系。

各教研组和任课教师在开发课程资源的前提下，积极研究制订教学计划，形成学生感兴趣的、具有一定深度的系列活动主题。目前已实施的项目有走进自然博物馆、走进北海公园、走进首钢、参观古钱币展等活动。学生对这门课程非常欢迎，有86%的学生表示很喜欢参加，有83%的家长

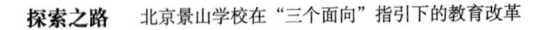

支持这门课程开设，并且有88%家长认为学校很重视在活动中培养学生的团结协作精神、主动学习的能力等。

四、整体构建学校的德育工作体系

素质教育必须以德育为首，以学生发展为本，根据学生身心发展特点，提高德育工作的时代性、主动性，增强德育的针对性和实效性，我校在"全面发展打基础、发展个性育人才"的办学理念的指导下，积极探索新时期的德育工作，坚持以德育人，整体构建德育体系，形成了德育管理规范化、德育工作科研化、德育内容层次化、德育活动系列化、德育成果多元化的德育特色。

我们认为：德育工作是一项整体化工作，学校的德育工作不仅应该领导重视，班主任老师落实，学校的全体教职员工都是德育工作者，应该全员参与。学校的全部工作都应渗透德育，全体教职员工也要树立教书育人、管理育人、活动育人、环境育人的整体育人思想。为此我校每年暑假都召开全体教职员工参加的德育论坛，探讨德育工作中出现的问题，宣传、推广德育工作经验和成果，至今已连续召开了七届。

我们充分利用学制的优势，构建整体化、一贯性的德育工作体系，以保证德育过程中教育结构的完整性和连续性，使之充分适应各年龄阶段学生身心发展的特点。为此，我校提出了以不同年级学生心理、生理、思想品德的发展规律为依托，整体构建从小学一年级至高三年级的德育新模式，并制定了《北京景山学校德育序列纲要及实施细则》。这份细则在总的德育目标、德育内容的基础上，分解出各个年级的德育目标、德育内容，并编写出具体的实施途径和方法。例如，把九年一贯制这个学段化分为三个阶段：1—3年级以行为规范为主，贯穿五爱教育，渗透环境保护教育；4—6年级以遵纪守法为重点，贯穿公平、公正、艰苦奋斗和公民的权利和义务、责任感、辩证观教育，渗透合作、交往、挫折教育；7—9年级

做实践"三个面向"的开拓者

以道德品质为重点,贯穿竞争、诚实守信教育,渗透价值观、世界观、人生观教育。每一阶段德育目标的确定、德育途径和方法的选择,都是由浅入深、由低到高、由感性到理性、由具体到抽象,逐步深化的。

该项成果(《北京景山学校德育序列纲要及实施细则》)获全国百项德育科研成果奖,我校也被评为全国百所德育科研名校。

我校把德育寓于丰富多彩的课余文化生活、寓于各学科的课堂教学之中,我们开展了社会实践活动、法制教育活动、心理健康教育活动、环保系列活动等,让学生在活动中体验,在快乐中成长,切实提高了德育工作的针对性和实效性。学校连续十多年无违法犯罪学生。

五、加快"数字景山"的建设与应用

作为一所传播现代教育观念、教育技术和教改成果的示范学校,推动教育改革与教育交流的促进学校,我们的教育手段是开放的。我校在政府和社会的大力支持下,投入大量资金,率先建成校园多媒体网络,充分发挥信息技术在开放式教学中的作用。近两年来又投入几百万元改造网络设备,聘请专业计算机网络管理、设计、制作人员,邀请优秀骨干教师,加快"数字景山"教育资源整合和改造,初步形成有景山特色、从小学到高中的涵盖教育教学,课内课外的"数字景山"的网络体系。目前已建设多媒体同步课程资源库、试题库、电子图书馆、特色资源综合库、课堂教学视频库(共收录景山学校公开课视频及东城名师网络课堂视频资源小学到高中各个学段共1389节,涵盖语文、数学、英语、物理、化学等14个学科及班会、家长会等多个内容)。

依托"数字景山",我校发起"创建网络环境下的校际联盟",由国内外致力于基础教育改革的中小学校共同创建,以校际联盟的形式合作,以先进的多媒体技术和网络通信技术为依托,共建共享优质学科课程、校本课程和教育资源,并在此基础上探索信息资源在教育教学上的应用。

探索之路　北京景山学校在"三个面向"指引下的教育改革

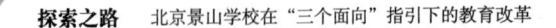

今天下午我校将向大家展示三地（北京、江苏、四川）四校通过计算机网络视频和现代信息技术开展的教学交流活动，此种形式解决了过去无法想象、不可能实现的教育交流与互动。既节省时间和经费，又可以随时解决教育教学中遇到的问题。

校际联盟将从以下五个方面进行实践与探索：

(1)建立国际教育教学交流研讨的平台，及时有效地开展教育教学改革、教育技术、学科课程的研究与交流。

(2)共同建设新型的现代化数字教材网络体系。

(3)搭建教育科研的平台，成为学校教改的有力工具。

(4)推进校际联盟校师资培训工作，大力提高中小学教师实施新课程的专业能力和水平。

(5)发挥优质教育资源的辐射、带动作用，推进教育均衡发展。

六、为学生的个性发展奠定基础

在"三个面向"思想的指导下，我们的教育观念是开放的。景山学校注重学生综合能力的培养，评价学生的手段和标准是多元的，不以考试成绩为评价标准。我们倡导教师对学生因材施教，实行个性化教学，尤其在小学基础教育阶段，充分发挥多种教育手段，减轻学生的课业负担，为学生创造宽松自由的成长空间。同时，我们将大众教育与英才教育相结合，在普遍施教的前提下，承认个性差异，尊重特长与爱好，积极探索基础教育阶段多出人才、快出人才、出好人才的规律。我们与北大、清华、人大等十所重点大学签署了校际合作协议，根据优秀学生的兴趣、特长和志向，按照相关大学、相关专业的要求来培养优秀毕业生，以实现重点大学名牌专业与高中教育的早期结合。

我们把"以学生发展为本"的理念确立为自己的立校之源，把培养全面发展、学有所长、具有创新意识和实践能力的学生作为一个重要目标，

■ 做实践"三个面向"的开拓者

努力为学生的个性发展创造条件，使有特长的学生能得到与之相适应的教育。在景山学校，同学们都能找到一个发挥自身特长的平台。

学校利用课余时间，对学有所长的学生进行学科奥林匹克竞赛知识方面的教学和指导。几年来，我校学生在数学、物理、化学、生物、信息学科的全国奥林匹克竞赛中都取得了优异的成绩。其中，刘畅同学参加全国物理竞赛获得了一等奖，何江舟同学参加全国信息学竞赛获得金牌，高二年级的王文翰同学参加全国高中物理联赛获得了一等奖，并且被清华大学提前破格录取到"诺贝尔基础班"。

我们认识到：在科学技术发展迅猛的今天，开展科技活动、进行研究性学习已经成为发展学生智力、培养学生实践能力的一条重要途径。从1997年开始，我校就着手开展了中学生研究性学习活动，同学们走进了国家重点实验室，在专家教授的指导下进行研究。几年来，已有400余名同学自报课题，课题涉及生物、医学、计算机等学科。80多名同学参加了中国科学院植物研究所、中国科学院计算机研究所、中国协和医科大学基础医学院等20多个国家重点实验室的活动。同学们在"走进国家实验室"这一活动中获得了许多中学生科技奖项的最高荣誉。

我校积极为有艺术特长的学生创造展示自己才华的机会。在中国最高的艺术殿堂——中国美术馆举办了景山学校师生摄影展；在"米罗艺术大展"开幕式上我校学生作画；在保利剧院学生进行了大型英语剧《迷宫》的精彩演出，在中山公园音乐堂我们举办了"唱响2008——北京景山学校迎奥运专场音乐会"。

丰富多彩的校园活动，不仅张扬了学生个性、发展了学生特长，充分显示了景山学校学生能力强、知识面宽、学有特长的优势，也促进了学校的发展，学科竞赛成绩喜人、科技教育成果丰硕、体育工作硕果累累、艺术教育丰富多彩。我校被评为：中国中学生排球协会主席校、北京市首批"金鹏科技团"、"北京市中小学生科技示范校"、北京市文明礼仪学校、奥林匹克教育示范学校。

探索之路　　北京景山学校在"三个面向"指引下的教育改革

七、建设一支高水平的教师队伍

在景山长期的教育改革实践中，我们深深地感到，一所好学校，不仅要有好的干部队伍，好的教育条件，更重要的是有一支优秀的教师队伍。景山学校能够在国内外产生广泛的影响，就是因为它有一支热爱教育、勇于探索、敢于实践、有自己特色、愿意为教育做贡献的教师队伍。"振兴民族的希望在教育，振兴教育的希望在教师"，邓小平同志以战略家的远见卓识，指出了教师队伍建设对振兴民族、振兴教育的重要性。我们深切认识到，没有高素质的教师队伍，一切高水平的教育计划都会陷于空谈。近几年来，随着老教师的相继退休，年轻教师队伍逐步壮大，我校小学教师35岁以下的占70%，中学教师35岁以下的占63%。青年教师是学校的希望所在，是办好学校的重要力量，所以这几年我们紧紧抓住青年教师的培养不放松，主要采取了以下几点措施：

1.注重对青年教师的常规培养，比如建立师徒结对，注重青年教师备课和听课的指导，举办青年教师的研究课、公开课、教学基本功大赛，对青年教师进行景山学校传统和爱校教育等。

2.注重对青年教师进行端正教育思想和教师职业道德的教育，对青年教师中出现的违反师德的现象，我们既严肃批评，又给予关心和帮助；对青年教师中热爱教育事业、热爱学生、工作业绩突出的，不仅给予表彰和鼓励，还帮助他们总结经验，在全校给予推广。对不合教师要求，专业思想不牢固，学生、家长意见大的青年教师不予聘用。

3.培养青年教师的方法上，我们注意结合每学期学校工作的不同侧重，对青年教师提出不同的要求，不断提高青年教师工作经验和专业教学水平。我们要求青年教师在总结过去成长经验教训的基础上，制订个人3—5年发展规划，学校将其编辑成册，供青年教师相互交流学习。

4.鼓励青年教师冒尖，鼓励青年教师成名、成家，为优秀青年教师的职评、评优、进修、出国、提拔等创造各种可能的条件。

5.对青年教师的表彰形成制度，加大奖励力度，评出层次，评出干劲。

北京景山学校教师奖励项目

	奖励范围	奖励人数	评选时间
北京景山学校教师突出贡献奖	35岁以上，在景山学校工作10年以上	小学1人、初中1人、高中1人、班主任1人、行政1人	每2年评选一次
北京景山学校职工突出贡献奖	35岁以上，在景山学校工作10年以上	1人	每2年评选一次
北京景山学校优秀班主任、年级组长	现任班主任、年级组长（在校任职3年以上）	无人数限制	每年评选一次
北京景山学校青年新秀	参加工作一年以上，35岁以下	无人数限制	每年评选一次
北京景山学校学科、科技、艺术、体育等学科项目获奖奖励	指导学生参加学科、科技、艺术、体育等学科项目获得国际级、国家级、市级、区级奖励	无人数限制	每年奖励一次
北京景山学校教学基本功大赛奖励	参与国家级、市级、区级教学基本功大赛获奖	无人数限制	每年奖励一次
北京景山学校教育科研成果奖励	参与国家级、市级、区级论文和教育科研成果评比获得奖项	无人数限制	每年奖励一次

探索之路　　北京景山学校在"三个面向"指引下的教育改革

目前我校涌现出了一批具有现代教育观念和科研能力的优秀青年教师。刘长明老师在"北京市小学语文教师基本功教学大赛"中获一等奖，吴鹏、许云尧、吴兰、王红、林红焰老师获得全国教学大赛一等奖，在刚结束的市、区青年教师基本功大赛中，我校又有六位教师分获市、区一等奖，他们只是我校优秀青年教师的代表，我校的青年教师正在快速成长起来，许多教师成为北京市、东城区的骨干教师。

八、面向世界，加强国际教育交流

我校遵循"教育要面向世界"的思想，融古今中外百家之长，坚持"走出去，请进来"的模式，加强与世界各国的交往与交流，积极扩大对外的影响。

我校是教育部首批确定的联合国教科文组织"亚洲教育发展革新计划"的联系中心之一；我校相继与美国、法国、日本、泰国、新加坡、韩国等国家的学校建立了友好校际关系；聘请优秀外籍教师来我校任教；学校先后派出教师231人次、学生513人次赴国外考察、交流、学习；同时，学校也接待世界各地的政府要人、教育界同仁和教育团体的参观访问，成为展示中国基础教育成就的一个窗口。联合国秘书长安南夫人、巴基斯坦总统夫人、日本国前首相海部俊树、美国教育部长理查德·赖利都先后来我校访问。

我们积极鼓励和组织学生参与各种国际交流，参加国内外的各种竞赛。美国航天飞机在太空中实验的项目选中了我校学生李桃桃的"蚕在太空吐丝结茧"的实验方案；在巴黎举行的世界儿童大会上，我校的孔令蔷同学代表世界儿童进行了发言；在波兰举行的世界航模锦标赛上，我校张尚同学获得冠军；在世界中学生的最高赛事——美国工程大奖赛上，我校的杨歌同学获得银奖，这是目前我国中学生在此项赛事上获得的最高荣誉；我校宫郑同学在第12届国际天文奥林匹克竞赛中获得金牌；在联合国总部召开的"一个适合儿童生存的世界"的会议上，我校马嘉阳同学作为从全球选拔的20名青少年代表进行了演讲。在全球中学生网上高峰会议上、在亚太地区青少年科技交流会议上、在全国"长江小小科学家"赛场上，景山学校的学生展示了中国学生的风采；在香港、台湾、美国、法国、韩国、日本、泰国等地区和国家都留下了景山学生科技、艺术、体育交流的足迹。

在这种交流与对话的过程中，景山学校真正实现了教育自身的对外开放；在"走出去，请进来"的模式中，景山学校了解了世界，广泛吸收和运用了世界先进的教育成果和教育理念，为引领中国教育赶超世界先进国家教育水平，奠定了基础。

以上是我校近几年来在小平同志"三个面向"指引下，进行的教育教学改革的简要汇报。

结束语：

当今时代，科技进步日新月异，国际竞争日趋激烈。新一届党中央提出了继续解放思想，坚持改革开放，树立科学发展观，构建和谐社会的目标和要求。教育是民族振兴的基石，国家要富强，民族要振兴，归根到底，有赖于人才的培养。我们肩负的使命重大，我们的目标令人振奋。按照"三个面向"的指引，我们已经取得了辉煌的成就，坚持这一方向，我们的前程更加灿烂。

(2008年4月23日)

探索之路

做实践"三个面向"的改革者

做实践"三个面向"的改革者

实践"教育要面向现代化，面向世界，面向未来"的指导方针

今年是邓小平同志为北京景山学校题词"教育要面向现代化，面向世界，面向未来"发表25周年。回眸这25年的教改历程，我们更加深刻体会到"三个面向"所蕴含的重大的现实意义和历史意义。

教育要"三个面向"是我们北京景山学校在新时期深化教育改革，全面实施素质教育的旗帜和灵魂。25年来，北京景山学校的干部和教师凝聚在"三个面向"的旗帜下，与时俱进，改革创新，在"全面发展打基础，发展个性育人才"的改革总目标下，对学制、课程、教材、教法、学法、评估、思想教育、劳动教育、信息技术、发展个性特长教育等方面进行了综合整体改革的研究与实践，取得了可喜的成果和规律性的经验，为培养走向现代化，走向世界，走向未来的有理想、有道德、有文化、有纪律的一代新人奠定坚实的基础。

教育要"三个面向"，首先要面向现代化，教育信息化是国家信息化战略的重要基础和教育现代化的重要内容，促进信息技术与现代教育相结合，也是教育创新的重要内容和支持条件，是实现教育跨越式发展的重要

探索之路　北京景山学校在"三个面向"指引下的教育改革

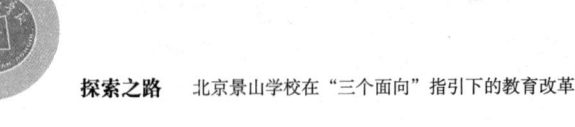

战略。21世纪的一个鲜明特征就是信息化，现代信息技术这个看似属于技术手段表面的改革，实则必将对教育体制、教育基本理论及教育思想构成巨大冲击，并将从根本上决定中国教育改革与发展的未来走向，因此，面向现代化的中国教育必须首先面向信息化。现在提出教育优质资源共建共享、均衡发展，就是要我们高度重视教育信息资源建设，建立起教育信息资源库和远程教育传输中心，进一步加强中小学信息课程和教材建设，促进优质教育资源通过网络实现共享。同时加强相关师资及人员的培训，充分利用信息技术改进教学方法和管理方式。北京景山学校在全校干部、教师的努力下，"数字景山"的优质教育资源通过网络实现共享；在如何根据现代信息技术的特点来整合现有资源、调整教育内容、构建教学模式以及在如何基于现代信息技术的功能来进行教育思想、教育体制等变革与创新问题上取得了一定的成绩。在"创建网络环境下校际联盟、实现教育资源共享、促进教育均衡发展"的研究与实验课题中，教师利用多媒体信息技术将课堂教学搞得有声有色，大大提高了学生学习兴趣。教师与教师之间、教师与学生之间、城市与城市之间、学校与学校之间拉近了距离。优质教育资源共建共享、均衡发展为促进教学改革起到了很大的作用。我们这个模式用几句话来概括，就是：以"三个面向"为总方针，继承、借鉴、创新；全面发展打基础，发展个性育人才；从小到大"一条龙"，人脑+电脑+网络。其中，"全面发展打基础，发展个性育人才"比较集中地代表了我们景山学校的教育观、人才观、质量观。我们认为，义务教育是为全体学生奠定未来生活所必备素质的基础教育。义务教育的性质，规定了我们要努力通过各种教育手段和方法为每一个学生提供终身学习和全面发展的帮助。因此，学校教育必须面向个体学生，必须关注人的个性发展，必须以提高人的素质为己任。

在这种观念的指导下，我们有计划、有目的地逐步确立了学校整体改革的目标、范围、对象以及实施的策略、方法、步骤和程序，建立了与此相适应的培养目标体系、操作目标体系、评价目标体系等。我们开

做实践"三个面向"的改革者

展学制改革，实行了"从小到大'一条龙'"的五四学制；进行教材，课程等改革，降低教材的难度，拓展课程的广度；我们还积极改革教学方法，引进现代先进的教学手段，创造了汉字集中识字教学方法，数学速算教学法，外语重在交流、听说领先教学法，开辟影视系统教学，电子计算机教学，甚至将电脑与国际网络相连接，使教学更直观，更准确，使学生接受信息更迅速，视野更开阔；我们还进行了教育评价方面的改革，以评价机制协调学生德、智、体、美、劳全面发展，鼓励学生发挥特长，发展个性等等。回顾北京景山学校的发展历程，早在1979年，景山学校就在全国中小学中率先成立了教育科学研究室，认真学习毛泽东和邓小平同志的教育理论，研究总结国内外教育改革的经验教训和发展趋势，为新时期的改革实验，作了理论和实践的准备。从那时起，景山学校就将"人脑+电脑+网络"的先进理念引入教育教学，开始了有景山学校特色的、将现代先进的科学技术与教育教学实践相结合的改革和实验。并成为我国内地最早在中小学开展计算机教育活动的学校；那时景山学校出现了我国中小学的第一台电子计算机；建立了第一个学生计算机课外活动小组；景山学校与长城计算机公司共同研制的计算机辅助教学软件——《化学题库》成为我国中小学第一个商品化的大型教育题库软件；1995年，我们在全国中小学率先建成了"校园信息高速公路"。2004年我们开始研发模块式教育资源库"数字景山"，研究目标定位于通过学校实验，把信息技术环境下教育教学创新的理论研究成果转化为学习模式、学习策略和学习方式，在实验研究的基础上，提炼出具有普遍指导意义的教育创新的实践模式与评价方法。围绕信息技术应用创新这一主题，筛选出重点研究课题中的五个问题：

- 面向应用的数字化学校解决方案的研究
- 学科课程信息化的教学实践研究
- 网络环境下专题学习模式研究
- 信息技术学习工具和软件在学习和评价中应用的实践研究

探索之路　北京景山学校在"三个面向"指引下的教育改革

● 网络环境下教师能力发展模式的实践研究

一、面向应用的数字化学校解决方案的研究

当前迫切需要解决的是面向应用。用应用的创新来促进信息技术环境建设的发展。为了适应教与学方式的改变，数字化学校建设的重点是学习场所的建设。国际研究发展的经验表明，为了构建基于资源的学习、基于探究的学习和基于社区的学习等三种学习方式的信息技术环境，要研究集信息技术设施配置、软件和资源、教师专业发展和应用为一体的综合解决方案。一种实践中证明较有效的解决方案是课堂信息化层次模型，第一层次是演示型学习课堂，第二层次是可视化和交互学习课堂，第三层次是"动手做"与合作学习课堂，开展在新的信息技术环境下教与学方式的改革实践，形成有特色的数字化学校模式和资源、教师培训方案。

二、学科课程信息化的教学实践研究

信息技术环境下的教育教学创新，正从一节课的"整合"向综合考虑信息技术多学科课程"整合"的方向发展。这就需要在社会信息化的广阔背景下重新审视信息技术对教学带来的变化，坚持教学理念、教学目标、教学内容、教学策略和教学手段的全面创新，把"创新"理解为以信息技术为平台全方位地"重构"现代课程的过程。

课程信息化是在信息技术背景下实施学科课程目标、内容及教学方式的综合解决方案，它包括：

1. 提供信息技术与学科整合的整体框架和实施方案，包括设计理念、课程资源建设、数字化教学活动设计、教学评价设计与实施等五个部分。为了突出可操作性，方案除了阐述一般设计方法和学习策略外，特别强调开发围绕学习主题的数字化教学活动的设计案例，为综合应用信息技术、

选择教学策略提供范例。

2. 按基础课程、拓展课程和探究课程的课程整体框架，开发以课程学习主题为主线的课程核心资源的结构框架，以及相应的学习平台和学习软件。

3. 研究信息技术支持的课程评价的方案，包括信息技术环境下的学科测试标准，基于网络的学科测试及反馈系统的解决方案，以及拓展课程和探究课程学生学业成就的测试设计。

学校将围绕一门或几门学科开展实验，重点是学科数字化教学活动的整体设计，并通过课堂实践，形成创新的教学案例，不断丰富和完善学科课程信息化方案。

三、网络环境下专题学习模式研究

培养学生应用所学的知识解决生活实际中的问题，发展他们独立思考和解决问题的能力，是实施素质教育的核心问题。基于专题的学习（Project-Based Learning，PBL），也称之为基于项目的学习，是一种用以发展学生上述能力的学习方法。它通过专题来综合各学科已学的知识，安排围绕专题的真实的学习任务，在合作学习的环境下，设计并实施一系列的探究活动，并通过作品（如景山学校师生共同完成的奥运网站）呈现来进行表达和交流，使学生不仅能学到解决问题的知识和技能，也能获得如何应用知识的能力。

在信息技术环境下，基于专题的学习方法有了进一步发展，基于多媒体的项目学习模式（Project-Based Learning with Multimedia，PBL+MM）是目前国际上常用的一种学习模式。它强调信息技术在专题学习中作为搜寻信息和知识的工具，处理和分析信息的工具，表达思想和知识的工具，以及交流传播信息和知识的工具。PBL+MM学习模式应用多媒体（整合文字、图形、视频、动画和声音等多种媒体）来呈现和传播项目学习的学习

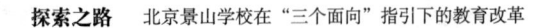

成果（作品），强调探究的过程，也强调探究的结果，使学生在专题学习活动和多媒体作品的创作过程中获得新的知识和能力。在网络环境下，基于多媒体的项目学习模式还可借助于公共平台实现异地学校的远程合作探究，这种基于社区的学习方式将突破时间和空间的限制，给学生以更大的学习空间，提升他们信息技术的应用能力。

四、信息技术学习工具和软件在学习和评价中应用的实践研究

IT产业革命将对教育产生重大影响，将形成在更为宽广的社会交互环境下的学习新方式。本专题的实验研究突出新技术应用的探索，提倡应用新的交互技术、模拟仿真技术和协作学习技术，来培养师生的解释性思维和探究性思维能力。本专题实验研究着重于：

- 社会交互软件（博客等）在教学中应用
- 基于网络平台开发的课程及应用
- 科学学习中的虚拟现实模拟技术、概念图技术

五、网络环境下教师信息技术应用能力发展模式的实践研究

随着课程改革的深入，教师专业发展正在从传统的"教学培训"向以行为和文化变革为取向的方向发展，这一变化表现在：

- 从技能熟练取向到文化反思取向
- 从研究教材教法到全面研究学生、教师的行为
- 从重在组织活动到重在培育研究状态
- 从关注狭隘经验到关注理念更新和落实学生发展

如何把教师专业发展基于社区学习的基础上，是当前教师教育研究面

做实践"三个面向"的改革者

临的重大课题。学校实验的内容是在基于社区的学习环境下,如何建设教师的学习共同体,研究这种新的学习方式下教师专业发展的对象、内容、策略和形式,以进一步提升教师的教育教学能力,并逐步形成和信息社会相匹配的学校文化。

总结国内外围绕应用信息技术开展教育教学创新的成功经验和实践模式,景山学校在应用与实践中开展实验研究,通过筛选、修正、本土化和再创造,提炼出具有普遍指导意义的教育创新的实践模式与评价方法。

学校实验研究的实施,核心要正确处理专业引领和学校自主实验的关系。要避免以往课题研究中的不良倾向,一是粗放型的课题实施策略。课题规模超大,采用类似于行政部门推进某项工作的"群众运动"式的做法,"领导动员—教师贯彻—典型引路—总结交流",很难称得上是一项研究。二是包办代替式的"强干预实施策略,课题设计者为学校实验设计了极其详尽的程式化的教学实施方案,甚至规定了课堂教学的每一步骤,这一切又提炼为行动的框图,于是学校实验异化为程式的再现和例证,教师的角色异化为流程操作员,扼杀了教师的研究创造性。

我们的做法是:

● 应用课题研究指南形式发布课题预研究成果,包括某一领域的研究背景、国内外研究的进展、研究思路和方法介绍、最新研究动向文献和综合性文献介绍以及研究支持的信息资源介绍。

● 学校根据自身发展的需要选择研究领域,确定研究课题,制订实施方案,充分体现学校实验研究的"校本特点"。

● 探索集"行动研究、教师培训、资源建设"为一体的现场指导模式。

● 创建基于网络的课题运行方式。课题网站致力于研究资源的挖掘,能在课题研究的视野下展示国内外相同研究方向的广泛研究成果,进而再开辟课题指导网络课程、课题研究案例分析等专题性频道,逐步形成课题研究的网上学习中心。

探索之路　　北京景山学校在"三个面向"指引下的教育改革

"数字景山"的开发为我校教学改革面向现代化,面向世界,面向未来,开创了新的局面。从景山学校创建的第一天起,提倡教育改革的创新思维便成为一种鲜明的校园精神,中小学试行九年一贯制,在教材方面的尝试更为超前,组织老师从实际出发,先进行试验,然后再博采众长重新编写。经全国中小学教材审定委员会审查通过的我校编写的五年制小学"语文"、"数学"教材,是经过景山学校师生40多年教改实验、修改的第六版教材,四年制中学"语文"、"数学"也已经过两轮实验修改,报全国中小学教材审定委员会审查出版。

景山学校实行"五四学制"的最大好处是有利于减轻学生初中阶段过重的学习负担和心理压力。在"六三学制"下,初中三年太短,学生刚从小学毕业,第一年基本处于对初中教育方法和环境的适应期,一到初三,又将面临毕业和升学,中间只有初二一年过渡,学生一旦跟不上,往往来不及调整,造成持续学习的困难。特别是初二,新增物理课,代数难度加大,该学年已成了学业好坏的"分水岭"。"五四学制"初中让学生感觉宽松多了,两极分化现象逐渐弱化,学生个性发展有了更大空间。"五四学制"多了一年初中学习时间,减轻了学生负担和学业难度,更有利于学生成长。

20世纪50年代末、60年代初,毛泽东主席对我国中小学教育提出了尖锐的批评:学制太长,课程太多,负担太重,教授不甚得法,考试以学生为敌人。1960年4月10日,陆定一代表中央和国务院在第二届全国人民代表大会二次会议上作了《教学必须改革》的专题报告,提出在全日制的中小学教育中,要做到"四个适当":适当缩短年限,适当提高程度,适当控制学时,适当增加劳动。景山学校进行的教育改革试验涉及学制年限、课程设置、教材体系、教法革新、考试评价、思想教育、课外活动、体育保健、劳动教育与教学等许多方面,大大小小进行了数十项开创性的教育教学试验。景山学校逐渐认识到"全面发展打基础,发挥特长育人才"是中小学培养人才的基本规律,是现代化教育的一个显著特点。学校一

■ 做实践"三个面向"的改革者

直致力于以培育"全面发展，学有特长"的人才为目标来进行教育改革活动。创造了"集中排课，单元教学，综合训练，加强实验"的知识结构单元教学法。这在如今被广泛应用的各项教学措施却在景山学校40年前就已经开始实施，半个世纪以来，景山学校进行的教育教学改革活动，所采用的教材全部都是根据教育改革的方案和目标自己编定的。景山学校许多学科的一直采用自编教材，并为此进行过大量的实验探索。面对自己的教改成绩，景山学校并没有故步自封，而是立足中国，放眼世界，走向世界。1980年，景山学校率先与美国马萨诸塞州波士顿的牛顿城公立高中和安德伍德小学建立学校关系，1982年，成为联合国教科文组织所属的"亚洲教育革新发展计划"组织的联系中心之一，1995年又与法国有百年历史的著名的阿尔萨斯学校建立友好学校关系。25年来，景山学校的学生参加各种国际比赛并获得优异成绩。2003年，景山学校五年级学生提出的"蚕在太空中吐丝结茧"的方案入选美国宇航中心的太空科学实验方案，该方案获得搭乘"哥伦比亚"号航天飞机在太空中进行科学实验的资格。1983年至今的25年中，景山学校先后已有师生近200人次出国参观访问，考察学习，参加国际会议和进行学术交流，先后出访美国、英国、法国等近20个国家。

"面向现代化"、"面向世界"、"面向未来"这三者之间既互相联系，又各有侧重，是一个统一的整体。教育面向现代化是基础，是核心。从这个基本点出发，教育必须不断地改革和发展，必须博采众长，了解和吸收世界先进的科学技术和教育经验，必须及时预测和研究未来社会的发展，把握世界教育发展的趋势，从而使我国的教育能自立于世界教育之林，使我们的子孙后代能凭借其整体的优良素质主动参与日益激烈的国际竞争。然而，在现实中，一部分同志认识比较模糊，他们不是把"三个面向"看作一个整体，而是把它割裂开来，片面地把教育面向现代化理解为学校物质条件的现代化。在这种认识的指导下，他们重硬件配备，轻软件建设，重资金投入，轻观念更新，甚至把实现教育现代化的"宝"

探索之路　北京景山学校在"三个面向"指引下的教育改革

完全押在金钱——物质条件——上。于是，缺钱的强调条件差、困难多，心安理得地等、靠、要；有钱的则盲目地以为房子造得漂亮，设施配备先进就已经实现了现代化。教育自身的现代化，它包括学校教育、教学设施等物质条件的现代化，但最重要的还是教育观念。教师素质、教学内容与方法等方面必须符合现代社会的育人需求。就一所学校而言，则首先是要坚持正确的办学方向，按教育规律办事，变应试教育为素质教育，扎扎实实地提高教育质量，提高学生素质。如果不先解决这些观念上的问题，不解决校长和教师的素质问题，即使有再多的钱，再先进的教育设施也难以培养出具有现代意识的高素质的人，现实中不是已经有锁着计算机房、实验室不让学生摸，不让学生动的先例了吗？不可否认，教育自身的现代化是受一定社会经济条件制约的，但我们更应看到，教育改革和发展本身就处于社会经济的大变革之中，我们是在整个社会体制向现代化迈进的大背景中搞教育的，因此，发挥教育部门自身的积极、主动精神尤为重要。只要我们的指导思想对头，目标明确，精神振奋，我们完全能创造奇迹。在这方面，我们景山学校有很深的体会。不了解内情的同志，在看到今天景山学校的发展规模、教育质量以及先进的电教系统、多媒体系统乃至网络系统时也许会想，景山学校条件得天独厚，没有可比性。事实上，当年我们开始搞实验时，景山学校是由北京市最差的一所小学和一所中学合并而成。当时，我们什么也没有，没有名气，更没有钱。我们从解决办学方向、办学观念入手，全校上下统一认识。然后，根据育人的目标、办学的方向开展综合性的教育、教学改革，发现、总结、提高教师的教学特色。通过各种交流活动，通过著书立说，出理论，出名师，逐渐形成现代化的基础软件。没有计算机，就用卡片代替，因为软件受硬件限制很少。当各方面条件具备的时候，我们把自己的经验、方法、模式做成技术软件，推向市场，由此带动了硬件的建设。我们认为，这种以观念更新带动软件开发，以软件有偿输出带动硬件建设的发展路子，比较忠实地体现了"三个面向"的精神，符合我国的国情，它将学校发展的目标始终指向学生个体的全面发展，指向社会经济发展的普遍要求。

  景山学校建校近50年来一直在学制、课程、教材、教法、考试、教学手段、思想教育、劳动教育、发展学生个性特长以及学校管理等方面，进行综合改革实验，特别是集中识字、精读名篇、作文以及外语能力、数学能力的训练方面效果突出，景山学校是教育改革创新的产物。素质教育在景山学校不是一句空话。

  2003年2月1日，首次搭载中国学生设计的实验的美国"哥伦比亚"号航天飞机的"蚕在太空吐丝结茧"的实验设计者，就是我们景山学校的五年级小学生李桃桃同学。和李桃桃同学一样，景山学校的许多学生都有着自己的科研课题和实验项目。他们在中国科技会堂专家答辩会上、在全国"长江小小科学家"竞赛场上、在新加坡举行的亚太地区青少年科学节交流会上，受到一致好评并获奖。多年来，景山学校已有近300名学生自报科研课题，60多名学生参加了10多个国家重点实验室的活动，他们在各级各项竞赛活动中取得了丰硕的成果。在景山学校，学生们的知识水平、科学素养、人文精神和个性品质都得到了全面发展，他们是真正的素质教育的收益者，是景山学校在邓小平"三个面向"教育思想指导下不懈推进教育改革和发展的收益者。

（2005年）

探索之路　北京景山学校在"三个面向"指引下的教育改革

[关于推进素质教育，培养学生创新精神与实践能力的认识与实践]

2005年景山学校国防教育活动

一、素质教育、创新精神与实践能力

1.什么是素质教育？素质教育是指人在后天通过环境影响和教育训练

做实践"三个面向"的改革者

所获得的稳定的、长期发挥作用的基本品质结构。人的基本素质包括：思想品德素质、科学知识素质、身体素质、心理素质、文化艺术素质、劳动技能和实践能力素质。

2.什么是创新？创新就是根据一定的目的，运用已知信息产生某种新颖、独特、有社会或个人价值的产品的智力品质（一般性创新和高层次创新）。

3.什么是创新教育？创新教育就是根据创新的原理，培养学生具有一定的创新意识、创新思维、创新能力以及创新个性（情感）为目标的教育活动。

4.什么是实践能力？实践能力指认知能力、动手能力、交往能力、研究能力、自理能力等。

二、全面理解和认识邓小平同志"三个面向"的题词和江泽民总书记有关创新的论述

1983年，邓小平同志为我校题词："教育要面向现代化，面向世界，面向未来。"

教育要面向现代化：教育受现代化建设所制约，教育发展必须从中国社会主义现代化建设的实际出发；另外现代化建设受教育所制约，教育必须与中国社会主义现代化建设的要求相适应，以便更好地为现代化建设服务。

教育要面向世界：世界给一国教育以影响，另外教育是一国走向世界、影响世界和赶超世界先进水平的主要途径之一。

教育要面向未来：人类的未来制约一国教育发展的计划和目标，另外教育是实现人类美好未来的根本手段。（教育必须与国家制定的未来方向一致，我们党制定的"三步走"战略，如果教育的发展不与此相一致，就要拖四个现代化的后腿。）

探索之路 北京景山学校在"三个面向"指引下的教育改革

江泽民总书记论创新：

"科技进步、经济繁荣和社会发展，从根本上取决于提高劳动者的素质，培养大批人才。我们必须把教育摆在优先发展的战略地位，努力提高全民族的思想道德和科学文化水平，这是实现我国现代化的根本大计。"

"创新是一个民族的灵魂，是一个国家兴旺发达的不竭动力，创新的关键在人才，人才的成长靠教育。"

"教育是知识创新、传播和应用的主要基地，也是培育创新精神和创新人才的摇篮。不论在培养高素质的劳动者和专业人才方面，教育都具有独特的意义。"

"在出人才的问题上，要鼓励和支持冒尖，鼓励和支持当领头雁，鼓励和支持一马当先，这不是提倡搞个人突出、个人英雄主义，而是合乎人才成长规律的必然要求。"

1998年9月，是邓小平同志为我校题词15周年，我校在高举"三个面向"旗帜，全面实施素质教育过程中，从八个方面进行了总结。

1.落实"三个面向"，实施素质教育，关键是转变观念。

2.按照21世纪我国社会主义现代化对人才素质的要求，完善中小学的培养目标，向学生实施"全面发展，发展个性特长"的教育。

3.按照21世纪我国社会主义现代化对人才的素质要求，改革义务教育阶段的学制。

4.按照21世纪我国社会主义现代化对人才的素质要求，严格按国家教育部颁布的课程计划全面开足、开齐各类课程。

5.改革学生的思想工作，以适应培养"四有"新人的要求。

6.加强教育科研，把中小学教育科研、教改试验、日常教育教学工作"三位一体"地结合起来。

7.按照"三个面向"的精神，积极探索建构21世纪办学模式的"六大工程"。

8.按照"三个面向"的精神，加强对外交流与合作。

■ 做实践"三个面向"的改革者

"三个面向"是邓小平同志关于建设有中国特色的社会主义总体设计思想在教育工作方面的战略思想，是我国教育改革和发展的指导思想，是我国推进素质教育，培养社会主义现代化各方面人才必须遵循的方针，是赶超世界先进国家教育水平的必由之路。

去年6月，党中央、国务院召开了改革开放以来的第三次全国教育工作会议，会议上颁发了中共中央、国务院《关于深化教育改革，全面推进素质教育的决定》。这个决定从我国现代化的全局和战略高度，对我国面向新世纪的教育改革和发展作了重要部署，为新世纪教育的发展指出了明确的方向。江泽民同志在全教会讲话中指出："教育是知识创新、传播和应用的主要基地，也是培育创新精神和创新人才的摇篮，不论在培养高素质的劳动者和专业人才方面，教育都具有独特的意义。"还说："在出人才的问题上，要鼓励和支持冒尖，鼓励和支持当领头雁，鼓励和支持一马当先，这不是提倡搞个人突出、个人英雄主义，而是合乎人才成长规律的必然要求。"江泽民同志这些精辟的讲话，指出了我国教育工作中存在的弊端，明确指出教育改革的发展和方向，提出了实施素质教育，以提高国民素质为根本宗旨，以培养学生的创新精神和实践能力为重点。也更进一步说明了当今世界科学技术以巨大的威力和人们难以想象的速度深刻地影响着人类经济和社会的发展，在世纪之交的关键时刻，一种全新的经济正在形成和发展，并且爆炸性地向全球扩张，把人类带进一个全新的时代——知识经济时代。可以说，没有创新，知识经济主体便失去了生命力。因此，创新教育是知识经济发展的需要，是深化教育改革，实施素质教育的需要，是社会主义现代化建设的需要。

■ 三、必须深化改革，全面推进素质教育

1.国际21世纪教育委员会关于教育的"四个支柱"是："学会认知，学会做事，学会共同生活，学会生存"。认为：这四种小习惯将是每个人

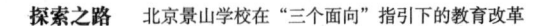

探索之路　北京景山学校在"三个面向"指引下的教育改革

一生中的知识支柱，学会认知，即获取理解的手段；学会做事，以便能够对自己所处的环境产生影响；学会共同生活，以便与他人一道参加人的所有活动，并在这些活动中进行合作；最后是学会生存，这是前三种学习成果的主要表现形式。在一般情况下，正规教育仅仅是或主要是针对学会认知，较少针对学会做事，而另两种学习往往带有很大的随意性，这些说明我国的教育必须要改革。

2.减轻学生过重的课业负担，看起来是国家和社会的要求，而实际上是一场深刻的教育革命，表面上看来是一种相互指责，而实际上引起全社会的思考，江总书记的讲话指明了教育要改革、要发展，不仅是教育一方面，而是依靠全社会来关心教育。

四、对推进素质教育，培养学生创新精神与实践能力的实践

北京景山学校是于1960年春由中宣部和北京市创办的教改试验学校。在近40年的改革试验中进行了学制、课程、教材、教法、教学手段、教学管理、思想教育、劳动教育、课内外结合等一系列的改革探索。1977年被确定为全国重点学校，1978年被确定为北京市重点学校。1983年，邓小平为景山学校题词："教育要面向现代化，面向世界，面向未来。"

"三个面向"为我校指明了新时期教育改革与发展的方向。我们遵照"三个面向"的指示精神，总结了多年的教改经验，并注意总结汲取国内外教育改革的基本经验教训，制定了以"全面发展打基础，发展个性育人才"为主题的综合整体改革方案。在教育理论、学制年限、课程设置、教材内容、教学方法、教学手段、考试制度、课外活动、思想教育、劳动教育、发展个性特长教育、智力超常教育及学校领导管理体制等方面，进行了全面的综合整体改革试验。

在学制改革方面，为了大面积提高初中的教学质量，解决长期存在的

■ 做实践"三个面向"的改革者

负担重、质量低、初二学生两极分化、落后面大的老大难问题，1982年我们在全国率先进行了学制改革试验，将中小学的学制由"六、三"制改为"五、四"制。率先进行了"小学、初中九年一贯制整体改革试验"。试验证明，取消了小学升初中选优淘汰的升学竞争，可以使上、中、下三类学生都能在自己原有的基础上，得到较好的全面发展和个性特长的发展。这样就从学制上解决了从"单纯应试教育"向"公民素质教育"的转轨问题。

课程改革方面，学校一直按照德、智、体、美、劳五育的要求全面安排课程，同时强调打好语文、数学、外语三门基础工具课的基础，提高学生独立获取知识的能力。把三门学科放在课程体系中的主体地位，建立以学科教学为主，课外活动、劳动和社会实践为辅；以必修课为主、选修课为辅的课程体系。1978年我校率先开设劳技课，开始在初中开设缝纫、航模，到现在初中开设的劳技课有缝纫、编织、自行车维修、打字、摄影、航模、小制作、电脑文字处理；高中开设制图、电脑、绘画、缝纫、摄影、无线电、汽车维修。这些课程排入课表，不能冲击、更换，先后多次在全市、全国汇报经验。1978年，我们最先从小学一年级开设自然课的试验，继而把历史、地理、社会常识综合为"社会"课，还开设了"形体课"、"体育保健"课的教改试验。此外，还把课外活动、参加社会公益劳动和社会实践活动列入课程，从未间断。

教材方面，我校小学语文、数学教材一直使用我们自编的教材。经"全国中小学教材审定委员会学科审查委员会"审定，可供五年制城镇小学试用。相继编写出劳技课（编织、手缝工艺和服装剪裁）、音乐欣赏、形体训练教材，为一些学校开设相关课程和活动提供了教学依据。2000年1月，召开了"21世纪景山学校小学语文、数学新教材研讨会"，目前编写工作已开始，将于今年9月份试教第四代的新教材。

多媒体网络的建立是我校向现代化教育迈出的坚实的一步。在充分发挥投影仪、录音机、录像机等教学资源作用的同时，我们瞄准21世纪的时

探索之路　　北京景山学校在"三个面向"指引下的教育改革

代的特点——信息社会，实施了多媒体网络的建设。当前，我校已经基本建成校园多媒体网，以小型机为核心、用光导纤维贯通校园网络，把学校所有的办公室、教室、专业教室、实验室、阅览室和会议室都连通起来，几百台多媒体计算机进行教育教学和管理工作。与此同时，学校还建有广播网络和视频网络，包括现代化的演播厅、录音室、卫星接收系统等。可对全校或某部分进行直播、转播以及播放视盘、录像等。教师可用录像带、录音带、幻灯片、计算机教学软件等进行辅助教学。目前我校已用DDN专线实现与中国教育与科技网的连通，并通过此网与全球信息高速公路Internet网相连。我校学生不但在多媒体计算机上学习，还可以在家庭、社会、国内外网络环境中学习。

多媒体网络系统建设的力度与无处不在的校园计算机环境在学生中形成了强烈的学习和应用信息技术的氛围，使学生产生了学习和应用计算机的浓厚兴趣。这使得我校学生计算机科技活动成绩斐然。

我校多媒体综合网络的建设，是21世纪信息时代发展的需要，是中国现代化进程中培养创造性人才的需要。计算机和网络的应用具有手段先进、信息量大、知识结构新等特点。这对调整教学结构，加速教学改革，扩大学生的知识面，促进学生成长等方面都有巨大的益处。因此，这件工作是时代和国家赋予我们的历史使命。

景山学校一贯坚持素质教育，不搞应试教育，注重学生综合素质的培养，注重学生创新精神和实践能力的培养。严格按国家颁布的课程计划全面开足、开齐各类课程。为了切实实现教育的功能，明确要求：不允许随意砍课和加课，不随意搞整班补课，不利用休息日、节假日组织全班性的补课，不随意收取学生费用。不给教师下升学指标，不以高考成绩的好差作为评价教师的唯一标准。我们坚持向课堂教学要质量，向管理要质量，向教育科研要质量。

（一）在教学过程中，为了让学生处于学习的最佳状态，进行了教学模式的尝试。

■ 做实践"三个面向"的改革者

1.生物课进行了"探究法教学实验",强调要让学生感受、理解知识产生发展的过程。实验探究教学有利于培养学生的科学素质,这一教学过程体现出生物科学的探究过程。包括提出问题、进行假设、实验设计、实验操作、观察测量、分析现象和数据,得出结论和验证实验。通过这种教学活动,学生不仅初步了解实验科学的探究过程和科学方法,而且培养了对科学的兴趣,养成实事求是的科学态度,不断探求新知识的精神。

2.语文课进行了"教学组织形式多样化"的试验。强调让学生在相互交流中学会共同发展。在日常教学活动中,教师们在传授知识的同时,注重培养学生学习的主动性、积极的思维习惯和生机勃勃的创造力。在古诗词鉴赏课上,先让学生自赏自鉴;在讲课中,启发学生一步一步地思考,发现学生理解出现偏差时,引导学生深入地讨论;在课堂上,教师不再扮演一言之师的角色,成为传授知识的灌输器,更不是用"唯一答案"去封住学生的嘴;教师宁可多花些时间,也要让学生充分地思考,充分地讨论。最终的结论都不是教师讲出来的,而是学生们在教师的引导下,讨论之后获得的。每周一次的练笔是学生细水长流训练写作的方法,是景山学校语文教学的特色之一。每周让学生交流,是最好的相互学习与借鉴;有的教师长年坚持课前5分钟说话训练,学生们从简单的进行自我介绍到漫谈天下大事,从"说话"到"演讲",到小型辩论会,课堂气氛相当热烈,这是口头表达与思维的双向训练;高二年级为了配合戏剧单元教学,组织学生排演课本剧,学生们在这个活动中所表现出的创造力,让老师暗自吃惊,并为学生们拍手叫好,发自内心地感叹"弟子不必不如师"。

我们采用专题研究课的形式,集中在语文课堂教学的探索。应用主体教学理论,研究课堂教学质量的策略。这当中,涉及教师的学生观。作为教师,一般不会反对学生是学习主体这一观念,但是,在具体的教学实践中,如何使学生真正成为学习的主体,这是一个值得探讨的问题了。学生这一主体,能不能主动地学,在很大的程度上取决于教师能否使学生成为学习的主人。重视教会学生掌握学习方法,应放在突出的地位。采取自学

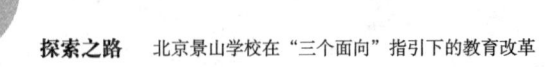

探索之路　　北京景山学校在"三个面向"指引下的教育改革

辅导方法，为学生设计一定的程序，尽量多的给予学生自读的时间，让学生参与到每个程序中，使得几种方法加以组合，促使学生主动地学习，便是我们设计教学时高度关注的要素。

3.计算机课的"任务驱动"试验，变"要我学"为"我要学"。在高一年级的计算机课中，采取了一种新颖活泼而有益的教学方式——让同学们自己选题讲课。在一年的时间里，每位同学都要讲课。只要与计算机学科有关，任何方面的课题都可以。同学们的讲课内容覆盖面广，从硬件到软件，从基础知识到数据结构。同学们为了抓住这次机会，都认真进行准备。为了完成讲课任务，四处找书买杂志学习。通过自学，掌握了在课堂学不到的知识。通过这种形式，进行任务驱动，广泛查阅资料，选择最佳的讲课方式，提高了学生的自学能力，训练了学生讲话能力及组织能力。"任务驱动"的试验教学，表明这一方法符合计算机教学的基本特性。以任务使之驱动，去完成"选题讲课"，带动学知识，长技能。

4.改革传统的教学方式，我校鼓励教师运用现代化教育教学技术辅助教学，为了推动教学手段的现代化，我们一方面加强对教师的培训，一方面开展教学课件的评比。我校在最近举办的第三届教学课件制作竞赛中，全校教职工上缴了112个课件，显示了广大教师对深化课堂教学改革的勇气和信心。

（二）开展丰富多彩的课外活动，营造现代化技术教育的环境，为把学生培养成创造性人才，为学生发展个性和特长创设了必要的条件和人才成长的沃土。

1.计算机爱好者协会的活动。学校为了把电脑迷们组织起来，交流切磋电脑技艺，相互帮助，共同提高，成立了北京景山学校青少年计算机爱好者协会。在老师的指导和帮助下，会员按照水平和兴趣自愿分成几个小组，开展了许多有意义的课外活动。

例如：计算机组装和维修小组的会员都是动手能力强的同学，他们利用寒假一起了解市场，采购零配件，自己动手组装计算机改造旧机房。共

■ 做实践"三个面向"的改革者

组装了55台，学生亲自经历了从策划到购买到组装的整个过程。提高了学生的动手能力，也提高了同学们的劳动意识。他们还定期帮助学校机房的老师维修网络和计算机，还经常应邀到老师或同学家里，排除计算机的故障。通过这些活动，会员们不仅得到老师和同学们的赞扬，自己的计算机知识和技能也得到了较好提高，还节约了资金20万元。

软件研制小组的会员配合任课老师编写计算机辅助教学软件。早期会员曾用程序设计语言编制了"多边形"、"函数图像"、"天文入门"、"循环系统"等教学软件。近年来，更多的会员使用Powerpoint为老师做课件，受到老师们的欢迎。同时，这些会员通过编制课件或教学软件，编程的能力得到了提高，而且对蕴涵在软件中的学科知识掌握的更加扎实了。

还有部分会员同计算机老师一起，共同编写出版了中小学计算机教材和一些普及性的计算机读物，学生们为给自己的同龄人编写教材而感到十分荣幸。如李可文编写的《中学生电脑》、《小学生电脑》已正式出版；刘辉同学的《用C语言编游戏》、陈晓霁同学的《小学计算机教程》的画图板部分、李祎佳同学的近10万字的《上网浏览和收发电子邮件》、岳枚同学的"中小学信息技术挂图"等自编教材已结稿。

我校张蓬同学在学习物理的过程中，发现一本物理课外书籍中一道习题与自己的答案不符，他没有盲目的去相信书本，而是利用自己所掌握的计算机知识，编写了一个程序，在计算机上进行了模拟实验，得出的结论与自己演算的结果一样，证明自己是正确的。为此，他写出了一篇论文，即将在《少年电脑世界》杂志上发表。

学校利用校园网建立各班网页，形成各班的对外窗口。每年在学校的科学节期间开展的学生网页设计大赛活动，充分表现了学生的才能，有些班级的网页设计令专业技术人员赞叹。去年的学生网页设计大赛活动的录像带在北京电视台教育台播出。

在高中学生参加的网上论坛的活动中，我国有七位中学生赴美国参加

探索之路 北京景山学校在"三个面向"指引下的教育改革

"论坛高峰会议",这七位中学生中,有我校两名学生,他们在国外充分展示了中国学生的素养。

2.走进实验室的活动。景山学校高度关注学生的科学素质,四年来有三批共11人进入国家重点实验室。其中刘欧同学于1996年10月被中国科协和市科协入选为"生命科学领域跨世纪一流科技人才早期发现及培养规划"的中学生之一,成为首批进入国家重点实验室的中学生。1998年8月她参加了在香港举行的第九届全国青少年发明创造比赛和科学讨论会,被评为一等奖,获金牌一枚。1998年8月代表中国赴韩国参加了首届亚太经济合作组织青年科学节的科技交流活动。获北京市中小学生银帆奖。

李星平同学进入了"生命科学领域"国家重点实验室,利用课余时间,接受著名生物学家的直接辅导,选择科研课题进行研究。她的论文经过答辩和专家评审,获得了1998年北京市青少年科学小论文一等奖。参加了第九届全国青少年发明创造比赛和科学讨论会,获得了科学论文一等奖(金牌),为北京市代表队夺得九枚金牌。1999年获北京市银帆奖。

刁玉鹤同学参与的课题研究为通过"生物阻抗分析法和饮食调查"调查中学生营养情况,这项研究已取得阶段性成果,近期准备赴美国参加第51届英特尔国际科学与工程大奖赛。

我校200多名学生积极参加了搭载美国航天飞机上太空搞科学实验的"超新星"方案设计活动,其中"蚕在太空中生活"已选入实验项目。我校评为"超新星"学校,并由美国太空公司投资5万元,在我校建立地面实验室,共同开展试验项目。

3.我校排球队连续多年获得北京市各级各类比赛高中、初中、小学组冠军,先后代表北京市参加全国和世界中学生排球比赛,走遍了全国15个省市和世界3个国家。

4.景山学校高度关注创建校园文化的环境和氛围,致力于提高校园生活品位。一年一度的文化节、科学节内容与形式丰富多样,富有时代感和鲜明的主题。涌现出许多优秀小组,其中的摄影、书法、美术、天文、

做实践"三个面向"的改革者

航模、计算机科技论文具有较高水平。1998年在最高的艺术殿堂——中国美术馆举办了景山学校师生摄影展览。1992—1998年共有3316人次获得国际、北京市竞赛奖项,9人获北京市中学生银帆奖。学校被评为"北京市科技活动先进校"、"北京市科技示范校"并授予"金鹏科技团"第7分团称号。1998年,在汉城举办的首届亚太地区青年竞赛中,景山学校学生获科技金奖。景山学校是"实施国家体育锻炼标准模范学校",北京市体育传统项目学校,被教育部确认为"现代教育技术实验学校",被世界卫生组织城市卫生发展合作中心授予"健康促进学校(银奖)"。

(三)景山学校进行教改试验的方法是以教育科学理论作指导,以科学实验作基础。

近一年来,我校在加快校舍建设、理顺学校管理体制以及各方面工作关系的同时,一直在思考如何深化我校教育教学改革,如何落实素质教育,如何把景山学校带入生机勃勃的21世纪。

去年4月,我们结合我校多年教改试验的经验和不足,结合我国基础教育特别是北京市基础教育今后发展的趋势及特点,确立了我校21世纪学校管理体制调整和改革的基本思路,即:小学、初中九年一贯整体管理和高中现代化整体管理体制,并分别成立了九年一贯和高中现代化两个研究小组。两个小组的成员既有景山的元老,也有当前在教育教学一线的骨干教师及干部。经过两个小组的充分酝酿和讨论,总结我们的经验和教训,结合党和国家对教育工作的要求,确立了我校迎接新世纪、迎接景山学校建校40周年的18项课题。在我校18项实验课题初步确定时,我有幸参加了改革开放以来的第三次全国教育工作会议,在全教会上亲耳聆听江泽民总书记、朱镕基总理、李岚清副总理的重要讲话。参加这次会后,我进一步感到我们身上的责任重大,我认识到,我们的教育如何进入21世纪,对我们来说既是"机遇",又是"挑战"。所谓"机遇"是迎接21世纪的到来,对每个学校,每位同志来说都是平等的,都在同一起跑线上,但是有准备和无准备是不一样的,有准备就可以抓住机遇,取得成绩或成功。

探索之路　北京景山学校在"三个面向"指引下的教育改革

无准备,机遇到你身边也可能丧失,只能永远处于被动的地步。所谓"挑战",教育改革、素质教育、创造性人才培养怎么搞,没有经验,要靠干部、教师去钻研,去实践,在干中总结经验,这对我们来说就是一种"挑战"。回校后我们经过认真的思考和研究,决定乘全教会的东风,抓住暑假的好时机,在假期中我们召开了景山学校迎接21世纪、深化教育改革的工作会议。参与18项科研课题的近60位同志参加会议。承担每项课题的负责人及参与者对课题进行了可行性、科学性、实验性等深入的分析研究。归纳这18项课题:涉及管理体制及学校建制的有2项;涉及德育工作的有2项;涉及教材编写的教法有6项;涉及体育工作的2项;涉及选修课程的2项;涉及科技教育、特长生尖子生培养的2项;涉及教师队伍建设1项;涉及运用现代化教学手段教学1项。诸如物理、化学学科的培养特长生的研究与试验;计算机作为学具的研究与试验;关于高中选修课的研究;九年一贯制的集中管理和谐运转的试验与研究等。

目前,我校18项教改课题的准备、申报阶段已结束,大部分课题已开始实施和进入实验阶段。我校在"六五"至"九五"期间还承担了国家教委、教育部、北京市重点课题研究7项。我们一定要抓住这一"机遇"和"挑战",这是党、国家和人民的希望,也是我们教育工作者的责任。

在世纪之交的重要时期,如何深化教育改革,全面推进素质教育,迎接新世纪的到来,我们深入学习和领会党中央、国务院召开的第三次全教会精神,进一步加强教育科学研究和教改试验。我们自身的教改实践证明,教育改革不以教育科研、教育理论作指导,往往会产生盲目性,步入误区。景山学校在教育改革中诞生,在教育改革中发展前进,她将在新的历史发展时期,为我国的教育改革做出新的贡献,为祖国培养出更多的优秀人才。

(2000年4月)

科技教育是实施素质教育的重要途径

为了适应时代发展的需要，教育必须更新观念，在不断探索中求得发展。在当今世界中，国家与国家之间的竞争实际上是人才的竞争。因此，培养具有综合素质的人才成为全社会的共识。科技教育是培养具有创新精神和实践能力优秀人才的重要途径。

一、加强管理，重视科技教育

北京景山学校在全面贯彻邓小平"三个面向"的教育思想，树立以学生发展为本，为学生一生发展奠定坚实基础的教育理念中，以培养学生创新精神和实践能力为重点，以提高学生素质为根本宗旨，本着继承、借鉴、创新，"全面发展打基础，发展个性育人才"的思想，把景山学校建成热爱科学的摇篮、文学艺术的花园、身心健康的乐园。

1992年市区领导转发我校《课外活动管理方案》后，对我校课外活动的开展起到了导向和激励作用。我们学校科技教育工作由校长领导，副校长主抓，下设一位主任和专职教师负责管理此项工作，并有相应机构——课外活动办公室组织落实科技活动的开展，与市、区科技教育活

探索之路 　　北京景山学校在"三个面向"指引下的教育改革

动协调一致，形成校内外科技氛围。

学校在抓好科技活动的基础上，注意抓好两支队伍的建设：一支是科技辅导员队伍，组织他们定期学习，召开例会，调动科技辅导员的积极性；一支是教研组长队伍，隔周召开教研组长会，进行信息交流，取得了良好的效果。我校的科技辅导教师队伍稳定、素质高，具有奉献精神。很多教师与学生一起外出搞科技活动，牺牲自己大量的休息时间。近三年来，有十多位教师被评为全国、全市、全区优秀辅导员或科技园丁。

景山学校不利用节假日随意给学生加课，保证了学生参加科技活动的时间。每年一度的科学节，为学生搭建展示自我的舞台。

二、创设条件，引领学生走近科学

学校是科技教育的主渠道。在科学技术迅猛发展的今天，科技教育活动已成为发展学生智力和实践能力的一条重要途径，它可以弥补课堂教学的不足，使学生接受科学精神的教育和科学方法的训练，发展学生的特长。

1. 走进国家实验室，培养学生的能力

根据我校实际情况，在开展普及型科技活动的基础上，1996年底我校借助科协领导搭起的桥梁，依托社会资源，用科学家的大手，拉起学生的小手，成为北京市最早走进国家重点实验室的学校。

五年来，我校走进国家实验室活动从开始时只有3名学生参加两个实验室活动，发展到今天已有近300名学生自报课题，60多名学生参加了中国科学院植物研究所、中国科学院计算机研究所、协和医科大学等20多个重点实验室活动，接受40多名指导专家的指导。学生在专家指导下完成论文近40篇，其中有13篇文章在全国获奖，有30多篇论文在学校、市级或国家教委的论文集刊登。

2. 与科学家的近距离接触激发了学生爱科学的热情

学校经常聘请专家进行科普讲座，与名人面对面的交流，使学生在了解科技发展的趋势、拓展知识面的同时，学习到科学家们的奉献精神。我校三名学生与中国科学院的科学家们一起参加了内蒙古草原生态环境的考察团。他们乘车12小时，一路上很是辛苦。白天实地考察，听专家们的讲解，晚上做实验，统计数据。通过这次考察活动，学生们学习到了科学家们严谨的科学态度以及科学家们对科学工作的奉献精神。此次活动使学生终身难忘，令学生终身受益。

我们学校每学期为学生举办一至两个讲座的同时，组织学生积极参加市科协、科技俱乐部举办的讲座，增加学生的学习机会。

三年来，我们利用节假日组织学生走向社会、走向大自然进行了大量的科学考察，丰富了学生的阅历，提高了学生的能力。

(1) 天津国家信息产业部计算机中心考察

(2) 西部地区—宁夏沙波头治理基地考察

(3) 海南—中国水稻研究所基地考察

(4) 内蒙古大草原进行植被实地考察

(5) 包兰铁路沙波段"五带一体"防护考察

(6) 北京生态系统定位研究站考察

(7) 国家天文兴隆观测站考察

(8) 怀柔智慧谷社会调查和科学实验

(9) 北京各国家重点实验室考察

(10) 北京各重点大学考察

3. 走向世界，开阔了学生的视野

"面向现代化，面向世界，面向未来"是景山学校办学宗旨，为拓宽学生视野，景山学校的科技教育活动走出国门，学生在与国外学生的交流过程中，既锻炼了学生的交际能力，又让学生看到自身的不足，使我校学

探索之路　　北京景山学校在"三个面向"指引下的教育改革

生的科技活动上了一个新的台阶。下面是我校学生交流情况：

(1) 中国科协、国家教委近三年组织中国学生参加在美国举行的全球学生世界杯大赛——美国工程大奖赛，我校两年3人参加大赛均获优秀项目奖。

(2) 1999年科协组织中国学生第一次参加在韩国举行的亚太地区学生科技交流节，北京24名代表参加，我校有4名学生参加交流，北京代表队获得两块科技金奖，其中一块由我校1名学生获得。2001年在新加坡举行的第二届亚太地区科技交流节，北京市第二次派代表参加，我校被选中4名学生。

(3) 1999年全球网上高峰会议举行，全国选送7名代表，我校李依婷、田韬代表中国学生出席大会。

(4) 2000年暑期，组织20多名学生到香港进行考察交流活动。2001年香港环境教育代表团150多人来我校与课题小组的同学举行科普论坛。

(5) 2002年暑期，我校有6名学生代表全国青少年参加在英国举行的青年科学节，会上这6名学生做了科研课题的汇报，受到与会者的好评。

(6) 2002年10月，我校徐鑫同学代表中国队参加在捷克共和国举行的第17届世界航模锦标赛获得第六名的好成绩，现已入选国家级运动员。

■ 三、北京景山学校科技教育的成果

几年来景山学校的科技教育活动取得可喜的成绩，这与上级领导的重视，与社会各界的大力支持，与老师们的辛勤工作分不开。

1996年：景山学校被评为首批科技示范校，首批走进国家重点实验室。

1997年：景山学校校长被评为首批科技示范校校长。

1998年：景山学校被评为首批市"金鹏科技团"（全市十个团，其中六个团是科技团）、首批全国电子技师认定单位。

1999年：景山学校被评为首批青少年科技俱乐部基地校（全市4

做实践"三个面向"的改革者

所)。

2001年：李桃桃同学的"蚕在太空吐丝织茧"的构想被专家们确认为太空实验方案，为此景山学校被授予全国"超新星学校"。

2002年：被区政府表彰的首批科普先进校。

2002年："科学家与学生谈网络"一书发表，书名为《e矛e盾》，此书已全国发行，引起各界强烈反响。我校7名学生参加撰写近20万字任务，这一课题成果获得第17届全国青少年科技创新大赛优秀科技实践活动一等奖。自1998—2002年连续五年参加全国科技创新大赛，有18人参加，获得金牌5块、银牌6块。

自2000年至今，中国科协举办"长江小小科学家"全国竞赛活动，我校连续三年有9人参加比赛，获得银牌2块，铜牌3块，为此学校获得周凯旋基金会奖励经费15万元。

自1992年至今，连续11年，我校获得市政府颁发学生银帆奖13块，其中科技10块，学科2块，艺术1块。

2001年全国科技百项创新项目，全市21名具备应届保送上大学资格，我校有7名学生。

2002年我校又有7名学生在全国创新和全国中小学电脑制作大赛中获奖，具备了上大学的保送资格。

在今年景山学校第16届科学节表彰会上，科技类获全国奖32人次，全市奖45人次，全区奖38人次。

四、今后组织课外活动的计划

纵观几年来学校科技教育所取得的成绩，我们深深感到：学校是培养人才的摇篮，而科技教育活动可以激发学生的创造动机、启迪学生创造思维，发展学生的创造能力，塑造学生的创造人格，引领学生科学求知，勇于实践，为全面培养学生的综合素质构建一个广阔的舞台。只有把长期的

探索之路　　北京景山学校在"三个面向"指引下的教育改革

课外教育与短期的课外活动有机地结合,才能使学校课外活动长盛不衰,更具有活力。为此学校继续做以下几个方面的工作:

　　1.加强对课外活动的认识,加大管理与奖励的力度。

　　2.以科研为先导加强辅导教师队伍的建设。

　　3.依托社会资源,成立专家联谊委员会。

　　4.调动学生积极性,成立科技创新委员会。

(2002年12月)

做实践"三个面向"的改革者

进一步推动景山教材的建设与改革
——景山学校小学语文、数学教材改革与实验第五次全国研讨会开幕词

尊敬的教育部基础教育司教材处王安华处长；
尊敬的江苏省教育局、镇江市王萍副市长；
尊敬的教研室朱家龙主任；
各位领导、各位专家、各位老师：

大家好！

首先，请允许我代表北京景山学校和镇江实验学校，对各位领导、专家在百忙之中抽出时间来参加、指导我们的研讨会表示衷心的感谢，对来自全国部分省市区县的40多所学校的领导和老师的到来表示热烈的欢迎！今年是邓小平同志为北京景山学校题词"教育要面向现代化，面向世界，面向未来"20周年，此次教材研讨会是我们纪念"三个面向"题词20周年的系列活动之一。它的召开对于我们进一步落实"三个面向"的指示精神，总结、表彰和交流近几年来全国各兄弟学校在使用、试验景山学校21世纪实验教材方面的经验和体会，进一步推动教材的建设和改革具有重要的意义。

课程教材的改革是教育改革的核心，是推动教育教学整体改革的突破口和切入点，也是推动改革不断深入的驱动力。北京景山学校建校43年

探索之路　北京景山学校在"三个面向"指引下的教育改革

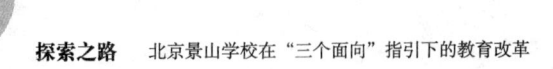

来,一直很重视课程教材的改革,在实践中我们越来越深刻地体会到:教材的改革是一个历史性的范畴,它既具有知识的连贯性、科学性,还具有时代的特点,它与社会的发展是同步的。在景山学校建校初期,在改革开放、贯彻落实邓小平为我校"三个面向"题词的年代,北京景山学校都曾对中小学课程教材进行过较大规模的改革和编写,经实践证明:凡敢于摸索,不怕困难,勇于实践,有创新思想的学校领导和教师,在实践过程中都取得过骄人的成绩,都为推动中国教育的发展,为培养高质优秀的人才做出过贡献。可以说课程教材改革是景山学校教育改革的重点特色,在这一点上景山学校的领导和教师已经达成共识。

1999年秋,在全国第三次教育工作会议之后,为了适应时代的要求,为了贯彻《中共中央国务院关于深化教育改革,全面推进素质教育的决定》,我校不失时机地抓住教材改革这个环节,以《国家课程改革指导纲要》为指导,以国家课程标准为依据,编写了九年义务教育课程《21世纪小学、初中语文、数学实验课本》,并于2000年秋开始了新世纪的教材改革与实验。

我们认为:教材的改革与实验是团体性的事业,一套教材的成功与推广需要在一定范围、一定数量的学校中进行试验,它需要集体的智慧,需要实践的探索。景山学校的教材改革与实验从来都不是孤立进行的,它上靠教育部、市区教育部门的关怀和领导,下靠各兄弟实验学校的支持、帮助,互相学习,注意集中群众的智慧。1983年邓小平给景山学校题词"教育要面向现代化,面向世界,面向未来"后,全国先后有24个省市600多所学校使用景山学校的语文、数学教材并和我们一起进行实验。这一次的教材改革与实验也不例外,2001年1月4日,在景山学校新世纪教材改革与实验的开题会上,教育部基教司朱慕菊副司部长给我们做了《课程教材改革指导思想》的报告,使得我们的教材改革与教材编写能在正确方向的指引下进行。2000年秋,第一批使用景山教材并和我们同步进行实验的有都江堰、重庆、成都、广西、内蒙古、深圳、江苏、北京、天津、浙江等

做实践"三个面向"的改革者

地的40多所学校。到2003年暑假,新教材的实验已有三年的实践经验,我们需要认真总结。根据《国家课程改革指导纲要》的精神,以国家课程标准为依据,从教学理念、教材内容、学习方式、教学评估等方面全面进行总结,在此基础上修改制定出九年义务教育1—9年级的语文、数学改革方案,编写出1—9年级的全套教材。这两套教材的编写与实验是一项艰苦的教育科学研究,它是教育部批准的"十五"教育部部级重点科研课题《北京景山学校九年一贯义务教育阶段课程与教学改革的实验与研究》的重要组成部分,所以,这次研讨会实质上是这一课题早期阶段的总结,所有参加景山学校九年一贯语文数学教材实验的各省、市、区、县的兄弟学校都是课题的参与者,这次会议意义非常深远,它将为我们基础教育课程教材建设提供重要的实践和理论依据。因此,我们非常重视这次会议。为此,我们专门邀请了著名的儿童文学专家、北师大文学院教授、教育部基教司教材管理处处长王安华同志以及参与国家课程标准制定的专家陈美妮、广东教育学院副院长苏轼车教授、江苏省小语会陈树民会长给我们作报告,帮助我们从理念上提高认识。这是一次难得的机会,让我们再一次以热烈的掌声对他们表示感谢。

  各位领导,各位代表,我们开展的课程试验工作是在国务院提出深化教育改革,全面推进素质教育的号召下进行的,是新世纪我们落实邓小平同志提出的"三个面向"教育指导思想的具体实践和行动,是响应教育部提出加快基础教育教材建设,改变过去一纲一本,几十年传统教材不变,陈旧落后的教材内容及方法的一种新尝试。这么多的学校与我校一起参与这项试验项目,是对景山学校的莫大的支持与帮助,体现了兄弟学校领导和教师积极参加教育改革实践,立志为中国基础教育做出积极贡献的勇气和决心,也更加坚定了我们从事新教材编写工作的人员认真努力做好编写工作的决心。说实话,我们大胆进行教材实验,我们各个单位都没有得到什么实惠,景山学校也并未从中获取什么利益,而且我们每年都得想办法筹集用于教材建设的近百万元经费,但是我们大家并没有多从经济上考

探索之路　北京景山学校在"三个面向"指引下的教育改革

虑，我们一心为学生一生的发展着想，为中国教育事业的发展着想，为国家输送更多更好更优秀的人才着想，这就是我们开展教材实验的初衷和目的，也是所有参加实验的学校的最可贵的精神和力量源泉。

为了更好的总结、交流和表彰各实验学校在教材试验和使用过程中的经验，进一步推动教材实验研究，我们举办了"北京景山学校21世纪语文、数学教材试验优秀论文征集与评选"活动。此次活动共收到论文109篇，其中语文71篇，数学38篇。经过教材编写组专家和老师们的评选，语文有10篇论文获一等奖，11篇获二等奖；数学有5篇获一等奖，10篇获二等奖。一会儿将在大会上宣布获奖学校的名单。此次征集的论文充分反映了各实验学校在教材使用过程中的新经验和新方法，体现了教师们的教育思想、教育智慧和教学艺术。我们将部分优秀论文选编成选集，目的就是把这些富有借鉴意义的经验和方法提供给大家，以进一步促进教材实验的科学性、实效性，推动教材试验取得更大的成绩。愿我们在"三个面向"的指引下，在教材改革与试验的道路上携手共进。

这次研讨会是由北京景山学校和镇江实验学校联合举办，由镇江实验学校承办的，为了开好这次会议，镇江市政府、市教育局，特别是镇江实验学校做了周密细致的准备，投入了大量的人力和财力，我相信各位与会代表从昨天报到的时候就应该感觉到了。在此，让我们用热烈的掌声对他们表示衷心的感谢！我相信，在我们大家的共同努力下，大会一定会取得圆满成功，谢谢大家！

(2003年10月7日)

做实践"三个面向"的改革者

坚持"三个面向",创办新世纪的示范性普通高中

一、北京景山学校的基本概况

北京景山学校是中共中央宣传部和北京市于1960年创办的一所专门进行城市中小学一贯制教育改革试验的学校。1977年,教育部为落实邓小平同志关于要办重点学校的指示,北京景山学校被确定为全国20所重点学校之一,1978年确定为北京市和东城区的重点学校。1993年,景山学校迁入初步具备现代化设施和条件的新校舍。

景山学校占地面积36亩,建筑面积36000平方米,拥有现代化的教学楼,理化生实验室10个,计算机教室4个,室外体育场4500平方米,室内体育馆2个共2000平方米,国际标准的游泳馆和形体馆各1个,拥有全国中小学最大口径的天文望远镜和天文观测台。校内形成了"四网"(广播、电视、电话、计算机)、"六室"(演播室、录像室、录音室、实录室、心理咨询室、学生阅览室)、"二中心"(校园网络中心、演播中心)的现代化教育教学设施。图书馆藏书10万册。

我校现有教职工244人,其中教师168人,教学班52个,学生总数2339

探索之路　北京景山学校在"三个面向"指引下的教育改革

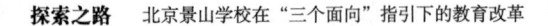

人。其中高中部现有教学班12个，学生共582人。校级干部2人（校长、书记1人，主管教育、教学副校长1人），中层干部12人。高中教师共48人，其中大学本科19人，博士生1人，研究生8人，研究生课程班毕业20人。有高级教师职称20人，中学一级教师职称13人，市中青年骨干教师5人，东城区学科带头人13人。95%以上教师的教育、教学工作受到学生和家长的欢迎。

二、与时俱进，确定新的办学理念

一所历史悠久的学校，都有属于自己的"永恒的风景"。构成这道"风景"的除了校园建筑、优美的环境和先进的教学设备外，还有历史传统和文化精神。在景山学校统领历史传统和文化精神的就是一条改革红线贯穿在学校每一时期发展过程中的办学理念，这种理念总是站在比较高的角度，审视学校教育改革试验，不断提出每一时期教育改革的新思路、新目标。回顾五年前，我们当时新上任的领导班子，站在世纪之交的门槛上，面临教育改革浪潮的机遇和挑战，面临市教委提出创办示范性普通高中的有关要求，迫切要求我们回答的中心问题是：如何继承景山教改的传统，景山学校如何面向21世纪。于是我们反复学习理论，总结景山学校多年来办学的主要经验，统一干部、教师思想，制订了新的历史条件下景山学校鲜明的办学目标、办学思想、学校定位以及办学特色，开始踏上新世纪的教改征程。

1.景山学校的办学目标是：全面贯彻邓小平同志"教育要面向现代化，面向世界，面向未来"的教育思想，树立以学生发展为本，为学生一生发展奠定坚实基础的教育理念，以培养学生的创新精神和实践能力为重点，以提高学生素质为根本宗旨，把景山学校办成国内一流、国际知名的现代化学校，成为热爱科学的摇篮，文学艺术的花园，身心健康的乐园，努力攀登21世纪基础教育的高峰。

做实践"三个面向"的改革者

2.景山学校的办学思想是：以"三个面向"为指针，继承、借鉴、创新，全面发展打基础，发展个性育人才。

3.景山学校的办学特色是：以"三个面向"的教育思想为指导，以教育科研为先导，以教改试验为基础，探索21世纪高中阶段人才培养的新途径和新规律。

4.景山学校的定位是：进行教育改革的试验学校，传播现代教育观念、教育技术和教改成果的示范学校，推动教育改革与交流的促进学校，在国内外有影响的学校。

5.景山学校的校训是：明理、勤奋、严谨、创新。

三、推进教改试验，加快科研步伐

1. 教改实验是景山学校的办学特色

1999年6月，中共中央、国务院召开了第三次全教会，作出了《中共中央国务院关于深化教育改革全面推进素质教育》的决定。在这一思想的指导下，学校领导和教科所的同志共同研讨了"我校如何进一步深化教育改革，全面推进素质教育的问题"。我们本着结合时代精神，结合申办示范高中的思路，结合学校实际问题，有针对性地对学校教育教学改革进行了全面研究和规划，从而确定了学校18项校级课题，其中高中阶段课题有：

（1）不同主体实施《中国青少年科学技术普及活动指导纲要》水平的评价体系研究；

（2）遵循学生身心发展的特点和规律，构建学校德育模式的研究与实验；

（3）中学选修课的设置与规范化的研究与实验；

（4）走进国家重点实验室——高中学生研究性学习的研究与实践；

（5）高中数学优秀特长生的培养与实验；

（6）高中物理优秀特长生的培养与实验；

（7）高中化学优秀特长生的培养与实验；

（8）我校软式排球新教材教学的研究；

（9）高中数学提高不同层次学生学习水平策略的研究与实验。

18项课题的提出，引起了全校教师的关注，从而形成迎接新世纪有景山传统和特色，把教育教学工作、教育教学改革试验和教育科研紧密结合、"三位一体"科研课题的研究与试验。参加试验的教师达90%。

2. 保证科研课题顺利进展的规定与办法

为了保证科研课题的开展，学校在加强对教育科研组织领导的基础上，结合新时期、新形势、新要求，制定了一系列规定，如：

（1）《北京景山学校教改试验课题六年规划》

（2）《北京景山学校关于教改试验课题申报表》

（3）《关于教改试验课题的管理规定》

（4）《北京景山学校教科所经费使用、发放细则》

（5）《北京景山学校教改试验科研成果奖励办法》

（6）《北京景山学校教改试验课题论证报告评定标准》

这些规定和办法的制定，对课题的进展起到了保证、检查、评价的作用。

3. 科研工作有始有终

为了保证教育科研项目的顺利开展，一方面向教师宣传景山学校的传统：教改是景山学校的特色，教改是"景山人"的品格，教改是景山学校的生命力之所在。另一方面加大日常的协调和管理，特别是1999年、2000年、2001年、2002年每年暑假召开课题交流汇报大会，并请国家、市、区多位专家进行点评。到今年暑假，九个实验课题有的已结题，取得了明显

做实践"三个面向"的改革者

的成果，有的课题出版了选修教材。通过课题的研究与实验，大大提高了老师们的自身素质，涌现出了一批具有现代教育理念和科研能力的骨干和优秀教师，这也是实现学校办学理念的基础，是使我校的教师群体由传统经验型向现代专家学者型转变的基本途径。

4. 成果显著

四年中，我校共出版了《北京景山学校德育序列纲要与实施细则》、《北京景山学校教育改革论文集》、《四十而不惑》、《高中作文精粹》等专集。已编写的高中选修课教材有：《领土与国力》、《世界热点问题》、《时政风云》、《乡土历史》、《信息技术图像处理基础》、《植物组织培养——科学实践》、《到农村去考察》等。累积各类论文800多篇。其中获奖论文市级25篇、区级65篇、校级145篇。

四、以育人为本，加强和改进德育工作

德育工作要从学生的实际出发，遵循学生身心发展的特点及规律，以学会做人为基础，对学生进行思想政治观点、基本道德、基础文明行为习惯、良好个性心理品质和品德的培养。德育工作在学校中占有重要的地位，它关系到能否把学生培养成为有理想、有道德、有文化、有纪律的新一代，关系到社会主义事业的成败。

1. 为了更好地完成德育目标，将我校德育工作落在实处，根据我校的实际情况，根据高中不同年龄学生的生理发育、心理品质和思想品德发展特点，制定了我校高一到高三年级德育序列纲要及实施细则。

高中德育工作实施细则共分四个方面：

（1）研究学生生理、心理发展的主要特点和阶段学习特点。主要包括：学生生理发育的主要特点；学生心理品质发展的主要特点；学生思想

探索之路　　北京景山学校在"三个面向"指引下的教育改革

品德发展的主要特点；学生本阶段学习任务的特点。

（2）德育工作目标主要包括：政治思想方面的德育目标要求；道德行为方面的德育目标要求；个性心理品质方面的德育目标要求；学习态度、方法指导的目标。

（3）德育工作内容主要包括：爱国主义、社会主义、集体主义教育；理想教育；道德教育；学习态度、方法指导；劳动教育；遵纪守法教育；良好的个性心理品质教育。

（4）德育大纲的实施细则。每学年共分四个阶段，每个阶段的工作各有侧重。学校的各个部门、各级领导及科任教师，都有明确的工作目标、方法，形成网状教育体系。

景山学校德育序列纲要及实施细则的制定，为我校德育工作的系列化、制度化，实现了有章可循，为班级教育、年级教育，为实现教育的最终结果，起到了切实的实效作用。四年来，学校先后召开两次"新世纪德育工作论坛"，举行了多次班主任的主题班会观摩。先后出版了《德育经验汇编》一、二集（共发表教师德育论文87篇）、《升旗讲话汇编》（62篇讲话）、《素质教育案例选编》（68篇案例）及青年班主任邱悦的《青年班主任工作札记》等。

2. 从活动中引导学生认识爱国主义、集体主义、意志品质、行为规范对未来成长的重要作用。

（1）我校坚持不懈地将爱国主义、社会主义教育融入到学生的日常活动中。每周的升旗仪式、旗前讲话，使学生耳濡目染感受爱国主义、集体主义教育；关注社会热点，抓住教育契机，激发学生的爱国热情。

（2）我校多年来坚持在高一年级开展学生军训、在高二年级开展学农劳动、在高三年级开展社会实践活动，以及青年志愿者活动。在这些活动中，学生锻炼实践能力，增强了对社会的认识和人生的体验。

（3）我校凭借良好声誉，多次邀请社会各界知名人士来校作报告，有针对性地加强对学生的道德教育。美籍华人作家刘墉,中央电视台主持人白岩松,国际奥委会执委、中国奥委会主席何振梁先生等多人来我校与学生座谈。

（4）优化校园环境,体现人文精神。校园环境整体规划,让每个角落都能"说话",到处可见的育人环境,专业教室的名人画像,醒目的每天国内外、校园新闻专栏,反映师生生活的宣传橱窗,鲜花绿草丛中的警句、劝导,变刺耳的铃声为悦耳、动听的音乐,在优美的萨克斯《回家》的乐曲声中亲切、温馨的静校广播……,潜移默化地形成良好的教育氛围。

3. 建立以班主任为核心,任课教师参加的思想工作小组。

该小组定期研究班级学生的特点,任课教师与班主任分工解决学生思想、学习和生活中遇到的困难,体现教书育人的思想,体现全员做学生思想工作,多年的实践,效果明显,受到学生和家长的欢迎。

4. 发挥学生组织团委和学生会的作用。

定期举办中学生业余党校,每年级都有一定数量的优秀团员参加党校学习,近几年先后发展4名学生入党。

五、建设高水平的干部教师队伍,营造良好的民主氛围

1. 教改实验学校,需要高水平的干部队伍

毛泽东同志说过,"政治路线确定之后,干部就是决定的因素。"而在学校干部队伍中,校长作为学校的最高行政领导,每一项决策都对学校的未来和发展及教育教学工作产生重要的影响。我始终遵循五条原则:一是身先士卒,不摆架子;二是任人为贤,多看别人长处;三是心胸开阔,

探索之路　北京景山学校在"三个面向"指引下的教育改革

不计前嫌；四是团结至上，不偏听偏信；五是集思广益，倾听呼声。在遵循这五条原则的基础上，要求学校的每一个干部，第一要有吃苦和奉献的精神；第二要有良好的政治思想素质和忧患的意识；第三要善于团结群众，心胸开阔；第四要表里如一，敢于发表意见，敢于负责。这些是我校干部做好工作的基础，是做好学校管理工作首要的先决条件，只有这样，我们才能把广大教职员工凝聚在一起，办好学校。

2. 教改实验学校，需要高水平的教师队伍

景山学校在长期的教育改革实践中，涌现出了以北京市特级教师崔孟明，北京市特级教师舒鸿锦，全国"十佳"、北京物理特级教师毛桂芬，全国优秀教师徐伟念等为代表的一批热爱教育、勇于探索、敢于实践、有自己特色、乐于奉献的高中教师队伍。我们深深地感到一所好的学校，既要有好的干部队伍，又要有一支优秀的教师队伍。

我们确定新时期教师的标准是：具备团结奉献、锐意改革的"景山精神"；具备现代教育理念、掌握现代教育技术；具备主动创新精神、自我发展能力；具备高水平教科研能力及强烈的教改意识；具备师德高尚、德才兼备、深受学生爱戴的品质。

为适应新时期教改的需要，建立一支高水平的教师队伍，我校始终把培训运用现代教育技术手段、培养青年教师作为学校工作的"重中之重"。

（1）掌握现代教育技术是现代教师必须具备的素质。

深化课堂教学改革，重要的内容之一是要求教师熟练运用现代教育技术。为此，近几年我校加速现代教育技术设备的配备与更新。为提高学校办公和教学的效率，我们进行了校园网主干升级改造，由100兆升到1000兆；为提高全校教师运用现代教育技术的水平，改进教学手段，将全校54个教室进行了多媒体升级改造，实现了全校网络化；为推进课堂教学研究和评价，学校建立了全遥控、数字化的实录教室。在学校现代教育技术装备过程中，近四年学校先后培训教师800余人次。

年份 \ 内容	计算机基础理论培训	计算机操作技能培训	培训人数
1999年	计算机基础知识	WINDOWS、WORD EXCEL、POWERPOINT	360人次
2000年	计算机网络应用	1.网络基本知识 2.网络查询	170人次
2001年	通信基础知识	收、发电子邮件	120人次
2002年	多媒体基础知识	多媒体课件制作	150人次

注：四年来制作课件400多件。

（2）加大培养青年教师的力度。

近几年来，随着老教师的相继退休，年轻教师队伍逐步壮大，我校高中35岁以下的青年教师占高中教师总数的63%，青年教师是学校的希望所在，是办好学校的重要力量。一个优秀教师的成长，关键是在年轻阶段的锻炼和培养，所以近几年我校继续加大对青年教师培养的力度，常抓不懈，取得了明显的成效，一大批年轻教师在教育教学工作中做出优异成绩，脱颖而出。主要做法有以下几点：

1) 注重对青年教师的培养，鼓励和要求他们积极参加"三位一体"的科研课题的研究与实验，以"师徒结对"的形式，让老教师对年轻教师进行传、帮、带，加强对青年教师科研、备课和听课的指导，举办青年教师的研究课、公开课，对青年教师进行景山学校传统和爱校教育等等。

2) 注重对青年教师进行端正教育思想和教师职业道德的教育，对青年教师中热爱教育事业、热爱学生、工作业绩突出的，不仅给予表彰和鼓励，还帮助他们总结经验，在全校给予推广。对青年教师中出现违反师德的现象，我们既严肃批评，又给予关心和帮助。对不安心教师工作，不符合教师要求，学生、家长意见大的青年教师不予聘用。

3）在培养青年教师的方法上，我们注意结合每学期学校工作的重点，给青年教师不断提出新要求和新标准，不断提高青年教师的教育教学水平，我们要求每位青年教师，总结自己的成长过程，制订出个人3—5年发展规划，并将每人"发展成长规划"编辑成册，以供互相交流学习。

4）鼓励青年教师冒尖，鼓励青年教师成名、成家，著书撰文，为优秀青年教师职评、评优、进修、出国学习与交流、提拔等创造各种可能的条件。

5）对青年教师的表彰形成制度，加大奖励力度。

几年来，由于学校注重青年教师的培养，学校涌现出业务精、责任心强和勇于改革的优秀青年教师群体，为培养我校优秀学生发挥了重要的作用。

3. 推动学校发展，需要营造良好的民主氛围

营造良好的民主氛围，不只是配备好学校的三套马车（行政班子、支部班子和工、青、队的班子），更重要的是要使三套班子能够各司其职，又能协调运转，要心往一处想，劲往一处使。如何实现这种良性循环的机制，在实践中，我们的体会是：在学校宏观规划的基础上，要有规范的、有计划的行政会议制度，要充分发挥党总支在学校的政治核心及保证监督作用，校长必须主动、积极地向党总支通报每一时期学校的中心工作及重大经费使用或改革项目，主动争取党总支对学校行政工作的支持，为学校发展献计献策。在近几年的实践中，我们认识到，工会组织是科学决策、民主理校、办好现代化学校的重要力量。当前我国的教育进入了深化改革，全面推进素质教育的攻坚阶段，广大教职工是改革的生力军，是改革的基本动力。我们重视工会主席的人选，关心工会的活动，改善工会活动的场地，保证工会经费的投入，注意虚心听取教代会代表的呼声，重大决策征求教代会意见，保证每学年召开2次教代会，每次教代会都形成决

议或决定，向全校教职员工反馈，使工会和教代会真正发挥桥梁和纽带作用。这些学校民主氛围的营造，反过来形成了全校上下一致、相互理解、相互支持，推动了学校各项工作的开展。

六、以学生发展为本，为学生一生发展奠定坚实基础

1. 深化高中课程改革

北京景山学校高中课程分为两大类：国家课程和校本课程。

（1）国家课程：北京景山学校多年来严格执行国家课程计划，开足、开齐、开好教育部规定的所有课程。

（2）校本课程：北京景山学校校本课程分为四类：选修课程、研究性课程、实践课程和讲座。

● 选修课。近三年来，景山学校共开设了近30门的选修课，其中提高类选修课有：数学竞赛专题、物理竞赛专题、化学竞赛专题、生物专题及外语专题；拓宽类选修课有：中外文学作品欣赏、英语视听课、电子技术、信息技术、国际热点问题及其历史根源、领土与国力、基因奥秘、天文知识讲座、心理常识；文艺类选修课有：戏剧表演、20世纪西方现代音乐初探、摄影等。这些选修课内容涉及广泛，适合学生的特点和需要，丰富了学生的知识，开阔了眼界，深受学生的欢迎。

● 研究性课。我们是利用学生的业余时间，让学生根据自己的兴趣爱好，从各自的生活实践中选择研究课题。学校根据课题的内容由教研组对学生进行指导，并聘请专家和教授作为学生的指导教师。

● 实践课。景山学校的实践课已有20年的历史，包括：高一年级的军训、高二年级的学农劳动和高三年级的社会调查。组织高一年级部分学生到农村去进行课题研究和社会调查。我们充分利用军训增长学生的国防知识，培养学生的责任意识，取得了良好的效果。为此，我校被评为全国

探索之路　北京景山学校在"三个面向"指引下的教育改革

"国防教育示范校"。我们组织学生到农村去进行课题研究和社会调查的实践活动作为案例发表在教育部管理信息中心组编的《中小学校课程开发与示例》上。

● 讲座。景山学校的讲座是最受学生欢迎的课。我们充分利用社会力量，经常在学生中开展时事讲座；热点问题讲座（如中国加入世贸组织相关问题、中国申办奥运会问题等等）；预防艾滋病知识；著名作家谈人生；著名科学家讲科学知识等等。我们保证每学期能有两次大型的讲座，开阔学生的眼界，丰富学生的知识，提高学生的素质。

2. 有计划、有目的地培养拔尖人才

江泽民主席指出，"在出人才的问题上，要鼓励和支持冒尖，鼓励和支持当领头雁，鼓励和支持一马当先，这不是提倡个人突出、个人英雄主义，而是合乎人才成长规律的必然要求。"北京景山学校为了培养更多的优秀人才，确立了《北京景山学校数理化优秀特长生培养的研究与实验》研究课题。这项课题的提出进一步明确学校"全面发展打基础，发展个性育人才"的办学宗旨。这个课题提出了在高中阶段特别注意在全体学生全面发展的基础上，对有才能、学有潜力、个性特长突出的学生，为他们创造条件，允许他们超前学习，发展他们的特长，鼓励他们冒尖。为此，我校制订了几条具体措施：

（1）加强高中阶段优秀人才的培养，我校于2000年5月4日与北京大学、清华大学等十一所重点大学签订了校际合作协议书，双方合作，采取各种学习和研究的形式，培养学生的创新精神和实践能力，我校是最早开展组织优秀高中学生走进国家重点实验室的学校之一。

（2）我校聘请著名大学的教授、北京市的特级教师来我校任教，与我校骨干教师相结合，对学有特长的尖子学生进行培养；

（3）开放学校实验室，为尖子学生成长创造良好的环境；

（4）重点基础学科实行分层教学，使有差异的个体实现有差异的

发展。

为了出更多的人才，景山学校制订了完善的优秀学生奖励机制。在高中学生中设有"东方奖学金"，奖励优秀学生，调动学生的学习积极性。

3. 注重培养学生的创新精神和实践能力

当今组织学生进行研究性学习，已经成为培养学生的创新精神和实践能力的一条重要途径，研究性学习一方面可以弥补学科课程的不足，使学生接受科学方法训练和科学精神的教育；另一方面，可以发展学生的兴趣爱好，最终为学生终身学习和为科学献身创造必要的条件。

四年来，"走进国家重点实验室"的活动开始只有三名学生参加两个实验项目，发展到今天已有近300名高中学生自报课题，60多名同学参加20多个国家重点实验室的活动，指导专家已有40多名。在研究性学习活动中，同学们取得了优异成绩。

科技获奖统计表

奖项	1998—2002年市"银帆奖"	"金鹏"科技奖	金牌	银牌	中学生"十佳"	"胡楚南"奖	参加国际竞赛获奖及交流
奖数	6块	5块	5块	6块	2人	1人	18人

4. 让科技、艺术两朵"校园之花"常开

景山学校一贯重视科技教育与艺术教育，至今已成功举办了十六届"科学节"和"文化节"，涌现出大批热爱科学、热爱艺术，具有创新精神和实践能力的优秀学生，他们在科技、艺术、学科竞赛活动中多次取得优异成绩。如下表所示：

探索之路　　北京景山学校在"三个面向"指引下的教育改革

科技、艺术获奖统计表

年度	科技 全国	科技 全市	科技 全区	艺术 全国	艺术 全市	艺术 全区	学科 全国		
1999年	5	14	6			2	3	35	44
2000年	9	9	4	1			3	51	46
2001年	11	15	8	2		1	16	67	93
2002年	35	11		2	1		10	100	125
总计	60	49	18	5	1	3	32	253	308

5. 让学生走向世界

站在世纪之交，展望世界国际竞争，表面上看是综合国力的竞争，说到底乃是国民素质、人才创新能力的竞争。为了培养国际化人才，这些年来我们非常重视把学生推向世界，加快与国际间教育交流。教育面向世界的思想，指引我们吸收和借鉴世界教育的成功经验，特别是具有现代水平的教育理论、教育科学研究、课程、教材、教学方法和现代教育手段等优秀成果，使教育更具开放性和超前性。基于上述的认识，我们在实践"面向世界"的教育思想中，做了以下工作。

（1）1983年，我校和美国（波士顿）牛顿城公立学校建立友好关系，至今双方已互派15批师生相互交流、学习。我校学生已有100多人，英语教师已全部参加交流和学习。

（2）1995年，我校同法国阿尔萨斯学校建立友好关系，同时每年双方定期进行交流和互访。至今共4批56名师生到法国交流、学习。

（3）我校与新加坡莱佛士书院、韩国现代女子学校、泰国佛统皇家学院相继建立友好关系，交流互访。

（4）我校是"联合国教科文组织"所属的"亚洲教育革新与发展计划"的联系中心之一，有更多的机会出国考察，参加学术交流，先后访问泰国、日本、韩国、新加坡、美国、英国、德国、澳大利亚等多个国家。近四年，组织中青年教师出国考察近50人。

■ 做实践"三个面向"的改革者

（5）2001年暑期，我校成功举办了由日本、泰国、美国、法国、中国参加的"国际中学生排球邀请赛"，参加国的青少年增进了友谊和了解，在国内外产生了广泛影响。

（6）我校现聘任三位外籍教师（加拿大、英国、澳大利亚）任教英语课。

（7）为隆重纪念邓小平同志"三个面向"题词20周年，学校决定2003年举办"国际教育论坛"，届时邀请国外的教育专家、学者、校长参加。

■ 七、发挥景山学校示范、辐射作用

1. 景山学校1977年被教育部确定为全国20所重点中、小学之一。在国内外有较大影响。许多省市纷纷提出要学习景山学校经验，与景山学校合作办学。我们选择了北京、海南、深圳、广东等地区，采用了不同形式的联合办学，几年来积累了不少的经验，充分发挥了景山学校教育优势在各地的影响，扶持了当地教育的发展，扩大景山教育资源的作用，受到了当地普遍的欢迎。

2. 景山学校和"老、少、边、穷"的部分学校，如河北丰宁第一小学、河南桐柏中学、内蒙古赤峰市克旗经棚一中、宁夏西集教育局、北京密云县东邵渠中学等十余所学校建立"手拉手"关系，为他们培训教师，提供各种资料并赠送部分办学设备，对这些学校有很好的促进作用。

3. 景山学校充分利用人力、物力资源的优势，为社区及周边学校、企事业单位服务。学校成立了物业部，全方位开放各种办学设施，实现资源共享。特别是电教设施、场馆设施利用率更高。景山学校是青少年科技俱乐部基地学校。我们于2000年率先成立"青少年体育俱乐部"，每年接待体育爱好者20余万人次，被区体育局评为体育项目经营管理"示范单位"。北京市青少年体育俱乐部验收"达标示范单位"。区、市体育局分

别于2001年、2002年10月在景山学校召开现场会,推广景山学校的经验。

4. 由于景山学校在国内外有较大影响,每年来学校参观的外宾,特别是教育界同仁的友好交流接待不暇,需区有关部门控制批量。尽管如此,两年来接待外宾团队三十多批次,其中包括美国教育部部长,东京议会议员联盟团,联合国秘书长安南夫人,印尼、法国、泰国、日本教育代表团等;国内各省市,如全国中学校长200人,江西、河南、厦门、唐山、北京等代表团共4000余人次。

我们认为,作为示范学校必须有"大教育观",扩大交流对双方的各项工作都是个很好的推动。取长补短,相互促进,能使我们的教育改革与时俱进,这也是"教育要面向现代化,面向世界,面向未来"的具体实践活动。

八、今后五年景山学校高中改革的基本思路

1. 今后五年景山学校高中改革的基本思路

以"三个面向"为指导,发扬"教改是景山学校的办学特色,创新是景山学校发展的动力,实验是景山学校教改的基础"的优良传统,加大学校教育科研力度,以校为本,敢于突破,勇于探索21世纪高中阶段人才培养的新途径、新方法和新经验。

2. 今后五年景山学校高中改革的主要内容

(1)继续加大与北大、清华等全国11所重点大学合作培养高中优秀拔尖人才的力度。

(2)与上海教育科学研究院副院长顾泠沅教授合作,发挥我校全遥控、数字化实录教室作用,探索以课程改革为核心的课堂教学评价体系。推动教师教学观念、教学思想的转变。

（3）在总结经验的基础上，继续探索高中学生走进高校和科研单位重点实验室，开展"研究性学习"的活动。

（4）将我校承担的"十五"期间国家教育部、北京市、东城区的科研课题分解到相关学科和处室，促进教育教学质量的提高。

（5）继续探索高中班级教学与分类指导相结合的改革与试验。

3. 今后五年高中改革的保障措施

（1）校长担任学校课题的总负责人，校长工作的第一要务是抓教育科研，以教育科研推进全校各项工作的开展，带动观念更新、教育教学质量的提高，促进优秀教师队伍和学校管理水平的提升。

（2）加强教育科研管理队伍建设，招聘优秀人才。

（3）加强课题初期、中期、后期过程检查、交流和评价。

（4）加大教育科研经费的投入，及时总结表彰。

（5）主动争取教育主管部门的帮助和支持。

我们相信，北京景山学校在北京市教委、东城区委、区政府、区教委的领导和支持下，一定会积极响应党和国家以及教育行政部门的要求和期望，全面落实国家及教育部提出的各项办学规定，更加积极主动地进行高中阶段的教改试验，为中国教育改革和发展，为北京市率先实现教育的现代化做出应有的贡献。

（2003年）

探索之路　北京景山学校在"三个面向"指引下的教育改革

教改是景山学校生命力之所在

北京景山学校作为一所专门进行城市中小学教育教学改革试验的学校，建校四十年多来，始终坚持教育教学改革之路。特别是1983年邓小平同志为我校题词"教育要面向现代化，面向世界，面向未来"以来，在"三个面向"思想的指引下，我们在学制、课程、教材、教法、考试与评价、课外教育和劳动教育以及发展学生个性特长等方面进行了一系列整体改革试验和单项试验，取得了可喜的成果和规律性的经验。连续参加"六五"、"七五"、"八五"、"九五"期间的国家级、北京市级和东城区级课题试验，均取得了良好的效果。在长期的教改实践中，造就出了一支具有一定教育理论水平和教育科研能力的骨干教师队伍，形成了教育教学工作、教育教学改革试验和教育科研三者紧密结合，"三位一体"的教改方法，确立了以科研为先导，以教育教学为中心，以课题为载体，以学生发展为本，全面推进素质教育的办学特色。

一、教育科研工作有领导、有组织、有经费保障

1979年学校在全国中小学率先成立了教育科学研究室，1989年扩大成

做实践"三个面向"的改革者

"教改研究所",由校长兼任教科所所长,设常务副所长一名,具体负责学校教科研工作,教科所教师均为教育学硕士研究生。每学期,校长、校领导与教科所的老师们共同制订学校的教育科研工作计划,对全校教育科研和教改试验予以指导、实施、评价。

近年来,我校明确提出了"科研兴校"的口号,在范禄燕校长主持制定的《北京景山学校教改试验课题六年规划》中明确指出,教改是景山学校的特色,教改是"景山人"的性格,教改是景山学校生命力之所在。学校的教育科研工作已经同教育教学工作一起作为学校的一项重要工作,纳入学校的办学计划和年度工作计划之中。不断重视教育科研,加大对教科研的投入。

学校教科所制定了一系列教科研工作规章制度,如《北京景山学校教改实验课题管理的规定》、《北京景山学校教科研经费使用、发放原则》、《北京景山学校教改试验科研成果奖励办法》、《北京景山学校教改实验课题论证报告评定标准》、《北京景山学校教改科研课题阶段性评价指标体系》等。学校的科研工作有计划、有检查、有总结。从校长、教科所到每位教师有科研工作计划,每学期教科所对每个课题组进行中期检查,教科所每学期都有科研工作总结。学校每学期有2—3次全体科研培训,每个月课题组都有课题研究,每年暑期召开全校的课题研讨会。课题的开题、结题都召开专门的会议。学校的教科所和图书馆为教师的科研提供丰富的资料和信息。教科所每学期编辑出版3期《教改通讯》,宣传教改动态和科研信息,利用景山校园网宣传科研成果和信息。

重视科研成果推广,学校出资由教科所将有价值的成果编辑出版成册,从2001年至今已出版老师们的科研成果书籍30余册。学校有健全的评选、奖励科研优秀教师的制度。将参加教科研作为教师晋级、职称评定和晋升工资的重要指标。学校每年召开的暑期课题会都邀请教育专家评选本学年的优秀课题和教师,并进行专门的课题研讨和交流。

学校有专门的教育科研经费,近两年加大了对科研经费和奖励经费的

探索之路　　北京景山学校在"三个面向"指引下的教育改革

投入,仅教师科研奖励经费一项2001年投入10万元,2002年投入20万元。2003年学校将参加教改实验和从事教育科研纳入教师工作量,全校教职员工每人每个月有专门的科研津贴200元,根据课题的完成情况给予发放。此外,每年在暑期课题会上还将对获奖课题进行奖励经费的发放。

二、教育科研课题数量众多、科研气氛浓厚

1999年6月,中共中央、国务院作出了"深化教育改革,全面推进素质教育"的决定。在这一思想的指导下,学校领导和教科所的同志们共同研讨了"我校如何进一步全面推进素质教育的问题",从而掀开了我校新一轮综合整体改革的序幕。我们本着结合时代精神,结合我校实际问题,有针对性地对学校教育教学改革进行了全面整体的科研规划,从而确定了学校18项校级课题,后简称景山学校18个课题。

18个课题的提出引起了全校教师的关注和重视,老师们将教育教学工作、教育教学改革试验和教育科研三者紧密结合,形成"三位一体",积极参与课题研究,设计课题方案,进行课题实施。目前18个课题大部分已经结题,我校又积极开始进行新一轮课题的申报与研究,十五期间学校承担了1项教育部重点课题,2项国家级课题子课题,2项北京市级课题和5项东城区级课题。此外有校级课题六大类73项,涉及课程、教材、教学、德育、评价和行政等方面。这些课题涵盖了学校改革的方方面面,从小到大、从内到外,从课程、教材、教法到德育、评价与管理以及行政管理,紧紧围绕"全面发展打基础、发展个性育人才"的办学方针展开。

学校各级各类多项课题的研究充分调动了老师们的积极性和创造性,发挥了老师们的主观能动性,九五期间我校参与课题研究的老师有200多人次,参与科研的教师占90%以上,撰写的论文和课题报告累计达800多篇。十五期间学校教职员工人人有课题,人人参加教育科研,用科研的态度和方法去工作已成为每位教职员工的基本工作,学校形成了良好、浓厚

做实践"三个面向"的改革者

的教育科研氛围。

三、教育科研成果显著

当前全国各地都在深化教育改革,进行教改实验,这对我们来说是一项挑战,但我们有信心迎接挑战。因为我们的教育科研和教改实验不赶时髦,不赶浪潮,而是结合学校教育实际实实在在的研究和改革。我们用教改的成果证明了景山在新的历史时期没有停步,仍在努力探索。我校连续多年被评为东城区教育科学研究先进集体。1999年教改试验成果《北京景山学校小学初中综合整体改革的研究与实验》获全国第二届教育科学优秀成果奖,《以"三个面向"为指导推动学校综合整体改革研究与实验》获北京市首届基础教育教学成果一等奖,2002年《电脑辅助进行实验班的研究与实验》获北京市第四届教育科学研究优秀成果基础教育专项奖。

通过教育科研课题的研究与实验,促进了我校教育教学质量的提高。我校连续两年有学生在全国数、理、化和信息学奥林匹克竞赛中获得一、二、三等奖,学校的初、高考优秀率不断提高。通过教育科研课题的研究与试验,大大提高了老师们的自身素质,涌现出了一批具有现代教育观念和科研能力的骨干和优秀教师,这也是我校办学理念的一个基础,是我校的教师群体由传统经验型向现代专家学者型转变的基本途径。

在新的世纪,我们将高举"三个面向"的教育旗帜,弘扬景山人献身教改事业的"景山精神",继往开来,再创辉煌,谱写教改新篇章。

(2003年)

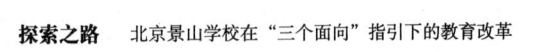

探索之路　　北京景山学校在"三个面向"指引下的教育改革

对新世纪高中课程改革的思考

在深化教育改革的今天，教育改革的核心是课程改革。因为课程是国家对未来人才要求意志的体现，课程是社会文明进步和科学发展对未来人才的要求；课程是人类经验的理性概括的结晶；课程是学生在自我定位基础上的选择。从当今世界教育发展的趋势，以我国教育发展进程来看，在面向新世纪，我国高中课程改革已经具备了充分的理由和条件。

■　一、高中课程改革的可行性

1. 高中课程改革是世界科技飞速发展变化的需要。

当今世界，科学技术的巨大威力以人们难以想象的速度深刻地影响着人类经济和社会的发展，在世纪之交的关键时刻，一种全新的经济正在形成和发展，并且爆炸性地向全球扩张，把人类带入一个全新的时代——知识经济时代。这种经济是以不断创新的知识为主要基础发展起来的，靠的是新的发明、发现和创造。可以说没有创新，知识经济便失去了生命力。特别值得我们注意的是，与之相适应的世界许多发达国家调整课程建设、形成课程行政主体的多元化的发展趋势。反映了世界各国从社会多样性出发，既注重课程统一的基本要求又注重学生个性培养的发展趋势。就我国目前基础教育的课程设置、教学内容、教学方法等，远远跟不上当今世界的发展。因此，进行课程的改革，进行创新教育是知识经济发展的需要，是深化教育改革实施素质教育的需要。也说明我国传统教育的课程设置和几十年不变的教学内容已经到了非改不可的地步。

2. 高中课程改革是党和国家的要求。

去年6月，党中央国务院召开了改革开放以来的第三次全国教育工作会议，会议上颁发了中共中央国务院《关于深化教育改革，全面推进素质教育的决定》。这个决定以社会主义现代化的全局和战略高度，对我国面向新世纪的教育改革和发展作了重要部署，为新世纪教育的发展指出了明确的方向。江泽民同志在全教会讲话中指出："教育是知识创新、传播和应用的主要基地，也是培养创新精神和创新人才的摇篮，不论在培养高素质的劳动者和专业人才方面，还是在提高创新能力和提高知识技术创新成果方面，教育都具有独特的意义。"今年2月，江泽民同志又发表重要讲话："全社会都来关心支持教育"。江泽民同志这些精辟的讲话，既指出我国教育工作中存在的弊端，也明确指出了教育改革的发展方向。为了落实党和国家的教育工作的要求，今年初教育部召开减轻中小学过重负担的工作会议。这些都为深化教育改革，特别是为基础教育的高中课程改革创造了前所未有的良好环境和条件。

3. 高中课程改革也是国家基础教育课程改革的重要内容。

今年4月，教育部制定了国家基础教育课程改革的指导纲要，纲要中指出：新中国成立50周年来，特别是改革开放以来，我国教育事业的改革与发展取得了令人瞩目的巨大成就，基础教育课程建设也有了很大进展。但是，面对21世纪经济社会发展的新形势，我国的基础教育课程还存在着

探索之路　　北京景山学校在"三个面向"指引下的教育改革

脱离时代和社会发展的要求，脱离学生实际，忽视创新精神和实践能力培养的情况。如：过分注重智育和传统知识的倾向；门类过多和缺乏整合的倾向；过分强调学科体系严密性，过分注重经典知识的倾向；过分注重接受学习，机械记忆，被动模仿，教材脱离学生实际生活性，内容陈旧等。为此制定了课程改革的目标：以邓小平教育理论特别是"教育要面向现代化，面向世界，面向未来"的理论为指导，认真落实《中共中央国务院关于深化教育改革，全面推进素质教育的决定》构建一个开放的充满生机的有中国特色的社会主义基础教育课程体系。在课程结构的改革方面指出：新的基础教育课程结构应是体现课程的综合性、均衡性和选择性……要适应地区差异，不同学校的特点，高中阶段以分科课程为主，普通高中课程在科目种类上应多样化，内容要求应有层次性，要创造条件开设技术类课程，学校在保证开设必修课的环境下，根据学生个性差异和当地社会发展需要设置丰富多样的选修课程。教育部制定《国家基础教育课程改革指导纲要》为面向21世纪的高中课程改革提供参考依据和遵循的可行性。

4. 高中课程改革是工作在教育教学一线教师的工作要求。

在教育不断改革的今天，广大在教育教学一线的教师，也在不断的实践中感到，我们处在一个科学化、信息化、国际化的时代，几十年一贯的传统课程体系，已经完全不适应当今飞快发展变化的世界，更不适应新时代兴趣广泛、接受信息快、不愿读死书的现代中学生的要求。一批有思想、观念新、敢于突破传统课程教材模式的单位领导和教师，不怕外界的各种议论、非议和压力，自愿探索基础教育，特别是高中课程改革的思路和新方法，为探索我国高中课程改革提供了一定的实践和理论依据。比如，上海市市西中学开展的《高中自研式的课程》的探索。该课程以"学习者为中心"促学生发展为本的教育哲学观。以"综合为特征"的课程结构观；以"学会创造学习"为基本要素的教学观，改革当前活动课程的单一模式，以理论和实践方向探索建立这一类新的活动课程。从而真正建立

■ 做实践"三个面向"的改革者

培养学生创造性、发展性学习的高中课程体系，受到了广大学生的欢迎。比如：上海大同中学近几年来，针对学生培养目标的需求与学校的实际，在课程开设了具有综合文科性质的文化素养课和艺术社团活动；心理知识基础教育课程与学生心理咨询活动；科学、技能、社会课。知识理论课和学生社会科学考察、实验课题研究活动；体育选修课与卫生保健讲座；社会实践、社会公益劳动与服务活动，学生值周活动，文明行动教育；现代技术课程等。使课程设置围绕素质教育展现出多元性。

比如北京景山学校坚持贯彻素质教育，不搞应试教育，注意学生综合素质的培养，注重学生创新精神和实践能力的培养。严格按国家颁布的课程计划开足、开齐各类课程。为了切实实现教育的功能，学校还规定，不允许随意砍课和加课，不允许整班补课，不允许节假日补课，不给教师下升学指标，不以高考成绩的好坏作为考核教师的唯一标准，并安排内容丰富形式多样的课外选修课为学生个性发展创设了必要的条件和人才成长的沃土。近年来学校先后安排三批学生进入国家重点实验室接受著名科学家的直接辅导，取得了可喜的成绩，并被中国科协和市科协入选为"生命科学领域跨世纪一流科技人才早期发现及培养的中学"。

从以上的方法来看，我国高中课程已经完全具备了进行调整规划和改革的条件，新的世纪，全新的时代，教育的发展都在呼唤课程调整和改革到来。

■ 二、对高中课程改革想法

1. 努力实现教育观念的转变。

杨振宁先生曾经说：看一个国家民族的明天怎么样，无论是其政治经济，还是科技，那么只要看其中学教育，特别是重点中学就可以了。可见重点中学和基础较好中学在国家未来发展中所占的地位。改革开放以来，

探索之路　　北京景山学校在"三个面向"指引下的教育改革

特别是改革开放初期，我们党和国家为了冲破"文革"带来极"左"思潮的影响，以及当时教育处于一潭死水的状况，为了多出人才，早出人才，推出了在全国各省市试办"重点"中学的举措。重点中学的出现，的确为我国高等教育输送了大批品学兼优、功底扎实、有理想的高中毕业生，重点中学对我国改革开放的深入发展为我国高等教育的发展起到了非常重要和不可低估的作用。也正由于此，重点中学和办得好的中学也受到了社会和广大学生家长的青睐。但任何事物都是在不断发展变化的，当今世界科学技术的突飞猛进发展说明这一点；改革开放20年来生活水平的不断提高说明这一点；广大人民群众对教育的要求越来越高说明了这一点；党和国家提出深化教育改革全面推进素质教育更说明了这一点。因此，我们从事基础教育的广大干部和教师不能满足于过去取得的成绩，应看到我们的当今的世界，我们当今的国情已经不是20年以前的情形；我们面对的家长也不是20年以前家长的水平；我们面对的学生也不是20年前在封闭条件下成长的学生，我们多年来形成一支粉笔，一个课本，一个模式的教学习惯已经与当今信息社会的发展产生矛盾。应该肯定，这些年来，普通高中特别是一些重点高中对实施素质教育作了许多积极而有益的探索和实践，但是更应看到"应试教育"对人们思想的束缚和影响还远远没有摆脱，我们相当一批教师仍热衷于多年不变传统教学的模式，不肯花力气研究课程的调整和改革，不肯下功夫总结和分析课程与当今社会与党和国家的要求是否相联系。这些都说明，在当今历史变革的特定时期，现代素质教育观能否战胜顽固的落后的应试教育观，成了教育能否发展的关键。华东师大原校长刘佛年教授曾指出："任何改革和教育科学事业的复苏和发展，表现以观念的变革开始的。"当前我国教育改革的呼声和整体的氛围对基础教育的发展非常有利，许多尽管改革的政策和条件还没有出台，尽管社会上和家长中仍对教育改革抱有怀疑和观望的态度，但我们从事基础教育的有识之士不能抱着退缩坐等的态度，我们应发扬开始创办重点高中的积极性和干劲。冲破各种阻力和陈旧的观念，跳出以升学为目的的教学模式和人才培养的怪圈，树立现代化的素质教育观，大胆的以课程改革为突破口，先创一步，冲出重围。我们要解放思想，充分看到普通高中特别是重点学校在深化教育改革中的优势，办学条件好，师资队伍强，学生整体素质教育较高，社会影响较大，这些优势是一般学校不能比拟的。这就要求我们在精心研究、充分准备的基础上迈出敢为天下先的一步。

2. 对国家基础教育课程改革指导纲要的认识。

国家基础教育课程改革指导纲要，在课程改革的目标中指出：2000—2010年全国基础课程改革的总体目的是：以现代改革教育理论特别是"教育要面向现代化，面向世界，面向未来"的理论为指针，认真落实《中共中央国务院关于深化改革，全面推进素质教育的决定》，构建一个开放的，充满生机的有中国特色的社会主义基础教育课程体系。新的基础教育课程体系将全面贯彻国家教育方针，以提高国民素质为宗旨，以德育为核心，以培养学生的创新精神和实践能力为重点，整合科学精神与人文精神，努力造就有理想、有道德、有文化、有纪律的，德智体美等全面发展的社会主义事业建设者和接班人。

根据这一总体目标教育部制订了高中课程计划，我们认为，教育部制订的高中课程计划是对全国普通高中总体发展水平，对全国普通高中课程建设和实施具有明确的指导和实施作用。但对于办学条件较好，学生来源质量较好，教师队伍教学水平较高的勇于不断探索创新的学校来讲，可以在执行新的高中课程计划的同时，积极进行探索和进行新的大胆的试验。课程指导纲要在国家课程标准的制订中指出，制订普通高中课程标准的原则是：普通高中教育要为学生具备进入学习化社会所必需的各种能力打基础，为学生进一步接受高等教育打基础，为学生面对社会就业所需要的生存能力、实践能力和创造能力打基础。普通高中课程标准应体现多样化的层次性，以保证学生获得更多的选择和发展的机会。以这一原则为出发，可以看到，普通高中的优等学校，应充分发挥自己的优势，在落实课程改

探索之路　北京景山学校在"三个面向"指引下的教育改革

革的总体目标以及原则的基础上，在课程标准上体现多样化和层次性，在保证学生获得更多的选择和发展的机会方面进行积极的探索和大胆试验。

3. 大胆进行高中课程改革的探索。

根据新时期党和国家对教育工作的新要求，根据国家基础教育课程改革指导纲要的总体思想，根据21世纪知识经济时代急需改革传统教育模式的紧迫任务，普通高中，特别是办学条件好的、师资队伍强、生源质量好的学校，要大胆进行高中课程改革的探索。

第一，广大教师应从多年的教育教学实践中认真总结，研究各学科的时代性、探索性、综合性、个别性、人文性等内容。对陈旧的、落后的、无用的内容该减的一定要删减；对有时代特点，有探索性、研究性、培养性综合能力的内容该补充的一定要补充。要努力开拓新的教法和学法，在不搞一刀切的基础上，保证高中课程计划中选修课和综合实践活动课的时间。真正体现面向21世纪高中课程全面推进素质教育，全面提高教育质量，为高等学校和社会各行各业输送素质较全面的合格高中毕业生。

第二，在选修课内容安排上，应根据各地区各学校实际情况，以满足学生多元发展的需要，创造条件开设灵活多样、以拓宽和增强学生有关学科领域的知识和能力的选修课。尽量减少重复教学或以课堂教学补充的形式变相补课。这方面全国各地许多办得好的高中已有许多经验和成果，应逐步推广。选修课应以开阔学生思路、丰富学生想象、培养学生能力、独立动手完成作业为宗旨。

第三，在研究性学习课程的内容安排上，应让学生了解当今知识经济时代、科技时代飞速发展变化的趋势，以生命科学、环保科学、信息科学、人文科学、管理科学以及综合性边缘科学作为学习研究的主要内容。让学生完成要求，根据自己的爱好特长，选修研究性的课程（如有的学科基础较差不应不选）学校要保证时间和课时，让学生开展社会调查或开展研究性的活动。（在这方面，上海的佳育中学、大同中学都取得了一定的经验。）研究性课题由学生选定内容，可长可短，有条件的学校可以与研究机构、大专院校、社区、家长等联系，充分发挥社会力量，承担起培养学生的任务。

（2000年）

探索之路　北京景山学校在"三个面向"指引下的教育改革

以"三个面向"为指针，构建北京景山学校课程教材新体系
——在纪念"三个面向"题词发表20周年国际教育论坛上的发言

2003年范校长在纪念"三个面向"题词发表20周年大会上发言

做实践"三个面向"的改革者

20年前,中国改革开放的总设计师邓小平同志为北京景山学校题词:"教育要面向现代化,面向世界,面向未来。"20年来,这"三个面向"的题词所蕴含的深刻的教育理念,已经成为中国教育改革与发展的指针。我们北京景山学校的全体师生,都为自己的学校能与一位世纪伟人关乎民族复兴与民族未来的教育思想相关联,感到由衷的自豪。同时,我们也深深地体会到,历史在赋予我们荣誉感的时候,也将责任与使命赋予了我们。

20年来,北京景山学校的全体干部和教师凝聚在"三个面向"的旗帜下,与时俱进,改革创新,在"全面发展打基础,发展个性育人才"的办学思想的指导下,将教育教学工作、教育教学改革试验和教育科学研究三者紧密结合,形成"三位一体"的科研课题,进行研究与试验。在学制、课程、教材、教法、评价、思想教育、劳动教育、国防教育、发展学生个性特长教育、国际合作教育等各个方面进行了综合整体的改革与试验,取得了可喜的成果和规律性的经验,为培养走向现代化、走向世界、走向未来的有理想、有道德、有文化、有纪律的一代新人,为学生的终身学习和一生的发展奠定了坚实的基础。

在当前进行的教育改革中,我们认为课程教材改革是核心,也是关键。学校实施的课程教材集中体现了一所学校教育价值的取向,直接影响到学生的发展和教育质量的高低,特别是在知识经济时代,科学技术迅猛发展的今天,更需要课程教材不断改革与更新。近些年我校在课程和教材方面进行了积极的改革探索,取得了一定的成果和规律性的经验。

在新的课程观和课程标准的指导下,我们确定了北京景山学校课程改革的目标和应遵循的原则。

(一)改革目标:

以"三个面向"为指针,构建北京景山学校新的课程体系,即优化学科课程,加强选修课程,开发环境课程,改变传统的单一的学科课程体系,确立"以学生发展为本"的理念和"全面发展打基础,发展个性育人

探索之路　　北京景山学校在"三个面向"指引下的教育改革

才"的办学宗旨，对我校的课程进行调整和改革。

（二）改革原则：

1. 面向全体学生，使学生在德、智、体、美等诸方面得到全面发展，全面推进素质教育。

2. 开足、开齐教育部颁布的课程标准中规定的课程。

3. 优化基础工具学科，增加选修课程，创造条件开发环境课程，体现课程的综合性和实践性。

4. 适当减少门类，综合内容，体现传统与现代的结合，处理好继承、借鉴与创新的关系。

5. 切实减轻学生过重的课业负担，提高教学质量。

6. 课程改革本着因人因课制宜的原则，突破原课堂、课程和课时的限制，形成开放的态势。

7. 课程改革发扬民主、实事求是、立足改革，以求发展。

我们力求围绕课程教材改革的目标和原则，逐步构建起具有景山特色的新的课程教材体系，具体内容是：

一、按照"三个面向"的精神，建设大德育观课程

中小学阶段的教育是学生一生成长中十分重要的阶段，加强青少年思想道德教育是关系建设社会主义道德体系，提高全民素质的大事。北京景山学校自建校以来始终将德育工作放在各项教育工作的首位，而且十分注重德育的针对性和实效性，在继承、借鉴的基础上不断进行探索和创新。近些年来，学校以"三个面向"为指导，每年都要举行"德育工作论坛"，紧密结合学校的教育、教学和管理工作的实际，以科研课题的形式，积极探索和研究新时期的学校德育工作。在实践中我们认识到，要使我们的德育工作符合"三个面向"的精神，就要求学校德育工作的内容和方法具有时代性、针对性、实效性和开放性，以大德育的思想来整体构建

学校的德育工作体系。

北京景山学校在学制上是从小学、初中九年一贯和高中三年，这种一条龙的教育模式给德育工作提供了优势，我们应充分利用这种优势，构建整体化的、一贯性的德育工作体系。为此，我校提出以各年级学生心理、生理、思想品德发展特点为依托，详细制定各年级德育工作的目标、内容、途径、方法、管理和评价体系，整体规划构建从小学一年级至高三年级德育工作的新模式，即《北京景山学校德育序列纲要及实施细则》，纲要及实施细则为我校德育工作的系列化、制度化，为班级教育、年级教育，提供了循序渐进的教育目标和各层次的教育内容；为实现教育的最终结果，起到了保证和指导的作用。《北京景山学校德育序列纲要及实施细则》的制定，使我校德育工作跃上一个更新的层面。

二、北京景山学校课程体系的建构

（一）优化基础学科课程

按照"三个面向"的精神，我们积极优化基础学科课程，以适应21世纪我国社会主义现代化建设对人才的素质要求，为学生的发展奠定坚实的基础。

1. 全面落实国家课程计划，开足开齐国家规定的课程，不以升学考试科目为唯一目标，不随意删减非考试科目。

2. 对课程结构进行九年一贯统筹安排，与时俱进，更新教材内容，编写语文、数学、英语新教材。

3. 保证不同教育阶段的课程与教材、教学的衔接，以及各科课程、教材和教学的前后连贯。

4. 将单一的、多年不变的、实效性不强的学科进行整合，开设综合课，比如将小学的品德课、社会生活常识综合为社会课；将自然课、劳

技课综合为科学课，既减少了学习科目，减轻了学生负担，又提高了教学效果。

5. 强化体育、艺术课程。体育课由两节增加至三节，保证了学生体育锻炼的时间，增强了学生体质；艺术课程（音乐、美术）在完成国家规定教学内容的基础上，开设艺术选修课程，学生可以根据自己的兴趣爱好，选修合唱、器乐、舞蹈、书法、美术创意、陶艺等课程。

（二）加强实践活动课程

国家颁布的《基础教育课程改革纲要（试行）》将综合实践活动课程列入国家课程体系当中，我们认为这是非常正确的，体现了新时代教育的特点，符合人才成长的要求。为此，我校将近些年来逐步开设的信息技术课、研究性学习、社会实践、劳动技术教育等实践活动课程进行了整体调整，使我校的实践活动课程进一步规范化和科学化。

1. 信息技术课程。

我校从一年级直至高二年级全部开设信息技术课。充分体现了"计算机教育要从娃娃抓起"的思想，同时我们还采用课题研究的方法，进行"电脑辅助教学实验班"的研究与试验。

2. 研究性学习。

我校从90年代中期就开始引导学生走进国家实验室，开始在大学教授和专家的指导下进行课题的研究。近几年来，已经有800多名学生参加了课题，其中有60多名学生参加了中国科学院植物研究所、中国科学院计算机研究所、中国协和医科大学基础医学院、中国医学科学院基础医学研究所等20多个国家重点实验室的活动，指导专家有40多名；有20多位学生在北京市、全国创新大赛中获一、二等奖。在研究性学习的过程中，学生不仅从专家身上学到了科学精神、科研意识，而且丰富了自身知识，拓展了学习的视野，为今后升入高一级院校培养了进行科学研究探索的能力。

做实践"三个面向"的改革者

3. 培养全面发展、具有个性特长的学生。

为了实现学校提出的"全面发展打基础，发展个性育人才"的办学思想，我校尽可能为学生发展创造条件，挖掘每个学生的潜力，使各类有特长的学生都能得到与之相适应的教育。比如：为了培养数理化方面的优秀特长生，我们利用学生的业余时间，将学有特长的学生，依照他们的兴趣爱好分别进行学科奥林匹克竞赛知识方面的学习和指导，学校制定了几条具体措施：（1）聘请著名大学的教授、北京市的特级教师来我校任教，与我校骨干教师相结合，对学有特长的尖子学生进行培养。（2）建立导师制，开放学校实验室，为尖子学生的成长创造良好的环境。（3）重点基础学科实行分层教学，使有区别的个体实现有差异的发展。（4）完善奖励机制，加大奖励力度。这些措施保证了这项试验的顺利进行。经过几年的试验，我校在全国数、理、化、生物和信息学科的奥林匹克竞赛中有多人获得一、二、三等奖，取得了令人振奋的成绩。

4. 劳动技术教育。

劳动技术教育是我校多年经久不衰的特色课程，目前已发展到包括机械维修、制图、计算机打字、摄影、木工、手工编织、汽车基本常识等在内的较为全面合理的教学内容体系。从1999年起，劳技组老师积极进行劳技课教学模式的探索。在劳技课中坚持以学生为主体、教师为主导的思想，以学生学习劳动知识和掌握劳动技能为目标，把教与学统一于学生动手实践，提高学生实践能力，培养学生的创新意识。课程充分考虑学生的年龄、生理和心理特点，力求使全体学生在劳技课中有所收获。

5. 社会实践活动。

开展社会实践活动是学校一直坚持的传统和特色。20年来，我校始终坚持组织六年级学生进行军训、八年级参加社区公益劳动，高一年级参加学军活动、高二年级参加学农（学商）活动，并排入课表。这些实践活动，增加了学生接触社会、了解生活的机会，丰富了他们的社会经验，在活动中培养了学生的社会责任感、独立自主的意识和团结协作的精神。

（三）开发校园环境课程

校园环境课程是体现素质教育和学校特色的新型课程。校园环境课程无所不在，无时不有，它会对学生产生潜移默化的影响，学生从校园环境课程中会受到教育，提高素养，树立正确的价值观念，规范自己的行为举止，增强社会公德意识。我们讲开发校园环境课程，是指校园的物质环境、学习生活环境和文化环境。

校园环境课程

课程分类	课程内容	课程特点
校园物质环境课程	学校的各种设施、设备，各种场馆、专业教室、试验教室；学校布局合理，校园整洁优美	属于显性的课程，学校要创造良好的物质环境
校园学习生活环境课程	具备一切为了学生，为了学生的一切的服务意识；舒畅的学习生活环境，和谐的师生情感	属于隐性课程，体现了学校的传统和特色
校园文化环境课程	校园文化丰富多彩（文化节、科学节、体育节），校园的宣传氛围浓郁，学生个性能得到张扬	属于显性课程，列入课程，形成传统

做实践"三个面向"的改革者

三、与时俱进，进行教材改革

教材改革是我校进行综合整体改革的重要内容，是时代精神的集中体现。在呼唤培养具有创造精神和实践能力人才的时代，重新审视我们编写的教材，我们认为现有教材已不符合21世纪的需要。面向21世纪的基础教育，必须树立正确的人才观、质量观和学生观，必须以学生发展为本，信任学生、尊重学生，为培养学生的创新精神和实践能力，为学生的终身可持续发展奠定坚实的基础。1999年6月，全国教育工作会议召开后，为适应现代社会发展的需要，为贯彻《中共中央国务院关于深化教育改革，全面推进素质教育的决定》和教育部《面向21世纪教育振兴行动计划》的精神，景山学校在总结40年来教学改革实践的基础上，开始编写全日制义务教育阶段语文、数学、外语教材。我们的目标是编写出一套能够与现代社会发展相适应的、能促进儿童身心健康发展、能培养学生思想道德素质、科学文化素质、全面提高学生语文、数学素养的教材。目前语文、数学教材已编写到小学1—4年级，初中6—7年级，这套新教材已在全国18个省市近100多所学校300多个教学班进行试验，受到了参加试验的学校、班级、教师、学生和家长们的好评。

（一）语文教材改革

语文教材改革的总体思路是："整体谋划，分段实施，稳步过渡，九年基本达标"。要通盘考虑从一年级到九年级语文学习的整体要求，明确划分各阶段的任务。通过九年语文课程的学习，让绝大多数学生具备公民应有的语文素养。

语文教材编写注意教材的人文性和工具性的和谐统一，各学段的课程目标与"知识和能力、过程和方法、情感态度和价值观"这三个维度融为一体。教材以集中识字为起点，以阅读名家名篇为主体，以写作和口语交际为主线，读写结合，学用一致，打好语文基础。课文编排、教材组织、练习设计、综合活动等采用经纬结构，螺旋上升，形成立体网状系统，发挥整体优势，全面提高学生语文素养。

（二）数学教材改革

数学教材要注重体现基础性、综合性、实践性和弹性，使学生在认识数学、理解数学和应用数学的过程中，个性和能力得到发展。该教材突出的特点是：遵循儿童的认识规律和特点，紧密结合学生的生活经验，从学生已有的认识基础出发，让学生在活动中学习数学，在现实生活中学习数学。加强基础知识和基本技能的教学，关注学生的发展，培养学生的学习能力，激发学生的学习兴趣。通过实践活动，培养学生的空间观念、应用意识，注重培养学生提出问题、解决问题的能力；通过探索性学习，培养学生实践能力和创新意识。总之，新的数学教材要以提高学生的整体素质为中心，即数学教育要"以人为本"，使得人人学有用的数学，人人学必需的数学，不同的人从数学学习上能得到不同的收获。

（三）英语教材改革

英语教材的编写工作正在积极准备阶段，小学的补充教材已由人民教育出版社出版。聘请外籍教师在小学、初中阶段进行外语教学试验，我校将在总结外籍教师进行教学的基础上编写小学一、二、三年级的外语教材和初中选修教材。

（四）其他课程及其教材改革

学校在进行国家课程校本化的研究与试验的同时，在原来选修课的基础上积极开发具有景山特色的校本课程，进行校本课程教材系列化的研究。目前，一、二年级的科学与社会综合课，四年级的书法课，四到六年级的形体课，六年级的生活技能课，六至八年级的环保课，高中的数理化

做实践"三个面向"的改革者

特长生培养和史地政综合,以及一年级到高三年级的游泳课都已成系列,并编写出了相应的校本教材。我们还将加强课本剧表演、古代建筑、领土与综合国力、服饰欣赏、天文知识、心理健康、篮球、排球等校本课程与教材的开发,为学生的个性特长发展提供更多的选择。

我们深知课程教材的改革不是一朝一夕的事,它需要不断的试验和探索,更需要我们这代教育工作者的满腔热情和无私奉献,这是新世纪的基础教育给我们提出的新课题新要求。今后我们将继续高举"三个面向"的伟大旗帜,以教育科研为先导,以教育改革为动力,以教改试验为基础,构建具有北京景山学校特色的课程教材新体系,形成课程、教材、教法、学法、评估和管理一体化的教学新模式,为我国中小学课程教材改革和发展继续做出积极的贡献,这将是我们对"三个面向"题词的最好纪念。

(2003年9月)

探索之路　北京景山学校在"三个面向"指引下的教育改革

总结过去，展望未来，再创辉煌
——在纪念邓小平"三个面向"题词发表20周年大会上的发言

尊敬的各位领导、女士们、先生们：

由北京景山学校和中国教育学会、教育部课程教材研究所、北京教育学会、东城区委、区政府联合举办的，隆重纪念邓小平同志为北京景山学校"三个面向"题词发表20周年大会，今天在人民大会堂举行，我代表组委会向各位领导，向来自国内外、海内外的专家学者，向与会代表、老师们、同学们，表示热烈的欢迎和衷心的感谢！

20年前，中国改革开放的总设计师邓小平同志为北京景山学校题词："教育要面向现代化，面向世界，面向未来。"20年来，这"三个面向"的题词所蕴含的深刻的教育理

2003年，范校长在"三个面向"题词20周年国际教育论坛新闻发布会上发言

做实践"三个面向"的改革者

念,已经成为中国教育改革与发展的指针。我们北京景山学校的全体师生,都为自己的学校能与一位世纪伟人关乎民族复兴与民族未来的教育思想相关联,感到由衷的自豪。同时,我们也深深地体会到,历史在赋予我们荣誉感的时候,也将责任与使命赋予了我们。20年来,我们时刻不忘伟人的指引与教诲,不忘景山学校作为教改实验学校,在贯彻、落实小平同志"三个面向"教育思想的实践中所担负的责任。今天,在纪念邓小平同志为景山学校题词20周年的时候,我们可以告慰小平同志,"三个面向"的思想,已经深入人心;成为我们教育改革的旗帜和灵魂。他对我们景山学校和中国教育事业的殷切期望,正在一步步成为现实。

20年,在历史的长河中,只是很短暂的,但在人的生命中,已是一代光阴。我们所处的这个时代,科学技术与文化发展变化的节奏日益加快,人们的知识、观念与行为规范日新月异。教育事业一向提倡"百年树人",但中华民族的伟大复兴,更需要只争朝夕。特别是近20年来,我们的国家和民族面临着空前的机遇与挑战,我们躬逢盛世,砥砺进取,不辱使命,终于取得了可喜的成就。借此机会,我们愿把20年来的成果与体会奉献出来,与大家共享。

1983年,当我们国家的改革开放处在起步阶段时,邓小平同志以历史的眼光,从战略的高度,提出教育要"三个面向"的理论观点。这短短16个字的题词,科学地揭示了教育发展、人的发展与社会发展三者之间的辩证关系,反映了建设有中国特色社会主义总体目标对教育事业的客观要求。回顾20年走过的历程,我们可以清晰地认识到,邓小平同志的"三个面向"是一个相互联系、协调统一的整体,它将一直伴随我们国家的现代化进程,是发展当代中国教育事业的最高指导原则。

我们的教育事业,既传承着中华民族几千年来悠久的教育文化传统,同时沿袭了近代特别是中华人民共和国建国以来中国现代教育的经验与成果。"三个面向"是改革开放时代的全新命题,"三个面向"的精髓就是改革和发展。北京景山学校因教育改革而诞生,随教育改革而发展。矢志

探索之路　　北京景山学校在"三个面向"指引下的教育改革

于教改事业，是景山学校生命力与创造力的源泉。因此，景山学校自建校以来，一直是中国基础教育改革实验方面的先导与排头兵。"三个面向"的思想，从根本上明确了我们从事教育、教学改革的大方向。

首先，我们从教育观念的核心，也就是培养什么样人才的问题上，用"三个面向"的要求统一了我们的认识。这是我们一切教改工作的出发点，也是教育工作的终极目标。"全面发展打基础，发展个性育人才"，是我们整体改革方案的基本纲领，也是我们理解和实践"三个面向"教育思想的具体体现。基于这些认识，我们提出景山学校培养的学生，除了应达到国家基础教育课程要求的各项标准，并满足中考、高考的升学要求，更应从素质和能力上具备以下特色：1.关心国家和人类的命运，有远大的抱负与情怀，有一颗拳拳的赤子之心；2.有务实、求新的思维方法，有丰富的创造力和想象力；3.有传统文化的素养，有艺术鉴赏能力或艺术特长，掌握现代生活所需的各项基本技能；4.有扎实的外语基础；5.有独立的自学能力，有广泛的阅读、求知的兴趣；6.有强健的体魄，熟悉一两项适合自身条件的体育运动项目。我们始终认为，素质全面发展、个性充分发扬的人才，才是能够真正适应未来社会需求与挑战的人才，才是真正满足"三个面向"要求的人才。为此，我们在课程设置、教材编写、课时安排、师资配备、教学设施以及教学方法等各个方面，都采取了相应的措施，以确保学生全面素质的提高。

我们认为，教育工作者的职责与使命，不仅仅在于对学生的升学负责，更要为学生的终身学习和一生发展奠定坚实的基础，对整个社会的发展负责。立意高远，脚踏实地，是景山学校教学工作的一贯作风。明确了教育工作的培养目标，就不会在一时一事的枝节问题上患得患失。景山学校历届毕业生走上社会之后，在综合能力与素质方面的表现，也进一步印证了我们的办学思想与措施，有着长远的积极作用。

教材改革是教学改革工作的重要内容。景山学校依据教育部颁布的新课程标准，借鉴国外先进经验，结合我国基础教育实际，率先开始了九年

■ 做实践"三个面向"的改革者

制义务教育教材的编写工作。其中小学《语文》、《数学》已在全国24个省、自治区、直辖市的500多个教学班进行过实验,其科学性、系统性和与当前科技文化发展水平的协调性,均得到了专家和实验学校师生的一致认可。

北京景山学校是一座教育改革的大熔炉。在长期的教改实践中,我们始终把组织教师参加教育科研和编写实验教材的过程,与建设、培养一支新型的专家、学者型的干部和教师队伍的目标相结合。通过对教材的编写,对教改课题的深入研究,培养和锻炼了一支凝聚在"三个面向"旗帜下,有改革创新精神,有一定教育理论水平和科研能力,坚持教育教学改革试验的专家型、学者型的干部和骨干教师。

"三个面向"是景山学校坚持教改的旗帜和灵魂。教改是景山学校的历史使命和生命力之所在。

"三个面向"的教育思想,其鲜明的时代特色,还体现在具有现代的开放性。景山学校在教育改革与教学实践中,一贯坚持开放性的原则——

我们的教育观念是开放的。景山学校注重学生综合能力的培养,评价学生的手段和标准是多元的,不以考试成绩为评价标准。我们倡导教师对学生因材施教,实行个性化教学,尤其在小学基础教育阶段,充分发挥多种教育手段,减轻学生的课业负担,为学生创造宽松自由的成长空间。同时,我们将大众教育与英才教育相结合,在普遍施教的前提下,承认个性差异,尊重特长与爱好,积极探索基础教育阶段多出人才、快出人才、出好人才的规律。我们与北大、清华、人大等十一所重点大学签署了校际合作协议,根据优秀学生的兴趣、特长和志向,按照相关大学、相关专业要求来培养优秀毕业生,以实现重点大学名牌专业与高中教育的早期结合。

我们的教育手段是开放的。景山学校在政府和社会的大力支持下,投入大量资金,率先建成校园多媒体网络,充分发挥信息技术在开放式教学中的作用;随着互联网应用的日益普及,网络教育的作用与前景也被日益重视。景山教育网经过不断地开发、完善,已经成为影响广泛的网上学

探索之路　北京景山学校在"三个面向"指引下的教育改革

校,不仅为本校师生,也为社会公众提供了具有景山学校特色的教育、教学服务。此外,我们利用一切可能、创造一切条件,为学生提供开放的知识视野和广阔的学习空间,通过参观、讲座等形式,让学生接触到当代最尖端的科学技术成果,结识各个领域最前沿的科技专家。

我们以开放的姿态开展与国内外教育机构的交流。景山学校是教育部首批确定的联合国教科文组织"亚洲教育发展革新计划"的联系中心之一;我们积极鼓励和组织学生参加国内外的各种竞赛,美国航天飞机在太空中实验的项目选中了我校学生李桃桃的"蚕在太空吐丝结茧"的实验方案;全球中学生网上高峰会议有我校李依婷、田韬的演讲;世界中学生的最高赛事——美国工程大奖赛,有景山学校的学生获奖……我校相继与美国、法国、日本、泰国、新加坡、韩国等国家的多所学校建立了友好学校关系;聘请优秀外籍教师来我校任教,并先后派出200多名师生赴国外考察、交流、学习;同时,景山学校也多次接待外国首脑、国际友人、教育界同行的参观访问,成为展示中国基础教育成就的一个窗口。在中国向世界日益开放的历史背景下,在"走出去,请进来"的交往过程中,景山学

做实践"三个面向"的改革者

校的师生逐渐培育起我们这个全球化的时代所倡导的世界公民意识。

各位领导,各位来宾,在邓小平同志"三个面向"教育思想的指导下,景山学校经过长期的教改实践,逐渐摸索、总结出具有自己特色的教学基本原则。这些原则是我们对教育辩证法的初步认识,是对教育教学规律的切实体会。谨此就教于各位领导、专家。

1.德智体全面发展的统一要求与发展学生个性特长的多样性相结合。这既是基础教育与英才教育的辩证统一,也是促进每个学生个性化发展的科学手段。

2.牢固掌握基础知识、严格训练基本技能与发展智力、培养能力相结合。

3.提高智能与发展非智力因素相结合。二者相辅相成,共同达到提高学生能力的目标。

4.发挥教师主导作用与培养学生独立学习的主动精神相结合。

5.教学中循序渐进的训练方式与集中时间、重点突破、适度跃进的训练方式相结合。

6.量力性与一定的难度相结合。

7.常规教学与研究性学习相结合。

8.班级教学与分类指导相结合。

9.基础文化教育与劳动技能教育相结合,科学精神与人文精神的教育相结合,传统教学媒体与现代教学媒体相结合。

10.课内与课外、校内与校外的教育工作相结合。

以上教学基本原则的归纳总结,可能未免粗陋、偏失。但在景山学校的办学实践中,我们通过贯彻、推广,取得了实效,增强了信心。今后,我们将进一步归纳、完善,使之更加系统、更加科学。

北京景山学校自1960年建校以来,得到了党和国家领导同志、教育主管部门以及各界人士的热切关注、殷切期望与大力支持。特别是邓小平同志在20年前为景山学校的题词,更把景山学校的发展推进到一个新的历史

探索之路　　北京景山学校在"三个面向"指引下的教育改革

阶段。20年的成就与历程，印证了小平同志题词所蕴含的深刻哲理与深远影响。今后，我们的道路仍将在"三个面向"指引的方向继续延伸。我们将在以下方面继续努力：

　　一、要在教育观念上继续大胆创新，勇于突破。"三个代表"重要思想启示我们，与时俱进是永恒的主题。"面向现代化，面向世界，面向未来"，这"三个面向"具有无限的探索与发展空间。我们相信，教育观念的更新将在尊重客观规律的前提下，永无止境。景山学校的教改工作，首先要立足于观念上的改革创新。

　　二、新形势、新时代的发展对学校的师资与管理队伍不断提出新要求。我们应该清醒地认识到，在这方面，需要努力的余地还很大。我们要充分利用社会资源、政策资源，尽快使景山学校的师资队伍更加学者化，管理队伍更加专业化，以适应学校规模扩张与纵向发展的迫切需要。

　　三、要在课程与教材改革上继续加大力度，以国家课程标准为依据，进行九年义务教育阶段国家课程（语文、数学、外语）的优化、校本课程系列化的研究与试验，形成具有景山特色的课程教材体系，使之适应新时代与新形势的要求。

　　四、要继续致力培养优秀尖子人才的目标，完善有关措施，特别是在高中部，针对重点培养目标与有关重点高校协作，完成部分高等教育内容向高中基础教育前移的工作，探索高中教育与重点大学名牌专业早期结合的新模式、新经验。

　　五、要把教育科研、教改实验与提高教育教学质量工作有机结合起来。发扬景山学校注重教学科研的传统，使景山学校的教改经验发挥更大的作用。

　　我们的最终目标是，把景山学校建设为：积极推进教育改革的实验学校；传播现代教育观念、教育技术和教改成果的示范学校；推动教育改革与教育交流的领头学校；在国内外有一定影响的、对外开放式的现代化学校。为首都北京率先实现教育的现代化做出应有的贡献。

做实践"三个面向"的改革者

当今时代,科技进步日新月异,国际竞争日趋激烈。新一届党中央提出了"人才强国战略",国家要富强,民族要振兴,归根到底,有赖于人才的培养。我们肩负的使命重大,我们的目标令人振奋。按照"三个面向"的指引,我们已经取得了辉煌的成就,坚持这一方向,我们的前程更加灿烂。

谢谢大家!

(2003年9月15日)

探索之路　北京景山学校在"三个面向"指引下的教育改革

继承传统，构建特色，创新发展
——构建有景山特色的学校文化

学校文化是学校主体在整个学校生活中所形成的具有独特凝聚力的学校面貌、制度规范和学校精神气氛等，其核心是学校在长期办学中所形成的共同价值观念，共同的思想观念和行为方式，它常常对学校的教育产生重大的影响。校园文化凸现学校的特色、品牌，学校文化建设是学校发展的动力。

北京景山学校在学校文化建设中，继承优良传统，构建特色文化，力求创新发展。以创建优良的校风、教风、学风为核心，以优化、美化校园文化环境为重点，以丰富多彩、积极向上的校园文化活动为载体，用浓郁的环境文化熏陶学生思想，用独特的校本课程文化潜移默化地培育学生的心灵，用丰富多彩的教育活动培养学生良好的品质，促进学生全面发展和健康成长。

■ 一、传承优良传统，提炼办学理念

办学理念体现了学校的办学宗旨和教育价值观，是学校文化的集中体现，包含着对学校历史的科学总结和办学愿景。积极而科学的办学理念是

做实践"三个面向"的改革者

学校文化建设的重要内容。

北京景山学校创建于1960年，是一所专门进行中小学教育改革试验的学校，1983年国庆节，邓小平同志为景山学校题词"教育要面向现代化，面向世界，面向未来"。建校40多年来，我校一直坚持教改特色，提炼出了"以三个面向为指针，融古今中外百家之长，走继承、借鉴、融合、创新之路，全面发展打基础，发展个性育人才"的办学理念，提出了"明理、勤奋、严谨、创新"的校训。在此基础上，我们提出景山学校培养的学生，除了应达到国家基础教育课程要求的各项标准，并满足中考、高考的升学要求，更应从素质和能力上具备以下特色：1.关心国家和人类的命运，有远大的抱负与情怀，有一颗拳拳的赤子之心；2.有务实、求新的思维方法，有丰富的创造力和想象力；3.有传统文化的素养，有艺术鉴赏能力或艺术特长，掌握现代生活所需的基本技能；4.有扎实的外语基础；5.有独立的自学能力，有广泛的阅读、求知的兴趣；6.有强健的体魄，熟悉一两项适合自身条件的体育运动项目。

在继承学校优良传统的基础上，形成了"以先进的教学思想为先导，以教育科学理论为指导，以教改试验为基础，探索21世纪基础教育人才培养的新方法、新模式"的办学特色。在新时期，学校又结合新的时代背景确立了"把景山学校建成坚持进行教育改革的试验学校；传播现代教育观念、教育技术和教改成果的示范学校；推动教育改革与教育交流的促进校；在国内外有影响的有中国特色的国际化学校"的办学目标和"以学生全面健康发展为本，以德育为核心，以提高学生的素质为根本宗旨，以培养学生的创新精神和实践能力为重点，为学生一生发展和终身学习奠定坚实的基础"的教育目标，引领学校文化方向。

二、开发课程资源，打造特色课程

学校实施的课程集中体现了一所学校教育价值的取向，直接影响到学

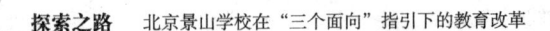

探索之路　北京景山学校在"三个面向"指引下的教育改革

生的发展和教育质量的提高，所以学校特色文化建设的一个重要方面是特色课程开发。北京景山学校积极推进课程改革，开发学校课程文化资源，提出"国家课程校本化"和"校本课程系列化"，构建课程教材新体系。

在科学实施国家课程的前提下，我校根据学生的特点和需要，充分发挥学校的传统和优势，开发一些适合学生发展需要的校本课程，这些课程都是我校学生必修的校本课程。目前，一、二年级的科学与社会综合课，四年级的书法课，五年级的美术创意课，六年级的生活技能课，四到六年级的形体课，七年级的语文活动课、数学活动课和英语活动课，八年级的环保课，高中的研究性学习，一到高二年级的游泳课都已成系列。在此基础上还开发出提高类、拓展类和文体综合三大类40余门选修课，让老师的潜力得到发挥，学生的个性爱好有拓展的空间。

加强实践活动课程是我校一直坚持的传统和特色，近年来学校对信息技术课、研究性学习、社会实践、劳动技术教育等实践活动课程进行了整体调整，使我校的实践活动课程更加规范化和科学化。从1997年起我校就开展了中学生研究性学习的实践活动，让学生走进国家重点实验室，在专家、教授的指导下进行研究，在这项活动中，不仅让学生学到了专家身上的科学精神，培养了学生的个性品质和科研意识，而且丰富了学生的知识，拓展了学生的视野。20年来，我校始终坚持组织六年级学生进行军训、八年级参加社区公益劳动，高一年级参加学军活动、高二年级参加学农（学商）活动，并排入课表。这些实践活动，增加了学生接触社会、了解生活的机会，丰富了他们的社会经验，在活动中培养了学生的社会责任感、独立自主的意识和团结协作的精神。景山的特色课程体系支撑着景山的特色文化。

三、重视课堂教学，创设和谐教学

课堂教学文化是学校文化建设的重要部分，是弘扬人文精神、培养学生健全人格的主渠道。在"全面发展打基础,发展个性育人才"的办学理念的指导下,我校探索和确立新的课堂教学观念,强调学生的主体地位,始终把学生的发展作为课堂教学的主线,强调关注每一个学生、关注每一个学生的全面发展。课堂教学中重视发挥学生的能动性、自主性与创造性。激发学生的内在需求,调动学生在教育中的积极主动性。老师成为课堂教学的组织者、引导者和合作者,在课堂教学中注意创设良好和谐的教育环境,给学生创设主动参与、乐于探究、勤于思考的教学氛围,加强师生交往、积极互动,使课堂教学成为一个"学习共同体"。学校强调课堂教学形式的三个支点,即教师指导和激励下的学生主体作用的发挥、学习方法的指导、多种教学媒体的有效使用,使课堂教学形式成立体形式,实现教师、学生、教材、媒体、环境一体化,鼓励教师在课堂教学中"八仙过海、各显神通",整体进行学科课堂教学模式探索。目前进行了"示范高中数学教学模式的探索"、问题解决教学模式、任务型语言教学模式、合作学习、"问题驱动"生物教学模式、化学教学STS模式、"目标激励——主体实践"劳技课教学模式等多种教学模式的探索与实践。构建出主体参与、主动探究、合作学习、尊重差异、发展个性、师生互动等适合学生生动、活泼、主动学习的教与学"良性互动、和谐统一"的课堂教学。

四、开展主题活动,促进学生发展

校园文化建设的内容是多方面的。充分利用各种主题文化活动,全面培养学生个性特长是学校开展校园文化建设、推行素质教育的重要举措。我校以丰富多彩的师生实践活动为载体,立足于课堂校园,延伸至课余校外,着手落实校园文化建设。让学校成为热爱科学的摇篮、文学艺术的花园、社会正气的堡垒、身心健康的乐园。

每年的艺术节、科学节、运动会、摄影展、绘画展等活动不仅为学生

探索之路　北京景山学校在"三个面向"指引下的教育改革

搭建了展示才华的舞台，学生在这里施展才能，发展个性，显示风采。而且还让学生在参与活动的过程中培养起合作、创新及勇于竞争的能力，也让"爱科学、爱艺术、爱运动"的良好风貌在学校蔚然成风。

我校广泛开展各种课外活动、学生社团活动，组建了管乐、民乐、舞蹈、钢琴、合唱、排球、游泳、小记者站、文学社、鼓号队、航模小组、计算机爱好者协会、科学实践组、摄影、生物、绘画、电影绘画、乒乓球小组、武术、手拉手地球村、环保沙龙等一系列社团和兴趣小组，为学生个性发展搭建成长舞台。

我校利用开学典礼、升旗仪式、旗前讲话、宣传栏、宣传橱窗等多种渠道，进行宣传教育，创设文化氛围，还利用校学生会、校团委、学生广播站、学生电视台、小记者站等学生社团，组织各种活动创设浓郁的舆论氛围。我校"新星小记者站"小记者们制作的"点石成金"系列校园礼仪访谈节目，很受同学欢迎，为我校争办"文明礼仪示范校"做出了贡献。在工作实践中，我们的小记者站、学生广播站、学生电视台以在校园采访、制作短片播放的形式，开展礼仪教育，学生易于接受，喜闻乐见，还能引导学生自我教育，收到了良好的效果。

景山学校在全面推进学生素质提高的过程中，尤其重视社会实践活动对培养学生良好素质的作用。学校根据学生特点，组织学军、学农、环保小卫士、植树日、社会调查、走进实验室、走进社区、校园文明岗、保护学校绿地、情系奥运、文明礼仪宣传等多种形式的社会实践活动，为同学们实践道德文明、提高自己的综合素质提供了广阔的舞台。

丰富多彩的校园活动，不仅张扬了学生个性、发展了学生特长，也促进了学校的发展：高考升学率高、学科竞赛成绩喜人、科技教育成果丰硕、体育工作硕果累累、艺术教育丰富多彩。我校被评为：北京市示范高中、中国中学生排球协会主席校、北京市首批"金鹏科技团"、"北京市中小学生科技示范校"、科技创新学校、全国"超新星学校"、北京市文明礼仪学校、2008奥运教育示范学校。

五、创设优美环境，营造文化氛围

学校是传播文化、塑造灵魂的家园，校园环境文化是学校文化的重要组成部分，它作为一种隐性课程，美化学生的心灵、陶冶学生的情操，对学生起到潜移默化的作用。

在物质环境方面，学校努力体现以人为本思想，为学生全面、健康发展创造良好的条件。学校布局日趋合理，校园环境整洁优美。学校拥有设备先进的天象厅、天文馆、生物走廊以及理、化、生实验室，自然、音乐、素描、书法、形体、计算机、语音等多种专业教室38个。体育设施齐全，室内多功能体育馆、游泳馆和室外塑胶操场构成完整的体育锻炼场所。校内形成计算机、电视、广播、电话"四网"；演播、录像、录音、实录、阅览"五室"；校园网络、国际教育、演播"三中心"；图书馆藏书10余万册，期刊杂志200多种。

学校还重视文化氛围营造，着眼于学校总体布局和谐统一，着眼于环境文化氛围对学生的熏陶和感染。刻有"教育要面向现代化，面向世界，面向未来"题词的影壁和小平同志的半身铜像，印证着景山学校是邓小平"三个面向"教育思想的发源地；操场上"更高、更快、更强"的口号向学生们传达着奥运精神，鼓励他们朝气蓬勃，永远进取，超越自我。刺耳的上、下课铃声没有了，取而代之的是悦耳的音乐；"不许"、"禁止"的招牌也没有了，取而代之的是名人名言和名人画像。学校环境将自然之美与人文之美有机结合，让学生时时、处处都感受着学校文化的魅力。

我们把办学理念物化为学校环境文化，其目的是通过氛围的营造，让办学理念可以触摸，能够诠释，弥漫在校园的各个角落，以文化的魅力去影响师生，促进他们的自主发展。

探索之路　北京景山学校在"三个面向"指引下的教育改革

■ 六、重视文化交流，立足国际视野

景山学校在学校文化建设中重视同其他文化的交流，在国内不仅与发达地区的优质学校相互学习、交流借鉴，还与西部、贫困地区的薄弱学校结成兄弟学校，带动他们一起发展。

我校遵循"教育要面向世界"的思想，"扎根中华，放眼世界，以我为主，博采众长，洋为中用，融会创新"的方针，走出去、请进来，相互学习，广交朋友，增进了友谊，开阔了视野，洋为中用，探索中西教育的结合点。

景山学校是教育部首批确定的联合国教科文组织"亚洲教育发展革新计划"的联系中心之一；我们积极鼓励和组织学生参加国内外的各种竞赛，美国航天飞机在太空中实验的项目选中了我校学生李桃桃的"蚕在太空吐丝结茧"的实验方案；全球中学生网上高峰会议有我校李依婷、田韬的演讲；世界中学生的最高赛事——美国工程大奖赛，有景山学校学生获奖；巴黎的世界儿童大会、美国青少年工程大奖赛、新加坡亚太地区青少年科技交流会议上都有我校学生的身影……我校相继与美国、法国、日本、泰国、新加坡、韩国等国家的多所学校建立了友好学校关系；聘请优秀外籍教师来我校任教，并先后派出300多名师生赴国外考察、交流、学习；同时，景山学校也多次接待外国首脑、国际友人、教育界同行的参观访问，成为展示中国基础教育成就的一个窗口。在中国向世界日益开放的历史背景下，在"走出去，请进来"的交往过程中切身感受、尊重、理解别国的文化，同时赢得西方国家对中国文化的理解与尊重。

学校文化是学校的灵魂，体现着学校的个性和魅力，是学校可持续发展的动力，建设学校文化任重而道远，但是我们有信心构建具有景山特色的学校文化，并始终坚定着我们信念：

我们的目标，仍然是使我们的学校成为最好的——

做实践"三个面向"的改革者

这是一所真正坚持教改试验的学校,

在这里,爱的教育与孩子们形影不离,

在这里,让科学之光照亮教室的每一个角落,

在这里,所有的孩子离开学校时都已经确定了一项才能,一种技能,一种智力,

通过这些,为其终身学习和一生发展奠定了初步的基础。

(2004年)

探索之路　北京景山学校在"三个面向"指引下的教育改革

[学校哲学

——变革中的教育观]

一所历史悠久的学校都有属于自己的"永恒的风景"。构成这道风景的除了校园建筑、优美的环境和先进的教学设备外，还有历史传统和文化精神。在景山学校，统领历史传统和文化精神的就是一条改革红线贯穿在学校每一时期发展过程中的办学理念，这种理念总是站在比较高的角度，审视学校教育改革试验，不断提出每一时期教育改革的新思路、新目标。回顾五年前，我们当时新上任的领导班子，站在世纪之交的门槛上，面临教育改革浪潮的机遇和挑战，面临新一轮课程改革将要启动，面临市教委提出创办示范性普通高中的有关要求，迫切要求我们回答的中心问题是：如何继承景山教改的传统，景山学校如何面向21世纪。于是我们反复学习理论，总结景山学校多年来办学的主要经验，统一干部、教师思想，制定了新的历史条件下景山学校鲜明的办学目标、办学思想、学校定位以及办学特色，开始踏上新世纪的教改征程。

1. 景山学校的办学目标是：全面贯彻邓小平同志"教育要面向现代化，面向世界，面向未来"的教育思想，树立以学生发展为本，为学生

■ 做实践"三个面向"的改革者

一生发展奠定坚实基础的教育理念，以培养学生的创新精神和实践能力为重点，以提高学生的素质为根本宗旨，把景山学校办成国内一流、国际知名的现代化学校，成为热爱科学的摇篮，文学艺术的花园，身心健康的乐园，努力攀登21世纪基础教育的高峰。

2. 景山学校的办学思想是：以"三个面向"为指针，继承、借鉴、创新，全面发展打基础，发展个性育人才。

3. 景山学校的办学特色是：以"三个面向"的教育思想为指导，以教育科研为先导，以教改试验为基础，探索21世纪人才培养的新途径和新规律。

4. 景山学校的定位是：积极进行教育改革的试验学校，传播现代教育观念、教育技术和教改成果的示范性学校，推动教育改革与交流的促进学校，在国内外有影响的国际化学校。

5. 景山学校的校训是：明理、勤奋、严谨、创新。

■ 一、学校发展观

我们的最终目标是，把景山学校建设为：积极推进教育改革的试验学校；传播现代教育观念、教育技术和教改成果的示范学校；推动教育改革与教育交流的领头学校；在国内外有一定影响的、对外开放式的现代化学校。为首都北京率先实现教育的现代化做出应有的贡献。

■ 二、学生发展观

我们从教育观念的核心，也就是培养什么样人才的问题上，用"三个面向"的要求统一了我们的认识。这是我们一切教改工作的出发点，也是教育工作的终极目标。"全面发展打基础，发展个性育人才"，是我们整体改革方案的基本纲领，也是我们理解和实践"三个面向"教育思想的具体体现。基于这些认识，我们提出景山学校培养的学生，除了应达到国家

探索之路　　北京景山学校在"三个面向"指引下的教育改革

基础教育课程要求的各项标准，并满足中考、高考的升学要求，更应从素质和能力上具备以下特色：

1. 关心国家和人类的命运，有远大的抱负与情怀，有一颗拳拳的赤子之心；
2. 有务实、求新的思维方法，有丰富的创造力和想象力；
3. 有传统文化的素养，有艺术鉴赏能力或艺术特长，掌握现代生活所需的各项基本技能；
4. 有扎实的外语基础；
5. 有独立的自学能力，有广泛的阅读、求知的兴趣；
6. 有强健的体魄，熟悉一两项适合自身条件的体育运动项目。

我们始终认为，素质全面发展、个性充分发扬的人才，才是能够真正适应未来社会需求与挑战的人才，才是真正满足"三个面向"要求的人才。为此，我们在课程设置、教材编写、课时安排、师资配备、教学设施以及教学方法等各个方面，都采取了相应的措施，以确保学生全面素质的提高。

我们的教育观念是开放的。景山学校注重学生综合能力的培养，评价学生的手段和标准是多元的，不以考试成绩为主要的评价标准。我们倡导教师对学生因材施教，实行个性化教学，尤其在小学基础教育阶段，充分发挥多种教育手段，减轻学生的课业负担，为学生创造宽松自由的成长空间。同时，我们将大众教育与英才教育相结合，在普遍施教的前提下，承认个性差异，尊重特长与爱好，积极探索基础教育阶段为多出人才、快出人才、出好人才奠定坚实的基础的规律。我们与北大、清华、人大等十一所重点大学签署了校际合作协议，根据优秀学生的兴趣、特长和志向，按照相关大学、相关专业要求来培养优秀毕业生，以实现重点大学名牌专业与高中教育的早期结合。

做实践"三个面向"的改革者

三、教师发展观

高定位的学校需要高水平的教师队伍,这支队伍要具备:

1. 学习精神。知识经济的到来,学习型社会的形成,新课程改革的上场,使人们日益感到生存与发展的巨大压力,不得不促使教师们参加到学习中来,继续教育,终身学习,要求教师要不断地学习,勤奋地钻研,要使自己的观念能够与世界教育发展同步,用科学发展观来对待工作,对待学生,对待教育事业。

2. 敬业精神。作为世界闻名、全国一流的景山学校,必须拥有一支高素质、高水平、团结协作、积极进取的教师队伍,这就需要全体教职员工以教改为己任,把办好教育作为自己的一项事业来做,爱岗敬业,热爱学生,严谨笃学,团结协作,廉洁从教,为人师表,建立科学的为教育服务的观念,以高度的责任感做好本职工作,对教学工作精益求精,并能够与时俱进,根据学科的发展,及时调整教学内容,提高专业发展水平。

3. 奉献精神。教师所从事的育人工作,是阳光下最为灿烂的工作,也是充满着艰辛的工作。它不仅要向学生们传授科学文化知识,更要向孩子们传承中华民族的伟大精神;它不仅要教会学生们怎样学习,更要教会孩子们怎样做人。它还承担着培养各种能力、塑造完美人格等许多重任,因此教师的工作是没有止境,也无法用尺寸计量的,他们必须要具备一种特殊的精神。默默无闻的劳动,来自于对教育事业的执著和对教学的热爱,源于看到年轻学生成长的喜悦,并由此感到个人生活的充实和价值,奉献精神是教师的基本职业道德,恪守这一道德,就不会在教学中短斤少两。

4. 创新精神。教育改革是景山学校创办的初衷,教育改革是景山学校的生命之所在,教育改革是景山学校发展的必由之路。教师要开展创新教育,首先必须有创新精神和创新能力。这种创新包括教学理念、教学方法、教学手段、教学内容等诸多方面协调一致、相辅相成的创新,也包括

探索之路　北京景山学校在"三个面向"指引下的教育改革

教师自身的创新素质。因此我们要继续发扬景山人锐意改革、勇于探索、大胆实践的优良传统,在"三个面向"的指引下,为景山学校的明天再创辉煌。

在景山长期的教育改革实践中,我们深深地感到,一所好学校,除了要有好的干部队伍,好的教育条件,更重要的就是要有一支优秀的教师队伍。景山学校在建校的40余年中,能够在国内外产生广泛的影响,就是因为它有一支热爱教育、勇于探索、敢于实践、有自己特色、愿意为教育做贡献的教师队伍。《中国教育改革和发展纲要》中明确指出,"振兴民族的希望在教育,振兴教育的希望在教师",指出了加强教师队伍建设对振兴民族、振兴教育的重要性。我们深切地认识到,没有高素质的教师队伍,一切高水平的教育计划都会陷于空谈。近几年来,随着老教师的相继退休,年轻教师队伍逐步壮大,我校小学教师35岁以下的占70%,中学教师35岁以下的占63%,青年教师是学校的希望所在,是办好学校的重要力量。一个优秀教师的成长,关键是在年轻阶段的锻炼和培养,所以这几年我们紧紧扭住青年教师的培养不放松,主要做法有以下几点:

1. 注重对青年教师的常规培养,比如建立师徒结对,加强对青年教师备课和听课的指导,举办青年教师的研究课、公开课,对青年教师进行景山学校传统和爱校教育等等。

2. 注重对青年教师进行端正教育思想和教师职业道德的教育,对青年教师中出现的违反德育的现象,我们既严肃批评,又给予关心和帮助,对青年教师中热爱教育事业,热爱学生,工作业绩突出的,不仅给予表彰和鼓励,还帮助他们总结经验,在全校给予推广。对不合教师要求,专业思想不牢固,学生、家长意见大的年轻教师不予聘用。

3. 在培养青年教师的方法上,我们注意结合每学期学校工作的不同侧重,对青年教师提出不同的要求,保持在青年教师培养工作方面不断提出新要求和新标准,不断提高青年教师的工作经验和专业教学水平。本学期

■ 做实践"三个面向"的改革者

我们要求每一位青年教师,在总结过去成长的经验教训的基础上,制订出个人3—5年发展规划,对青年教师的要求又上了一个台阶。并将规划编辑成书,以供互相交流学习。

4. 鼓励青年教师冒尖,鼓励青年教师成名、成家,为优秀青年教师的职评、评优、进修、出国、提拔等创造各种可能的条件。

5. 对青年教师的表彰形成制度,加大奖励力度,评选要评出层次,评出干劲。

■ 四、学校管理观

要建设高质量、有特色的学校,首要的是制订好规划,确定好目标,并以教育科研为指导,敢于开创前人没有走过的路。

这几年,景山学校在原有基础上有了新的特色和发展,主要的原因是全校的工作有章可循。比如,1999年我校借第三次全教会的东风及时制定了《景山学校迎接新世纪的3—5年发展规划》。为了使这一发展规划能够较好的实现,为了使规划的实现有一定的理论和科研指导,2000年我校又制定了《景山学校五年教育科研计划》,教育科研规划的制定使全校教师更加明确了工作方向,意识到我们的教育教学工作必须以教育科研为指导,搞不搞教育科研是传统型教师与专家型教师的最大区别,也是景山学校的办学特色和学校发展的生命力之所在。为了创办北京市示范高中,2000年底我校又制定了《景山学校示范高中的办学思路》,在示范高中的办学思路里,我们制定了"21世纪景山学校的发展总目标"、"21世纪景山学校的办学思想"、"21世纪景山学校的定位"以及"21世纪景山学校的办学特色"。比如,景山学校"21世纪的定位"是积极进行教育改革的试验学校,传播现代教育观念、教育技术和教改成果的示范学校,推动教育改革与交流的促进学校,在国内外有影响的国际化学校。学校的定位预示着景山学校的每一位教职员工都要为此努力工作,为实现学校的定位而

探索之路　北京景山学校在"三个面向"指引下的教育改革

拼搏，这是每个"景山人"不可推卸的责任。

有了规划，有了依据，我们又该怎样行动呢?重要的是两点：第一，规划的内容要体现在学校的工作计划中，逐步去落实去实现，不能只是空谈，如果规划只是空谈，就等于没有规划，只是摆设。第二，要真抓实干，逐步落实规划的各项要求，给全校教职员工以信心，取信于广大教职工。

总之，在实践中，学校的规划是办学进程的依据，学校的定位是办学特点和特色，学校发展目标是办学思想和方向，教育科研是培养专家学者型教师的必经之路，也是提高学校品位，提高教学质量的重要的、不可缺少的指导方法。

五、教学观

景山学校经过长期的教改实践，逐渐摸索、总结出具有自己特色的教学基本原则：

1. 德智体全面发展的统一要求与发展学生个性特长的多样性相结合。这既是基础教育与英才教育的辩证统一，也是促进每个学生个性化发展的科学手段。

2. 牢固掌握基础知识、严格训练基本技能与发展智力、培养能力相结合。

3. 提高智能与发展非智力因素相结合。二者相辅相成，共同达到提高学生能力的目标。

4. 发挥教师主导作用与培养学生独立学习的主动探究精神相结合。

5. 教学中循序渐进的训练方式与集中时间、重点突破、适度跃进的训练方式相结合。

6. 量力性与一定的难度相结合。

7. 常规教学与研究性学习相结合。

做实践"三个面向"的改革者

8. 班级教学与分类指导相结合。

9. 基础文化教育与劳动技能教育相结合，科学精神与人文精神的教育相结合，强化现代教育技术的使用与课程的整合。

10. 课内与课外、校内与校外的教育工作相结合。

这些原则是我们对教育辩证法的初步认识，是对教育教学规律的切实体会，对当前的课程改革具有一定指导意义。实践证明，景山的许多教改实践和经验都与新课改的理念是基本一致的，因此，新世纪景山学校的课程改革，就要发扬和继承这些基本经验，在新理念、新课标的指导下，借鉴国内外的先进课程理念，与时俱进、融合、创新，全面推进新课程的实施。

六、国际发展观

20年来，北京景山学校在教育面向世界方面进行了大胆的探索，为积极并善于汲取世界各国创造出来的一切丰富而优秀的文明成果迈出了坚实的步伐。立足中国，放眼世界，走向世界，坚持"融古今中外百家之长，走继承、借鉴、融合、创新之路"的原则，学习借鉴世界各国先进的教育理念和教育经验，取得了"洋为中用"的可喜成果。

我们以开放的姿态开展与国内外教育机构的交流。景山学校是教育部首批确定的联合国教科文组织"亚洲教育发展革新计划"的联系中心之一；我们积极鼓励和组织学生参加国内外的各种竞赛，美国航天飞机在太空中实验的项目选中了我校学生李桃桃的"蚕在太空吐丝结茧"的实验方案；全球中学生网上高峰会议有我校李依婷、田韬的演讲；世界中学生的最高赛事——美国工程大奖赛，有景山学校学生获奖……我校相继与美国、法国、日本、泰国、新加坡、韩国等国家的多所学校建立了友好学校关系；聘请优秀外籍教师来我校任教，并先后派出200多名师生赴国外考察、交流、学习；同时，景山学校也多次接待外国首脑、国

探索之路　　北京景山学校在"三个面向"指引下的教育改革

际友人、教育界同行的参观访问，成为展示中国基础教育成就的一个窗口。在中国向世界日益开放的历史背景下，在"走出去，请进来"的交往过程中，景山学校的师生逐渐培育起我们这个全球化的时代所倡导的世界公民意识。

（2005年6月）

■ 做实践"三个面向"的改革者

奥林匹克与学校教育

范校长在奥运与学校体育教育国际论坛上发言

  发源于古希腊的奥林匹克运动是人类的一项伟大创举,是全世界的优秀文化遗产。历经两千年的发展,已经成为不同国家、不同信仰、不同肤色、不同种族共享的文明成果和共有的人类财富。

探索之路　北京景山学校在"三个面向"指引下的教育改革

奥林匹克是一种精神，它倡导"更快、更高、更强"的奥运理念，鼓励人们挑战自我，超越自我。奥林匹克是一种价值观念，它彰显公正、公平、自由、平等，崇尚规则，遵循秩序。奥林匹克是一种文化，它期望建立一个没有歧视、公平公正的社会。奥林匹克是一种人生哲学，它将身体、心理和精神方面的各种品质均衡地结合起来，使之得到提高。奥林匹克是一种社会责任，它通过个体锻炼和大众参与，使人们拥有健康的体魄和乐观高尚的精神世界。奥林匹克是一种运动，它激励人们参与奥运、公平竞争、不断超越，它要求人们坚韧不拔、奋发进取、永不言败。奥林匹克是一种理想，它追求"和平、友谊、进步"的理想，承载着和平、和谐、和睦的人类共同理想。

奥林匹克的思想体系蕴含着丰富的教育思想，无论是顾拜旦，还是国际体坛，都一致认为，奥林匹克的精髓是教育，教育是奥林匹克运动的出发点和归宿。最早提出奥林匹克精神的顾拜旦认为，在加强道德修养和增强信心的同时，锻炼身体，培养勇敢精神和坚强的个性，是一种充满活力的新教育体系。原国际奥委会主席萨马兰奇在为中国出版的一本《奥林匹克运动》教材作序中说："离开了教育，奥林匹克主义就不可能达到其崇高的目标。"

奥林匹克始终把教育作为己任，并将永远追寻这一理想，正如国际奥委会主席罗格在其任职宣言中表述的那样：奥林匹克运动独有的力量在于它在一代代年轻人中间传播一个梦想，奥林匹克冠军对他们产生无穷的榜样力量，参加奥运会的梦想把青年们引导到体育世界，而体育作为一个教育工具将使他们获益良多，体育有利于他们身体和心灵的发展，体育还让他们证明自己，并获得快乐、骄傲和健康，国际奥委会的职责就是"让这个梦想永存"！

2008年奥运会将在北京举行，今天的奥运会，凝聚民族力量、传递国际友谊、弘扬奥运精神，其意义早已远远超出体育的范围。北京向世界提出"绿色奥运、科技奥运和人文奥运"三大理念，其中"人文奥运"是灵

做实践"三个面向"的改革者

魂和亮点,教育是奥林匹克运动的核心内容之一,也是"人文奥运"的重要体现。奥林匹克运动的真正目的,也是在从一种新的角度、以一种新的方式教育青少年,促进青少年身心和谐发展,从而为建立一个和平美好的世界做出贡献。

体育和教育的结合,不仅为发展教育事业拓展了新天地,也使奥林匹克运动更具教育意义。开展奥林匹克教育是培养青少年健全人格和高尚情操的有效途径,充分发挥奥林匹克运动的丰富人文内涵,培养身心和谐发展的人。作为北京市奥林匹克教育示范校,景山学校有责任抓住2008年北京举办奥运会的契机,在学生中有计划、有步骤地开展多种形式的活动,普及奥林匹克知识,开展奥林匹克教育。

我校建设了优良的体育软硬件资源,我校拥有室外体育场、室内体育馆、国际标准的游泳馆和形体馆以及地下体育俱乐部,设施水平超出市中小学体育设施建设标准。这些都为学校开展体育教育奠定了良好的基础。

我校充分挖掘奥运精神内涵,有效整合学校德育资源,采取多种形式,使学生在全面关注奥运、参与奥运、宣传奥运、奉献奥运的过程中,强健体魄、塑造品格、拓展视野、提高素养。学校积极组织师生参与和奥运有关的各项活动,在活动中培养师生的奥运意识、国际交往意识和能力,培养师生的爱国主义情感和社会责任感。以奥林匹克精神为主线、围绕"人文奥运、绿色奥运、科技奥运"开展系列教育活动。

我校秉承"全面发展打基础,发展个性育人才"的办学思想,注重学生的全面发展和学有特长。在基础教育课程改革中,我们创建了新的大课程观,其中将人文、绿色、科技教育占了主要层面。结合奥林匹克教育,使师生在新课程观的指导下,人人都是奥运精神的倡导者、实践者,使人文、绿色、科技的理念与自身的发展联系起来,与社会发展联系起来,与校园文化联系起来,与国际交流联系起来。在我校制定的《北京景山学校体育、艺术、科技素质评定手册》中明确提出,每个学生都要学会游泳及一二项健身项目。在每学期明确各种运动赛事的时间,定期由学校、学生

探索之路　　北京景山学校在"三个面向"指引下的教育改革

会组织各项团体比赛项目。

体育课程是学校加强奥林匹克教育的主阵地，我校积极贯彻《中共中央国务院关于加强青少年体育增强青少年体质的意见》，切实开足、开齐体育课，减轻学生过重的课业负担，使学生有更多的时间参加体育锻炼，促进学生生动活泼、积极主动地发展。为此，在原有课间操的基础上每天下午增加15分钟的体育素质锻炼时间，六至九年级每周增加一节体育课，积极组织学生开展丰富多彩的课外体育活动，全面落实每天学生1小时体育锻炼时间。在体育教学中，既重视运动技术的练习、奥林匹克运动知识的学习，又重视自觉健身的养成教育。学生在学练运动技术的过程中，提高其运动技能，同时还能潜移默化地受到体育精神的熏陶，增加体育人文精神的含量。此外，学校积极将奥林匹克运动的内容充实到学校体育的教材体系中，使学生更多地接触到奥林匹克文化的相关知识。学校多年来坚持开展各种体育运动，如运动会、篮球比赛、排球比赛等，举办各种体育俱乐部。在教师的指导下自觉组织各种形式的竞赛活动，使学生在顽强拼搏的运动竞赛中，在对"更快、更高、更强"目标的不断追求中，磨炼自己的意志，培养一种积极进取、奋力拼搏的精神品质，使他们在各种竞技运动的组织和实践中潜移默化地受奥林匹克精神的感染和熏陶。

学校排球队经常代表国家参加国际比赛和进行国际交流。学校每年接待来访进行友好交流，并与美国、法国、韩国、新加坡、奥地利和中国的香港、台湾地区学校建立友好校，定期进行体育访问交流和比赛。我校是中国中学生体育协会排球分会主席校，学校成功举办了多次国内、国际中学生排球邀请赛，通过比赛增进友谊，加深理解。

我校具有优良的体育传统，体育工作成绩突出，被评为"北京市高中示范校"、"排球传统校""市健康促进校（金牌）"、"全国群体工作先进单位"、"北京市文明礼仪示范校"、"奥林匹克教育示范学校"，这些荣誉都是对我校多年来进行体育教育成绩的认同和肯定。

伴随着"更高、更快、更强"的口号，为实现"同一个世界，同一个

> 做实践"三个面向"的改革者

梦想"的心愿,我们将一如既往的宣传奥林匹克精神,普及奥林匹克知识,传播奥林匹克文化,使学生做好参与北京2008年奥运会的思想、心理和知识准备,从而最终成为先进文化和奥林匹克精神的传播者;成为德智体美全面发展、献身祖国建设和世界和平事业以及热心参与奥林匹克运动的中坚力量,这是我们不懈的追求。

(2006年7月)

探索之路　北京景山学校在"三个面向"指引下的教育改革

"数字景山"的建设与思考

作为一所专门进行城市中小学教育教学改革试验的学校，我校从1960年建校至今一直进行教育教学改革试验。特别是1983年邓小平同志为我校题词"教育要面向现代化，面向世界，面向未来"以来，学校在各级领导、社会各界的大力支持下，在"三个面向"思想和"全面发展打基础，发展个性育人才"的办学理念的指导下，学校建立了一支高素质的教师队伍，教育教学质量得到了大幅度的提升，获得了学生、家长和社会的认可。

近两年来我们一直在思考两个问题：

一是，党中央、国务院提出教育均衡发展战略，国家教育部提出用5—10年的时间使全国90%左右独立建制的中小学校能够共享优质的教育资源，提高中小学教育教学质量。我们作为一所基础教育的优质学校应该如何响应，如何为教育均衡发展做出我们的贡献。

二是，景山学校在办学的46年中形成了有自己传统和特色的办学理念和办学经验，特别是1983年邓小平同志为我校"三个面向"题词以来，学校的硬件设施和优秀教师群体的队伍建设日臻成熟，如何加强学校的知识管理，把局部或分散的优质教育内容整合起来，发挥它最大的作用。在思

254

■ 做实践"三个面向"的改革者

考和实践中我们逐步理顺了我们的认识。

景山学校在自我发展和壮大的同时，我们也清醒地认识到，作为一所教育教学改革的知名学校，我们的办学定位是：积极进行教育改革的试验学校；传播现代教育观念、教育技术和教改成果的示范学校；推动教育改革与教育交流的促进学校。我们有责任、有义务为我国基础教育实现教育资源共享、促进教育均衡发展、创办人民满意的教育做出应有的努力和贡献。

我们认为，改变我国基础教育不均衡发展现状，除了各地政府加大对教育的投入、改善办学条件外，更多的还要从以下两方面入手。

首先，要开发更多的优质教育资源（一所学校是不能实现的），吸收多所学校的高水平教师的教学经验，将其整合起来，为全国各地特别是经济不发达地区的学校提供优质教育资源，以点带面，带动全国教师队伍的成长。

其次，要充分发挥教育优质资源的作用，必须做到有效传播，即充分发挥现代信息技术的作用，以最佳的方式传到最远的地域，传给最广泛的受教育者。缺乏有效传播，优质资源势必造成极大的浪费。一位哲人说："一个好的思想，两人共享，各得其一。"思想只有传播才能充分发挥作用，而优质教育资源同样如此。要让这些优质资源上网，突破时空的限制，做到优质教育资源共享。借助于教育信息化手段，扩大教育优质资源，并且有效传播，那我们的教育就能快速发展，均衡问题也就迎刃而解。为此我校近两年来投入几百万元改造信息设备，聘请专业计算机网络管理、设计、制作人员，邀请优秀骨干教师，加快"数字景山"教育资源整合和改造，初步形成有景山特色、从小学到高中的教育教学课堂内外的"数字景山"的网络教育体系。

网络时代核心的精神是协作、融合、共享。教育资源的建设、内容开发不是单一学校或公司能完成的，必须面向社会结成最广泛的合作联盟，建成各种学校的协作关系，最大限度整合资源，共同建设、共同拥有、共

探索之路　　北京景山学校在"三个面向"指引下的教育改革

同使用。

因此，我校在"数字景山"教育资源的建设中，发起"创建网络环境下的校际联盟"，由国内外致力于基础教育改革的中小学校共同创建，以校际联盟的形式合作，以先进的多媒体技术和网络通信技术为依托，共建共享优质学科课程、校本课程等教育资源，并在此基础上探索信息资源在教育教学上的应用。以学校为主体而建立的校际联盟，更加贴近学校教育教学的实际，能保证教育资源的有效性，对促进我国教育事业的均衡发展有着积极的现实意义和深远的历史意义。

我们计划从以下五个方面进行实践与探索：

一、建立国际教育教学交流研讨的平台，有效地开展教育教学改革、教育技术、学科课程的研究与共享的平台。

通过系统化、条理化的资源整合，力求构建起一个有效地数字资源建设与应用的新模式，为国内中小学校教育现代化、信息化的建设起示范作用；并向全市、乃至全国全方位展示景山学校及多所学校教育改革的成果与特色，使之成为推动教育改革与交流的平台。

利用我校网络教育中心，实现学校与国内外合作学校之间实时、互动、可视化的远程教学，实现与各合作校之间的学术研讨、师资培训；通过建立校际网络联盟，推动学校教育研究与合作，寻求网络交流平台的最大价值。

二、共同建设新型的现代化数字教材体系。

我校40多年来一直进行教育教学改革试验，特别是在课程和教材方面进行了积极的改革探索，构建了具有自己特色的课程教材体系。远程教育及数字资源以多媒体（包括文字、图形、图像、动画、影像和声音）方式显示教学信息，同时它所特有的信息获取快速灵活、交互方式丰富多样、协作交流打破校际、地区界限等特性，对教材的内涵和外延作了更大的拓展，便于共同建设新型的现代化数字教材体系。提升各学校的教育教学的质量。

三、搭建学校教改的有力工具，教育科研的平台，是教育教学传承与发展的基础。

学校的教学改革离不开科研，是否参与教育科研是传统型教师与专家型教师的最大区别，也是学校的办学特色和学校发展的生命力之所在，数字化平台建设为教育科研提供了一个信息共享、信息交流、信息管理的高效平台，提升了教育科研的信度和效度。

学校的教育教学思想、方法以及学校特级、高级教师及优秀教师的个性化教学实践，这是学校极其宝贵的财富，通过数字化的形式，长久固化下来，从而使得教学得以传承与发展，这是学校教育教学特色延续的基础，也是数字科研平台的基础所在。

高质量的数字资源建设为实现循序渐进的训练方式与集中时间重点突破、适度跃进的训练方式，班级教学与分类指导，个性化学习相结合提供了可能，从而为使学校基础教育与英才教育的结合，促进学生个性化发展提供了强有力的手段。

四、推进合作校基础教育新课程师资培训工作，大力提高中小学教师实施新课程的专业化能力和水平。

推进新课程，师资培训要先行。搞好新课程师资培训工作对新课程实验推广工作至关重要。景山远程教育平台对加强景山合作校骨干教师培训、交流工作，无疑是一种非常经济、便捷的手段，极大地增强培训的针对性、实效性和广泛性，极大地提高培训效益。

五、发挥优质教育资源的辐射、带动作用，推进教育均衡发展。

我们建立"数字景山"，创建网络环境下的校际联盟，有效落实"面向学生、走进课堂、用于教学"的要求，希望以教育信息化，促进教育现代化，发挥优质教育资源的辐射、带动作用，采取与联盟学校整合、重组、教育资源共享等方式，促进联盟学校教育教学交流，寻求一种共同发展、互补双赢的模式。为推进基础教育均衡发展，推进无差别教育，做出应有的贡献。

(2006年12月8日)

■ 做实践"三个面向"的改革者

坚持课程领导，构建景山学校课程教材新体系

　　课程改革是教育改革的核心，也是深化教育改革、全面推进素质教育的关键和重要标志。学校实施的课程集中体现了一所学校教育价值的取向，直接影响到学生的发展和教育质量的提高。面对时代的发展和未来的挑战，学校要全面推进素质教育，就必须坚持课程领导，对学校实施的课程进行整体的建构与推动。

　　北京景山学校是一所专门进行中小学教育改革试验的学校，从1960年建校至今四十多年一直进行教育教学改革试验，特别是在课程和教材方面进行了积极的探索，取得了一定的成果和规律性的经验。随着新一轮课程改革的推进，我校坚持课程领导，积极构建北京景山学校课程教材新体系。

■ 一、确立景山课程思想，引领学校课程改革与发展

（一）改革目标：

　　以"三个面向"为指针，构建北京景山学校新的课程体系，即优化基础学科课程，加强综合实践活动课程，开发校本课程，改变传统的单一的学科课程体系，根据"以学生发展为本"的理念和"全面发展打基础，发

探索之路　北京景山学校在"三个面向"指引下的教育改革

展个性育人才"的办学宗旨，对我校的课程进行调整和改革，构建具有景山特色，充满蓬勃生命力的课程教材新体系。

（二）改革原则：

1. 面向全体学生，使学生在德、智、体、美等诸方面得到全面、协调发展，同时关注学生的个性特长发展，全面推进素质教育。

2. 全面落实国家课程计划，开足、开齐教育部颁布的课程标准中规定的课程。不以升学考试科目为唯一目标，不随意删减非考试科目。

3. 优化基础工具学科，增加选修课程，创造条件开发校本课程，体现课程的综合性和实践性。

4. 适当综合内容，体现传统与现代的结合，处理好继承、借鉴与创新的关系。

5. 切实减轻学生过重的课业负担，提高教学质量。精心备课，确保每节课教学内容的完成，向40分钟要质量；注意调动学生的积极性，注意启发引导学生；作业要精选题目；不允许利用节假日进行集体补课。

6. 课程改革本着全面发展、因人因课制宜的原则，突破原课堂、课程和课时的限制，形成开放自主的态势。

7. 通过此次课程改革，充分彰显我校的办学理念和特色，在全面发展的基础上，实现我校培养学生的具体特色目标：能写一笔好字、能说一口流利的外语、有一两项各自的特长和掌握一两项适合自己身体的增强体质的运动项目……

8. 课程改革发扬民主、实事求是、立足改革，以求发展。

二、立足校本，调整改革课程

我校在"全面发展打基础，发展个性育人才"这一办学理念的指导下，根据我校特点，进行课程的调整与改革。

（一）进行小学科学、社会综合课程的试验

21世纪中小学课程的一个重要发展趋势就是强调课程的整合。通过综合课程的建设实现相关学科的整合，避免分化过细、彼此孤立的课程状态。1999年，我校与教育部课程教材研究所共同合作，开始进行科学、社会启蒙教育的试验，将小学自然、劳技和健康教育课综合为科学课，将小学社会生活常识、思品课综合为社会课，提早在小学一、二年级开设。几年来，这门课达到了"老师喜欢教，学生喜欢学，家长满意"的良好效果。

综合课程具有以下几大特点：

1. 课程的宗旨以发展学生科学素养及人文素养为本，对儿童进行自然科学常识及社会科学常识的启蒙教育。

2. 课程内容选取注重生活化、社会化、综合性。

教材内容选择贴近学生生活的、接近周围社会和环境，符合现代科学技术和社会科学发展趋势的，适应社会发展要求的和有利于他们奠定终生发展的基础所最需要的内容，使学生感觉到学习的内容是熟悉的、亲切的。

3. 教学方式体现自主性和多样性。

在教师主导下，学生自主参与各种学习活动，是小学科学与社会课的主要教学形式。课堂教学采取了小班教学、课堂游戏、分组活动、小组讨论、室外活动、试验设计、方案评估、试验成果展示等，都是在学生自主参与，师生良性互动下进行的。尤其是科学课采取了小班化小组教学的形式，一个教师面对24个学生，学生4人分成一组，比较四五十人的大班授课，其启发性教学优势突出，师生互动、生生互动，生动活泼、效果明显。

（二）积极开发校本课程

我校在"关注学生，以学生的发展为本"这一课程开发的理念指导下，根据学生共性与个性的特点和需要，充分发挥学校的传统和优势，更好地挖掘和发挥我校教师的潜能和特长，开发一些适合学生发展需要的精品课程，适时体现时代性、科学性，在满足学生的兴趣、爱好和需要基础

上，培养学生素质，体现和培育我校课程的特色，形成了具有我校特色的校本课程体系。

附表一：北京景山学校校本课程设置总体框架

校本课程	课程设置	开设年级	课时分配
	必修类		
科学综合课	一、二年级		每周2课时
社会综合课	一、二年级		每周2课时
艺术创意课	一、四年级		每周1课时
书法课	三、四、五、六年级		每周1课时
形体课	四、五、六年级		每周1课时
生活技能课	六年级		每周1课时
游泳课	一至八年级，高一、高二年级		每周2课时连续5周

附表二：北京景山学校校本选修课程设置

		类别	对象	目的	课程
校本课程	任意选修类	提高类选修课	针对成绩优秀、兴趣和特长比较定型并希望在某一学科有所特长和进一步发展的学生	目的是培养竞赛型人才，提高他们的才能	数学专题、物理专题、化学专题、生物专题、外语专题
		拓展类选修课	针对对某一学科知识有兴趣的学生	目的是通过介绍一些新的科学理论，扩大学生视野，可以促进他们的能力进一步发展	《论语》解读、西方戏剧欣赏、现代诗歌欣赏、法语、数学建模、电子技术、国际热点问题、时政风云、课本剧、关注老北京、植物组织培养、领土与国力、基因奥秘、天文知识讲座、古代建筑、智能机器人、新媒体设计、戏剧欣赏、环境保护、心理常识与健康教育、礼仪常识、家庭理财等

校本课程	任意选修类	文体类选修课	针对那些有艺术兴趣和体育爱好的学生	目的是发挥他们的特长爱好	戏剧表演、美术欣赏、软陶、素描、服饰欣赏与设计、20世纪西方现代音乐初探、摄影、电脑绘画、陶艺、排球、足球、游泳、舞蹈、声乐

（三）加强综合实践活动课程

综合实践活动是基于学生的直接经验、密切联系学生自身生活和社会生活、体现对知识的综合运用的实践性课程，是初中阶段学生的一门必修课程，也是我校一直坚持开设的一门课程。我校在初中六、七年级隔周安排一下午的综合实践活动，列入课表，学生在教师的带领下走出校门，走进自然，走入社会，通过考察、参观、访问等实践活动，让学生获得实际的体验，密切学生与自然、社会、生活的联系，深化对自然、社会、自我的认识，发展主动获得知识和信息的能力，养成主动地获得信息的学习习惯和主动探究的态度，发展信息素养、探究能力和创造精神。

（四）开展"走进国家重点实验室"的研究性学习

从1997年开始，我校开展了较高层次的走进国家重点实验室的研究性学习活动，学校依托优越的社会资源，与北大、清华、中科院等10余所高校和科研机构签订协议，开展了"用科学家的大手，拉起学生的小手"活动，让学生走进国家重点实验室，在专家、教授的指导下进行科学研究，使得学生的潜能得到最大限度的释放，能力得到明显提高。十年来，有400多名学生自报研究课题，课题涉及生物、医学、计算机、化学等多个学科。60多名学生参加了中国科学院植物研究所、中国协和医科大学基础医学院、北大物理实验室、北师大生物实验室等20多个国家重点实验室的活动，在刘德培院士、何维教授等40多位著名专家学者指导下进行研究活动。同学们在"走进国家实验室"这一活动中不仅得到了锻炼，提高了能力，也获得了许多中学生科技奖项的最高荣誉。

近几年科技类获奖情况统计表

	国际	全国	全市	全区
2004年	12	8	33	80
2005年	3	12	107	131
2006年	5	11	18	44
2007年	4	2	26	87

中学生奖项统计表

奖项	市金、银帆奖	金鹏科技奖	金牌	银牌	中学生十佳	市长奖	国际竞赛金牌	国际竞赛银牌
奖数	21块	12块	12块	11块	4人	2人	7人	12人

三、与时俱进，进行教材改革

教材是课程的主要承载体，是组织学校教学的主要媒体。因此，在深化教育改革，全面推进素质教育的过程中，中小学教材建设是一项具有战略意义的基础性建设，它直接关系着中小学教育教学的水平，关系着学生终身学习和一生发展的基础。

北京景山学校从1960年创建以来，一直坚持进行结构性的综合整体改革试验，而课程教材建设始终是改革试验的重点和特色。我校小学、初中语文和数学教材改革试验已经进行了四十余年，并将继续进行下去。

为了适应时代的要求，为了贯彻《中共中央国务院关于深化教育改革，全面推进素质教育的决定》，我校不失时机地抓住教材改革这个环节，以国家课程标准为依据，从教学理念、教材内容、学习方式、教学评估等方面全面进行总结，开始编写九年义务教育课程《21世纪小学、初中语文、数学实验课本》，并于2000年秋开始进行教材改革与试验。

我校教材采取边编写、边试验、边听课、边总结、边修改的方式，将教材编写、教学试验和教师培训有机结合起来，增强教材的实践性、针对

做实践"三个面向"的改革者

性和适应性,以《全日制义务教育语文、数学课程标准(实验稿)》中规定的基本水平为依据编写教材,保证教材具有比较广泛的适用性。

景山学校小学语文教材的特色:以集中识字为起点;以阅读名家名篇为主体;以作文为中心、以写"放胆文"为主要方式,读写结合,学用一致,培养学生的表达能力和创新精神。教材的人文性和工具性和谐统一,练习的基础性和发展性相结合,全面提高学生语文素养。

景山学校小学数学教材的特色:遵循学生的认识规律和特点,关注学生的兴趣和经验,反映数学知识的形成过程,加强基础知识和基本技能的教学,削枝强干,返璞归真,加强小学数学的核心知识,突出教学本质;重要的数学概念和规律,采用由浅入深,螺旋上升的方式,以符合小学生的认知规律;自主探索学习与有意义的接受学习相互为用,促进小学生的有效学习;重视数学文化的渗透。

景山学校自编初中语文教材的特色:强化写作教学,读写结合,以读带写,以写促读,编拟写作训练序列,设置写作重点单元;狠抓文言文阅读(我校自编教材编入古诗文86篇、古诗词70首,人教版统编教材编入古诗文45篇、古诗词29首);强化自学指导,设立"自学资策"、"自学自省"等栏目,期末进行"自我评价";将课外阅读纳入教学安排,每个单元至少安排一节阅读课。在小学五年学习的基础上,学生经过四年初中学习,初中毕业时语文基本过关。

景山学校自编初中数学教材的特色:以"数学抽象性与应用性相结合、数与形相结合,辩证施教"为指导思想,对国家规定的必学内容进行整合,对数学基础知识加以适当的调整,形成了比较完整、脉络清晰的知识体系。将继承式学习与探索式学习相结合,对传统的教学内容中的繁、难部分进行适当的调整,将培养学生的数学思想、数学方法放在首位,注重培养学生的学习能力、创新意识、动手能力和解决实际问题的能力。

教材的改革与试验是团体性的事业,一套教材的成功与推广需要在一定范围、一定数量的学校中进行试验,它需要集体的智慧,需要实践的探

探索之路 北京景山学校在"三个面向"指引下的教育改革

索。景山学校的教材改革与试验从来都不是孤立进行的,它上靠教育部、市区教育部门的关怀和领导,下靠各兄弟试验学校的支持、帮助,互相学习,群策群力。从2000年教材试验至今,在全国已有四川、广西、内蒙古、江苏、新疆、云南、北京、天津、浙江、黑龙江等地的几十所学校使用景山教材并和我们同步进行试验。在各兄弟学校的大力支持下,北京景山学校小学语文、数学教材于2005年11月通过国家教育部教材审定委员会审定立项,批准为新一轮课程改革的第一个实验教材。

■ 四、认识与思考:

(一) 学校要为课程改革提供必要条件

首先,学校要具有明确的办学理念。学校的教育哲学、办学宗旨、培养目标是进行课程改革的前提条件。我校在"三个面向"指导下,确立了"全面发展打基础,发展个性育人才"的办学理念,这是我校新世纪办学的指导方针,也是构建我校新课程教材体系的依据之一。

其次,学校应有一定的课程教学改革和实践基础。我校作为一所教改试验学校,自建校以来在学制、课程、教材、教法和学法、评价等方面进行了综合的整体改革与试验,取得了可喜的成果和规律性的经验,从"六五"至"十一五"期间连续承担了教育部、北京市、东城区级课题研究,这些都为课程、教材改革奠定了坚实的基础。

最后,要有课程资源开发的保障。在课程教材改革中,应对学校的师资、设施、经费、器材、场地等课程资源进行合理安排,充分利用。注意挖掘和利用学校现有的课程资源和社会资源,使其服务于课程教材改革。

(二) 九年一贯的学制特色为课程改革提供了有利条件

我校从1984年开始在全国中小学校中第一个提出并且实行"小学、初中九年一贯、五四分段"的学制改革试验，实现了小学升初中的无淘汰制度，克服了"单纯应试教育"和"择校风"的弊端，有利于把学校办成使每一个学生都能"全面发展、发展特长"的"公民素质教育"的机构。这种九年一贯学制把小学、初中作为一个完整的教育教学阶段，便于统筹安排课程、教材、教育教学计划和活动，有利于进行一体化的课程教材改革。

（三）学校领导要自觉成为课程改革的发起者、领导者

研究表明，校长所提供的领导与支持是保证课程、教学变革的重要因素，尤其是校长的领导风格。校长的远见、推动力、决策与安排是使教师成功地实施课程的重要因素。校长要成为新课程改革的发起者、领导者，领导班子要首先学习与研究，统筹规划和设计学校课程的实施方案。我校从创办至今，历任校长都重视进行课程教材改革，全面指引和统领课程改革在学校中的实践与创新。

（四）教师参与是课程改革顺利进行的重要条件

一切教育改革和发展都离不开教师的参与，而教师的发展水平又直接决定着教育改革的成败。因此，教师参与课改及校本课程开发将有助于课程改革的顺利实施。只有教师具有课程改革的正确理念，有课程改革的愿望和动力，有参与课程改革所必要的知识、能力，课程、教材改革才能得以顺利实施。

（五）课程改革中一定要戒急戒利

课程的领导决策如果未经过实践的检验，盲目推广，会带来难以预料的后果。因此在课程改革中必须戒急戒利，注意避免以下三点：一是决策求快。以专家论证取代必要的教育试验，在未经实践检验的情况下，就急于决策，急于推行，造成事倍而功半；二是管理求同。认为划一的模式是最理想的模式，将规范化与多样化对立起来，不鼓励进行多种试验，以少

探索之路　北京景山学校在"三个面向"指引下的教育改革

数人的研究成果，取代广大教育届人士的创造力，造成缺乏整体活力；三是做事求名。在教育教学的研究中，急于成名，缺乏对教育周期的尊重，缺乏对教师和学生成长规律的尊重，静不下心来教书，潜不下心来育人。以上三点如不克服，在相当程度上，会影响着课程改革的进行。

景山学校在并不宽松的情况下，坚持进行包括学制、课程、教材等教育基础领域的试验，耐得住冷遇，耐得住寂寞，耐得住体制困扰，执著地进行探索，不断在探索中前进，为构建具有景山特色的课程教材新体系不懈努力。

■ 结束语

课程改革是一个长期的实践探索过程，我们能投身这场改革，既是一种机遇，更是一种挑战，任重而道远。如何更好地实施与推进课程、教学改革，如何通过课程改革使学生受益，使教师提高，如何利用课程改革的机会，使学校不断发展，是我们努力的目标，也是做好学校管理的最终目的。我们相信，只要我们坚持采取"学校领导、课程专家、试验教师"三结合的组织形式，坚持以科研为先导，以试验为基础，遵循继承、借鉴、改革、融合创新的原则，勤于学习，深于探索，勇于实践，善于总结，与时俱进，不断完善，最终会形成具有北京景山学校特色的课程教材新体系。

(2008年6月)

做实践"三个面向"的改革者

立足现代　放眼世界　把握未来
——"电脑辅助教学实验班"课题报告

1999年9月北京景山学校做出了成立"电脑辅助教学实验班"的重大决策,首次提出电脑不仅是教师辅助教学的教具,更是学生自主学习的学具,将电脑与网络引入教室,引入课堂,大胆探索在基础教育阶段如何迎接教育信息化的挑战。教育信息化究竟会对教育和学习产生什么影响?北京景山学校是邓小平同志"教育要面向现代化,面向世界,面向未来"题词的发源地,始终走在中国教育改革的最前沿。本课题研究实施三年来,对于在教育信息化的趋势下,如何有效地开展信息化教育进行了大胆而有益的尝试。在激发学习兴趣,提高学习质量,开发学生潜能,发展学习的创新精神和综合素质等方面取得了显著成果。同时也暴露出一些值得密切关注的问题,为今后实施信息化教育提供了宝贵的参考。

一、课题的预期目标:

1. 全面高效、高质量地完成教学大纲规定的教育教学任务,特别重视在以计算机为主要学具的网络学习环境下,学生心理、生理健康的保护与

探索之路　　北京景山学校在"三个面向"指引下的教育改革

发展。

2. 以多媒体计算机为学具，以网络为资源，开发人脑潜能，全面发展学生素质。探索在网络环境中进行信息化教育的途径与方式；自主学习、合作学习、探究学习等多种学习方式的特点、规律及效果；个性化学习与学习兴趣、学习质量的关系等一系列理论与实践问题。

3. 培养一批能熟练使用现代信息技术进行教学和教改试验的教师队伍。

二、实验方法与过程

1. 实验班的组建

为了使实验班与对照班具有可比性，故在1999—2000学年新六年级采用随机的原则进行分班，再确定六年级五班为"电脑实验班"，因此，分班过程中无任何择优选拔，使得实验班与对照班起点基本相同。确定"实验班"后，召开家长会，向家长通报成立"电脑实验班"的决定和想法，并按照自愿的原则完全尊重学生、家长的意愿和选择，不愿意参加"实验班"的学生调到普通班。这样，以"双向选择"为原则，最终确定实验班的学生名单。同年级其他各班均为对照班。

2. 电脑实验班的软硬件建设

教室内为每位学生配备一台计算机。学生计算机的配置为奔腾III450，内存为64兆，硬盘为8G，考虑到最大限度地降低辐射对学生可能造成的伤害，采用了液晶显示器，教室的局域网采用的是通用依特耐公司提供的多媒体教育网。每台学生机通过教室的多媒体教育网可以直接连接到校园网和互联网。教师计算机配置为奔腾III600，内存为128兆，硬盘为8G，教师可以使用教师计算机展示课件，进行教学活动，并通过多媒体教育网对所有学生机进行控制和操作。服务器为奔腾III550，内存为256兆，硬盘为20G，服务器提供了大量储存信息的空间，可以供教师和学生共同使用。

教学软件主要由以下几个渠道获得：（1）购买市场上的教学软件，如科利华教学软件等；（2）软件公司赠送的试用教学软件；（3）教师在计算机老师辅助下开发的一些课件；（4）在教师的指导下，由教师与学生共同或学生独自制作的一部分课件。

3. 计算机的使用

每天使用计算机的课时占全天课堂学习时间的1/3，即每天平均2课时。期中和期末复习考试阶段，使用时间会减少。计算机在课堂上的使用主要有以下五种形式：（1）教师用计算机展示课件，讲授新课；或教师将学习资料（如阅读材料、优秀作文、习题、背景知识等）通过教室网络发送给学生，供学生学习、讨论、交流、评议等。（2）在教师的指导下，学生到虚拟网或互联网上搜索信息进行自学。（3）学生展示自己制作的课件或电脑作品，如学生用自己制作的课件讲古诗，其他同学评议。（4）学生利用电脑完成教师布置的学习任务，如写作文，做课件等。（5）学生利用网络资源，制作电脑作品，开展主题教育活动，如"我为奥运考察团做报告"主题班会中的"申奥网站"，"创新方案大比拼"主题班会中的"创新方案集锦"，"碧水蓝天的呼唤"班会观摩活动中的大型环保网站"生命的呼唤"等。

4. 实验数据的采集与处理

（1）每学期对实验班及对照班学生进行体检，重点考查学生视力的变化情况，分析实验班与对照班视力变化的差异。

（2）2002年5月对实验班及对照班学生进行了社交回避、社交苦恼、抑郁感和幸福感4个方面的心理测试，考查使用计算机对学生心理影响的差异。

（3）取三年中实验班与对照班语文、数学、外语三科期末考试成绩进行统计，计算平均数，并进行方差分析，比较实验班与对照班学习成绩上的差异。

（4）就信息意识、信息能力等方面进行问卷调查，比较实验班和对照班在信息素质方面的差异。

三、结果与结论

1. 对学生生理健康的影响

"计算机辅助教学实验班"的课题研究对学生的生理健康未产生明显影响，实验班学生身体健康状况良好。

特别需要说明的是，一些家长和专家担心学生长时间操作电脑会严重影响视力，根据我校医务室校医三年连续跟踪调查的结果：在每天使用电脑1—2课时的情况下，对学生视力无明显影响。另外，在验血和内脏检查中也未发现实验班的学生有任何明显异常。

2. 对学生心理健康的影响

"计算机辅助教学实验班"的课题研究对学生的心理健康方面，在社交回避、社交苦恼、抑郁感和幸福感4个心理指标上，实验班与对照班学生无显著差异。

值得注意的是，在此问题上理论界也存在争论，一些专家指出，青少年长期接触计算机，特别是浏览互联网，会导致人际交往障碍和自我封闭倾向，严重者会表现出心理幸福感降低、孤独感、抑郁感增加，产生沮丧、困惑、悲观、失望等心理偏差和心理障碍。因此，学生心理健康问题成为本课题实验中引人关注的一个敏感问题。经我校与北京师范大学心理学院联合对实验班与对照班的全体学生进行心理测试证实，该课题实验未对参与实验的学生造成不良的心理影响。说明只要注重对学生的心理进行必要的引导和调试，注重对学生健康心理状态的塑造和维持，在本课题的情境下，不会对学生的心理健康造成负面影响。

3. 对学生学习成绩的影响

根据三年跟踪调查发现，实验班的整体学习成绩随着实验课题的推进，逐渐提高，呈上升趋势，完全达到了课题开题时的工作目标。

在初中入学成绩中，实验班平均分低于对照班平均分0.3分（三门主课语文、数学、英语，下同）；

六年级上学期，实验班平均分低于对照班平均分2.1分；

六年级下学期，实验班平均分高于对照班平均分0.2分；

七年级上学期，实验班平均分高于对照班平均分2.5分；

七年级下学期，实验班平均分高于对照班平均分10.1分；

八年级上学期，实验班平均分高于对照班平均分9.4分。

从下页图中数据可以明显看出学习成绩进步的趋势，而且这些进步的取得还是在实验班同学花费大量时间和精力进行计算机知识的学习和制作电脑作品的基础上，更说明实验班的学习效率、学习质量和综合能力有了明显的提高。

探索之路　　北京景山学校在"三个面向"指引下的教育改革

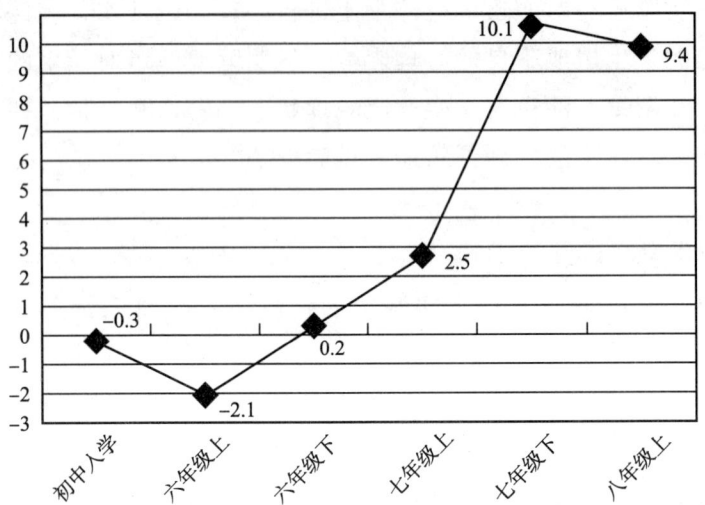

在对学习成绩进行方差分析时，发现实验班的方差明显高于对照班，说明实验班在学习上两极分化的现象要比对照班严重。

4. 学生的信息素质有了明显提高

素质教育要求全面发展学生的综合素质，其中信息素质在信息社会中显得尤为重要。信息素质包含信息意识、信息能力、信息道德三个方面，其中信息能力又包含发现信息、收集信息、检索信息、处理信息、展示信息等。通过三年的课题实验，实验班的学生在信息素质方面有了明显提高，特别体现在信息意识明显加强，在学习过程中有目的有意识地搜集相关背景知识和其他有用信息，并且能通过检索，迅速找出需要的信息，尽可能多地占有有用信息并且了解信息的来源和出处。在此基础上，加深对所学知识的理解，扩大视野，开拓思路，陶冶性情，促进学生综合能力的全面发展。在实验班举行的一系列大型主题教育活动中，如"我为奥运考察团做报告"、"碧水蓝天的呼唤"等（见附件4），同学们从网上搜索信息，通过采访、调查、考察获得信息，并对这些信息进行加工处理，制作成电脑作品或班级网站，将同学们对问题的看法和思考展示出来，突出

■ 做实践"三个面向"的改革者

体现了电脑实验班的特色，获得了一致好评。

● 当你要开展一项科学研究时，你要做的第一件事是：

	搜索信息查找资料	寻找合作伙伴	寻找指导教师	制订研究计划
实验班	56.7%	11.2%	3.3%	20.0%
对照班	30.6%	22.2%	16.7%	19.4%

● 如果要查找一条信息，你首选的方式是：

	上网	图书馆	报纸杂志	询问他人
实验班	80.0%	10.0%	3.3%	6.7%
对照班	52.7%	33.3%	8.3%	5.6%

● 你能记住几个搜索引擎和与学习有关的网站：

	10个以上	10—5个	5—3个	3个以下
实验班	40.0%	30.0%	23.3%	6.7%
对照班	25.0%	19.5%	33.3%	22.2%

● 你的打字速度大约是每分钟多少个字符？

	大于300个	300—200个	200—100个	100个以下
实验班	50.0%	26.6%	23.3%	0
对照班	13.3%	25.0%	50.0%	11.7%

一部分学生在信息技术方面不断钻研，学有所长，有的以图形处理见长，有的专攻程序设计，涌现出一批"小电脑专家"，体现出较高的信息素质。实验班学生的电脑作品在每年的校科学节电脑作品比赛中均取得了明显优势，几乎都包揽了一、二、三等奖，在去年的科学节上，实验班姚

探索之路　　北京景山学校在"三个面向"指引下的教育改革

望和赵忆慈两位同学的电脑作品获得了仅有的两个特等奖。实验班32名学生都能制作课件，累计制作课件60余件。每名学生都能制作网页形式的自我介绍，在景山教育网上专门有实验班的主页"景山八五班"。

5. 电脑实验班形成了积极向上、拼搏进取的良好班风，体现出较高的综合素质

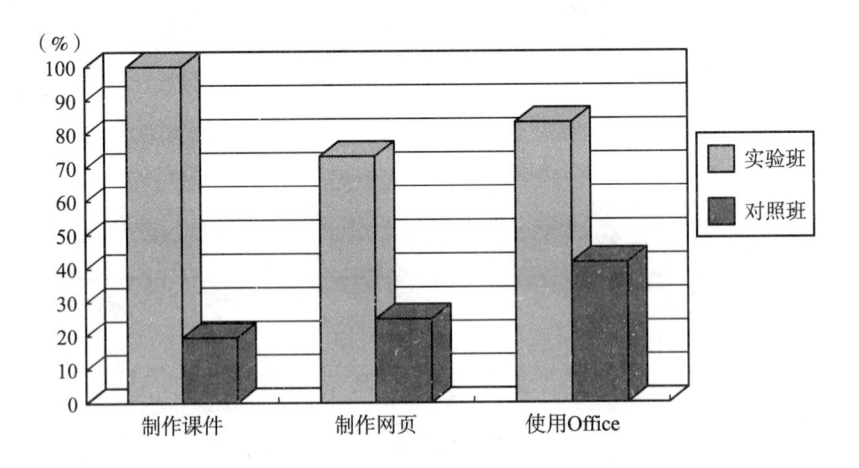

[图表：实验班与对照班在制作课件、制作网页、使用Office三方面的百分比对比柱状图]

电脑实验班成立三年来，取得了一个又一个荣誉，逐渐成长为景山学校最优秀的班集体之一，已经成为展示景山学校学生风采的窗口。实验班在学校运动会、科学节、文化节、歌咏比赛等大型活动中多次获得第一名和优秀班集体称号。在全校500分评比活动中，多次获得全校最高分。连续三年被评为校级优秀班集体，连续两年被评为东城区先进班集体，今年还被评为北京市先进班集体。

这些荣誉的取得充分证明了，电脑的使用丝毫没有影响班集体的凝聚力，学生愿意为集体荣誉而拼搏进取，而且在活动中各方面素质和能力得以全面加强。事实说明，实验班的班风积极向上，班集建设和管理是成功的。

电脑辅助教学实验班有一整套严格且行之有效的常规管理方法，保证

■ 做实践"三个面向"的改革者

了课题三年来的顺利推进，在电源管理、电脑操作、硬件维护、网络安全等方面均未出现任何安全责任事故。

6. 通过三年的课题研究，培养出一批能够熟练使用现代信息技术进行日常教学和教改科研的教师队伍。

"电脑辅助教学实验班"的课题对教师的要求非常高，使课题组的教师感受到压力和紧迫感，必须要更新观念，不断学习，提高教学理论水平和实践能力。特别是使用电脑的水平。三年来，实验班承担各级各学科公开课、观摩课、研讨课二十余节，其中2001年5月4日景山学校语文教改四十周年研讨会上周群老师的公开课、2001年4月25日纪念景山学校计算机教育二十周年活动中邱悦老师的生物公开课、2002年4月16日八（5）班的东城区班会观摩课"碧水蓝天的呼唤"等重要活动都很好地运用了电脑和网络，给人以耳目一新的感觉，得到听课领导、专家和教师的高度评价。

7. 经过三年的课题实验，可以初步得出结论，"基于网络的信息化教育"对于激发学生的学习兴趣，调动学习积极性，提高学习质量，开发学生潜能，全面发展学生的综合素质起到了积极重要的作用。

实验班三年来取得的成绩和进步就是最好的例证。这种先进的教育模式符合"以人为本"的教育理念，符合学生全面发展的需要，符合当今社会对教育的要求，符合素质教育的原则，值得在有条件的地区推广普及。这种教育模式可以概括为：

人脑、电脑＋网络

自主、探究＋合作

情境、实践＋体验

整合、创新＋开拓

人脑与电脑协调作用，实现功能互补，网络是信息的载体，可以提供

探索之路 　北京景山学校在"三个面向"指引下的教育改革

各式各样的、无穷无尽的学习资源。

通过多种学习方式，使学生成为信息的主动获取者、加工者、知识意义的主动建构者，而且能够探究获得知识的过程和方法，能够与伙伴进行平等地合作与对话，交流与共享。

在学习过程中，通过创设情境使学生产生认知的心理体验，也通过让学生接触大自然，接触社会，在实践中获得另一种心理体验。

知识的跨学科整合，多种能力的整合和多种思维方式的整合，使得学生的综合能力、综合素质显著提高，开拓创新的意识和能力也得到全面发展。

综上所述，本课题预期的三项主要目标都已基本完成，课题研究从整体上是成功的。

本篇作者： 范禄燕　邱悦

(2002年9月)

做实践"三个面向"的改革者

北京景山学校的特色管理

校长是学校工作的管理者和改革者，受党和国家的委托，对内团结兴校，对外树立形象。其职责就是要全面贯彻执行党和国家的教育方针、政策，团结、依靠广大教职工，发挥学校教育的主导作用，努力促进学校、家庭、社会三位一体的协调发展，形成良好的育人环境。培养新一代人才，需要一流的学校，需要富有现代思想和现代意识和技能的一流校长，从某种意义上说，有什么样的校长，就有什么样的学校；一个好的校长就是一所好的学校。通过近17年的学校管理工作的实践，我深刻认识到：要实现学校管理的最佳效能，关键在于校长怎样管理学校。

学校的管理无非是人、财、物的管理，其中又以人的管理最为困难。要把人管理好，必须要处理好党政工团结协作，心往一处想，劲往一处使，三者中的关键是党政一把手。"文革"结束后我们国家的基础教育开始实施校长负责制，学校的党政一把手是校长，所以在学校的管理中校长的作用是关键。

纵观著名校长办学的成功经验，他们的共同特点是：善于总结办学治校实践中的成功经验和失误教训，在理论中融入了校长的个性特点，独到见解和独特的教育风格，形成了一整套行之有效的教育指导思想。一个校

探索之路　北京景山学校在"三个面向"指引下的教育改革

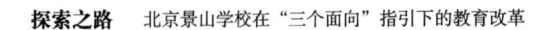

长的教育思想首先体现在他的办学思想上，端正办学思想是管理好学校必须解决的首要问题。这就要求校长必须要有经营意识和经营头脑，精心谋划学校的发展战略。

北京景山学校自建校伊始就是一所试验学校，教学改革是它的血液，也是它的灵魂。作为这所试验学校的校长，最重要的就是要坚持景山学校的特点，保持景山学校的教改特色。

景山学校特色的形成是景山学校全体干部教师的共同努力和实干的结果。没有实干精神，没有全校干部教职工的共识也不可能形成景山学校的特色，也不可能形成高质量的教育，形成精品。作为一名校长，在学校管理方面我一向都明确以下几点，并坚持做到以下几个方面：

一、要建设高质量、有特色的学校，首要的是制定好规划，确定好目标，并以教育科研为指导

这几年，景山学校在原有基础上有了新的特色和发展，主要的原因是全校的工作有章可循。比如，1999年我校借第三次全教会的东风及时制定了《景山学校迎接新世纪的3—5年发展规划》。为了使这一发展规划能够较好的实现，为了使规划的实现有一定的理论和科研指导，2000年我校又制定了《景山学校五年教育科研计划》，教育科研规划的制定使全校教师更加明确了工作方向，意识到我们的教育教学工作必须以教育科研为指导，搞不搞教育科研是传统型教师与专家型教师的最大区别，也是景山学校的办学特色和学校发展的生命力之所在。为了创办北京市示范高中，2000年底我校又制定了《景山学校示范高中的办学思路》，在示范高中的办学思路里，我们制定了"21世纪景山学校的发展总目标"、"21世纪景山学校的办学思想"、"21世纪景山学校的定位"以及"21世纪景山学校的办学特色"。比如，景山学校"21世纪的定位"是积极进行教育改革的试验学校，传播现代教育观念、教育技术和教改成果的示范学校，推动教

做实践"三个面向"的改革者

育改革与交流的促进学校,在国内外有影响的国际化学校。学校的定位预示着景山学校的每一位教职员工都要为此努力工作,为实现学校的定位而拼搏,这是每个"景山人"不可推卸的责任。

有了规划,有了依据,我们又该怎样行动呢?我认为重要的是两点:第一,规划的内容要体现在学校的工作计划中,逐步去落实去实现,不能只是空谈,如果规划只是空谈,就等于没有规划,只是摆设。第二,要真抓实干,逐步落实规划的各项要求,给全校教职员工以信心,取信于广大教职工。

总之,在实践中,我体会到学校的规划是办学进程的依据,学校的定位是办学特点和特色,学校发展目标是办学思想和方向,教育科研是培养专家学者型教师的必经之路,也是提高学校品位,提高教学质量的重要的、不可缺少的指导方法。

二、一个高定位的学校,校长的管理能力和水平必然受到挑战,基于此,我的做法是:

1. 以宽阔的胸怀要求自己,要求干部

毛泽东同志说过,"政治路线确定之后,干部就是决定的因素。"而在学校干部队伍中,校长作为学校的最高行政领导,每一项决策对学校的未来和发展及教育教学工作都产生严重的影响。我做干部始终遵循五条原则:一是身先士卒,不摆架子;二是任人唯贤,多看别人的长处;三是心胸开阔,不计前嫌;四是团结至上,不偏听偏信;五是集思广益,倾听呼声。在遵循这五条原则的基础上,我要求学校的每一个干部,第一要有吃苦和奉献的精神;第二要有良好的政治素质和忧患意识;第三要善于团结群众,心胸开阔;第四要表里如一,敢于发表意见,敢于负责。我认为这些是我们做好干部工作的基础,是做好学校管理工作首要的先决条件。只

探索之路　北京景山学校在"三个面向"指引下的教育改革

有这样，我们才能把广大教职员工凝聚在我们周围，办好学校。

2. 推动学校发展，需要营造良好的民主氛围

营造良好的民主氛围，不只是配好学校的三套马车（行政班子、党支部班子和工、青、队班子），更重要的是要使三套班子既能够各司其职，又能协调运转，心往一处想，劲往一处使。如何实现这种良性循环的机制，在实践中我的体会是：在学校宏观规划的基础上，要安排好全学期规范的、有计划的行政会议制度，切忌心血来潮，想起什么抓什么。要充分发挥党支部在学校的政治核心及保证监督作用，校长必须主动、积极地向支委会通报每一学期学校的中心工作及重大经费使用或改革项目的情况，主动争取支委会对学校行政工作的支持，为学校发展献计献策，切忌相互猜疑，相互拆台。校长、书记对工会、教代会在学校的作用不能低估，如果主要领导对工会组织的作用认识高，配合得好，会给学校发展带来不可估量的推动作用。在这几年的实践中，我们认识到，工会组织是办好现代化学校的重要力量。当前我国的教育进入了深化改革，全面推进素质教育的攻坚阶段，面临教育管理制度、人事制度、办学体制、现代教育教学方法与手段的应用与教材内容更新、课程结构调整等多项改革措施出台。广大教职工是改革的生力军，是改革的基本动力，不能设想没有广大教职工的积极性，改革能深入开展。同时也要看到，这些改革涉及教职工的切身利益，群众对改革的关心是非常正常的。如此大的改革力度，没有广大教职员工的共同努力，很难闯过难关。对此，我们重视工会主席的人选，关心工会的活动，改善工会活动的场地，保证工会经费的投入，注意虚心听取教代会代表的呼声，重要决策征求教代会意见，保证每学年召开1—2次教代会，每次教代会都形成决议或决定，向全校教职员工反馈，使工会和教代会真正感受到自己在学校工作中的地位和作用。这些学校民主氛围的营造，翻过来形成了全校上下一心、相互理解、相互支持，推动了学校工作的发展，这才是我们要达到的目的。

3. 高定位的学校需要高水平的教师队伍

在景山长期的教育改革实践中，我们深深地感到，一所好学校，除了要有好的干部队伍，好的教育条件，更重要的就是要有一支优秀的教师队伍。景山学校在建校的42年中，能够在国内外产生广泛的影响，就是因为它有一支热爱教育、勇于探索、敢于实践、有自己特色、愿意为教育做贡献的教师队伍。"振兴民族的希望在教育，振兴教育的希望在教师"，邓小平同志以战略家的远见卓识，指出了加强教师队伍建设对振兴民族、振兴教育的重要性。我们深切地认识到，没有高素质的教师队伍，一切高水平的教育计划都会陷于空谈。近几年来，随着老教师的相继退休，年轻教师队伍逐步壮大，我校小学教师35岁以下的占70%，中学教师35岁以下的占63%，青年教师是学校的希望所在，是办好学校的重要力量，一个优秀教师的成长，关键是在年轻阶段的锻炼和培养，所以这几年我们紧紧扭住青年教师的培养不放松，主要做法有以下几点：

（1）注重对青年教师的常规培养，比如建立师徒结对，加强对青年教师备课和听课的指导，举办青年教师的研究课、公开课，对青年教师进行景山学校传统和爱校教育等等。

（2）注重对青年教师进行端正教育思想和教师职业道德的教育，对青年教师中出现的违反师德的现象，我们既严肃批评，又给予关心和帮助，对青年教师中热爱教育事业，热爱学生，工作业绩突出的，不仅给予表彰和鼓励，还帮助他们总结经验，在全校给予推广。对不合教师要求，专业思想不牢固，学生、家长意见大的年轻教师不予聘用。

（3）在培养青年教师的方法上，我们注意结合每学期学校工作的不同侧重，对青年教师提出不同的要求，保持在青年教师培养工作的方面不断提出新要求和新标准，不断提高青年教师工作经验和专业教学水平。本学期我们要求每一位青年教师，在总结过去成长的经验教训的基础上，制订出个人3—5年发展规划，对青年教师的要求又上了一个台阶。并将规划编辑成书，以供互相交流学习。

探索之路　北京景山学校在"三个面向"指引下的教育改革

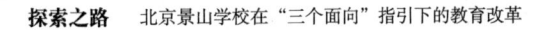

（4）鼓励青年教师冒尖，鼓励青年教师成名、成家，为优秀青年教师的职评、评优、进修、出国、提拔等创造各种可能的条件。

（5）对青年教师的表彰形成制度，加大奖励力度，评选要评出层次。

4. 教育科研是建设高质量、有特色学校的重要动力

为了深化学校的教育改革，保证各项改革试验项目在一定的教育理论和科研指导下开展，学校提出了要发扬景山学校过去一贯坚持的"以教育理论为指导，以教育教学为试验基地，以教改课题为依据"的"三位一体"的教改原则。1998年，经过学校领导、教科所、部分骨干教师认真研究分析学校发展现状，确定了景山学校跨入新世纪的"18个科研课题"。这些课题大到综合整体的试验，学校课程、教材、课时调整，小到某一学科的单项试验，但这些课题都非常贴近学校的教育教学实际，有些课题是多年来一直要解决而没列入试验的项目。为了保证18个课题的开展，保证18个课题在一定的教育科学理论的指导下取得成功，2000年学校制定了《北京景山学校教改试验课题六年规划》，随后学校教科所先后制定了《关于教改试验课题的管理规定》，制定了《北京景山学校教科所经费使用、发放细则》，制定了《北京景山学校教改试验科研成果奖励办法》，制定了《北京景山学校教改试验课题论证报告评定标准》等一系列规定。这些规定和办法的制定，为1999年、2000年、2001年三次课题开题和课题进展等情况的汇报，起到了保证和检查评价的作用。到目前为止，有些实验课题到了即将结题的时期，有的课题经过三年的实践摸索，已经取得了明显的成果。比如，《北京景山学校21世纪小学语文、数学实验课本》的修改、编写与试验，已经编写到第五册，前四册正在试验阶段。比如，《景山学校九年一贯数学特长生培养研究与实验》，又如，《景山学校高中数理化培养优秀特长生的研究与实验》，这两项试验使得我校在全国和北京市初、高中数理化"奥林匹克竞赛"中有67人次获奖，两名学生进入

做实践"三个面向"的改革者

物理、信息学科的国家集训队，取得了非常明显的成果。自1997年至2001年底，全校教职工共有280多人次参加国家、市、区和校级科研和教改课题28项，形成了全体教师积极开展教育科研和教改试验的研究氛围。

自1997至2001年，科研成果获全国一等奖一项，北京市一等奖一项，市二等奖两项，东城区一、二、三等奖40项。连续5年获"东城区教育科研先进集体"荣誉称号。

为了鼓励教师著书立说，宣传校内的教育科研成果，2000—2001年，学校出版了《北京景山学校教育改革文集》、《悠悠岁月教改情》、《北京景山学校德育工作经验汇编》二集，《小学语文实验教材》（1—4册）、《小学数学实验教材》（1—4册）等10项有关教师的教改专著。

实践已经证明：教改是景山学校的特色，教改是景山人的品格，教改是景山学校的生命力之所在。我们有理由相信，在"三个面向"思想的指引下，在校领导和全校教职员工的共同努力下，景山学校在新的世纪一定会再创辉煌，成为国际闻名、国内一流的教改名校。

(2003年3月12日)

探索之路 北京景山学校在"三个面向"指引下的教育改革

关怀与重托

——回忆小平同志关怀景山学校的几桩往事

2003年景山学校师生代表拜访卓琳女士

今年8月22日，是我们敬爱的小平同志诞辰一百周年。我们怀着崇敬和思念的心情，深情地纪念和感悟当代伟人光辉壮丽的一生，倍感亲切和鼓舞。吃水不忘挖井人，我们北京景山学校的师生，对他老人家怀有一种发自内心的敬爱和感激之情，因为他在为党为国为民日理万机的同时，也

■ 做实践"三个面向"的改革者

很关心和支持我们景山学校的教改试验，寄予关怀和重托。"三个面向"永远是我们坚持教改的旗帜和灵魂。

"怀念邓爷爷，崭劲学本领。"这是近年来回荡于景山校园中同学们使用频率很高的时代流行语。

在景山学校从教数十载的经历中，我们有幸见证了小平同志对景山学校改革发展的殷殷关切，有幸感受到他老人家对景山师生们黄钟大吕般的谆谆嘱托。在小平同志诞辰一百周年吉日即将来临的时候，我们利用周一早晨举行升国旗仪式的庄严时刻，捧出"镇校之宝"——小平同志1983年国庆节挥毫书赠景山学校"教育要面向现代化，面向世界，面向未来"的题词墨宝，供全校师生共同瞻仰，齐声诵读。我们注目五星红旗高高飘扬，心连"三个面向"的旗帜冉冉升起，小平同志的音容笑貌历历在目，他老人家无微不至关怀景山学校的桩桩往事，也鲜活如初地涌上心头——

我们清醒地记得，1960年由中宣部直接领导创办的景山学校，肩负着探索中国基础教育改革的重大使命。办学伊始，就能及时聆听毛泽东、刘少奇、周恩来、邓小平以及陆定一等领导对教育工作的具体意见，针对性地开展教改试验。1964年春节，在毛主席亲自主持召开的教育工作座谈会上，小平同志讲到早出人才时着重指出："对个别有才能的学生，要允许跳级。"按照小平同志的这个改革思路，十几天后，我们就启动了跳级试验，这对当时全国教育界盛行多时反对冒尖、批判"白专"的风气，率先进行了冲击。允许尖子学生跳级的改革，虽则在"文革"中惨遭夭折，但粉碎"四人帮"后，我们立即恢复了学生的跳级试验，并以制度的形式，完善、巩固和发展了这一因人施教早出人才的教改成果。

我们清楚地记得，1977年小平同志重新出来工作不久，一次在与外宾交谈提高教育质量问题时，就十分欣慰地对外国友人说：中国的孩子并不笨，能够学习很多先进知识，比如北京景山学校搞的数学试验，小学生能学几何、代数。日理万机的小平同志，这么细致了解景山学校的教改效果，这么关注看重景山学生的知识成长，这么充分肯定景山改革试验的路

探索之路　　北京景山学校在"三个面向"指引下的教育改革

子成功，我们真是如沐春风，兴奋不已，珍视为任重道远改革不止的精神动力。

我们惊喜地记得，1977年9月29日，我们以北京景山学校党支部的名义给小平同志写了一封信。信中说："您8月8日在科教座谈会上的讲话和9月19日对教育部负责人的谈话，都果断地推翻了压在全国教育工作者头上的精神枷锁'两个估计'。而'四人帮'在炮制'两个估计'时，就把我们景山学校在'文革'前所进行的教改试验作为定罪的黑材料之一，并诬蔑景山学校是'黑试验田'。因此，我们心情十分激动，说出了我们的心里话，感觉真正解放了。"信中还表示："我们一定要把景山学校办好，为中国教育争气。"不久，小平同志让秘书给我校领导回电话转达了他老人家的问候，鼓励我们坚持搞好教育改革试验。

我们牢牢地记得，1978年4月22日，小平同志在全国教育工作会议上讲到尊重教师的劳动时明确指出："要研究教师首先是中小学教师的工资制度。要采取适当的措施，鼓励人们终身从事教育事业。特别优秀的教师，可以定为特级教师。"更出乎我们意料的是，在这次会议召开之前，小平同志就已将我校经过研究挑选申报的语文教师马淑珍、数学教师郑俊选、外语教师方碧辉，亲自圈定为全国第一批特级教师。当教育部副部长李琦同志迎着春天的阳光来校，代表国家教育部向我们全校师生宣布两件事：一是宣布景山学校是"红学校"，不是"黑学校"；二是宣布这三位老师被授予特级教师的光荣称号时，全校师生无不为小平同志这种亲力亲为办实事的雷厉风行的作风所激励、所感动。此举当时也成为风靡全国震动人心的一大新闻。尔后，不仅这三位老师在我校的教学改革中发挥了模范带头作用，成为全国的知名教师，而且我们学校教师队伍中，不断涌现出一批批教育精英，活跃在全国基础教育的战线上。

我们欣喜地记得，关注中国教育命运的小平同志，1977年就明确指出："办教育要两条腿走路，既要注意普及，又要注意提高。要办重点小学、重点中学、重点大学。"时年，教育部落实小平同志办重点学校的指

■ 做实践"三个面向"的改革者

示时,在全国范围内选定了20所中小学作为教育部的重点学校。在北京市确定了两所,景山是其中之一。从此,开启了我校"全国领先、世界一流"名校建设的发展征程。1982年,景山学校便成为联合国教科文组织的联系中心之一。尔后,我校校长担任了联合国教科文组织亚太地区项目联系中心主任。20多年来,景山学校已与美国、法国、新加坡、泰国、韩国等国的相关名校建立起友好学校关系;景山学校的学生走向世界,参加各种国际比赛,连连夺魁,获奖达78项。1999年,美国宇航中心向全世界青少年征集太空科学实验方案,我校五年级学生李桃桃提出的"蚕在太空中吐丝结茧"实验方案,脱颖而出入选。2000年1月,美国宇航员哈里森专程来华,授予景山学校"中国航天之星"、青少年探索计划"超新星"学校的匾牌和证书。景山学生们的聪明才智和创新潜质,赢得了国际科学界的青睐。

我们真切地记得,自1978年开始,小平同志将他的外孙、外孙女、孙子,到了发蒙年龄,就毫无例外地一一送到我们学校就读,从小学、初中,一直到高中毕业,支持教改试验的全过程。然而,当年和以后相当长的时间内,我们学校可是在设备简陋、破旧不堪、仅有九亩地的校舍里办学啊(如今的新校舍,1993年才建成投入使用)!当时北京有不少学校的办学条件比我校好得多。特别关爱孩子的他老人家,毅然以自己嫡亲子孙们的学业、前程相托,对我们是多么大的信赖和支持,多么大的激励和鞭策!同时,对我们探索中国特色、中国气派的教改试验,又是倾注多么大的期盼和希望啊!领袖伟人这种舍己为国无私奉献的品格,成为了我们克服教学改革重重困难险阻的强大精神动力。他老人家的孙辈们同普通百姓家庭的孩子们一道,毫无特殊地在我们学校学习生活成长。一般情况下,他老人家总是要等孙辈们放学回家一起共进晚餐,爱犊之情甚深;他老人家在餐桌上总是要孙辈们自省在校学习生活的得失,家教门风甚严。孩子们骑自行车上学,从未用小汽车接送过。最先进我们学校就读的长外孙女小苒,是品学兼优的好学生。就是20年前他老人家挥毫"三个面向"题词

探索之路　北京景山学校在"三个面向"指引下的教育改革

时站在他身旁的那个神情专注的文静女孩。小芮已于1990年高中毕业，考入天津大学深造，如今事业有成。到1992年早春小平同志发表"南巡重要谈话"的时候，他的外孙和外孙女分别是我校高中和初中的学生，高中毕业后，都升入大学进行深造。年龄最小的孙子小棣，也是景山学校的小学生了。说起这个小孙子，可是有点令老师们费心劳神。劳神不因为他是领袖伟人后代有什么特殊，而在于这孩子既聪明机灵、兴趣广泛，又生性好动、淘气贪玩。譬如有时上课不守纪律偷看漫画书，做值日清扫教室敷衍塞责，课间也猛打篮球弄得大汗淋漓，上课铃响后才赶回教室听课，带头迷恋五子棋，在班上兴起一阵的"五子热"，等等，成为了班主任老师费心循循善诱的淘气学生之一。老师根据"有教无类"的职业道德，经过认真观察，深入分析，几经反复，终于找到了既要保护他那勇于摈弃优越感、努力平民化的热情，又要他珍惜那领袖孙辈的条件焕发起的使命感责任感这两者之间的平衡点。在家长的密切配合和班集体的热心帮助下，逐步激发出他勤奋好学自强不息的内驱力。进入高中阶段的后两年，小棣就像变了个人似的，学习钻研的劲头爆发出来了，上课精力集中认真听讲，积极思考，下课主动冲上讲台向老师请教，弄懂弄通疑难问题。成绩一个学期一个学期地往上窜，高三的时候，迅速展露出他数理学科方面的才气和钻研的韧劲。2003年参加高考，终于以优异的成绩，进入了北京大学继续深造。我们的老师，也终于露出了没有辜负小平同志重托的笑容。

日月如梭，真情永驻。敬爱的小平同志，离开我们虽已七个春秋了，但小平同志的理论，小平同志的思想，小平同志"三个面向"的旗帜，小平同志对景山学校无微不至的关怀与重托，永远是我们坚持教育改革的精神动力。纪念小平同志诞辰一百周年，我们更加坚定地凝聚在"三个面向"的旗帜下，牢固树立以人为本，全面、协调、可持续发展的科学发展观，与时俱进，深化改革，为学生的终身学习和一生发展，为培养走向现代化、走向世界、走向未来的有理想、有道德、有文化、有纪律的一代新人奠定坚实的基础，立志攀登世界基础教育的高峰。为全面建设小康社会，为中华民族的伟大复兴而努力奋斗。

小平同志，永远活在"面向现代化，面向世界，面向未来"那不断进取的洪流中……

本篇作者： 范禄燕 贺鸿琛

（本文原载2004年8月22日《人民日报》）

探索之路　　北京景山学校在"三个面向"指引下的教育改革

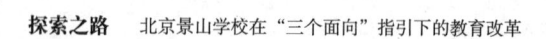

［抓住课改新机遇，全面深化教育教学改革］

课程改革是教育改革的核心，也是深化教育改革、全面推进素质教育的重要标志。新一轮基础教育课程改革已经开始启动，这次课程改革从改革的力度、范围和影响几个方面都是前所未有的。新课程在课程功能、结构、内容、实施、评价和管理等方面都较原来的课程有了重大的创新和突破，为全面推进素质教育和学生发展创造了条件。

北京景山学校是一所教育改革试验的学校，自1960年建校至今一直进行教育教学改革试验，特别是1999年全国教育工作会议后，在课程和教材方面加大了改革力度，近几年来，学校每年都投入大量人力、物力进行小学到初中的语文、数学新教材的编写和试验工作，逐步形成了在新世纪有特色、符合国家新课程教材要求、能推动课程教材改革并付诸实践的教师群体，取得了一定的成果和积累了一定的经验，被上级主管部门肯定。实践证明，北京景山学校的发展，就是抓住了改革的机遇，改革是景山学校的特色，改革是景山学校生命力之所在。在新一轮课程改革中，我校理应抓住课改新机遇，乘势而上，成为全区乃至全市实施新课程改革的排头兵。

面对课程改革，学校如何指导教师正确地实施课改，如何利用课改这

做实践"三个面向"的改革者

一机遇使学生、教师、学校得到全面地发展,是我们一直在思考的问题。为了向全区各兄弟学校汇报展示我校实施新课程的初步成果,本学期我校主要通过教学开放日这一活动,来推进课程改革工作,通过公开课这一大型教学研究活动加深每位教师对新课程、新课标的理解和认识,更新教育思想,提升教育理念,建立发展性的评价体系,促进学校教育教学质量的提高。

一、为什么要进行课程改革

21世纪是以知识的创新和应用为重要特征的知识经济时代,社会的信息化,经济的全球化使创新精神与实践能力成为影响整个民族生存的基本因素,国力的强弱越来越取决于劳动者的素质。因此,全面推进素质教育,确立教育优先发展的战略地位,是实现我国"科教兴国"宏伟目标的关键。在基础教育改革中,课程改革是实施素质教育的核心环节,课程集中反映了社会发展对教育的需求,体现着教育价值的取向,直接影响着学生的成长和整体教育质量的提高。纵观中外教育改革,无不把课程改革放在突出位置,把课程作为提高人才培养质量的关键来加以改革和建设。随着时代的发展和面对未来的挑战,审视我国现行的基础教育课程教材体系,我们认为,还存在着不适应时代发展和全面推进素质教育要求的一些问题,所以必须对课程进行改革。

陶西平同志曾说过"课程改革是全球性趋势,从某种意义上讲,一个国家的学校教育功能主要是通过课程来实现的。因此,对任何国家来讲,课程改革都不是简单的、局部的、操作层面的问题,而是从教育思想、教育内容、教育方法、教育技术到教育评价的一系列变革,其核心是教育理念的变革。"因此更新观念,形成新的课程理念是课改的基础。

新的课程理念以"三个面向"、"三个代表"和科学发展观为理论基

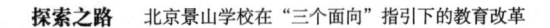

础，它充分体现了贯彻党和国家教育方针的全面性。在分析基础教育现状和学习新课程理念的比较学习中，不难看出，基础教育现状对学生全面发展存在着明显的局限性，强调的只是学科本位、知识本位，忽视学生个性和创造性的培养，而新课程理念提倡关注每一个学生，关注每一个学生的全面发展。

二、明确课程改革的目标和原则

在新的课程理念和课程标准的指导下，我们确定了北京景山学校课程改革的目标和应遵循的原则。

（一）改革目标：

以"三个面向"为指针，构建北京景山学校新的课程体系，即优化基础学科课程，加强实践活动课程，开发校园环境课程，改变传统的单一的学科课程体系，确立"以学生发展为本"的理念和"全面发展打基础，发展个性育人才"的办学宗旨，对我校的课程进行调整和改革。

（二）改革原则：

1. 面向全体学生，使学生在德、智、体、美等诸方面得到全面发展，全面推进素质教育。

2. 全面落实国家课程计划，开足、开齐教育部颁布的课程标准中规定的课程。不以升学考试科目为唯一目标，不随意删减非考试科目。

3. 优化基础工具学科，增加选修课程，创造条件开发环境课程，体现课程的综合性和实践性。

4. 适当减少门类，综合相关学科。体现传统与现代的结合，处理好继承、借鉴与创新的关系。

5. 切实减轻学生过重的课业负担，提高教学质量。精心备课，确保每节课教学内容的完成，向40分钟要质量；注意调动学生的积极性，注意启发引导学生；作业要精选题目；不允许利用节假日进行集体补课。

■ 做实践"三个面向"的改革者

6. 课程改革本着因人因课制宜的原则，突破原课堂、课程和课时的限制，建立有诊断、激励与发展功能的评价体系。

7. 课程改革发扬民主、实事求是、立足改革，以求发展。

■ 三、加强学习，加强教研，树立课改新理念

新课程的制定是基于许多新的观念基础上的，能否理解、认同、内化这些新的观念，是关系到新课程能否顺利实施的最基本的条件。在新课程实施过程中，我校始终把理念的转变作为一个重要环节狠抓不放，定期组织干部教师学习先进的课程理念，统一认识，为课程改革提供科学的指导和理论支撑。

首先，学校的领导者，特别是校长、主任，是新课程实施的管理者、推动者。学校多次召开行政会对新课改进行专门学习和研讨，提高学校领导层的认识，统一思想，并对开展试验提出了明确要求。

其次，为确保教师培训工作与新一轮课程改革的同步进行，按照上级指示"先培训，后上岗；不培训，不上岗"的原则，我校认真组织教师学习教育部《基础教育课程改革纲要》和《北京市21世纪基础教育课程教材实验工作试行方案》的文件，结合实际深入研究和讨论，积极组织教师分学科参加新课程培训活动。充分开发和利用学校和社会各种资源，通过专题讲座、自学、集中研讨、实例分析、观摩等方式，形成多层次、多渠道的校内培训形式，促进教师教学观念和行为的转变，促进教师专业发展。

第三，教研组和备课组是推进课改的重要组织形式，教师之间的研讨和交流是提高教学水平的有效方式。在新课改无现成经验可借鉴的情况下，发挥群体效应，全面挖掘教材，探讨教学方法，切磋教学艺术，研究课题进展，是实施新课改的捷径。

本学期学校要求各教研组组织教师依据新课程改革的目标、课程

标准及课程评价要求，进行教学研究活动，不断进行课改理念、教学方法、课程评价等方面的研究和探索。各教研组狠抓集体备课（定时间、定地点、定内容、定主讲），各学科教研组要制订学科课改计划，明确作课、听课、研讨要求。积极开展组内研究课，采取研究课的形式进行课改研讨和交流，每位教师在组内进行说课、评课。聘请区教研室的教研员进行具体的指导。这种互动思考、交流研讨使老师们受益匪浅。

课改的过程，是学校领导和教师共同参与、同步提高的过程。在这一过程中，学校领导分学科、分年级、分专题参与各教研组的说课、听课，课后及时组织评课，倾听教师的意见，并运用课改的理念，进行评析、指导，促进了教师的发展。

通过学习、讨论、培训、指导等多种方式，老师们逐渐树立新课程理念，主动把创新意识和实践能力的培养真正渗透到日常的教育教学之中；能够加强对新课程改革试验的科学研究；逐步建立了培训、教学和科研相结合的试验工作方式；构建了主体参与、主动探究、合作学习、尊重差异、发展个性、师生互动等适合学生生动、活泼、主动学习的教学模式。

四、评价机制改革是课程改革的推动力

评价对课程改革具有导向性，对教学实践具有指向性，评价是教育改革的推动力。我校在"以人的发展为本"新的评价理念的指导下，开始探索并完善对学生、对教师的科学评价方式，体现评价形式的多样化与评价内容的多元化，建立可以促进学生和教师发展的评价机制。其总体思路是：突出教学评价的整体性和综合性；过程评价和终结性评价相结合；"定量评价"和"定性评价"相结合；充分发挥评价的诊断激励与发展功能；开展特色评价，促进学生、教师和学校全

面发展。

一方面，根据以上教师可发展性评价的思路，我校建立了促进教师不断提高和发展的评价体系：

1. 建立景山学校课堂教学评价方案

今后，我们将依据新课程、新理念，依据景山学校课堂教学评价标准，将学科划分为文科、理科、艺术、体育四大类，按照各学科的特点制订评价方案，形成各学科有特色、可诊断、操作性强、能起到激励作用和导向作用的评价标准。

北京景山学校课堂教学评价表

评价项目	评价内容		权重	评价等级				小计分
				优(5)	良(4)	中(3)	差	
教学目标内容(25)	教育目标体现新课程标准要求		5					
	教学目标明确、具体、全面、适当		5					
	教学目标切合学生实际，能激发学生学习兴趣		5					
	知识结构严谨，层次分明，思想性强		5					
	学科特点		5					
教学过程方法(30)	引入	范例选择贴近学生生活	5					
		范例引起学生求知欲						
	推导	体现学生主体性、发展性	5					
		体现探究性、创新性和层次性						

教学过程方法(30)	分析	语言简练	5		
		课堂气氛民主			
		体现弹性教学原则			
		学生思维分析的科学性			
	应用	题目选择代表性	5		
		学生得到思维升华			
	小结	系统化、结构化和条理化	5		
教师素养能力(15)		教学功底扎实，表达能力强（语言和板书）	5		
		具有教学机智，反馈、调节及时、全面、有效	5		
		教学态度亲和度	5		
教学实际效果(20)		教学目标（知识、能力、情感）的达成状况	5		
		课堂气氛、学生兴趣与参与教学的状况	5		
		学生的反映与评价	5		
		课内外检测情况	5		
现代教育技术使用(10)		与学科整合得当	5		
		课件设计合理	5		
		评语与建议		总评等级	总评得分

评语一栏须写该课的：(1)主要优点和特色，(2)主要的缺点和不足，(3)今后的教学建议。

2. 建立景山学校学生对教师教育教学工作评价方案

(1) 语文、数学、英语、物理、化学、历史、地理、生物、政治（法律、心理）课

评价内容：

一、教书育人为人师表：语言规范、举止得体、着装适当、身体力行。

二、尊重学生：注重师生交流沟通、关心学生成长、不体罚学生、无贬损学生言行。

三、教学责任心强：教风严谨，教态自然，无偏倚、歧视，作业批改及时。

四、备课充分：教学内容设计合理、课堂结构合理、熟悉教材，语言表达能力强。

五、课堂管理：组织教学好、课堂秩序好、按时到位、不拖堂。

六、恰当有效利用现代化教学手段：多媒体、计算机、声像、投影。

七、教学方法得当：善于激发学生学习兴趣、开发学生智力、引导学生积极参与，课堂气氛活跃。

八、教学内容：重点突出、难点深入、讲练分配合理，理论联系实际、教学内容丰富。能很好地培养学生的思维能力。

(2) 体育形体课

评价内容：

一、教书育人为人师表：语言规范、举止得体、着装适当、身体

力行。

二、尊重学生：注重师生交流沟通、关心学生成长、不体罚学生、无贬损学生言行。

三、教学责任心强：教风严谨、教态自然、无偏倚、无歧视。

四、组织教学：组织教学好、课堂秩序好、保护措施得当。

五、教学内容：无科学性错误，示范动作准确到位，学生活动量适当。

(3) 音乐、美术、劳技、健康、职教课。

评价内容：

一、教书育人为人师表：语言规范、举止得体、着装适当、身体力行。

二、尊重学生：注重师生交流沟通、关心学生成长、不体罚学生、无贬损学生言行。

三、教学责任心强：教风严谨、教态自然、无偏倚、无歧视。

四、组织教学：组织教学好、课堂秩序好、按时到位、不拖堂。

五、教学内容：无科学性错误、概念准确，内容丰富，知识性强。有针对性。

六、教学手段：恰当有效的利用现代教学手段。

说明：上述各类评价等级均为A、B、C三等，即满意、一般、不满意。学生在调查表上将A、B、C按学科类别填入对应评价等级一栏，并依"机读卡编号"填涂机读卡。

■ 做实践"三个面向"的改革者

北京景山学校评教评学调查表

科目	类别编号	评价等级	机读卡序号	科目	类别编号	评价等级	机读卡序号	科目	类别编号	评价等级	机读卡序号	科目	类别编号	评价等级	机读卡序号
数学	一		1	历史	一		33	体育	一		65	劳技	一		85
	二		2		二		34		二		66		二		86
	三		3		三		35		三		67		三		87
	四		4		四		36		四		68		四		88
	五		5		五		37		五		69		五		89
	六		6		六		38	音乐	一		70	技能（健康）	一		90
	七		7		七		39		二		71		二		91
	八		8		八		40		三		72		三		92
英语	一		9	生物	一		41		四		73		四		93
	二		10		二		42		五		74		五		94
	三		11		三		43	美术	一		75	形体	一		95
	四		12		四		44		二		76		二		96
	五		13		五		45		三		77		三		97
	六		14		六		46		四		78		四		98
	七		15		七		47		五		79		五		99
	八		16		八		48	计算机	一		80				
语文	一		17	政治（法律心理）	一		49		二		81				
	二		18		二		50		三		82				
	三		19		三		51		四		83				
	四		20		四		52		五		84				
	五		21		五		53								

探索之路　北京景山学校在"三个面向"指引下的教育改革

科目	类别编号	评价等级	机读卡序号	科目	类别编号	评价等级	机读卡序号	科目	类别编号	评价等级	机读卡序号	科目	类别编号	评价等级	机读卡序号
语文	六		22	政治	六		54								
语文	七		23	政治	七		55								
语文	八		24	政治	八		56								
地理（物理）	一		25	化学	一		57	建议与意见							
地理（物理）	二		26	化学	二		58								
地理（物理）	三		27	化学	三		59								
地理（物理）	四		28	化学	四		60								
地理（物理）	五		29	化学	五		61								
地理（物理）	六		30	化学	六		62								
地理（物理）	七		31	化学	七		63								
地理（物理）	八		32	化学	八		64								

学生是教育教学的主体，学生对教师的教育教学工作最有发言权。学生对教师教育教学工作的评价或反馈的意见，也使教师从另一个角度了解自己的教学工作效果，从而进行反思、改进，最终达到提高教学水平的目的。

3. 建立以教研组为单位的教学研究评价方案

采取形式：a. 开展集体教学研讨活动；

　　　　　b. 开展教研组内的课堂教学观摩评议活动；

　　　　　c. 以教研组为单位，确定科研课题来指导教学水平的不断提高。

在评价中充分体现关怀与尊重，鼓励广大教师参与到教学评价中。

4. 建立家长或家长委员会对教师和学校工作的评价方案

采取形式：a.请家长来学校参加教学开放日活动（每学期举办一次）；

b.召开家长会听取家长对学校教育教学工作的意见；

c.听取家长委员会对学校及教师工作的意见。

另一方面，通过学习《基础教育课程改革纲要》，我们认识到，发展性评价不仅仅对教师，对学生也同样重要。评价不仅要关注学生的学业成绩，而且要挖掘和发展学生多方面的潜能，要了解学生发展的需求。通过评价发挥评价的教育功能，帮助学生认识自我，建立自信，促进学生在原有水平上的发展。

结合新课程要求，学校在对学生评价方面作了一些积极探索。

如强调评价的激励功能：对学生的课堂表现、作业批改等方面多采取鼓励、肯定的评价，重视学生的学习过程和学习态度，尤其重视学生的进步与变化，以起到激励学生自我发展的目的。

如对学生进行多方面综合评价：包括学生自评、小组评价、家长评价、教师评价、操行评价。

如改进了成绩评价的方法：不仅关注学业测试，还研究学生考试方式、考试内容和评价导向。

如重视学生多方面潜能的发展，重视综合素质评定：学校正在研究制定《北京景山学校学生科技、体育、艺术特长培养目标及评价手册》，以促进学生不断的发展与提高。

北京景山学校学生科技、艺术、体育特长培养目标及评价手册（讨论稿）

1. 宗旨：以"三个面向"为指导，以学生发展为本，为全面贯彻教育方针，全面推进素质教育，促进学生身心健康发展，从小培养学生的创新精神和实践能力，特制定北京景山学校学生科技、艺术、体育培养

探索之路　　北京景山学校在"三个面向"指引下的教育改革

目标及评价手册,并根据学生的年龄和身心发展特点,因材施教,循序渐进,使他们得到可持续发展与提高。

2. 目的:此手册制定与实施立足我校的全面教育资源,充分挖掘我校办学的特色与经验。立足于不加重学生负担,培养兴趣,养成习惯,满足

2009年,亚欧友好人士代表观看景山学校排演的话剧《迷宫》,并与小演员们合影。

学生的需求和未来社会发展对公民素质的要求。

3. 内容:手册要根据不同学龄段学生身心发展的特点制定,不仅要有学生学习、活动的内容,还要有一定的可以测量和评价的阶段性目标,既要有量化的标准,又要有特长鉴定、鼓励措施和证明。手册要力求具有科学性、可行性、可操作性和检测性,真正达到手册制定的宗旨。

4. 类别:

艺术:书法、绘画、摄影、工艺、管乐、民乐、舞蹈、钢琴、声乐、戏剧、朗诵等。

科技:科幻画、电脑绘画、计算机、机器人、小论文、小发明、创新

■ 做实践"三个面向"的改革者

方案设计、航模、科研实践论文、创新发明项目等。

体育：排球、篮球、形体、游泳、武术等。

5. 按年级划分可测水准：

1—3年级、4—6年级、7—9年级、高一—高三

（1）确定可选项目说明确定依据。

（2）确定验收水准：一般以年龄普遍可掌握的水平，划分出相应细则。

对于学生的评定实行学分制，每项目每学期2分。

6. 实施的途径与方法：为减轻学生负担，一般以兴趣小组、社团、选修形式进行，尊重学生的选择。建议实施选修的时间，每周最多不超过1—2节，列出所需要求的时间、地点、器械。

7. 立项要经学校课外活动办公室备案，以便全面协调。一经批准，要有相应的教学计划、教学方案、过程检测，并提交立项方案。

8. 建立相应的素质培养档案，作为阶段评价与奖励的依据，阶段性评价方案明确。

9. 每个学生应在相应的科技、文艺、体育范围中相应选择1—2项，分学段验收。12年评价以学段评价为依据。达到合格给予《北京景山学校特长生合格证书》。

总之，发展性评定是当前落实新课程、新理念的推动力，在今后的实践中，我们将不断完善评价体系，不断加强评价机制的建立。

五、以学校科研课题研究推进课程改革

在长期的教改实践中我校确立了"以学生发展为本，以教育科研为先导，以教育教学为中心，以教改课题为载体，全面推进素质教育"的办学特色。在新一轮课程改革中我校仍将坚持这一特色，因为课程改革需要科研课题研究作保障。这种研究是从问题出发，从教师的需求出发，留心教

探索之路　　北京景山学校在"三个面向"指引下的教育改革

育教学中出现的问题并设法解决，解决问题的过程同时是教育教学研究的过程。因此把教育科研、教改试验和日常的教育教学工作紧密结合起来进行"三位一体"的研究，使三者相辅相成，是我校推进新课改的基本方法和基本途径。

从一定意义上说，科研课题反映着学校改革、课程改革的方向，把握住一个课题就意味着找到了一条研究思路，找到了课程教学改革的突破口。以课题为载体，不仅能得到一批成果，更重要的是可以带出一支队伍，成就一批人才。课题研究是我校为教师铺设的发展平台。据统计，"九五"期间我校有200多人次参与课题研究，学校编辑、出版了15本教改文集，教师撰写的论文和课题报告累计达800多篇，在市级、区级各项论文评比中，获奖论文累计有300多篇。

"十五"期间学校承担了1项教育部重点课题，2项国家级课题子课题，2项北京市级课题和5项东城区级课题。此外有校级课题六大类73项（见附表）。

附表：北京景山学校"十五"区级以上教改试验课题

序号	级别	课题名称	负责人
1	教育部级	九年一贯义务教育阶段课程与教学的研究与试验	范禄燕
2	国家级子课题	不同主体实施《中国青少年科学技术普及活动指导纲要》水平的评价体系研究	李惠兰
3	教育部子课题	国家课程校本化与优化的研究	范禄燕
4	北京市级	遵循学生身心发展的特点和规律，构建九年一贯德育模式的研究与试验	陈瑞群
5	北京市级	校本课程中环境教育短期课程的试验	陶春

6	东城区级重点	中学选修课设置与规范化的研究与试验	陈瑞群
7	东城区级	21世纪小学数学教材的编写与试验	陈静荣、陈瑞群
8	东城区级	全日制义务教育语文教科书编写与试验	刘曼华、周蕴玉
9	东城区级	走进国家重点实验室——高中学生研究性学习的研究与试验	王京梅、李惠兰
10	东城区级	以计算机为学具的研究与试验	范禄燕

这些课题涵盖了学校改革的各方面，涉及德育、学制、课程设置、教材建设、教法与学法、评价和学校优质教育资源的配置等，紧紧围绕"全面发展打基础、发展个性育人才"的办学方针展开。通过这些课题研究，努力提高课程改革的科研水平，促进课程实施过程的优化。

六、正确处理好继承与发展的关系

课程改革本身就是一个继承与创新并存的过程，课改是对过去教学的扬弃，是在继承基础上的创新与发展。继承与创新，是新一轮基础教育课程改革的使命。

景山学校经过长期的教改实践，逐渐摸索、总结出具有自己特色的教学基本原则：

1. 德智体全面发展的统一要求与发展学生个性特长的多样性相结合。这既是基础教育与英才教育的辩证统一，也是促进每个学生个性化发展的科学手段。

2. 牢固掌握基础知识、严格训练基本技能与发展智力、培养能力相结合。

3. 提高智能与发展非智力因素相结合。二者相辅相成，共同达到提高学生能力的目标。

探索之路　　北京景山学校在"三个面向"指引下的教育改革

4. 发挥教师主导作用与培养学生独立学习的主动探究精神相结合。

5. 教学中循序渐进的训练方式与集中时间、重点突破、适度跃进的训练方式相结合。

6. 量力性与一定的难度相结合。

7. 常规教学与研究性学习相结合。

8. 班级教学与分类指导相结合。

9. 基础文化教育与劳动技能教育相结合，科学精神与人文精神的教育相结合，强化现代教育技术的使用与课程的整合。

10. 课内与课外、校内与校外的教育工作相结合。

这些原则是我们对教育辩证法的初步认识，是对教育教学规律的切实体会，对当前的课程改革具有一定指导意义。实践证明，景山的许多教改实践和经验都与新课改的理念是基本一致的，因此，新世纪景山学校的课程改革，就要发扬和继承这些基本经验，在新理念、新课标的指导下，借鉴国内外的先进课程理念，与时俱进、融合、创新，全面推进新课程的实施。

■ 结束语：

课程改革涉及学校教育教学的方方面面，如何更好的实施与推进课程改革，如何通过课程改革使学生受益，使教师提高，如何利用课程改革的机会，创立具有鲜明特色的学校文化氛围，使学校不断发展，是我们努力的目标，也是做好学校管理的最终目的。

(2004年5月14日)

以ESD教育理念为指导，促进学校可持续发展

——ESD教育实验校申报报告

北京景山学校创办于1960年。它是一所专门进行城市中小学教育教学试验的学校，全国和北京市的重点学校，联合国教科文亚洲教育革新计划联系中心之一。1983年9月，邓小平为景山学校题词"教育要面向现代化，面向世界，面向未来"。

一、树立ESD发展观，推动学校全面发展

联合国教科文组织的环境、人口与可持续发展（ESD）教育项目，其主旨在于通过全世界各国的努力，把可持续发展与环境、人口教育联系起来，动员广大青少年和全社会成员积极参与，以改善人类的生存环境，实现社会的可持续发展。

可持续发展是21世纪人类面临的重大问题，社会发展要求未来的人才既要具备可持续发展的思想、知识和观念，还要具备可持续发展的能力。要实现可持续发展，学校教育是关键。面向21世纪的基础教育改革，我们必须更新教育观念，树立符合"教育要面向现代化，面向世界，面向未来"的可持续发展的教育理念，按照21世纪我国社会主义现

探索之路　　北京景山学校在"三个面向"指引下的教育改革

代化对人才素质的要求，全面实施素质教育。

ESD教育项目的研究目的是发展，研究的核心是人，实施ESD教育项目，树立科学发展观，会促进和推动学生、教师和学校的全面发展。首先，丰富和发展学校教育。ESD项目的实验，必然对学校的教育思想、办学理念、教育方法、教学模式等等产生深刻的影响。开展ESD项目的实验，可以进一步确定以人为本思想，推动校本课程建设，丰富环境、人口、健康等教育内容，形成重视学生创新能力和实践精神的教育教学模式，促进学校自身的可持续发展。其次，改善和提高教师素质。教师参与ESD项目的实验，必然要转变教育教学理念，加强自身的学习。学习现代教育理念，学习与项目有关的科学知识，学习与实验有关的教育教学方法，促进教师的教育科研，在教育科研中，提高自身教育素养，推进教育改革。第三，完善和健全学生主体人格。ESD项目的实验过程，是学生参与、学习、研究和实践的过程，学生在参与、学习、研究和实践中，广泛涉猎科学文化知识，多方面感受社会、生活和环境。社会实践、研究性学习、合作互助活动等，将会激发学生的自主意识、培养学生的自主能力、健全学生的主体人格。通过各种观察、实验、调查、研究，全面接受科学精神的熏陶，有利于培养学生科学的研究态度和正确的研究方法。

我们用ESD发展观，指导学校各项工作，将ESD教育理念融入学校教育教学的各项工作中，从课堂教学、学生管理、课程设置、课外活动等，进行ESD渗透教育，紧紧围绕可持续发展这个主题开展实践与探索，促进学校的发展。

我校校长及领导班子全员参与ESD项目研究设计，以ESD教育理念指导教育教学工作，并进行培训动员；将ESD工作列入学校三年发展规划及各年度计划进行实施；以ESD教育理念为指导，整体构建学校课程体系；树立ESD教学观，推进课堂教学模式改革；以ESD教育理念为指导，制定青年教师培养方案；学校能够为ESD项目实验提供一定经费支持，用于教师培训、购置实验资料、聘请专家、外出考察等。

如何更好的实施与推进ESD教育项目试验，如何通过ESD教育项目试验使学生受益，使教师提高；如何利用参与ESD教育项目试验的机会，创立具有鲜明特色的学校文化氛围，使学校不断发展，是我们一直努力的目标。

二、树立ESD的课程观，整体构建学校课程体系

课程改革是教育改革的核心，也是深化教育改革、全面推进素质教育的重要标志。学校实施的课程集中体现了一所学校的办学理念和教育价值取向，直接影响到学生的发展和教育质量的高低。

ESD教育项目以主体教育思想和可持续发展思想为指导，以建构学生在学习中的主体地位为核心，全方位培养学生终身学习和终身发展的主体精神和能力，努力创造可持续发展的环境和氛围，以利于学生自主学习和终身发展。这与我校"全面发展打基础,发展个性育人才"的办学理念是一致的。在新的课程改革中，我校以"三个面向"和ESD教育理念为指导，改变传统的单一的学科课程体系，树立和落实以人为本、全面、协调、可持续的科学发展观和"全面发展打基础，发展个性育人才"的办学宗旨，整体构建学校新的课程体系，即建设大德育观课程，优化基础学科课程，加强实践活动课程，开发校园环境课程。

（一）建设大德育观课程

素质教育必须以德育为核心，以学生发展为本，根据学生身心发展特点，提高德育工作的主动性、针对性和实效性。我校在"三个面向"和可持续发展的精神的指导下，提出"教书育人、管理育人、活动育人、环境育人"的整体育人思想，遵循学生身心发展特点，整体构建学校德育工作体系，建设大德育观课程。

我校在学制上是小学、初中九年一贯和高中三年，这样中小学一贯

探索之路　北京景山学校在"三个面向"指引下的教育改革

制的学制给德育工作提供了一个优势，我们充分利用这种优势，从学校实际出发，遵循青少年身心发展的特点和规律，以不同年龄学生的生理发育、心理品质和思想品德发展特点为依托，整体构建学校德育体系。德育工作既考虑不同教育阶段学生心理特点和发展规律的特殊性，注意各教育阶段德育目标内容的层次性和渐进性，又考虑十二年一贯制德育的统一性，注意各个教育阶段德育目标、内容的完整性和连续性。力求将学生的心理特点发展规律与德育具体目标和内容有机结合统一。在总的德育目标、德育内容的基础上，分解成年级的德育目标、德育内容，并编写出具体的实施途径和方法。例如在九年一贯这个学段划分为三个阶段：1—3年级以行为规范训练为主，贯穿五爱教育，渗透保护环境教育；4—6年级以遵纪守法为重点，贯穿公平、公正、艰苦奋斗和公民权利、义务、责任感、辩证观教育，渗透合作、交往、挫折教育；7—9年级以道德品质为重点，贯穿竞争、诚实守信教育，渗透价值观、世界观、人生观教育。每一阶段德育目标的确定、德育途径和方法的选择，都是由浅入深、由低到高、逐步深化的。

（二）优化基础学科课程

按照"三个面向"的精神和可持续发展的思想，我们积极优化基础学科课程，以适应21世纪我国社会主义现代化建设对人才的素质要求，为学生的发展奠定坚实的基础。

1.全面落实国家课程计划，开足开齐国家规定的课程，不以升学考试科目为唯一目标，不随意删减非考试科目。

2.对课程结构进行九年一贯统筹安排，与时俱进，更新教材内容，编写语文、数学、英语新教材。

3.保证不同教育阶段的课程与教材、教学的衔接，以及各科课程、教材和教学的前后连贯。

4.将单一的、多年不变的、实效性不强的学科进行整合，开设综合

做实践"三个面向"的改革者

课,比如将小学的品德课、社会生活常识整合为社会课;将自然课、劳技课整合为科学课,既减少了学习科目,减轻了学生负担,又提高了教学效果。

5.强化体育、艺术课程。体育课由两节增加至三节,保证了学生体育锻炼的时间,增强了学生体质。

我校根据学生的特点和需要,充分发挥学校的传统和优势,挖掘教师的潜力,发挥教师的积极性,开发一些适合学生发展需要的校本课程,这些课程都是我校学生必修的校本课程。目前,一、二年级的科学与社会综合课,四年级的书法课,五年级的美术创意课,六年级的生活技能课,四到六年级的形体课,七年级的语文活动课、数学活动课和英语活动课,八年级的环保课,高中的研究性学习,一到高二年级的游泳课都已成系列。生理卫生课、人口教育课、有关艾滋病的预防和远离毒品的教育都贯穿在各学段的教学中。

为发展学生个性,全方位提高学生素质,学校先后开设了电子技术、国际热点问题、时政风云、关注老北京、植物组织培养、领土与国力、基因奥秘、天文知识讲座、古代建筑、环境保护、心理健康教育等选修课,将ESD教育渗透到选修课中,这些课程都深受学生的喜欢。

(三)加强实践活动课程

《基础教育课程改革纲要(试行)》将综合实践活动课程列入国家课程体系当中,这些课程对于培养学生可持续发展的思想和能力具有重要的作用。体现了新时代教育的特点,符合人才成长的要求。我校以"主体探究、关注社会、合作体验、创新发展"为指导,加强实践活动课程。

1.信息技术课程。我校从二年级直至高一年级全部开设信息技术课,同时我们还采用课题研究的方法,进行"电脑辅助教学实验班"的研究与试验,探索以学生发展为本的探究式的教学模式,培养学生的创新精神和实践能力,充分利用现代教育技术,提高教育教学的效率与质量。

探索之路　北京景山学校在"三个面向"指引下的教育改革

2.研究性学习。我校从90年代中期就开始引导学生走进国家重点实验室，在大学教授和专家指导下进行课题研究。几年来，已有400多名学生参加了课题研究，其中80多名学生参加了中国科学院植物研究所、中国科学院计算机研究所、中国协和医科大学基础医学院、中国医学科学院基础医学研究所等20多个国家重点实验室的活动，指导专家有40多名，有20多名学生的研究课题如"北京城区湖河水华大爆发的调查研究""用B2A法和膳食调查对中学生营养状况的分析""以浮游植物对北京城区主要湖泊水质状况的分析""评价身体脂肪电子测定和中学生体脂的调查分析""城市环境保护"在全国、北京市创新大赛中获奖。这种研究性学习并不是追求实践活动的最终结果，而是强调在实践活动中学生主体体验学习的过程。它不仅使学生扩充、积累了知识，更有利于提高学生的分析和研究问题的能力，培养创新精神和实践能力。

3.社会实践活动。开展社会实践活动是学校一直坚持的传统和特色。20年来我校始终坚持组织六年级学生军训，八年级参加社区公益劳动（为期一周），高一年级参加学军活动、高二年级参加学农（学商）活动，并排入课表。在寒暑假还安排"走入社会"的社会实践活动。这些实践活动，增加了学生接触社会、了解生活的机会，丰富他们的社会经验，在活动中培养了学生的社会责任感、独立自主意识和团结协作的精神。

（四）开发校园环境课程

在充分认识到环境教育的重要性后，学校着力进行环境教育课程模式的探索，参加ESD项目后，"主体探究　关注社会　合作体验　创新发展"16字基本理念对我校的环境教育实验起到了原则性的指导作用，在ESD教育项目基本理念与实验原则指导下,学校初步探索出一套环境教育课程的模式。

校园环境课程

课程分类	课程内容	课程特点
校园物质环境课程	学校的各种设施、设备，各种场馆、专业教室、实验教室；学校布局合理，校园整洁优美。	属于显性的课程，学校要创造良好的物质环境。
校园学习生活环境课程	具备一切为了学生，为了学生的一切的服务意识；舒畅的学习生活环境，和谐的师生情感。	属于隐性课程，体现了学校的传统和特色。
校园文化环境课程	校园文化丰富多彩（文化节、科学节、体育节），校园的宣传氛围浓郁，学生个性能得到张扬。	属于显性课程，列入课程，形成传统。

ESD项目关注环境，更关注环境对人发展的影响。环境对于学生的发展会产生巨大的作用，这种作用具有持久感染、潜移默化的特点。校园环境包括物质环境、学习生活环境和文化环境。物质环境包括学校的校园建设和设施。学习生活环境包括师生关系、奖惩制度。文化环境包括学校或班级文化，如校史、校风；仪式活动，如升旗、班会、学校的大型活动等，这是实现环境育人的重要途径。

我校高度重视校园环境对于学生发展的作用，积极开发校园环境课程。在物质环境方面，学校努力体现以人为本思想，为学生全面、健康发展创造良好的条件。学校布局日趋合理，校园环境整洁优美。一流的现代化校舍和设备。塑胶操场、体育场馆、游泳馆、形体训练馆、天象厅和天文馆、生物角以及各科实验室、专业教室一应俱全。

在学习生活环境方面，学校要求全体教职工以学生为主体，工作要从为学生的一生发展奠定良好的基础出发，一切为了学生，为了学生的一切，为了一切的学生，关心爱护学生。与此同时教育学生尊重教职工的辛勤工作，同学之间要互相帮助、互相激励、共同进步。学校尊师爱生良性互动的和谐氛围已经形成。

在文化环境方面，学校有意识的为学生个性发展提供条件，积极开展

探索之路　　北京景山学校在"三个面向"指引下的教育改革

丰富多彩的活动。每年的文化节、科学节、运动会、摄影展、绘画展不仅让学生充分展示个人的才能，而且还让学生在参与活动的过程中培养合作、创新及勇于竞争的能力，也让"爱科学、爱艺术、爱运动"的良好风貌在学校蔚然成风。

三、树立 ESD 的教学观，推进课堂教学模式改革

现代的学生既要具备可持续发展的思想、精神，又要具备可持续发展的能力。培养未来高素质的公民是学校的责任，为此，我们以"主体探究、综合渗透、合作活动、创新发展"为原则，优化教学结构，改进教学方法，努力探究构建多学科、全方位渗透可持续发展思想的主体探究型教学模式，向40分钟的课堂教学要效率、要质量。

学校积极组织教师开展"主体探究—综合渗透"型课堂教学模式试验，在历史、地理、语文、政治、生物、物理、化学等学科进行主体探究型教学模式试验。教师课前指导学生利用阅读教材、图书馆查阅、上网查阅、采访、调查、实验等方式对所要学习的内容进行预习探究,并随时注意从可持续发展高度思考教学内容、提出问题；培养学生收集、整理、处理、加工与驾驭信息的能力；教学过程中老师们有意识、有目的、有计划、有组织地进行ESD教学、教育模式的探讨与实践。教师转变角色，以平等的态度与学生探讨、磋商，改变了按传统方法运作的教与学的方式，注重师生间、学生间的交流、讨论,课堂上教师不是传授给学生什么,而是与学生一起探讨,引导学生自己解决问题,课堂上不一定要得出标准答案;课后学生再将自己的观点写成小论文。通过主动学习,学生学会了自我表达与合作分享,同时培养了毅力、科学精神和创造性思维,加强了对环境与社会的关注和责任感。

我校早在1995年就开始开设环保课，经过近十年的探索,我校环保课校本教材现正准备出版发行。其次,我们在学科教学中进行ESD知识的综合

渗透教育。教师根据本学科特点和教学需要采用深入渗透、点滴渗透、显性渗透、隐性渗透、理念渗透、行为渗透等渗透方式,在适当的章节适度渗透环保和人口健康教育内容。如在生物学科重点渗透"植物资源保护"、"生物与环境和污染对人体的危害"等知识教学;地理学科重点渗透"农业生态及污染"、"城市生态问题"、"人类与环境"等知识教学。在小学自然课、社会课、英语、音乐等课,利用教材中已有环境、资源、人口的内容进行教育。

四、在 ESD 教育理念指导下取得的成绩

ESD教育项目是一项跨学科的行动研究,北京景山学校一直将ESD教育理念与学校办学理念相结合,将其贯彻到学校教育教学的方方面面。经过多年的教改实践,我们确立学生在学习过程中的主体地位,初步构建了体现主体教育思想和学生可持续发展的办学模式,注重培养学生终身学习的和终身发展的主体探究精神与能力,促进了学生多方面的发展,提升了学校的办学水平,进一步提高了学校的社会声誉和社会认可度。学校也取得了许多成绩:学校被评为"健康教育"金牌示范校,学校是"手拉手地球村"的成员校,北京市ESD教育成员校,北京市和东城区教育科研先进校,北京市科技示范校。

教育科研获奖情况:

国家级获奖论文及课题	北京市获奖论文及课题	东城区获奖论文及课题	校级获奖论文及课题
10余项	30余项	70余项	125余项

探索之路　　北京景山学校在"三个面向"指引下的教育改革

科技竞赛获奖情况如下：

奖项	市银帆奖	金鹏科技奖	金牌	银牌	中学生十佳	胡楚南奖	其他国际竞赛获奖
人数	9人	7人	7人	8人	2人	1人	25人

学科竞赛获奖情况如下：

	一等奖	二等奖	三等奖	总计人数
数学	10人	13人	20人	43人
物理	19人	27人	33人	79人
化学	23人	19人	16人	58人
生物	2人	1人	3人	6人
合计	54人	60人	72人	186人

今后我校将在深化教育改革，全面推进素质教育的进程中，全面深化、贯彻ESD的教育思想，继续探究可持续发展的育人模式，构建新的课堂教学模式，形成具有北京景山学校特色的课程教材体系，实现学校、教师、学生全方位的可持续发展。

(2004年5月)

做实践"三个面向"的改革者

北京景山学校初中管理的改革与试验

北京景山学校是一所教育改革试验的学校，自1960年建校至今一直进行教育教学改革试验，尤其是邓小平同志为我们北京景山学校题词"教育要面向现代化，面向世界，面向未来"20年来，北京景山学校的全体干部和教师凝聚在"三个面向"的旗帜下，与时俱进，改革创新，在"全面发展打基础，发展个性育人才"的办学思想的指导下，对学制、课程、教材、教法、评价、思想教育、劳动教育、国防教育、发展学生个性特长教育、国际合作教育等各个方面进行了综合整体的改革与试验，特别是在课程和教材方面进行了积极的改革探索，取得了一定的成果和规律性的经验。

初中教育是义务教育的重要组成部分，加强初中建设，是"双高普九"、全面推进素质教育的必然要求，是提高教育均衡发展水平的关键环节，是实践"三个代表"重要思想、"诚信"办教育的具体体现。加强初中建设，保证每一个初中学生接受良好的教育，全面、自主、健康地成长，是教育发展的自身需要和根本目的。我国现行的九年义务教育由小学和初中教育构成，有五四制和六三制这两种主要的构成类型。五四制是指小学修业五年，初中修业四年，从而构成完整的九年义务教育。五年

探索之路　　北京景山学校在"三个面向"指引下的教育改革

制小学中主要实施普通教育，四年制初中阶段既要进行普通文化科学知识教育，又要为学生就业做准备，开始一定的职业技术教育课程。六三制是指在九年义务教育中，实施六年小学教育，三年初中教育，其特点是主要进行普通文化教育，小学文化课较五年制宽松，但初中阶段课程压力较大。针对这种情况，我校率先在全国各大中城市开始了学制改革，即改"六三"制为"五四"制。

为什么要改三年制初中为四年制初中，是由我校教改试验学校的性质决定的。我校是一所试验改革的学校。九年义务教育法草案中说明，从长远来看，我国小学、初中应有一个基本学制，基本学制的确立是一个复杂的问题，需根据学生身心发展的特点和规律等多种因素，在调研的基础上，经过周密论证，加以确定。因此我校就这一课题展开研究与试验。经过20多年的试验我们的看法是：

1. 小学五年可以完成小学阶段的教学任务；初中三年功课可以学完，但学生的负担太重，影响学生全面发展，不利于学生身心健康；学生六、七岁开始上小学，升入初中时为十一、十二岁，到初中毕业十五、十六岁，正好处于整个少年期。少年期是一个独立的发展阶段，从整个成长过程又是一个过渡期，是从幼稚到成熟的过渡时期，是一个处于半成熟、半幼稚状态，充满着独立性和依赖性、自觉性和幼稚性错综矛盾的时期，是身心发展的突变时期，为了有利于学生生理、心理的发展减轻学生的过重负担是很必要的，初中四年提供了时间让学生在负担较轻的环境中度过这一特殊阶段。

2. 初中阶段十二、十三岁的年龄，是学生思想品德开始形成的过渡期，也有人认为是危险期。同时又是少年立志，了解人生价值的预备期，历史上许多人物都立志于十五、十六岁。初中四年制有利于学生系统学习社会科学知识，学习英雄形象，参与社会实践等多种活动，在活动中接受教育，初步树立人生观。

3. 初中阶段是系统学习科学知识的阶段，是从小学的具体形象思维

做实践"三个面向"的改革者

为主发展为抽象逻辑思维开始占主要地位的阶段,初中阶段是大脑发育的加速期,四年制课时多,学生负担不重。在教学中我们不仅传授知识,更多的时间是训练学生的思维,培养学生高水平的抽象逻辑思维能力,错过这个时机,也许是个难以弥补的损失。而三年制由于时间紧,老师忙于赶进度,在教学中往往急于给结论,让学生独立思考的时间和机会少,致使学生思维发展水平偏低。

四年制初中和三年制初中相比,具有四条优点。

1. 四年制初中由于增加了一年的学习时间,这就可以减轻学生的过重学业负担,解决三年制初中长期未能解决的严重问题。

2. 减轻了过重的学业负担,这就有利于向学生实施德、智、体、美、劳全面发展的教育。针对当前三年制初中实际工作中存在的问题,四年制初中可以使德育、劳动技术教育、体育和美育加强一些,起码可以在教育和教学时间上得到一定的保证;可以使学生在语文、数学、外语三门基础工具课的学习上,把一生受用的基础打得更扎实一些,可以使学生学得积极主动一些,学习能力提高一些,知识面广阔一些,动手操作能力增强一些。

3. 减轻了过重的学业负担,学生就有了参加课外活动和自由支配的时间,这有利于发展学生各自的兴趣、爱好和个性特长,有利于学生身心发展,健康成长。

4. 四年制初中可以分散安排三年制初中二年级的教学难点,这有利于缩小落后面,大面积提高教育教学质量,使上、中、下三类学习水平的学生都能在各自的基础上受到良好的初中教育。

四年制初中的这四条优点,在我们20多年所进行的教改试验中都得到了验证。景山学校培养出来的学生都具有:思想活跃,兴趣广泛;敢于发表自己的想法或意见;特别热爱学校、班级和老师;有自信心,能力强等特点。

综上所述,四年制初中的学制改革,无论是对于学生一生的品德修

探索之路　　北京景山学校在"三个面向"指引下的教育改革

养,还是一生的智力和才能的顺利发展以及一生的身体健康发育,都具有十分重要的奠定良好基础的意义。在初中阶段,减轻过重的课业负担,让学生真正受到德、智、体、美、劳全面发展的教育,使学生的品德、智力、身体和个性特长都得到良好的发展,这对于提高中华民族的素质、对于造就能坚持社会主义方向的各级各类人才、对于每个学生一生的幸福而全面打好基础是绝对必要的,这就是我们将小学、初中的六三学制改为五四学制的主要理由,也是学制改革的主要目的。

我不知道北京市有多少所五四制学校,上海市中小学目前已全面实行五四制,改革的力度很大,兄弟学校如果有进行这方面试验的想法,欢迎与我们进行交流与探讨,也希望市里对进行这方面试验的学校给予大力的支持,我们一直有孤军奋战的感觉。

一、要建设高质量、有特色的学校,首要的是制定好规划,确定好目标

这几年,景山学校在原有基础上有了新的特色和发展,主要的原因是全校的工作有章可循。比如,1999年我校借第三次全教会的东风及时制定了《景山学校迎接新世纪的3—5年发展规划》。为了使这一发展规划能够较好地实现,为了使规划的实现有一定的理论和科研指导,2000年我校又制定了《景山学校五年教育科研计划》,教育科研计划的制定使全校教师更加明确了工作方向,意识到我们的教育教学工作必须以教育科研为指导,搞不搞教育科研是传统经验型教师与专家学者型教师的最大区别,也是景山学校的办学特色和学校发展的生命力之所在。为了创办北京市示范高中,2000年底我校又制定了《景山学校示范高中的办学思路》。2004年上半年制定了《初中教师队伍建设的发展规划》等等。学校的定位预示着景山学校的每一位教职员工都要为此努力工作,为实现学校的定位而拼搏,这是每个"景山人"不可推卸的责任。

■ 做实践"三个面向"的改革者

今年,为了贯彻2004年北京市教育大会精神,落实东城区教育改革与发展总体方案以及东城区委、区政府确立的"在首都率先基本实现教育现代化进程中走在前列"的战略目标,对照1999年《景山学校迎接新世纪的3—5年发展规划》,在总结我校过去五年来成绩和不足的基础上,为实现北京景山学校新的跨越式发展的目标,学校又制定了最新的《北京景山学校2004—2010年发展规划》。规划中确定了景山学校办学思想:以"三个面向"为指针,继承、借鉴、创新,全面发展打基础,发展个性育人才。

景山学校发展的总目标:全面贯彻邓小平同志"教育要面向现代化,面向世界,面向未来"的教育思想,树立新的适应知识经济时代,以学生的发展为本,为学生一生发展着想的教育理念,以提高学生的素质为根本宗旨,以培养学生的创新精神和实践能力为重点,把景山学校办成国际一流的现代化的科学知识的摇篮,文学艺术的花园,社会正气的堡垒,身心健康的乐园。

景山学校办学特色是:以先进的教学思想为先导,以教育科学理论为指导,以教改试验为基础,探索21世纪从小学到高中人才培养的新方法、新模式。

景山学校的定位是:积极进行教育改革的试验学校;传播现代教育观念、教育技术和教改成果的示范学校;推动教育改革与教育交流的促进校;在国内外有影响的国际化学校。

有了规划,有了依据,我们又该怎样行动呢?我认为重要的是两点:第一,规划的内容要体现在学校的工作计划中,逐步去落实去实现,不能只是空谈,如果规划只是空谈,就等于没有规划,只是摆设。第二,要真抓实干,逐步落实规划的各项要求,给全校教职员工以信心,取信于广大教职工。

总之,在实践中,我体会到学校的规划是办学进程的依据,学校的定位是办学特点和特色,学校发展目标是办学思想和方向,教育科研是培养专家学者型教师的必经之路,也是提高学校品位,提高教学质量的重要

323

的、不可缺少的指导方法。

■ 二、加强学校管理，建立新的管理体制

毛泽东同志说过，"政治路线确定之后，干部就是决定的因素。"要把学校办好，作为校长负责制的学校一定要选好配备好领导班子。这是学校发展的三套马车：行政班子、党支部班子和工青队班子。当然，只配备好班子还是不够，更重要的是要使三套班子协调运转，心往一处想，劲往一处使。如何实现这种良性循环的机制，在实践中我的体会是：

1. 校长书记要有识人用人的眼光，要有宽阔的胸怀，多见长处，少见短处，完美无缺是没有的，要看发展，要培养，人才也是逼出来的。

2. 校长书记要注意营造学校的民主氛围，对工会、教代会在学校的作用不能低估。认识高，配合得好，对学校的工作会带来不可估量的作用。在实践中我们认识到，工会组织是办好现代化学校的重要力量。当前我国的教育进入了深化改革，全面推进素质教育的攻坚阶段，面临如何建立教育管理制度、人事制度以及办学体制，现代教育教学方法与手段的应用，教材内容的更新，奖励机制的健全等多项改革将全面展开。广大教职工是改革的生力军，是改革的基本动力，不能设想没有广大教职工群众的积极性，改革能深入开展。同时也要看到，这些改革都涉及教职工的切身利益，群众对改革的关心是非常正常的。这么大的改革难度，没有全体教职员工的共同努力，很难闯过难关。这是我们党的干部必须清醒认识到的，就像胡锦涛同志说的："各级党委和政府必须旗帜鲜明地毫不动摇地坚持全心全意依靠工人阶级的方针。"因此，建设一支好的工会干部队伍是十分必要的，我校党总支非常重视工会委员会的建设，把具有一定政治素质、热心社会工作、有群众基础、能参政议政的同志推选到工会工作，保证了工会委员会的政治素质，使我校的工会工作能生机勃勃的开展，赢得广大教职员工的信赖和支持。每年我校有两次教代会，听取教职员工们

做实践"三个面向"的改革者

的意见。教代会后的决定汇报,起到了鼓舞号召的作用,这种号召比我们个人讲多少次都有用,可信度高,号召力大,起到了决定的作用,正可谓是事半功倍。

3. 干部配备,选拔的标准要透明公开,充分参考工会教代会的意见。只要达到基本要求,有群众基础的就可以用,不能求全责备,不能任人唯亲,要看重悟性,看本质,看干劲,看是否有忧患意识。同时也要教育干部和广大教师要能上能下。

4. 书记、校长要能够倾听下层意见,哪怕是无意中听到的,要集思广益,善于集中学校大部分同志的意见。改进工作方法,调整工作策略,制订能解决实际问题的计划。这是学校民主建设过程中不可缺少的工作方法和作风。近几年来,由于学校重视教师队伍的建设,注意公开招聘选拔培养干部,注意营造学校的民主氛围,注意下放各层次干部责任权利,不求全责备,不在小事上争论不休,以团结互助注重实效为大局,因而凝聚了干部与教师之间的理解和支持,使学校管理工作也上了一个新的台阶。

改革开放以后,学校教育发生了很大变化,随着整个社会的发展和变化,学校各部门的功能、工作范围、工作任务也发生了很大变化,因此校长要及时调整工作思路和学校各部门分工,把服务放到学校管理的首位,否则就不可能把学校办好,更不能办成让人民满意的学校。

各部门分工的变化包括:

1. 后勤工作的改革物业管理,学生用餐的管理,校园环境的建设,也要有人文环保的意识和责任。

2. 主管校长教育教学一手抓(变两张皮为一张皮)。校长全面负责,副职也应对所管的工作全面负责。教学中有教育,教育中有教学,不能人为分成两块,这样做解决许多矛盾。尽管各方面对此看法不一,我校也坚持这样,我认为我们教育中出现的许多问题,应该先从我们的管理体制上入手解决。

3. 加强课外教育的力度,克服困难设立专门部门,给任务,真正有人管,有利于培养有能力有创造精神的人才,深化改革,也应从人事编制上入手。

4. 加强电教管理，为教育教学服务，为学校对外宣传交流服务，不了解教育的变化，按老规定办是不利于教育发展的。

三、建立行之有效的德育模式

（一）根据初中学生心理、生理特点制定德育纲要细则

中小学教育是基础教育，对学生一生的成长是十分重要的阶段，加强青少年思想道德教育是关系国家命运的大事。景山学校始终将德育工作放在各项教育工作的首要位置来抓，而且十分注重德育的针对性和实效性，在继承、借鉴的基础上不断进行探索和创新。学校以"三个面向"为指导，每年都要举行"德育工作论坛"，紧密结合学校的教育、教学和管理工作的实际，以科研课题的形式，积极探索和研究新时期的学校德育工作。进入新世纪以来，每学年结束，我校都事先安排班主任的德育论坛：① 班主任工作经验交流；② 德育工作案例交流；③ 班主任工作沙龙活动；④ 新型家长会的研究与实践；⑤ 明确对学生培养教育转变的论坛。

德育工作不是僵死的，而是结合现代青少年学生的特点，科学地进行探索。以不同年龄学生的心理、生理发展特点为依托，整体构建我校德育体系是开展德育工作重要的思想基础。

景山学校在学制上是小学、初中九年一贯和高中三年，这样中小学一贯制的学制给德育工作提供了优势，我校充分利用这种优势，构建整体化的、一贯性的德育工作体系，以保证在这个德育过程中要素结构的完整性和连续性，使之充分体现各年龄阶段学生身心发展的特点。德育工作体系以目标、内容、途径、方法、管理、评价等要素系统为纬，以年级层次系统为经，进行横向贯通，纵向衔接，分层递进，螺旋上升。以保证各个阶段德育工作的层次性和渐进性，充分发挥一年级到高三年

■ 做实践"三个面向"的改革者

级德育系统的整体功能,提高德育工作的针对性和实效性。

鉴于以上几点考虑,我校提出以各年级学生心理、生理、思想品德发展特点为依托,整体规划构建一至高三年级德育的新模式,在老师们多年积累的丰富经验的基础上,制定了我校从一年级到高三年级德育序列纲要及实施细则。

德育工作的指导思想是:坚持以邓小平理论和"三个面向"重要思想为指导,全面落实《中共中央加强未成年人思想道德建设的若干意见》、《公民道德建设实施纲要》,坚持以人为本,整体构建学校德育体系,全面推进素质教育,突出生活化德育,努力培养会做人、会求知、会审美、会健体、会劳动、会生活的创新型人才。

德育目标是让景山学校的学生都具备以下9个方面的素质:

1. 热爱祖国,具有民族自尊心、自信心、自豪感。
2. 热爱首都,具备首都中学生的素质风范。
3. 具备基本道德观念及相应的礼仪、礼貌、礼节素养。
4. 具备诚信、敬业、谦虚、坦率、自信;团队协作、公平竞争;会关心、会爱等道德素质。
5. 具备中华传统美德。
6. 热爱自然、保护环境、关心可持续发展。
7. 遵纪守法,懂得用法律保护自己。
8. 具有创新精神、创新能力和创新品质。
9. 具有一定的社会实践能力。

德育工作内容主要包括:爱国主义教育;社会主义教育;集体主义教育;道德教育;劳动教育;遵纪守法教育;良好的个性心理品质教育。

德育序列纲要的实施细则,每学年共分四个阶段,每个阶段的工作各有侧重。学校的各个部门、各级领导及课任教师,都有明确的工作目标、方法,形成网状教育体系。

在总的德育目标、德育内容的基础上,分解成年级的德育目标、德育

探索之路　　北京景山学校在"三个面向"指引下的教育改革

内容，并编写出具体的实施途径和方法。例如在九年一贯这个学段划分为三个阶段：1—3年级以行为规范训练为主，贯穿五爱教育，渗透保护环境教育；4—6年级以遵纪守法为重点，贯穿公平、公正、艰苦奋斗和公民权利、义务、责任感、辩证观教育，渗透合作、交往、挫折教育；7—9年级以道德品质为重点，贯穿竞争、诚实守信教育，渗透价值观、世界观、人生观教育。每一阶段德育目标的确定、德育途径和方法的选择，都是由浅入深、由低到高、由感性到理性、由具体到抽象，逐步深化。

（二）改革初中管理模式，实行六级管理的全面负责制

教育工作是一项整体化工作，学校的教育工作不仅应该领导重视，主管领导落实，而且学校的全体教职员工都是德育工作者，学校的全部工作都应渗透德育，因此全体教职工必须树立教书育人、管理育人、活动育人、环境育人的整体育人思想，我们实行六级管理的管理模式。模式图如下图所示：

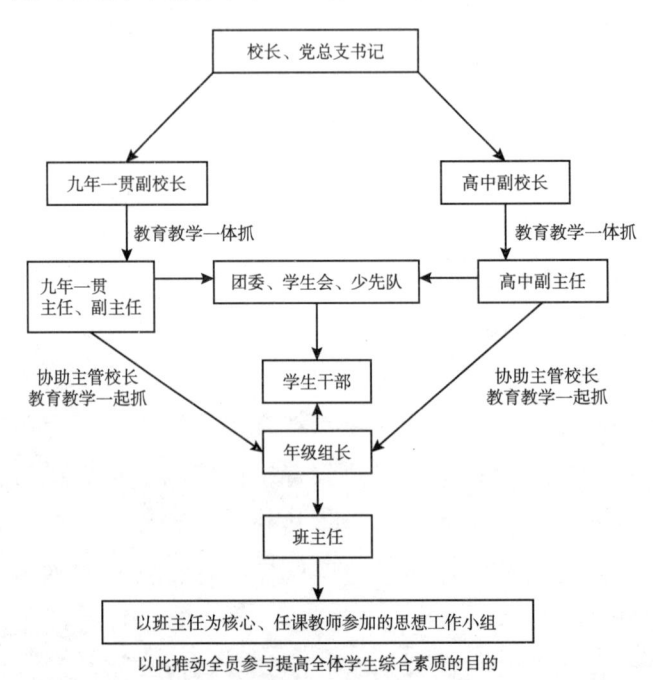

```
                    ┌─────────────────┐
                    │  校长、党总支书记  │
                    └─────────────────┘
                     ↙               ↘
          ┌──────────────┐       ┌──────────────┐
          │  九年一贯副校长 │       │   高中副校长   │
          └──────────────┘       └──────────────┘
            │ 教育教学一体抓           教育教学一体抓 │
            ↓                                    ↓
     ┌──────────────┐  ┌──────────────┐  ┌──────────────┐
     │ 九年一贯      │→ │ 团委、学生会、 │ ←│  高中副主任   │
     │ 主任、副主任   │  │    少先队     │  │              │
     └──────────────┘  └──────────────┘  └──────────────┘
          │                  ↓                    │
     协助主管校长         ┌──────────┐         协助主管校长
     教育教学一起抓        │ 学生干部  │         教育教学一起抓
                         └──────────┘
                              ↓
                         ┌──────────┐
                         │ 年级组长  │
                         └──────────┘
                              ↓
                         ┌──────────┐
                         │  班主任   │
                         └──────────┘
                              ↓
          ┌──────────────────────────────────────┐
          │ 以班主任为核心、任课教师参加的思想工作小组 │
          └──────────────────────────────────────┘
              以此推动全员参与提高全体学生综合素质的目的
```

做实践"三个面向"的改革者

班主任为核心的，任课教师参加的思想工作小组，每月一次碰头会，交流班级工作状况，商谈下一月的工作措施，并就班级内需要重点关注的同学出现的问题进行分析，商定具体工作办法。班主任为核心的思想工作小组，把班级任课教师组织起来，全面参与到班级的教育教学管理中来，形成基层管理单位，这个单位的确立，从一定程度上解决了"全员德育"流于空喊的问题。工作小组对班主任负责，班主任对年级组长负责，年级组长对主任、副主任负责，从而实现层层管理负责制。

学生干部是管理模式中一支强有力的力量，"管理的最高境界是不管而治"，学校管理追求的是学生的自我管理、自我教育，因此，我们在管理中重视培养学生干部队伍，定期开展学生干部培训，从而使学生的事学生自我管理比重大大提高，学生在自我管理的实践体验中也实现了自我教育。

（三）德育实施措施

1. 充分发挥课堂主渠道作用

各学科教学是教师向学生传授知识同时进行德育的最佳途径，各科教师要教书育人，为人师表，寓德育于各学科教学之中，各教研组要把挖掘学科教学中德育因素作为教研内容之一，尤其是思想政治课更要充分发挥教育潜能，努力使学科德育规范化、系列化，帮助学生树立正确的人生观、世界观、价值观，培养良好的个性心理品质。

2. 建设良好的校园文化和班级文化

（1）物质文化建设

校园环境建设和班级环境建设，以橱窗、年级板报、班级板报、壁报、教室环境布置等，对学生进行教育，做到环境育人。

（2）活动文化建设

① 以提高学生整体素质为目的，开展读书节、科学节、文化节、体育节等。

探索之路 北京景山学校在"三个面向"指引下的教育改革

精心设计和组织开展内容鲜活、形式新颖、吸引力强的道德实践活动，组织学生每学年至少看一场电影、观摩一场艺术演出、参观一次教育场馆、参加一次社会实践公益活动，让学生在实践中把道德认知自觉地转化为道德行为。

抓好教育契机，积极利用节日、纪念日等时机有针对性地开展思想道德教育。充分利用法定节日、传统节日，重大历史事件纪念日，革命领袖、民族英雄、杰出名人等历史人物的诞辰，以及入学、入队、入团、成人宣誓等有特殊意义的重要日子，集中开展思想道德教育实践活动。

② 班会、队会规范化、系列化。

③ "走进自然"社会实践活动。学生的环境意识和责任感，是道德素质，是一种价值观。每学期，利用和环境有关的节日，如地球日、环境日做系列教育活动，做到传统化、系列化、规范化。

"走进社会"实践体验活动。每年的寒暑假，都让学生自己联系实践单位，自己组织小组成员，开展形式多样、内容丰富的社会实践志愿活动。

开展安全自救教育、健康卫生教育、青春期性教育（男生、女生课堂）和禁烟禁毒教育，崇尚科学文明的生活方式。

3. 抓行为规范

结合《公民道德建设实施纲要》，以"做现代文明中学生"为主题，强化《中学生日常行为规范》，落实《九年一贯初中部一日常规》，加强管理，继续实行九年一贯—年级组—班主任和学生管理委员会—值周班—学生两条线的管理办法，开展实践体验教育。继续开展"健康文明景山人"主题教育活动，开展"文明就差这一点"和"文明就在我身边"系列活动，"寻找我们身边的道德细节"实践体验活动。

4. 心理健康教育

通过心理健康教育培养学生健康的心理品质，帮助学生处理好学习、生活、人际关系等方面遇到的心理矛盾和问题，提高心理素质，培养承受

做实践"三个面向"的改革者

挫折、适应环境的能力。

学生心理品质的提高关键在于教师熟练运用心理技能的能力。每学期，都要对教师进行心理学方面的培训，人均培训达到2次/学期。

用"送出去"的办法，争取每学期能有1—2位老师较系统学到心理学方面的知识，回到学校后，再开展校本培训，从而使培训达成良性循环。

5. 法制教育

每年3月"法制教育宣传月"，一年一个主题，就学生关心、关注和学生密切相关的法律问题展开活动，从而帮助学生增强法律意识，学会运用法律保护自己，做到知法、守法、用法。

6. 活动课程和课外活动系列化

充分利用初中四年的优势，充分利用下午3：05以后的时间，优化健全课外活动和选修课程。制订六—八年级课外活动实施方案，并在实施过程中进一步健全完善。让学生在活动中开发潜力，提高综合素质。

7. 少先队、团委工作

主题队会和主题班会的融合与沟通；建团流程规范化；团日活动系列化。

做好学生自我管理、自我教育工作。高年级学生管理低年级学生，发挥学生管理委员会职能。

团队衔接工作的改进与完善；团、队活动的时代性、实效性的研究与创新；大、中队辅导员专业素质的培养与提高；团、队学生干部工作能力、素质的培养与提高。

8. 构建学校、社会、家庭三位一体的教育网络

（1）学校主动与社区、社会团体、相关机构联系，共同探讨育人的方式、方法及解决存在的问题。与教育基地、军队、法制副校长等联手开展社会实践、军训、法制教育活动。

（2）办好家长学校，设立家长接待日。

（3）家长会改革新一轮的实践与研究；新时期家访形式的研究等。

家庭对学生行为习惯的培养、品德的形成、个性的发展有着十分重要的作用。通过家长学校，指导家庭教育，改进家庭教育的方法。通过家长接待日，及时了解家教中存在的各种各样的问题，并为问题的解决提出建设性意见。

9. 德育信息化

在参加东城区数字德育平台的课题研究的同时，搭建学校数字德育平台，建立校园德育网站。

10. 建立德育评价体系

（1）建立班级建设评价体系，对班级工作进行评定，对班主任工作进行评定。

（2）建立学生思想品德评价体系，评定的内容及标准以本规划的德育目标及《中学生守则》、《中学生日常行为规范》为依据，充分考察学生的政治思想、道德品质、行为表现等方面；评定等级为优秀、良好、及格、不及格等。

11. 关于德育的保障措施

（1）制度建设完善、制订相关条例和规定，完善各项管理制度。修订《北京景山学校学生指南》，细化管理措施。

（2）德育队伍建设，建立一支学习型的德育队伍。完善"学习—实践—反馈—纠正—总结"的德育研究模式，大力提高班主任队伍的理论水平和实践能力，培养一支懂业务、善管理、肯奉献的德育队伍。

制订班主任职级制，从而建立优秀班主任的鼓励机制；实施班主任、年级组长竞争上岗与行政任命相结合的办法，让具有现代教育观、教学观、人才观，善管理、肯奉献的教师走上德育工作岗位。

《北京景山学校德育序列纲要及实施细则》的制定及六级管理的全面负责制的实行，为我校初中德育工作的系列化、制度化，实现了有章可循，为班级教育、年级教育，为实现教育的最终结果，起到了实效作用。

■ 做实践"三个面向"的改革者

■ 四、大力进行教师队伍的调整，建立一支高水平的教师队伍

在景山长期的教育改革实践中，我们深深地感到，一所好学校，除了要有好的干部队伍，好的教育条件，更重要的就是要有一支优秀的教师队伍。景山学校在建校的45年中，能够在国内外产生广泛的影响，就是因为它有一支热爱教育、勇于探索、敢于实践、有自己特色、愿意为教育做贡献的教师队伍。"振兴民族的希望在教育，振兴教育的希望在教师"，邓小平同志以战略家的远见卓识，指出了加强教师队伍建设对振兴民族、振兴教育的重要性。我们深切地认识到，没有高素质的教师队伍建设，一切高水平的教育计划都会陷于空谈。近几年来，随着老教师的相继退休，年轻教师队伍逐步壮大，我校小学教师35岁以下的占70%，中学教师35岁以下的占63%，青年教师是学校的希望所在，是办好学校的重要力量，一个优秀教师的成长，关键是在年轻阶段的锻炼和培养，所以这几年我们紧紧扭住青年教师的培养不放松，主要做法有以下几点：

1. 注重对青年教师的常规培养，比如建立师徒结对，加强对青年教师备课和听课的指导，举办青年教师的研究课、公开课，对青年教师进行景山学校传统和爱校教育等等。校长都要亲自谈话。

2. 加大对教师课堂教学的研究与评价。我校在"以人的发展为本"新的评价理念的指导下，开始探索并完善对教师的科学评价方式，充分发挥评价的诊断、激励与发展功能，开展特色评价，促进学生、教师和学校全面发展。

① 建立了景山学校课堂教学评价方案。
② 建立景山学校学生对教师教育教学工作评价方案。
③ 建立以教研组为单位的教学研究评价方案。
④ 建立家长或家长委员会对教师和学校工作的评价方案。

3. 注重对青年教师进行端正教育思想和教师职业道德的教育，对青年

探索之路　　北京景山学校在"三个面向"指引下的教育改革

教师中出现的违反师德的现象，我们既严肃批评，又给予关心和帮助，对青年教师中热爱教育事业，热爱学生，工作业绩突出的，不仅给予表彰和鼓励，还帮助他们总结经验，在全校给予推广。对不合教师要求，专业思想不牢固，学生、家长意见大的年轻教师不予聘用。出现一起，处理一起，严重的现象在学校开展讨论，以引起学校教师的重视。

4. 在培养青年教师的方法上，我们注意结合每学期学校工作的不同侧重，对青年教师提出不同的要求，保持在青年教师培养工作的方面不断提出新要求和新标准，不断提高青年教师工作经验和专业教学水平。本学期我们要求每一位青年教师，在总结过去成长的经验教训的基础上，制订出个人3—5年发展规划，对青年教师的要求又上了一个台阶。并将规划编辑成书，以供互相交流学习。

5. 鼓励青年教师冒尖，鼓励青年教师成名、成家，向市区推荐、做公开课，为优秀青年教师的职评、评优、进修、出国、提拔等创造各种可能的条件。

6. 对青年教师的表彰形成制度，加大奖励力度，评选要评出层次。只有评出层次，才能评出干劲，才能使优秀的更先进，不足的赶上来。

7. 形成学校的管理教师队伍，评学校带头人，学科管理教师，青年新秀。经过长期不懈抓青年教师，这几年我校有一批优秀的青年教师成长起来，全年我校有三位同志经层层选拔，被推到全国做公开课获一等奖，受到专家学者的好评。

五、大胆进行课程的调整和教材的编写工作

我们不仅全面执行国家初中课程计划，开齐、开足国家规定的所有课程，而且做到数学、语文、英语三大基础学科扩展、拓深、加大培养能力的力度；同时增加了一些有利于学生全面发展的活动课和特色课。

■ 做实践"三个面向"的改革者

1. 三大基础学科的改革

数学、语文、英语三大学科是基础教育的重头课，也是九年义务教育提高学生综合素质的主要课程。为了全面提高学生三门主科的学习水平，在保证完成规定的教学内容的前提下，我们做了如下改革：

数学：在课内数学教学中强调数学思想的建立、基础知识的培养和计算能力的提高。同时开设数学活动课（1课时），让学生在数学游戏中去体会数学的解题思想和解题方法，对于开发学生的智力和提高思维能力有很大的好处。

语文：开设阅读课（1—2课时），对于提高学生分析文章、理解文章的能力和培养学生的阅读能力大有好处。同时六、七年级自编教材开设古诗文课，增加大量的古诗。

自编语文教材是在新课程标准指导下，体现新的课程改革理念，从教法、学法全方位改革的新教材，其特点如下：

（1）新教材注重对于学生学习语文兴趣的激发，起始单元为"和书交朋友"，从一开始培养学生对于读书的兴趣，从对读书产生兴趣开始，使得学生喜欢上语文。

（2）新教材注重现代文阅读量的增加。

（3）新教材注重古文阅读能力的培养。

（4）新教材注重对学生写作能力的培养。

（5）新教材注重综合能力的培养。

（6）新教材注重新的教育理念，促进教法与学法的改革。

英语：加强听、说练习，增加外教课（1课时），补充大量阅读材料，增加学生的词汇量，提高写作能力。补充《新概念英语》，提高学生外语学习的水平。

2. 活动课和特色课

为了全面实施素质教育，使学生在初中四年能够生动活泼、全面发

探索之路　　北京景山学校在"三个面向"指引下的教育改革

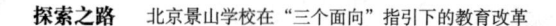

展,开设了一些适合学生年龄特点、学生喜欢的一些特色课。如:生活技能课、健康课(包括性教育)、计算机、数学活动课、语文活动课、英语活动课、形体课等等。其中六年级英语活动课上口语和听力的教学收到良好的效果,学生英语学习的兴趣极高,用英语交流、沟通的能力明显提高,自我表现欲增强。学生能在教师指导下完成英文歌曲填词,英文原版电影赏析,甚至能听懂VOA美国之音special English的部分内容,对于六年级的学生是相当不易的。采取限时阅读、图文并茂学单词、阅读英语读物写出文章大意等多种方式提高学生的阅读、写作能力。课外布置任务型作业,学生能围绕主题分角色学习利用电脑网络进行表演,能学以致用。

另外还增加体育课的课时,增强学生的体质。七年级进行军训活动七天,实行军事化管理,培养学生高度的组织性和纪律性。八年级进行社会实践活动七天,学生走出学校,参与校内外、周边社区的各种公益活动,使学生更好地了解社会。

这些特色课的设置丰富了学生的知识,扩大了学生的知识面,增长了学生的能力,活跃了学生的课外生活。

3. 开设选修课

现代课程改革提倡校本课程的研究与试验,选修课就是根据学校学生与教师的实际情况,开设的校本课程。我校初中四年的学制改革在教学时间的安排上产生了弹性,使我们可以利用弹性时间设计弹性课程,将学生旺盛的精力转移到学习兴趣的培养和个性特长的发展上来,促进学生全面素质的提高。因此在六至八年级进行开设选修课的研究与试验。

对于选修课的设置,我们的依据是:以学生的兴趣、需要为出发点,以培养学生的科学素养、实验能力、实践能力、审美情趣等诸方面的综合素质为课程设置的依据,使学生在需要中获得新知、增长才能。

目前我们已将选修课排入课表,进行规范化管理。先后开设了语言训练、阅读欣赏、戏剧表演、实验操作、数学方法、口语训练、游览世界、

做实践"三个面向"的改革者

生理卫生、地理、素描、环保、古代建筑，体育学科的篮球、排球、游泳、体育欣赏等科目。

目前部分选修课已形成讲义，如：六、七、八年级植物、动物、生理学实验内容的讲义，七年级素描课讲义，古代建筑课讲义，六年级环保课讲义等等。

六、加强教育科研工作，教改是景山学校生命力之所在，科研是景山学校希望之所在

北京景山学校因教育改革而诞生，依教育改革而生存，随教育改革而发展。作为一所专门进行城市中小学教育教学改革试验的学校，景山学校从1960年建校至今一直进行教育教学改革试验。特别是近20年来，学校在"三个面向"思想和"全面发展打基础，发展个性育人才"的办学理念的指导下，在学制、课程、教材、教法、考试与评价、思想教育、课外教育和劳动教育以及发展学生个性特长等方面进行了一系列结构性综合整体改革试验和单项试验，取得了可喜的成果和规律性的经验，为基础教育改革做出了一定贡献。学校连续参加"六五"、"七五"、"八五"、"九五"期间的国家级、北京市级和东城区级课题试验，均取得了良好的效果，目前正在进行"十五"期间国家教育部重点课题和北京市及东城区级课题的研究。

在长期的教改实践中，造就出了一支具有一定教育理论水平和教育科研能力的骨干教师队伍，形成了教育教学工作、教育教学改革试验和教育科研三者紧密结合，"三位一体"的教改方法，确立了以学生发展为本，以科研为先导，以教育教学为中心，以科研课题为载体，全面推进素质教育的办学特色。

近年来，我校明确提出了"科研兴校"的口号，在《北京景山学校教改试验课题六年规划》中明确指出，教改是景山学校的特色，教改是"景

山人"的性格，教改是景山学校生命力之所在。学校的教育科研工作已经同教育教学工作一起作为学校的一项重要工作，加强科研管理，提高教育教学质量，促进学校可持续发展已成为景山学校发展的主要目标之一。

（一）健全机构，保证学校教育科研持续发展

1979年我校在全国中小学率先成立了教育科学研究室，1989年扩大成"教改研究所"，由校长兼任教科所所长，设常务副所长一名具体负责学校教科研工作，教科所教师均为教育学硕士研究生。教科所负责对全校教育科研和教改试验课题的管理工作，具体包括全校教育理论学习、课题申报审批立项、课题的指导与检查、课题的评价与奖励。见图所示：

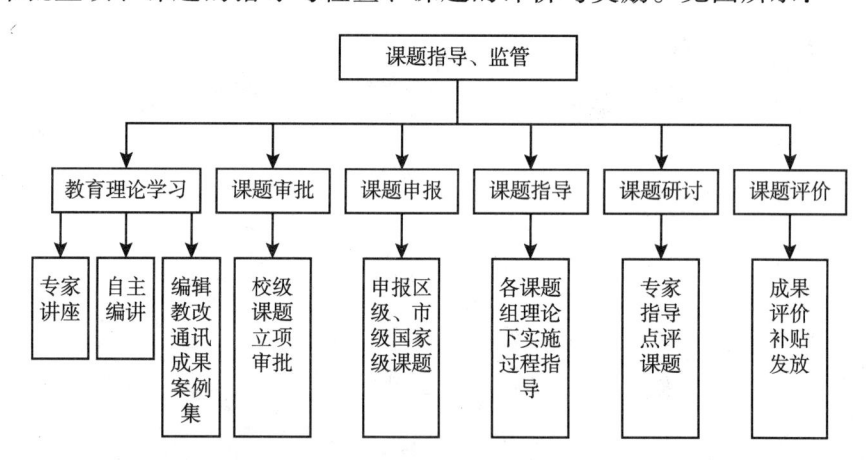

```
                    课题指导、监管
    ┌──────┬──────┬──────┬──────┬──────┐
教育理论学习  课题审批  课题申报  课题指导  课题研讨  课题评价
┌──┬──┬──┐    │      │       │        │        │
专家 自主 编辑  校级   申报区   各课题   专家    成果
讲座 编讲 教改  课题   级、市   组理论   指导    评价
          通讯  立项   级国家   下实施   点评    补贴
          成果  审批   级课题   过程指   课题    发放
          案例                  导
          集
```

教育的出路在改革，改革的实践靠科研，科研的主体是教师。搞教育科研不是一两个人的事，而应成为全体教师共同的追求，没有广大教师参与的教育科学研究是难以持续发展的。因此，学校教职员工应该人人有课题，全员参与研究，建立一支科研骨干队伍。为了更好地组织教师参与教育科研，我校构建了科研组织体系（见下页图所示）。

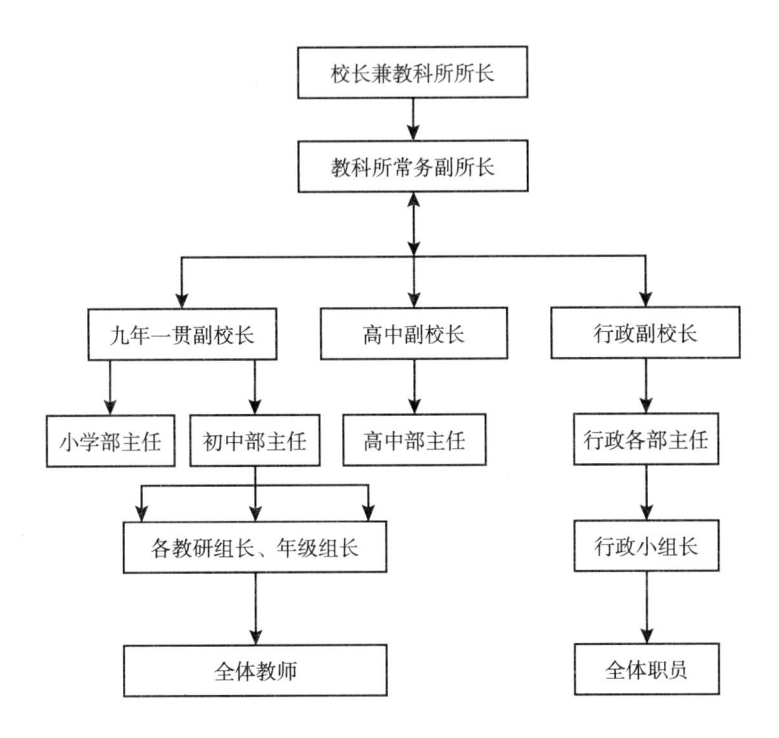

```
                    ┌──────────────────┐
                    │ 校长兼教科所所长 │
                    └────────┬─────────┘
                             │
                    ┌────────┴─────────┐
                    │ 教科所常务副所长 │
                    └────────┬─────────┘
          ┌──────────────────┼──────────────────┐
    ┌─────┴──────┐     ┌─────┴─────┐      ┌─────┴─────┐
    │ 九年一贯副校长 │     │ 高中副校长 │      │ 行政副校长 │
    └─────┬──────┘     └─────┬─────┘      └─────┬─────┘
     ┌────┴────┐              │                  │
┌────┴──┐ ┌────┴───┐    ┌─────┴────┐       ┌─────┴─────┐
│小学部主任│ │初中部主任│    │ 高中部主任 │       │ 行政各部主任 │
└───────┘ └────┬───┘    └─────┬────┘       └─────┬─────┘
               └──────┬───────┘                   │
              ┌───────┴────────┐            ┌─────┴─────┐
              │各教研组长、年级组长│            │ 行政小组长 │
              └───────┬────────┘            └─────┬─────┘
                      │                            │
                ┌─────┴─────┐               ┌─────┴─────┐
                │ 全体教师  │               │ 全体职员  │
                └───────────┘               └───────────┘
```

（二）建章立制，实现教育科研管理科学化、规范化

开展教育科研和进行教改试验需要建立科学可行的、行之有效的制度来保证，包括常规的工作制度和课题管理制度。为加强对学校各级各类课题的管理与评价，学校教科所制定了一系列教科研工作规章制度，如《北京景山学校教改实验课题管理的规定》《北京景山学校教科研经费使用、发放原则》《北京景山学校教改试验科研成果奖励办法》《北京景山学校教改实验课题论证报告评定标准》《北京景山学校教改科研课题阶段性评价指标体系》等，使学校教育科研管理有据可依，实现管理的科学化与规范化。

学校还要求科研工作有计划、有检查、有总结。从校长、教科所到每位教师开学都有科研工作计划，期末都有本学期课题研究汇报，每个月课题组都有课题研究例会，每学期教科所对每个课题组进行中期检查，每年

探索之路　北京景山学校在"三个面向"指引下的教育改革

暑期召开一次全校的课题研讨会，目前已召开了六届，研讨会邀请专家对学校课题研究进行指导和点评，并进行专门的课题研讨和交流。

学校有专门的教育科研经费，近两年加大了对科研经费和奖励经费的投入，仅教师科研奖励经费一项2001年投入10万元，2002年投入20万元。2003年学校将参加教改试验和从事教育科研纳入教师工作量，全校教职员工每人每个月有专门的科研津贴200元，根据课题的完成情况给予发放。

（三）讲求实际，以校为本开展教育科研

当前全国各地都在深化教育改革，进行教改试验，这对我们来说是一项挑战，但我们有信心迎接挑战。因为我们的教育科研和教改试验不赶时髦，不赶浪潮，而是紧密结合学校教育教学实际，以校为本进行实实在在的研究和改革。

我们提倡的校本课题研究是"教师在教育教学中，通过教育教学，为了教育教学"的研究，这种研究是从教育教学实际问题出发，从教师的需求出发，留心教育教学中出现的问题并设法解决，解决问题的过程同时是教育教学研究和提高的过程。因此把日常的教育教学工作、教改试验和教育科研紧密结合起来，使三者相辅相成，"三位一体"是我校开展教育科研的基本方法和途径，也是校本研究的一条规律性经验。

"十五"期间学校根据教育的发展形势和学校的发展实际，积极开展各级各类课题研究。我们承担了1项教育部重点课题，2项国家级课题子课题，2项北京市级课题和5项东城区级课题。此外有校级课题六大类73项。这些课题涵盖了学校改革的各方面，涉及德育、学制、课程设置、教材建设、教法与学法、评价和学校优质教育资源的配置等，紧紧围绕"全面发展打基础、发展个性育人才"的办学方针展开。这些课题的研究是我校坚持和深化教育科研的基础，确保学校的教育教学沿着科学的方向前进。

（四）创设条件，促进教师专业化发展

实践证明，中小学只有走教育科研兴校之路，才会有生机勃勃的发展。中小学教师只有参与教育科研，才能促进自身发展。我校重视引导和组织教师参与教育科研和教改试验课题，为教师从事教育科研创造条件。

"任何研究都需要理念的支撑，理论学习应成为教师自觉的需要，成为指导和帮助教师解决在实践中遇到的问题和困惑的需要。"在进行教育科研的过程中，我校始终把理念的转变作为一个重要环节狠抓不放，定期组织干部教师学习先进的课程理念，统一认识，为课程改革和校本研究提供科学的指导和理论支撑。充分开发和利用学校和社会各种资源，通过邀请专家进行专题讲座、课题指导评价、召开学校科研课题研讨会、教研组集中研讨、案例分析等方式，形成多层次、多渠道的校本研究培训形式，促进教师教学观念和行为的转变，促进教师专业化发展。

教研组是进行课题研究的重要组织形式，教师之间的共同研讨和交流是进行课题研究的有效方式。我校要求各教研组组织教师，结合教学中存在的问题，结合课改的要求，设立课题进行试验与研究，如高中数、理、化教研组承担的"高中数理化特长生的培养"课题；语文教研组承担的"语文探究式活动课的建构与实践"课题；劳技教研组承担的"初中劳动技术课教学模式的研究"课题等。这些研究课题都是教师或教研组在教学实践中感受到的问题或困惑，都结合了学校和学生实际，不断进行课改理念、教学方法、课程评价等方面的研究和探索，课题的研究对提高教学水平和教学质量起到了极大促进作用。

我校积极为教师创设有利于自身专业化发展，有利于教学与研究的良好环境，鼓励教师冒尖，鼓励教师成名，重视教师科研成果推广，学校出资由教科所将有价值的成果编辑出版成册，从2001年至今已出版老师们的科研成果书籍30余册，出版了8本校本选修课教材，推荐教师撰写的论文参与市级、区级各项论文评比，获奖论文累计有300多篇。我校以国家新课程标准为依据，紧密结合学校和学生的实际，重新编写的全

探索之路 北京景山学校在"三个面向"指引下的教育改革

日制义务教育阶段语文、数学新教材目前已编写到第11册，出版配套的教师参考用书、练习册累计30多册，并已在全国18个省市近100多所学校300多个教学班进行试验，受到了参加试验的学校、班级、教师、学生和家长们的好评。

从一定意义上说，科研课题显示着学校改革、课程改革的方向，把握住一个课题就意味着找到了一条研究思路，找到了教育教学改革的突破口，以课题为载体，不仅能得到一批成果，更重要的是可以带出一支队伍，成就一批人才。课题研究是我校为教师铺设的发展平台，通过教育科研课题的研究与试验，大大提高了老师们的自身素质，涌现出了一批具有现代教育观念和科研能力的骨干和优秀教师。刘长明老师在"北京市小学语文教师基本功教学大赛"中获一等奖，林红焰老师代表北京市参加全国化学教学大赛荣获一等奖，吴鹏老师代表北京市参加全国数学大赛获一等奖。他们只是我校优秀青年教师的代表，我校的青年教师通过参与校本课题研究都已快速成长起来，许多人成为北京市、东城区的骨干教师。这也是我校办学理念的一个基础，是我校的教师群体由传统经验型向现代专家学者型转变的基本途径。"十五"期间我校教职员工人人有课题，人人参加教育科研，以科学的精神、科研的态度和方法去工作，已逐渐成为教职员工的基本要求，学校形成了良好、浓厚的教育科研氛围。

新世纪我校的教育科研仍将遵循"以人为本，全面、协调、持续的科学发展观"，坚持以"三个面向"为指导，以学生发展为本，融古今中外百家之长，在教改实践中走"以我为主，继承、借鉴、融合、创新"之路。坚持进行"全面发展打基础，发展个性育人才"的结构性的综合整体改革试验，为学生的终身学习和一生发展奠定坚实的基础，为培养走向现代化、走向世界、走向未来的有理想、有道德、有文化、有纪律的一代新人奠定坚实的基础。

(2004年11月17日)

深化学区化管理，推进教育优质均衡发展
——在"东华门—景山学区教学公开展示交流活动"上的讲话

各位领导、各位校长：

大家好！

在区委、区政府、教工委精心策划和指导下，区教委推出了学区化管理的新举措。现在，在教委的直接领导下五个学区逐渐进入了工作状态。上学期东华门—景山学区由我校作为主席校，学区工作正式启动。这次"东华门—景山学区教学公开展示交流活动"是我们学区开展工作以来的第一项大型活动。为了这次活动的顺利实施，我们召开了从提出建议、讨论方案到方案出台及活动细节等五次会议，与各校的校长、教学干部一起研究达成了共识。我们学区开展活动的宗旨是"加强学区融通、共享学区资源；增进教学交流、全面落实素质教育；面向全体学生，使学生、教师双受益"。这次学区的教学展示与交流活动展示了全学区的六所中学：27中、景山学校、25中、65中、165中、166中。我们这六所中学都有自己的办学特色和学校特点，都有自己的悠久历史和光荣传统及良好的社会声誉，在加强学区建设精神的指导下，发挥学校在各自社区的优势作用。为了不影响正常的教学，减轻学校负担，提高课堂教学的时效性，保证各学科老师更多参与，我们是这样安排这六天的教学交流的：3月30日27中推

探索之路　　北京景山学校在"三个面向"指引下的教育改革

出4节数学课，资源共享课3节；3月31日65中推出4节英语课，资源共享课4节；4月3日景山学校推出3节化学课，资源共享课2节；4月4日165中推出2节语文课，资源共享课3节；25中推出3节语文课，资源共享课1节；166中推出3节物理课，资源共享课3节。六天的活动参与讲课、听课、评课的教师多达500人，听课的学生近1800人，做课的36位教师的教案准备在5月份出书，36位教师做课的光盘与书同时制作，目的是为了进一步广泛交流和相互学习。

在实施新课程的今天，在新理念的指导下，如何利用课堂教学的主渠道培养和提高学生学习能力是我们每位教师都在思考的问题。东城区率先推行的学区化活动为我们的思考题提供了更明确的方向和更广阔的空间。这次"东华门—景山学区教学公开展示交流活动"给我们的启示如下：

1. 加强学区校际之间的教育教学相互交流和相互观摩是现代社会发展、建设终身学习社会、实现教育均衡发展战略的一种必然发展趋势。学区之间校际交流，给我们学校管理者创造了一种走出原本狭小管理教育环境的机会，在交流、沟通、活动中去体验和学习别人长处找到自己不足，这就是一种思想观念的解放和变革。

2. 开展学区之内的校际之间的交流活动，有利于调动各校的积极性，因为学校与学校之间没有谁领导谁的问题，所开展的活动都是自愿的，是自主协商的，更是有利于各校工作的，而且时间不长，不影响学校正常的教育教学工作，时效性突出。

3. 这次我们学区开展教学公开展示交流活动，六个学科、36节课，六个学科的教师全部参加听课、评课，并将36位教师的教案及课堂教学整理成书、做成光盘供各校学习参考，实现了"加强学区融通、共享学区资源、增进教学交流、提高学区实力"的目的，参加课堂交流展示的老师也有一些感想和收获。

总之，这次我们学区开展的教学公开展示交流活动只是一次尝试，为今后社区教育活动的开展提供了许多有益的经验和方法。在此我代表东华门—景山学区的六所中学的校长及教师感谢区委、区政府、区教委、区教研中心对我们这次活动给予的关注和帮助。谢谢大家。

(2006年4月10日)

探索之路　北京景山学校在"三个面向"指引下的教育改革

提高学生科技素养，培养创新精神

——市级科技教育示范校校长座谈研讨会发言

2004年北京景山学校学生获"北京青少年科技创新市长奖"后和范校长、市领导合影

■ 做实践"三个面向"的改革者

各位领导、各位校长：

大家好！

1992年市区领导转发了我校《课外活动管理方案》，这对我校的课外活动的开展起到了导向和激励作用。为此，景山学校提出了以创办科技特色学校为契机，以组织学生社团活动为突破，形成学校独特的网络化的管理模式，使学校的科技教育活动落到实处，科技课外办公室具体实施学校科技教育活动及课外活动。学校不仅有长远的科技发展规划，同时每学年制定科技工作计划。在此基础上，各年级、各教研室制订自己的计划。发动全校所有部门和教师积极参与科技教育工作，承担科技教育工作任务。

学校的科技教育结合当前进行的课程改革进行。科技教育是北京景山学校课程体系中的重要部分，旨在开发学生的探究能力和创新潜能，从而培养创新意识和创新精神。为此学校积极为学生创造各种条件，营造良好的科技环境。此外，学校的科技教育还要适应学生多样化需求。本着这个理念，我校的科技教育具有多层次和多样化的特征。

我校的科技教育的特色活动有：

1. 科学节：科学节在景山学校已有19年的历史，它已成为景山学校一项不可或缺的科技盛事，学生的参与率几乎100%，在科学节中，同学们既可以成为各项科技活动的参与者，也可以加入活动的组织方，学到知识的同时还锻炼了自己的综合能力。

2. 门类齐全的科技类选修课：景山学校为各个年龄段的学生开设了各种科技类选修课、研究性学习，既丰富了同学们的知识面，又陶冶了科学情操。

3. 外出考察学习：利用课余时间，我校组织学生参加了20多场专家讲座，与科学家零距离接触。还利用寒暑假和双休日，组织学生走向社会、走向大自然进行科学考察，丰富了学生的阅历，提高了学生的能力。至今已经去过宁夏沙波头治理基地、海南中国研究所水稻基地、鄂尔多斯大草原、中国农业科学院镇江蚕业研究所、甘肃酒泉卫星发射中心等地区、单位考察。

4. 走进国家重点实验室：1996年底我校借助科协领导搭起的桥梁，依托社会资源，用科学家的大手，拉起学生的小手，成为北京市最早走进国家重点实验室的学校。10年来，有300多名学生自报课题，260多名学生参加了中科院植物研究所、中科院计算机研究所、协和医科大学等20多个重点实验室活动，在40多位著名专家学者指导下进行研究活动，完成论文近40篇，其中有17篇在全国获奖。以678分考入北大的姜川同学回到母校时说："走进国家实验室活动，使我终生受益。"几年来，走进国家实验室的同学，经受了锻炼，在科学精神、科学方法等方面普遍得到了提高。

5. 太空蚕项目：1999年美国宇航局向全世界的小朋友征集太空实验方案，景山学校五年级的学生李桃桃提出的"蚕在太空吐丝结茧"方案入选。但不幸的是2003年2月1日"哥伦比亚"号在返回途中失事，实验随之流产。2004年，中俄航天科技集团与北京景山学校达成了共识，计划"青少年太空蚕试验"装置将搭载2005年8月份发射的第22颗返回式卫星进行试验。经过充分的准备，这一试验方案得以顺利实施，2005年9月18日，北京航天城举行了开舱仪式。目前该项活动正在进一步研究之中。

6. 走向世界："面向现代化，面向世界，面向未来"是景山学校的办学宗旨，为拓宽学生视野，景山学校的科技教育活动走出国门，学生在与外国学生的交流过程中，看到自身的优势与不足。在历次活动中我校都取得优异的成绩，如51—53届美国工程大奖赛、1999年亚太地区学生科技交流节、1999年全球网上高峰会议、2004年第三届亚太经合组织青年科学节等，尤其是2004年我校学生张尚在世界航模锦标赛上取得了S9A项目团体冠军，实现了我国青少年在该项目上零的突破，2005年我校杨歌参加美国国家科学与工程学大奖赛，获得工程类二等奖和两项单项奖，是本项比赛国内最高奖。

我校学生历年来屡获"明天小小科学家"金、银奖，连续十四年获得市政府颁发学生金银奖22块，其中科技奖18块，多次获得全国青少年科技

■ 做实践"三个面向"的改革者

创新大赛一等奖。我们景山学校的科技教育活动也得到上级领导的认可，多次被授予各种荣誉称号：1996年，景山学校被评为首批科技示范校，首批走进国家重点实验室；1998年被评为首批市"金鹏科技团"；1999年被评为首批青少年科技俱乐部基地校；2001年被授予全国"超新星学校"……

纵观多年来我校科技教育所取得的成绩，我们深深感到：学校是培养人才的摇篮，而科技教育活动可以激发学生的创造动机、启迪学生的创造思维，发展学生的创造能力，塑造学生的创造人格，引领学生科学求知，勇于实践，为全面培养学生的综合素质构建一个广阔的舞台，只有把长期的科技教育与短期的科技活动有机结合，才能使学校科技活动长久不衰，更具活力。为此，学校制订了科技教育活动的短期规划和长远规划。短期规划是至2010年时，力争实现以下目标：

1. 今后五年课外活动保持现有的传统优秀项目，机器人小组、计算机爱好者协会、科技俱乐部等。继续保持景山学校在东城区甚至北京市科技传统校的地位，并在全国乃至国际科技比赛继续处于领先地位。

2. 为推动学校课外活动的开展，制订特长生评价手册，建立优秀特长生档案。

3. 加大学校科技辅导教师的奖励力度，对于辅导学生获得高水平奖项的给予更大奖励，以此调动师生积极性，并最终形成一套奖励机制。

4. 力争培养出更多像杨歌同学那样具有较强影响力的"科技之星"。

我校的长期规划是为配合景山学校的总体办学思路，将科技教育活动办成景山学校的"窗口工程"、"品牌工程"。

为了贯彻中央提出的科教兴国的战略决策，景山学校始终以教科研为先导，以教育教学为中心，以科技特色教育活动为重点，依托社会资源，构建学校科技教育网络，科技教育活动形成了网络化、系列化、制度化的教育模式，为培养创造性人才奠定了基础。我校将继续以"三个面向"为

探索之路　　北京景山学校在"三个面向"指引下的教育改革

指导方针，发展具有北京景山学校特色的科技课外活动体系，为培养走向现代化、走向世界、走向未来的有理想、有道德、有文化、有纪律的一代新人而努力。

(2006年4月13日)

"迎奥运'景山杯'国际中学生排球邀请赛"开幕式发言

尊敬的全国人大常委会热地副委员长，尊敬的各位领导、各位来宾，女士们、先生们、同学们：

上午好！请允许我代表中国中学生体育协会排球分会和北京景山学校向"迎奥运'景山杯'国际中学生排球邀请赛"的顺利开幕表示衷心的祝贺，也向今天光临开幕式的嘉宾们表示热烈的欢迎！

这次比赛在2008年北京奥运会紧张筹备之际举行，能够充分反映中国乃至世界中学生支持北京奥运的热情和心愿。

这次比赛使得各国运动员们有机会真正去实践"更快、更高、更强"的奥运精神，在奥运精神的激励下，迸发出高度的运动热情，在激烈竞争中发掘出身体潜能，在奋勇拼搏中磨砺顽强的斗志，在不懈进取中完成自我的超越。

同时，这次比赛使得各国中学生有机会更多地了解到北京为实现"科技奥运、绿色奥运、人文奥运"理念，传播"团结、和平、友谊"精神，实践使体育运动为人的和谐发展服务的奥林匹克宗旨所付出的努力。

此外，在国际中学生排球邀请赛期间，大会组委会还将举办"奥运与学校体育教育国际论坛"，参赛的七国代表将在论坛上分别介绍本国的学

探索之路　　北京景山学校在"三个面向"指引下的教育改革

校体育工作与奥林匹克体育精神的结合，这必将增进各国学校之间的相互沟通与了解，增强国际友谊与交往。

尽管种族不同，语言不同，文化不同，然而运动是世界人民的桥梁，通过它，我们共享"同一个世界，同一个梦想"的欢乐！希望各个代表队在比赛中，既能树立顽强奋斗的意识，创造运动佳绩，又能表现出良好的道德风尚，谱写运动场上的友谊之歌。

我深信，这次七国国际中学生排球邀请赛必将是体现世界中学排球运动发展的窗口，是交流当今世界排球运动技术的平台，也是北京景山学校向世界展示自己体育改革成果的契机。从长远来看，它必将为推动中国乃至世界中学生排球运动的发展作出有益的贡献！

借此机会，我再次向各参赛国代表队的全体人员表示最热烈的欢迎和亲切的问候！向在比赛前后辛勤劳动、默默奉献的工作人员，向大力支持本次比赛的中央、教育部、北京市、东城区的领导，向参赛各国驻华使馆、新闻界的朋友以及在各个方面热情帮助景山学校的企业和单位表示最衷心的感谢和最真诚的敬意!

最后,预祝"中国北京迎奥运'景山杯'国际中学生排球邀请赛"圆满成功!预祝各国的青少年朋友们在北京生活愉快!

(2007年7月17日)

探索之路　北京景山学校在"三个面向"指引下的教育改革

教改是景山人的品格

——庆贺"贺鸿琛同志从教六十年，陈心五、张定东、刘曼华等七位同志从教五十年"座谈会发言

尊敬的各位领导，各位专家，各位老师：

大家好！

1960年，为了响应党和国家的号召，探索一条适合中国基础教育发展的新路子，中共中央宣传部在北京市、东城区的大力支持下创办了北京景山学校。可以说新诞生的北京景山学校肩负特殊的历史使命，这就是教改试验！从此，来自中宣部、东城区教委、北师大、原91中、原东高房小学等单位的一批立志改革、勇于探索的景山学校的创业者们在东城区骑河楼北巷占地仅有九亩的校园里开始了轰轰烈烈的、有目标有内容的——即在学制、课程、教材、教法、考试、思想教育、劳动教育等方面进行了结构性的改革试验，迈出了景山教改道路上的成功一步，在全国产生了广泛的影响。粉碎"四人帮"后，景山学校全面恢复了"文革"前的教改试验项目，明确提出了"全面发展打基础，发展个性育人才"的办学思想，并意识到，在国家进入到一个全面开创社会主义现代化建设的新局面的时刻，按照一个什么方向来全面改革中小学教育呢？1983年9月，景山学校的领导代表全校师生给邓小平同志写了一封信，向他汇报了学校进行教学改革的情况，请他指明今后进一步深入

■ 做实践"三个面向"的改革者

教改的方向。小平同志十分关心教育，第二天就写了题词赠送给景山学校。邓小平同志为我校题词："教育要面向现代化，面向世界，面向未来。"表达了对我校教改试验的关心和支持，为我们指明了新时期教育改革的方向。

在邓小平同志"三个面向"的指引下，学校领导转变教育观念，把景山学校从事的基础教育改革放在更广阔的领域和空间，来审视、实施我们的教育。按照邓小平同志题词精神，我们始终要求每一位教职工端正教育思想，宣传"没有爱就没有教育"，努力争取不让一个学生掉队。按照邓小平同志的题词精神，学校始终不渝地立志修改编写新一代教材，并不断探索学制改革，为青少年成长创造良好的环境。按照邓小平同志的题词精神，学校不断引进和配备先进的教学设备，不断地将传统教学手段与现代教学手段相结合，达到最佳的教学效果。按照邓小平同志的题词精神，学校全面落实教育部课程计划，不允许随意加减课程，坚决不允许节假日给学生补课，给学生创造自我活动和学习的空间。按照邓小平同志的题词精神，学校领导解放思想，加强与国际教育机构、团体、学校的交流与合作，学习国外先进的办学理念，同时也宣传我们自己成功的办学经验，为创办有自己特色又注意与国际接轨的国际化学校而不懈努力，并逐步形成了景山学校的特有的深入广大教师心灵的办学风格。教改是景山的性格，教改是景山的特色，教改是景山学校生命力之所在。总之，景山学校一切一切都留下贺鸿琛、陈心五、张定东、刘曼华等老师和全体离退休同志为此付出的智慧和辛勤的汗水。

47年来，景山学校旧貌换新颜，新校舍、新设施、新一代的教师，不变的是老一代干部和教师留下的锐意改革、无私奉献的景山精神。特别是邓小平同志题词二十多年来，景山学校跻身北京市乃至全国名校之列，拥有现代化的教学设备、高素质的教师群体；自编的小学语文、数学教材已被教育部批准在全国范围内进行试验；高中被评为北京市示范高中，与国内国外多所学校建立了友好往来关系，开始向国际化学校方向发展；开始

探索之路　北京景山学校在"三个面向"指引下的教育改革

筹备建立数字景山网络联盟，为探索具有中国特色的社会主义教育模式做出了贡献。

今天我们在这里召开庆祝贺鸿琛老师从教60年，陈心五、刘曼华、郑俊选、舒鸿锦、张定东、李蓉、周淑溪老师从教50年的座谈会，其目的就是回顾景山学校的创业者在景山学校创建和发展的过程中，为办出景山学校的特色和风格、为探索中国基础教育改革和试验所做出的贡献，为孩子的健康快乐成长，你们夜以继日、殚精竭虑地思索、钻研、探究，你们不怕寂寞，不怕孤独，不怕议论、讥笑，义无反顾，一切为了学生，为了学生的一切，为景山学校的创办、发展，为景山学校在新的历史时期如何为国家的现代化建设培育人才，呕心沥血献身景山教改事业。你们乃至景山的老一代教师都是景山的功臣，到了退休年龄，你们理应很好地休养，享受人生中最美好的天伦之乐，可是你们没有这样做，当景山学校、景山学校的老师、景山学校的学生、景山学校的发展需要你们的时候，你们义不容辞、不提条件地服从学校的需要和安排，继续为景山的建设和教改事业默默工作、奉献!我们庆贺几位老同志从教60年、50年，表达我们对他们的敬意和赞扬，也是为了激励现任广大干部、教师、职工，特别是青年教师，学习老一代干部、教师为中国基础教育不怕困难，勇于探索，热爱学生，立志改革的精神。在当前落实中共中央国务院提出的深化教育改革，全面推进素质教育，落实胡锦涛总书记提出的构建和谐社会，发展优质教育，创办人民满意的学校的号召下，学习这种精神有着十分重要的现实意义和深远的历史意义。

贺鸿琛、陈心五、刘曼华、郑俊选、舒鸿锦、张定东、李蓉、周淑溪八位老师，您们辛苦了!您们和景山学校老一代教师的贡献将载入景山学校的史册，您们的故事将成为景山学校的传奇，您们的精神将被新一代的干部教师所继承!您们对教育事业的执著，对景山教改的痴情，尤其是您们人老志坚，退休后服从学校需要，坚守在教育、教学、科研、民办教育的第一线,为我们后来者怎样实现人生最大价值作出了榜样!在这里,我代表景山学校、力迈学校、《中国教师报》祝愿您们健康长寿,教育生命常青!

(2007年1月8日)

探索之路　北京景山学校在"三个面向"指引下的教育改革

［办好具有景山特色的试验学校］

■ 一、景山学校的简要介绍

北京景山学校是1960年为了响应毛泽东同志"教育要改革"的精神，由中宣部陆定一同志亲自倡导创办的一所教育改革的试验学校。建校47年来，在学制、课程、教材、教法、评价、思想教育、劳动教育、国防教育、发展学生个性特长教育、国际合作教育等各个方面进行了综合整体的改革与试验，取得了可喜的成果和规律性的经验，得到了社会的广泛赞誉和认可。我校是北京市示范性普通高中，中国中学生排球协会主席校，联合国教科文组织亚洲教育革新发展计划的联系中心之一，被评为全国少年军校示范校、全国群众体育工作先进集体、北京市首批"金鹏科技团"、"北京市中小学生科技示范校"、"北京市文明礼仪示范校"、"奥林匹克教育示范学校"、"北京市健康促进校（金牌）"、北京市和东城区教育科研先进校。

建校以来景山学校一直受到各级领导的关心和支持，1983年小平同志为我校题词："教育要面向现代化，面向世界，面向未来。"此后，江泽民、李鹏、乔石、李瑞环、贾庆林、杨尚昆、习仲勋、李岚清、李铁映、

做实践"三个面向"的改革者

迟浩田等党和国家领导人为景山学校题词，勉励景山学校认真贯彻"三个面向"精神，为基础教育改革和发展做出更大贡献。

二、景山学校目前的学生、教师情况

目前北京景山学校由三部分组成：景山学校本部、王府分部、196中学分部。教职工405人；在校学生3757人。

目前景山学校本部在校学生共2352人，共有52个教学班（小学20个班，初中20个班，高中12个班）。景山学校有一支优秀的师资队伍，有教职工236人，其中：专任教师167人（高中53人；初中62人；小学52人）。

北京景山学校本部专任教师队伍构成

年龄		学历			职称		骨干教师		
35岁以下	35岁以上	大学本科	硕士	博士	中级	高级	特级	市骨干教师	区骨干教师
85	82	141（其中参加研究生课程班68人）	34	1	96	70	1	9	30

三、景山学校的办学特色

1. 建校47年来始终坚持全面贯彻党和国家的教育方针，落实邓小平"三个面向"指导精神，遵循我校"全面发展打基础，发展个性育人才"的办学理念，全面落实国家课程计划，不以升学考试科目为唯一目标，不随意删减非考试科目，不允许利用节假日进行集体补课。

2. 建校47年始终坚持学制的改革与试验，为国家学制的制定提供经

探索之路　　北京景山学校在"三个面向"指引下的教育改革

验。我校学制是小学、初中九年一贯和高中三年的贯通12年教育，实行小学、初中九年一贯制"五、四"分段，把小学、初中作为一个统一的教育体系，统筹安排课程、教材、教育教学计划和活动，有利于解决小学、初中的有机衔接，克服"铁路警察，各管一段"的弊端；有利于解决初中阶段时间短、课程多、负担重、质量低的问题。有利于全面贯彻教育方针，提高九年义务教育的整体质量。

3. 建校47年始终坚持课程教学的改革与试验，符合国家的改革要求。开展社会实践活动（八年级进行社会公益劳动，高一的学军活动、高二的学农劳动）是学校一直坚持的传统和特色；劳动技术教育是我校多年经久不衰的特色之一，航模、木工、缝纫、手工编织、打字、制图等；率先实现光纤网络；率先开展计算机和多媒体教育；选修课；学分制等。

4. 建校47年始终坚持教材的改革与试验，先后编写出版了五套小学语文和数学教材，全国曾有24个省、市、自治区，600余所学校使用景山学校语文、数学教材。新世纪我校又开始编写完整的九年一贯义务教育阶段的语文、数学实验教材。2006年小学部的语文、数学教材被教育部基础教育教材审定工作委员会批准为全国推广使用的实验教材，初中语文、数学教材已进行了四年的实验，目前正在进行总结、修改。

5. 加快数字景山网络建设，实现校际联盟。数字景山网络旨在将北京景山学校成功的办学经验与各地联盟校实现教育资源共享，并通过网络同步互动进行教学与科研的研究，推进教育优质均衡发展。

6. 建校47年始终坚持进行德育教育，"十五"期间我校承担了北京市重点课题"遵循学生身心发展的特点和规律，整体构建学校德育体系"，该项课题研究成果《北京景山学校德育序列纲要及实施细则》获全国百项德育科研成果，我校也被评为全国百所德育科研名校。学校连续10多年无违法犯罪学生。

7. 建校47年始终坚持进行教育科学研究，1979年我校在全国中小学率先成立了教育科学研究所，在长期的教改实践中，形成了教育教学工作、教育教学改革试验和教育科研三者紧密结合，"三位一体"的教改方法，并号召全校教师由传统经验型向现代专家学者型转变，从整体上提升了教师的专业水平。

8. 建校47年始终重视学生的课外科技教育，注重培养学生的科技、艺术、体育素养。任何情况下不动摇，始终走在全市前列，在国际、国内的各项赛事中我校学生获奖名次和人数都名列全市前茅。

9. 改革开放以来，学校坚持邓小平同志改革开放思想，遵循"教育要面向世界"的思想，注重开放式办学，学校坚持"走出去，请进来"的模式，加强与世界各国的交往与交流，先后与美国、法国、奥地利、新加坡、日本、泰国、澳大利亚等国家的学校结成友好校，定期进行友好交流，增进友谊，扩大了对外的影响。

10. 建校47年始终重视干部教师队伍建设。我们要求景山学校的教师具有敬业精神、学习精神、奉献精神和创新精神，加强教师队伍的思想建设，师德教育常抓不懈；积极开展各种教学活动，促进教师专业化发展；注重对青年教师的培养，为青年教师搭建成长平台，鼓励教师冒尖，鼓励教师成名、成家，为他们的尽快成长创造条件。高中、初中、小学市区骨干教师在高中教师、初中教师、小学教师中的比例分别是34%、23%和13%。

始终坚持干部的培养、选拔任用制度。坚持培养德才兼备、教育教学双肩挑的干部，为北京市、东城区、区教委输送了一批优秀的中青年干部。

四、"十一五"期间学校的办学思想，发展目标，办学特色，学校定位

景山学校办学思想：以"三个面向"为指针，融古今中外百家之长，走继承、借鉴、融合、创新之路，全面发展打基础，发展个性育人才。

探索之路 北京景山学校在"三个面向"指引下的教育改革

景山学校发展的总目标：全面贯彻邓小平同志"教育要面向现代化，面向世界，面向未来"的教育思想，树立以学生全面健康发展为本，为学生一生发展和终身学习奠定坚实的基础，深化教育改革，全面推进素质教育，以德育为核心，以提高学生的素质为根本宗旨，以培养学生的创新精神和实践能力为重点，把景山学校办成国际一流的现代化的科学知识的摇篮、文学艺术的花园、社会正气的堡垒、身心健康的乐园，努力攀登新世纪基础教育的高峰。

景山学校的办学特色是：以先进的教学思想为先导，以教育科学理论为指导，以教改试验为基础，探索21世纪基础教育人才培养的新方法、新模式。

景山学校的定位是：坚持进行教育改革的试验学校；传播现代教育观念、教育技术和教改成果的示范学校；推动教育改革与教育交流的促进校；在国内外有影响的有中国特色的国际化学校。

结束语

目前全校教职员工在邓小平同志"三个面向"思想的指引下，认真学习胡锦涛同志在党的十七大会议上作的《高举中国特色社会主义伟大旗帜，为夺取全面建设小康社会新胜利而奋斗》的报告，以东城区教育大会的召开为契机，全面贯彻落实党和国家的教育方针，继续发扬改革试验创新的精神，为创办人民满意的教育不懈奋斗。

(2007年12月13日)

做实践"三个面向"的改革者

北京景山学校义务教育阶段国家课程(语文、数学)校本化与优化的研究与试验总结提要

一、基本情况

北京景山学校创建于1960年春天,是由中共中央宣传部创办的一所中小教学改革试验的一贯制学校。建校四十多年来,一直坚持进行教学改革试验。

1983年国庆节,邓小平为北京景山学校题词:"教育要面向现代化,面向世界,面向未来。"这是我们学校在新时期坚持教育改革的灵魂和旗帜。

20年来,景山学校的干部和教师,凝聚在"三个面向"的旗帜下,解放思想,更新观念,坚持"全面发展打基础,发展个性育人才"的教育理念和办学目标,在学制年限、课程设置、教材编写、教法学法、思想教育、劳动教育、发展个性特长教育、信息技术与网络教育、考试评价、国际交流,以及学校管理体制等方面,进行了结构性的综合整体改革试验,取得了可喜的成果和规律性的实践经验。为培养走向现代化,走向世界,走向未来的有理想、有道德、有文化、有纪律的一代新人,为学生的终身

探索之路　　北京景山学校在"三个面向"指引下的教育改革

学习和一生发展奠定坚实的基础。

从1978年党的十一届三中全会以来，我们学校先后参加了国家和教育部的重点科研课题："六五"期间的《小学、初中五、四学制的研究与试验》、"七五"期间的《普通教育整体改革的研究与实验》、"八五"期间的《面向21世纪中小学教育模式的研究与实验》、"九五"期间的《面向21世纪中小学幼儿园教育现代化的研究与实验》，都通过了专家组的鉴定验收。

从2002年起，我校参加了全国教育科学"十五"规划重点课题《面向未来的基础学校研究》总课题中的子课题《北京景山学校义务教育阶段国家课程(语文、数学)校本化与优化的研究与试验》。我们根据总课题组2002年6月在杭州市举行开题报告的精神，制订了研究与试验的具体实施计划。进行了认真的研究与实验，从理论和实践的结合上，取得了有价值的成果。根据总课题组准备结题的要求，现将我校承担的子课题的研究与试验的总结提纲分述于下。

■ 二、课题由来：承续我校长期坚持课程教材改革基础上的一项深化改革

北京景山学校从1960年创建以来，一直坚持进行结构性的综合整体改革试验，而课程教材建设始终是改革试验的重点。

1. 北京景山学校小学语文教材和数学教材改革试验进行了40余年。先后编写出版了五套小学语文课本，在全国曾有24个省、市、自治区，600余所学校使用景山学校语文教材进行教改试验；先后编写了三套小学数学课本，在全国曾有24个省、市、自治区，500余所学校使用景山学校数学教材进行教改试验。语文、数学两套教材试验都取得了良好的教学效果。

2. 对我校过去编写的语文、数学教材的反思

做实践"三个面向"的改革者

对照《全日制义务教育语文课程标准(实验稿)》和《全日制义务教育数学课程标准(实验稿)》，总结反思我校过去编写的教材，主要存在以下不足：

(1)语文：全面提高学生语文素养的观念不够明确；尚未建立起开放而有活力的语文课程；识字教学集中有余，分散不足；重视写作，但忽视对提高学生口语交际能力的培养；在学习方式上，过去只强调要重视调动学生的学习积极性，没能提高到积极倡导自立、合作、探究的学习方式的高度。

(2)数学：小学数学基本上是计算为中心来安排教材内容，过于重视知识的系统和学科的严谨性，忽视儿童生活经验和情感体验；繁杂的计算造成学生负担过重，忽视现代教育技术的运用；应用题统得过死，分得过细，内容陈旧，脱离现代社会实际；重视基础性，忽视发展性等等。

3. 2002年，国家教育部颁发了新一轮基础教育课程改革标准。课程改革是教育改革的核心，也是深化教育改革的重要标志。中小学教材是课程的主要承载体，是组织学校教学的主要媒体。因此，在深化教育改革，全面推进素质教育的过程中，中小学教材建设是一项具有战略意义的基础性建设，它直接关系着中小学教育教学的水平，关系着学生终身学习和一生发展的基础。

新一轮基础教育课程标准，是面向全国的学生最基本的要求，很难适应和满足不同水平和兴趣的学生个性发展的需求。为了实现我校以"三个面向"为指针，以学生发展为本，"全面发展打基础，发展个性育人才"的教育理念和办学宗旨，我们以教育部颁发的《基础教育课程改革纲要(试行)》及《全日制义务教育语文、数学课程标准(实验稿)》为依据，在认真总结和反思我校过去课程教材改革基本经验教训的基础上，积极汲取古今中外的百家之长，与时俱进，进行《北京景山学校义务教育阶段国家课程(语文、数学)校本化与优化的研究与试验》。

三、课程研究的目的、过程和方法

1. 本课题研究的目的是，通过总结和反思我校长期进行课程教材改革试验的成果及其基本经验教训，借鉴国内外有关中小学教材建设的历史经验和教训，根据我国新世纪人才强国战略对人才素质的要求，对照教育部新颁布的课程标准，编写适应学生发展需求、具有学校特色，有利于培养创新精神和实践能力，提高综合素质；有利于促进学生心理健康和良好个性发展的新教材，从理论和实践的结合上，探索中小学国家课程校本化与优化的新范例和新途径，为我国中小学课程教材建设提供规律性的试验经验。

2. 本课题研究的过程是，必须坚持理论联系实际的原则，既注重学习有关课程教材建设的新理论、新经验，注重理性思考，又必须紧密关注教材编写和教学实践中的新问题，使理论研究有目的、有针对性地为教材编写和教学实践服务。参加编写教材的人员是，长期主持我校教学改革试验的老领导、长期进行教材改革试验并有丰富实践经验的老教师、在第一线亲自进行新教材试验的中青年骨干教师，并聘请中小学课程教材专家为顾问进行指导。采取边编写、边试验、边听课、边总结、边修改，将教材编写、教学试验和教师培训有机结合起来，增强课题研究的实践性、针对性和适应性。

3. 本课题研究的方法是，采取经验总结、比较研究、文献研究和实践研究的综合研究方法，注重理论和实践的结合，提高课题研究的质量，探索中小学教材建设的新经验、新方法。

四、教材体系结构和体例

1. 语文

(1) 第1—4册

根据汉字构成的规律集中识字。首先打好汉字教学的四个基础，即汉语拼音、笔画笔顺、基本字和偏旁部首。在这个基础上，按照形声字归类、基本字带字、各种形式的对比等方式来组织教材。指导学生运用汉字规律，学会举一反三，变孤立地学习一个个汉字，为一批批地掌握有共同特点的汉字群，从而提高识字的效率。通过阅读将所学汉字及时分散回归到语言环境中去，打好字、词、句的基础。

(2) 第5—12册

用名家名篇进行读写的启蒙教育，充分激发学生的读书兴趣，让他们爱读书，爱学习；提倡写放胆文，引导学生观察生活，认识生活，热爱生活，反映生活，在学习和运用语言文字表情达意的过程中激活学生的潜在智力，培养学生的创新精神和思维能力。

(3) 第13—17册

基本上以人文性话题为经线，文体及语言的表达方式为纬线组成单元，深化思想品德、审美教育，加强语文能力的培养。继续阅读名家名篇，培养语文学习的兴趣，掌握语文学习的基本方法，基本上掌握记叙、说明、议论性文体的阅读和写作的方法，养成勤于动笔，乐于表达的习惯，善于与他人交流。倡导"不动笔墨不读书"，坚持"练笔"，提倡以思想带文字。作文讲求写真情、谋新意，内容充实，文字通顺。每册课本中均安排有写作训练的重点单元，读写结合，学以致用。有计划地进行口语交际能力的练习，在自主、合作、探究性学习中提高自学能力、团结合作的精神与实践本领。

(4)第18册

主要进行综合性、比较性阅读，提高学生的文学鉴赏能力和审美情趣，检验语文基本能力的过关情况，对九年级语文学习的成果进行终结性评价。

2. 数学

全套教材共18册，供义务教育阶段一至九年级使用。

教材以章节形式呈现，每章内容包括：

——"引言"，用以创设情境、提出问题，展示所学知识的实际背景。

——按小节编排的必学知识内容(相应的数学思想方法贯穿其中)。

——教材增设"阅读与思考"、"活动与试验"、"观察与猜想"、"调查与探究"等栏目。

——"练习、习题和复习题"。练习供课内练习用，习题供课内或课外作业选用，复习题供复习每章时选用。其中习题、复习题均分为A、B两组，A组属于基本要求范围，B组带有一定的灵活性，仅供学有余力的学生选用。

——"小结"。安排在每章内容学完之后，包括内容提要、知识结构、学习要求和需要注意的问题等。

每学期均安排二至三个"实践活动"、"综合应用"、"课题学习"。

■ 五、课题研究与试验的主要成果

本课题研究的成果，主要是九年义务教育阶段语文和数学的实验课本及配套的教学参考资料、练习册，教师队伍建设等。现分述如下：

1. 教材建设

(1)语文

① 九年义务教育课程语文实验课本(一至五年级)

已正式出版1—8册

2005年完成9—10册

② 九年义务教育课程课外阅读(从5册开始)

已正式出版5—8册

2005年完成9—10册

③ 九年义务教育课程语文练习册

一、二年级为写字本，已正式出版1—4册

三、四、五年级为练习册，已正式出版5—8册

2005年完成9—10册

④ 九年义务教育课程语文实验课本

教学参考资料已正式出版1—8册

2005年完成9—10册

⑤ 九年义务教育课程语文实验课本(六至九年级)

已内部出版11—14册

2005年完成15—18册

⑥ 九年义务教育课程语文教学参考资料

已内部出版11—14册

2005年完成15—18册

⑦ 九年义务教育课程语文读本

已内部出版11—14册

2005年完成15—18册

⑧ 新编语文课本实验手册一本(六到九年级)

(2)数学

① 九年义务教育课程数学实验课本(一至五年级)

已正式出版1—8册

2005年完成9—10册

② 九年义务教育课程数学教学参考资料

已正式出版1—8册

2005年完成9—10册

③ 九年义务教育课程数学练习册

已正式出版1—8册

2005年完成9—10册

④ 九年义务教育课程数学月考试卷

已正式出版1—8册

2005年完成9—10册

⑤ 九年义务教育课程数学实验课本(六至九年级)

已内部出版11—12册

2007年完成13—18册

2. 教师队伍建设

教师队伍建设是本课题研究与试验的主要成果之一，也是本课题研究与试验的一个鲜明特点。

北京景山学校是一所专门进行教学改革试验的中小学一贯制学校。实践证明，教学改革试验本身就是一个大熔炉，是一所不挂牌子的教师继续教育研究院。在长期的教育教学改革实践中，探索出了一条以科研课题为载体，把教育教学工作、教育教学改革和教育教学科研三者紧密结合，形成"三位一体"具有景山特色的校本研究和校本培训的模式；培养锻炼了一支勇于改革，大胆探索，具有一定教育理论水平和教育科研能力的干部和骨干教师队伍。

本课题研究与试验的一个主要成果和一个鲜明特点，就是在课题研究与试验的过程中，紧密结合新教材的编写和新教材的教学试验，进行

做实践"三个面向"的改革者

校本研究和校本培训,有目的有计划地培养和锻炼教师,这是具有景山特色的一条规律性的实践经验。

本课题的研究与试验小组是由校长任组长,课程教材专家任顾问,长期主持我校课程教材改革的退休老领导和老教师,学校教科所研究人员,以及现任新教材教学试验的中青年骨干教师共同组成,是由领导、专家和一线教师老中青相结合的研究与试验小组。坚持三个"三结合":学校领导、学科教材编导专家、学校新教材编写组三结合;编写人员、试验教师、参加试验的学生三结合;教材编写、教学试验、教学研究三结合。

新教材是在认真学习国家新课程标准,认真总结汲取国内外相关教材的经验教训,认真听取课程专家指导意见的基础上,边编写,边试验,边研究(听课、评课、研讨、问卷调查等),边修改,边完善。其突出好处,一是提高了新教材的编写质量,提高了教学效果,受到学生欢迎;二是教师在参与新教材编写和进行新教材教学试验的实践中,学习运用了新课程理念,师生良性互动,融合创新,改进了教学方法,提高了学科专业水平和专业能力。

为了更好地帮助教师掌握新编教材的指导思想,规范试验要求,明确操作程序及要领,激发教师的创造性,提高教学质量,特意编写了从初中(6—9年级)《语文新教材试验手册》,供试验教师使用。试验手册的内容主要分四个部分:一是新编语文教材的宗旨、特点及主要策略;二是教学过程的操作程序及要求;三是语文课程的考试与评价;四是语文课程教材的试验。

学校对新教材的试验提出了五方面的要求。

一是新教材的试验要以教育部颁布的《语文、数学课程标准》(实验稿)为依据,弘扬景山学校教学改革的优良传统,创造新的教学经验。

二是新教材的试验要依靠全体试验教师的主动性、积极性和创造性,参加试验的教师将文本的课程演化为现实的课程。

三是新教材的试验是一所学校,在试验中能学到新的教学理念,教学

探索之路　　北京景山学校在"三个面向"指引下的教育改革

改革的新经验；又是一个舞台，在这个舞台上，提倡"八仙过海，各显神通"；也是一个科研项目，探索教学本质和规律。

四是试验需要做好原始资料的积累。试验的计划、方案要及时保存；每一课后要作简要的教学后记；要保存学生有代表性的作品，作文、学习小结、家长反应、活动录像等。

五是写好试验小结。每学期要进行对学生、任课教师和家长的问卷调查，建立填写教学后记、听课记录制度，及时交流经验，学期末做好试验小结。

六、结束语

本课题研究由校长作为学校要务之一亲自主抓，这就保证了课题的研究与试验得以顺利进行，取得了可喜的成果和规律性的实践经验。新编教材还需要在教学试验的基础上不断进行修改和完善。

本课题新编的小学语文和数学教材，从2001年起已在四川省的都江堰市教育局所属小学和广西省的横县教育局所属小学进行教学试验。另外，北京、天津、江苏、重庆、浙江、广东、内蒙古、河南、吉林、江西、海南等十一个省市的60所小学使用这套新编教材进行教学试验。

本课题新编的九年义务教育阶段语文和数学教材，我校准备向国家教育部申报，作为试验教材列为教育部的书目，以便愿意与我校共同进行这套新教材试验的兄弟学校选用。

"十五"期间我校承担了国家教育部"十五"教育科学规划的两个重点科研课题：一个是《面向未来的基础学校研究》总课题中的子课题《北京景山学校义务教育阶段国家课程(语文、数学)校本化与优化的研究与试验》，另一个是《北京景山学校义务教育阶段课程与教学改革的研究与试验》。今年这两个"十五"课题都要进行结题，而今年又逢北京景山学校45周年华诞。为此，经学校研究决定编辑出版《新课程改革在景山学校》

一书(2005年5月人民教育出版社出版),这既是对两个"十五"课题研究成果的基本总结,又是对景山学校45周年校庆的一份献礼。恳望得到课题组及有关专家学者的指正。

本篇作者: 范禄燕 贺鸿琛

(2005年5月)

探索之路　北京景山学校在"三个面向"指引下的教育改革

北京景山学校九年一贯制学生发展性德育评价体系的研究与试验

■ 一、问题的提出

素质教育必须以德育为首，以学生发展为本，根据学生身心发展特点，提高德育工作的时代性、主动性，增强德育的针对性和实效性，紧密结合学校的教育工作的实际，以科研课题的形式，积极探索和研究新时期的学校德育工作。我校提出以各年级学生心理、生理、思想品德发展特点为依托，详细制定各年级德育工作的目标、内容、途径、方法、管理和评价体系，整体构建从小学一年级至高三年级德育工作的新模式，制定了《北京景山学校德育序列纲要及实施细则》，这为我校德育工作的系列化、制度化，为个性化教育、班级教育、年级教育，提供了循序渐进的教育目标和各层次的教育内容；为实现教育的终极目标，起到了保证和指导的作用。但如何评价学生的德育状况，将是我们面临的新课题。这也是推动学校德育现代化的一项极为重要的措施。

学生德育评价作为一种德育价值判断，由于德育内涵和外延的丰富性和过程的长期性、多维性，使得判断变量因素庞繁，过程复杂，难度较大；又由于在评价过程中，有评价主体主观因素参与，判断结果往往因评价主体的价值观不同而有差异，它会直接影响着德育实践的发展。可见，只有实行科学的学生德育评价，德育评价才能真正发挥出应有的功能和作用。

但是，纵观学校德育评价，却常常存在这样的问题：注重道德认知层面，忽略道德行为层面。在教育的过程中，教育者比较重视表决心、做保证、写体会等这些表面的形式的东西，而不注意这些是否出自学生真正的道德认知。德育评价停留在道德认知的层面，缺乏对学生从知到行的综合评价，客观上助长了学生"光说不做"、"说则天下无敌，做则无能为力"的不良习性。

因此，学校德育的评价机制应注重体现对学生道德行为实践的检验。掌握了道德知识并不意味着已经具备了道德能力。学校德育应注重引导学生参加道德实践活动，在日常生活中自觉地将道德认知实实在在地付诸行动。德育评价必须克服形式主义的弊端，建立科学、全面的德育评价机制，以学生道德实践的改善和提高作为衡量道德发展、评估德育效果的根本标准，形成从道德认知到道德实践全过程的综合评价。

为了更好地完成德育目标，将我校德育工作落在实处，根据我校的实际情况，根据我校《北京景山学校德育序列纲要及实施细则》整体构建我校从一年级到九年级的发展性学生德育评价。

所谓学生发展性德育评价，是指评价主体[教师、学生群体(包括学生自己)]，依据一定的社会评价标准，运用相应的手段和方法，对学生思想道德素质的发展变化做出适当判断，以便学校及学生本人根据所得出的评价结果对自己的行为重新进行调整，从而实现学生思想品质水平不断提高。

与传统的德育评价相比较，该评价体系将淡化选拔功能和褒贬功能，尊重学生自我教育、教师的帮助和指导，切实增强德育的针对性、实效性和自觉性。我们认为该学生发展性德育评价体系具有以下几个功能：

探索之路　北京景山学校在"三个面向"指引下的教育改革

1. 导向功能

所谓导向，就是指导学生的品德朝着社会所期望的方向发展。学生德育评价具有一定的社会标准，体现了社会、学校对学生的要求。运用这些标准评价学生，对于法律、社会规范、学校规章制度的行为给予肯定性评价，对于不符合社会规范的行为给予否定性评价，这就对学生品德的发展起到了导向的作用。

2. 诊断功能

通过德育评价，可以鉴别学生品德状况，为进一步教育学生提供依据。教师可以通过德育评价了解学生品德的形成状况，在以后的教育中做到有针对性；也可以通过评价来检查过去一段时间学生的德育活动的成果，为改进德育教育内容和德育教育方法提供反馈信息。

3. 强化功能

所谓强化是指在评价学生品德时，通过扬善抑恶，引起被评价者强烈的情绪体验，进而强化良好的品质，抑制不良的品质。学生品德评价是一种主体活动，凡是被评价者得到肯定的评价就可能引起愉快的感受；反之，则引起内疚、羞耻的情绪体验。这种情绪体验对人的品德能够产生强化作用。心理学家桑代克把这种强化作用概括为"效果律"。由于品德评价具有强化功能，因而科学有效地评价可以激发学生积极向上的动机，促使学生发扬成绩，纠正缺点，不断进步。

二、研究基础

设计制定学生德育评价体系是一件责任重大、十分严肃的工作，需要有科学的方法和严谨的态度，既要遵循德育的规律，依据教育的理论，使指标体系建立在科学的教育理论基础上，又要考虑我校学生的具体情况。

所以，我们根据《中共中央关于改革和加强中小学德育工作的通知》《中共中央国务院关于进一步加强和改进未成年人思想道德的若干意见》《中共中央关于进一步加强和改进学校德育的若干意见》《中学德育大纲》《小学德育纲要》等有关精神，依据学生身心发展规律、结合我校德育工作的实际情况，制定学校德育评价指标体系，努力把握德育评价中诸指标因素的内涵、作用、结构及相关体系。

三、研究目标、内容与方法

（一）研究目标：

1. 理论方面：建立九年一贯学生发展性德育评价体系，包括(评价原则、评价方法、一至九年级德育评价的指标体系)。

2. 实践方面：对学生的德育进行科学、全面、公正的评价，促进学生从道德认知向道德行为的转化。通过全体德育工作者和学生的研究和参与，提高班主任工作能力和学校德育工作管理水平，进一步提高德育实效。

（二）研究内容：

1. 德育评价的原则
2. 德育评价的方法
3. 北京景山学校1—9年级学生发展性德育评价指标体系

（三）研究方法：

调查法、理论分析法、检测法、实验法等

四、研究的实施过程与步骤

(一)是课题的准备阶段，主要是作了理论层面上的资料收集和已有成果的分析、概念的界定、课题的规划、人员的配备等工作。

(二)是课题的实施阶段，主要包括在查阅相关文献基础上，确定我校学生发展性德育评价的原则、指标和实施方法，完成各年级的德育评价体系，并进行试验。

1. 我校学生发展性德育评价的原则

(1)客观性原则

所谓客观性原则，就是必须将学生评价资料分析综合，得出相关的结论，必须采取客观的、实事求是的态度，不能主观臆断或掺杂个人情绪。

(2)自省性原则

学生将自己的思想意识、行为举止与评价标准进行比较，通过比较，明确自己的优点和缺点，不但能够帮助学生辨别是非、美丑、善恶，明确什么行为是合乎社会行为规范要求的，什么行为是违背社会行为规范要求的，而且可以使学生养成"三省吾身"的好习惯。

(3)现实性原则

脱离社会生活的德育目标，学生不好理解，更难于在心理上接受，过于理想化，至善化的道德与人格毕竟不会成为社会生活中普遍的道德现象。因此德育必须有其实现目标。现实目标和理想目标结合起来，才使学生既有自我发展的动力，又有发展的余地。

(4)发展性原则

现代德育评价注重学生全部的成长发展过程，评价就是针对学生全部的成长发展过程给予不断的评价，对学生的每个行为表现，都看作是一份评价资料,并掌握每个学生的思想发展轨迹和行为表现的状况,以便教育、帮助学生,促进其良好品德的形成和发展。

(5)可操作性原则

德育应划分为不同的层次,在总目标下有多个可以具体实施的分目标、子目标。应从学生的思想品质、道德行为、个性心理品质等方面的实际出发,将德育目标分成若干独立的层次,依据其德育水平的高低,相应确定各个年龄阶段和教育阶段的具体目标,选择相应的教育内容、方法和途径。

(6)全面性原则

过去我们对学生品德的考核、鉴定,往往只注重某一方面,譬如,要么偏重所谓的政治觉悟的鉴定,要么偏重学业成绩的鉴定。现代德育评价则避免过去偏重某一方面的评定,尽量使德育目标全部实现。所以要扩大评价的范围,考核德育的全部领域,无论道德认识、政治态度、行为习惯、个性心理品质、适应状态、乃至教育环境统统加以评定,并在此基础上,再进行综合性的评价解释。这种评价的综合性,则远远超过传统的德育考核鉴定的方法。

2. 研究评价指标:

根据我校德育工作的目标和内容,依据《北京景山学校德育序列纲要及实施细则》,我们确定将评价分为以下三项一级指标和17项二级指标。

思想品质:家庭责任感、集体观念和国家意识

　　　　　明辨是非的能力

　　　　　对待学习的态度

　　　　　具有一定理想和追求

　　　　　善于思考,崇尚科学

道德行为:文明习惯,诚实守信

　　　　　尊敬师长,尊重同学

热爱劳动，节俭朴素

社会公德，遵纪守法

学习习惯，学习方法

人际关系，团队精神

个性心理品质：正确认识、评价和反思自己

自信心

毅力与承受能力

善于与人合作控制

调节情绪心理健康

心理健康，活泼开朗

各年级根据以上两级指标，遵循学生身心发展规律，完成各年级的评价指标体系。在制定发展性德育评价指标时，针对不同年龄阶段、不同年级的学生，确定不同教育阶段的具体评级指标，形成相互衔接、层次递进的结构。

3. 发展性学生德育体系实施方法

(1)家长、教师、学生的多元主体评价

自评：评价体系将评价的权利还给学生，学生根据评价项目，对自己的德育水平进行评价。通过自评、可以促进学生的自我反思、自我教育和自我发展，在学习、生活中，变他律为自律，最终达到提高自己的目的。

家长参与评价：在家庭生活中，孩子更容易表现出自己某种一贯的和综合的品德行为方式。而这些方式也只有家长更为清楚，因此，家长更容易对学生进行真实性的评价。

教师评价：教师在德育评价中，是良师，也是益友。我们认为评价的最终目的是帮助被评对象及时弥补自己的不足，调整自己的思想行为，改正缺点，完善自己，因此，教师对学生的德育水平及学生自评的结果进行评价，更着重提出对学生以后的发展的希望，从而使学生清楚认识到自身的发展方向，并为之而努力。

(2) 评价方式

模糊评价，学生自评分为满意、基本满意、还需要努力。这样可以淡化传统的"分数排队"的弊端，减轻学生承受的心理压力。学生还可以在"是否需要帮助"这个项目中，对学校、教师或家长提出要求，这样，教师、家长可以根据学生的要求，有针对性地提供帮助，做到有的放矢。

评语评价，评价体系中家长和教师通过家长建议和教师寄语对学生进行评价。针对学生不同的学习情况，教师可以根据实际情况。有针对性地对不同层面的学生进行鼓励性的评价，充分调动各层面学生的学习热忱，激发他们潜在的学习内动力。比如：对于一个学习成绩不太好，但勤奋、诚实、热爱劳动的同学，教师可以从品德上给予肯定，对他的不足则以提希望的形式指出："你不怕苦、不怕累的精神令同学们佩服，我们也知道你在为自己的学习不如意而苦恼。好好努力，相信自己，你一定会成功的！"

(3) 评价说明：

① 学生双周填写，班级汇总，教师阅后返还学生；

② 进行期中初评，期末总评；

③ 期中初评，期末总评填写初评、总评表；

④ 周表由学生保存，初评与总评由班主任保存。

五、研究成果与思考

（一）研究成果

1. 评价指标的细化、量化、经常化加深了学生对评价内容的认识。

三项一级指标、十七项二级指标的确立，明确清晰地概括了德育目标所要求一至九年级学生所具备的德育水平。学生在自我评价过程中，更清

探索之路　　北京景山学校在"三个面向"指引下的教育改革

楚地认识到细化的评价内容,从而在生活和学习中有意识地运用德育评价指标去要求自己,这就避免了德育目标、德育内容的概念化和空化。

2. 评价指标强调对学生道德行为实践的检验。

我们知道,掌握了道德知识并不意味着已经具备了道德行为。该评价体系将注重从学生道德行为方面给予评价,注重引导学生参加道德实践活动,在日常生活中自觉地将道德认知实实在在地付诸行动。

3. 多元主体评价更能全面地了解学生的表现。

多元主体评价使得我们能够全面地了解学生的德育水平,为进一步提高学生的德育水平找准方向。从小学一、二年级学生的德育评价表中,我们看出:学生在学校和家庭两个环境中的表现是不一致的。家长在评价中写道:"希望在家的时候你也能喜欢劳动!""希望你在家和在校的表现一样!"通过这些评价,我们清楚地认识到我们下一步需要帮助学生做到无论何时何地都应该按照德育评价指标严格要求自己,做到道德行为的统一。

4. 评语评价方式为家长、教师和孩子的沟通提供一个良好的平台,鼓励性的评价为学生的发展提出了明确的方向。

中华民族是一个含蓄的民族,无论是家长、教师对孩子都不善于用语言给予鼓励和表扬,反而却很容易直接对孩子给予批评,指出不足,这就使得很多孩子,心里总觉得父母和老师对自己不够满意,自信心不足。该评价体系采用了评语评价的方式,为教师、家长和学生的沟通提供了一个很好的平台。在评价表中我们可以看到家长对孩子的殷切希望和金玉良言:"孩子,爸爸妈妈为你现在的成绩很自豪!""妈妈希望你学会宽容你的朋友,成为一个受欢迎的孩子!"老师对学生的赞扬和鼓励:"你牺牲自己的时间为大家服务,真是个好孩子!""你要不怕困难,要对自己有信心哦!"

5. 学生自我评价方式,加强了学生的自我管理。

学生们在评价活动的全过程中,不断优化自我,激发了潜能,焕发了他们积极参与管理与评价的意识，让他们在实践中认识到自身价值，激发自觉努力奋进，从而在学生中涌现出不少优秀示范生、优秀标兵，市、区、校级三好生等。

（二）研究的体会与思考

应该说，自从我们开展此项德育科研以来，我们在学生德育评价考核上获得了相当的经验，也解决了一些难题，但随着研究的深入，我们感到，仍有相当多的问题有待进一步研究：

1. 怎样才能真正做到个性化评价？我们感到，运用我们现在制订的《九年一贯学生发展性德育评价体系》，得到的仍然是一个大致相同的类，而不是一个个性鲜明的鲜活的人，我们在这一方面需要进行进一步的探索和研究。

2. 运用更细化、量化的评价表，更经常化地进行评价，大大增加了班主任的工作量。如不这样，似乎又难以做到适时恰当地反映学生德育变化状况。因此，探索出一种便于操作、能适时恰当地反映学生德育状况，将总结性评价与形成性评价结合起来的德育考核机制，仍然任重道远。

3. 如何使多元主体评价方式真正发挥作用？在评价中，因为部分家长对德育和德育评价指标的认识水平的限制，部分评价表的"家长建议"部分效果还有待提高。这需要在下一轮评价前对家长进行有关知识的培训，使家长能在思想上做到重视学生的德育水平，并且能对德育评价指标有更深一步的了解，从而使家长评价能够真正的发挥其独特作用；教师是德育评价的一个重要评价主体，还需要进一步提高教师的素质，使其能够更加客观地、有针对性地对学生进行鼓励性和发展性评价，在评价中能够根据学生的具体情况为其发展指出方向。

积极开展学生德育评价考核的研究，能大大提高学校德育实效，提高学生思想道德素质，值得推广。但正如文中指出，德育评价考核的研究仍任重道远。我们相信，有我们教育工作者坚持不懈地努力探索，未来的德

探索之路　　北京景山学校在"三个面向"指引下的教育改革

育评价考核一定会更个性化、人性化、科学化。

　　北京景山学校在教育改革中诞生，在教育改革试验中发展前进，整体构建学校德育工作体系这一课题的研究还很不完善，我们将在实施的过程中进一步修改和提高。在新时期我们将继续坚持以"三个面向"为灵魂，为培养走向现代化、走向世界、走向未来的有理想、有道德、有文化、有纪律的一代新人奠定坚实的基础，做出我们应有的贡献。

（2007年）

为学生未来的发展奠定坚实的基础

——北京景山学校高中办学特色与经验

北京景山学校是因教改而诞生的一所专门进行基础教育改革的试验学校,其使命就是要探索出一条适合我国国情的基础教育改革之路,1983年,邓小平同志为景山学校题词"教育要面向现代化,面向世界,面向未来"。此后,景山人就一直在探索一个问题,如何按照"三个面向"的思想改革中小学教育,形成特色办学,努力构建社会满意的优质教育。

一、以先进的教育理念引领学校发展方向

教育是民族振兴的基石,国家要富强,民族要振兴,归根到底,有赖于人才的培养。景山学校在邓小平同志"三个面向"的教育思想的指导下,确立了"全面发展打基础,发展个性育人才"的办学理念,树立了"以学生全面健康发展为本,为学生一生发展和终身学习奠定坚实的基础,深化教育改革,全面推进素质教育,以提高学生的素质为根本宗旨,以培养学生的创新精神和实践能力为重点"的教育目标,把景山学校建成热爱科学的摇篮、文学艺术的花园、身心健康的乐园。

我校把"以学生发展为本"的理念确立为自己的立校之源,不断推

探索之路　北京景山学校在"三个面向"指引下的教育改革

进教育改革，着眼于同学们的知识水平、科学素养、人文精神和个性品质的全面发展。我校提出景山学校培养的学生，除了应达到国家基础教育课程要求的各项标准，更应从素质和能力上具备以下特色：1. 关心国家和人类的命运，有远大的抱负与情怀，有一颗拳拳的赤子之心；2. 有务实、求新的思维方法，有丰富的创造力和想象力；3. 有传统文化的素养，有艺术鉴赏能力或艺术特长，掌握现代生活所需的各项基本技能；4. 有扎实的外语基础；5. 有独立的自学能力，有广泛的阅读、求知的兴趣；6. 有强健的体魄，熟悉一两项适合自身条件的体育运动项目。我校认为，只有素质全面发展、个性充分发扬的人才，才是能够真正适应未来社会需求与挑战的人才，才是真正满足"三个面向"要求的人才。

二、以十条原则指导学校教育教学改革与发展

经过长期的教改实践，我校逐渐摸索、总结出具有自己特色的教育教学基本原则，用这些原则来指导我校的教育教学改革与发展。

1. 德智体全面发展的统一要求与发展学生个性特长的多样性相结合。这既是基础教育与英才教育的辩证统一，也是促进每个学生个性化发展的科学手段。

2. 牢固掌握基础知识、严格训练基本技能与发展智力、培养能力相结合。

3. 提高智能与发展非智力因素相结合。二者相辅相成，共同达到提高学生能力的目标。

4. 发挥教师主导作用与培养学生独立学习的主动精神相结合。

5. 教学中循序渐进的训练方式与集中时间、重点突破、适度跃进的训练方式相结合。

6. 量力性与一定的难度相结合。

7. 常规教学与研究性学习相结合。

8. 班级教学与分类指导相结合。

9. 基础文化教育与劳动技能教育相结合，科学精神与人文精神的教育相结合，传统教学媒体与现代教学媒体相结合。

10. 课内与课外、校内与校外的教育工作相结合。

三、面向现代化，科技教育已成特色

在科学技术迅猛发展的今天，青少年对科技教育的需求也越来越高，为培养走向现代化、走向世界、走向未来的21世纪高素质人才，"提高科技素质、培养创新精神"已成为学校义不容辞的责任。

科技教育一直是景山学校的办学特色，我校也一直在积极探索一条路子，如何为科技人才，尤其是要为培养拔尖科技人才打好基础。

1. 我校将大众教育与英才教育相结合，在普遍施教的前提下，承认个性差异，尊重特长与爱好，积极探索基础教育阶段多出人才、快出人才、出好人才的规律。我校与北大、清华、人大等十所重点大学签署了校际合作协议，根据优秀学生的兴趣、特长和志向，按照相关大学、相关专业的要求来培养优秀毕业生，以实现重点大学名牌专业与高中教育的早期结合。

2. 构建多层次多样化的科技教育体系，一方面通过一年一度的科学节，集中展示科技活动的成果，进行各种科技比赛，一方面通过必修课程的渗透和校本选修课程的开展，使全体学生热爱科学、亲近科学、相信科学、崇尚科学，具备基本的科学素养，形成对科学、技术、社会的正确理解；对于部分学有余力的爱好科技的学生，我校积极创造条件，开展各种丰富多彩的社团活动和课外活动，使他们能参加较高层次的科普交流和实践活动，拓展见识，使他们能更深刻地理解科学，了解科学技术发展的过程；对于少部分较早地显露强烈的科学热情和禀赋的学生，我校积极创造条件，开展了"走进国家重点实验室"的活动，使学生能够进入更高层次

探索之路　北京景山学校在"三个面向"指引下的教育改革

的学术环境中，去接受初级的系统的科学研究训练，使其有可能发展成为未来的优秀科技人才。

3. 积极开展走进国家重点实验室的活动

从1997年开始，我校开展了较高层次的走进国家重点实验室的研究性学习活动，十年来，有400多名学生自报研究课题，课题涉及生物、医学、计算机、化学等多个学科。60多名学生参加了中国科学院植物研究所、中国科学院计算机研究所、中国协和医科大学基础医学院、中国医学研究院基础医学研究所、北大物理实验室、北师大生物实验室等20多个国家重点实验室的活动，在刘德培院士、何维教授等40多位著名专家学者指导下进行研究活动。在活动过程中，他们到香港进行科技考察、到内蒙古中国科学院生态系统定位研究站进行草原生态的实地测量、到怀柔太阳观测站进行测量与研究。在这些活动中，同学们不仅学到了专家身上的科学探究精神，培养了科研意识，而且还开阔了视野，扩充了知识面。在研究性学习的过程中，学生不仅从专家身上学到了科学精神、科研意识，而且丰富了自身知识，拓展了学习的视野，为今后升入高一级院校培养了进行科学研究探索的能力。正像我校全国青少年科技创新大赛一等奖、市长奖获得者，在北大一年级就被美国耶鲁大学提前录取的杨歌同学所说的那样："我走进的不仅是实验室的大门，我开启的是一段旅程，进入的是一个课堂。对我来说，走进实验室不仅仅是一项科技活动，它拉近了我和梦想的距离，使我在科学之路上又向前迈进了一步。"

同学们在"走进国家实验室"这一活动中不仅得到了锻炼，提高了能力，也获得了许多中学生科技奖项的最高荣誉。

近几年科技类获奖情况统计表

	国际	全国	全市	全区
2004年	12	8	33	80
2005年	3	12	107	131

2006年	5	11	18	44
2007年	4	2	26	87

中学生奖项统计表

奖项	市金、银帆奖	金鹏科技奖	金牌	银牌	中学生十佳	市长奖	国际竞赛金牌	国际竞赛银牌
奖数	21块	12块	12块	11块	4人	2人	7人	12人

四、面向世界，使教育更具开放性

我校遵循"教育要面向世界"的思想，融古今中外百家之长，坚持"走出去，请进来"的模式，加强与世界各国的交往与交流，积极扩大对外的影响。

我校是教育部首批确定的联合国教科文组织"亚洲教育发展革新计划"的联系中心之一，1984年我校就和美国（波士顿）牛顿城公立高中建立起友好校关系，定期交换师生，此后相继与法国、日本、泰国、新加坡、韩国以及香港、台湾等国家和地区的学校建立了友好校际关系；聘请优秀外籍教师来我校任教；学校先后派出教师231人次、学生513人次赴国外考察、交流、学习；同时，学校也接待世界各地的政府要人、教育界同仁和教育团体的参观访问，成为展示中国基础教育成就的一个窗口。联合国秘书长安南夫人、巴基斯坦总统夫人、日本国前首相海部俊树、美国教育部长理查德·赖利都先后来我校访问。

我们积极鼓励和组织学生参与各种国际交流，参加国内外的各种竞赛。美国航天飞机在太空中实验的项目选中了我校学生李桃桃的"蚕在太空吐丝结茧"的实验方案；在巴黎举行的世界儿童大会上，我校的孔令蔷同学代表世界儿童进行了发言；在波兰举行的世界航模锦标赛上，我校张尚同学获得冠军；在世界中学生的最高赛事——美国工程大奖赛上，我

探索之路　北京景山学校在"三个面向"指引下的教育改革

校的杨歌同学获得银奖，这是目前我国中学生在此项赛事上获得的最高荣誉；我校宫郑同学在第12届国际天文奥林匹克竞赛中获得金牌；在联合国总部召开的"一个适合儿童生存的世界"的会议上，我校马嘉阳同学作为从全球选拔的20名青少年代表之一进行了演讲。在全球中学生网上高峰会议上、在亚太地区青少年科技交流会议上、在全国"长江小小科学家"赛场上，景山学校的学生展示了中国学生的风采；在香港、台湾、美国、法国、韩国、日本、泰国等地都留下了景山学生科技、艺术、体育交流的足迹。

在这种交流与对话的过程中，景山学校真正实现了教育自身的对外开放；在走出去，请进来的模式中，景山学校了解了世界，广泛吸收和运用了世界先进的教育成果和教育理念，为创办在国内外有影响的有中国特色的国际化学校奠定了基础。

■ 五、面向未来，为学生个性特长发展搭建平台

在教育过程中，景山学校始终面向学生的未来，努力为学生今后的发展搭建一个坚实的平台。学校把培养全面发展、学有所长、具有创新意识和实践能力的学生作为一个重要目标。努力为学生的发展创造条件，使有特长的学生能得到与之相适应的教育。

我校提出了在高中阶段特别要注意在全体学生全面发展的基础上，对有才华、有潜力、个性特长突出、有一定研究能力的学生，允许他们超步学习，鼓励他们冒尖，为他们的成材创造有利的学习环境。学校确立了"高中数、理、化、生培养优秀特长生的研究与实验"课题，利用学生的业余时间，将学有特长的学生，依照他们的兴趣爱好分别进行学科奥林匹克竞赛知识方面的学习和指导，为此学校制订了具体措施：1. 聘请著名大学的教授、北京市的特级教师来我校任教，与我校骨干教师相结合，对学有特长的尖子学生进行培养。2. 建立导师制，开放学校实验室，为尖子学生的成长创造宽松的教学环境。3. 重点基础学科实行分层教学，使

做实践"三个面向"的改革者

有区别的个体实现有差异的发展。4.完善奖励机制,加大奖励力度。这些措施保证了这项试验的顺利进行。经过几年的试验,我校在全国数、理、化、生物和信息学科的奥林匹克竞赛中有多人获得一、二、三等奖,取得了令人振奋的成绩。

我校不仅关注学科特长生的培养,而且注意培养艺术、体育方面有特长的学生,主要通过选修课和课外活动的方式对艺体特长生进行培养,加大选修课的开设力度,开设了排球、篮球、游泳、音乐欣赏、素描、绘画等课程。加强学生课外活动的组织与指导,成立了各种体育专项运动队、体操舞蹈队、学校银帆乐团等课外活动小组,并配备专职教师和兼职教师,学生根据自己的特长和兴趣自愿参加。我校积极为特长学生创造展示自己才华的机会,在中国最高的艺术殿堂——中国美术馆我校举办了景山学校师生摄影展;在保利剧院学生进行了大型英语剧《迷宫》的精彩演出;我校举办了七国中学生排球邀请赛;在中山公园音乐堂我校举办了"唱响2008——北京景山学校迎奥运专场音乐会"。

丰富多彩的活动,不仅张扬了学生个性、发展了学生特长,充分显示了景山学校学生能力强、知识面宽、学有特长的优势,也促进了学校的发展,学科竞赛成绩喜人、科技教育成果丰硕、体育工作硕果累累、艺术教育丰富多彩。我校是北京市示范性高中、北京市首批"金鹏科技团"、"北京市中小学生科技教育示范校"、中国中学生排球协会主席校、奥林匹克教育示范学校。

结束语

教育工作者的职责与使命,不仅仅在于对学生的升学负责,更要对学生的终身学习和一生发展奠定坚实的基础,对整个社会的发展负责。近几年来随着高考试题向考查学生能力的方向转变以后,充分显示了景山学校学生能力强,知识面宽,学有特长的优势。近三年,景山学校的高三毕业

探索之路　　北京景山学校在"三个面向"指引下的教育改革

生每年都有三分之一以上的学生达到清华大学、北京大学的录取分数线，实际录取清华、北大的人数也在四分之一以上。另外在国际、全国、市、区各学科竞赛、科技活动、对外交流中也获得了优异的成绩。可以说，景山学校培养出来的学生都是理论和实践相结合的，一定的广度和深度相结合的，创造能力和思维能力相结合的人才。景山学校历届毕业生走上社会之后，在综合能力与素质方面的表现，也进一步印证了我校的办学思想与措施，有着长远的积极作用。我校将继续以"三个面向"为指导，坚持我们的办学理念与特色，努力构建面向现代化，面向世界，面向未来的优质高中教育，为学生的终身学习和一生发展奠定坚实的基础。

(2009年3月)

以课改促发展，构建优质初中教育

——在初中教学开放日活动中的发言

北京景山学校是因教改而诞生的一所专门进行基础教育改革的试验学校，其使命就是要探索出一条适合我国国情的基础教育改革之路，从景山学校成立之日起它的探索改革就从未停止过。它因教改而生存，因教改而发展，用一句话概括就是："教改是景山学校的生命力之所在"。

近十年来，我校在基础教育的改革中，在小平同志"三个面向"思想的指导下，遵循继承、借鉴、融合、创新的改革精神，进行了一定的教育科学研究和改革试验。在刚刚过去的"十五"期间，我校独立承担了教育部重点课题"北京景山学校九年一贯义务教育阶段课程与教学改革的研究与试验"，承担了北京市重点课题"遵循学生身心发展的特点和规律，整体构建学校德育体系"，该项课题研究成果《北京景山学校德育序列纲要及实施细则》获全国百项德育科研成果，我校也被评为全国百所德育科研名校。

在构建北京景山学校的学制改革中，完成了由过去的"五、四制"（小学五年、初中四年）到九年一贯学制的过渡，率先实现了义务教育阶段学制的统一。在实施九年一贯学制的研究过程中，狠抓了课程实施中的核心——教材建设，编写了一套完整的九年一贯义务教育阶段的语文、数

探索之路 北京景山学校在"三个面向"指引下的教育改革

学实验教材。教材的编写与试验是一项艰苦的教育科学研究工作，一所学校要完成如此浩大的工程难度很大，但景山学校的教材改革与试验从来都不是孤立进行的，它上靠教育部、市区教育部门的关怀以及人教社、北师大、首师大等单位专家的指导，下靠各兄弟试验学校的支持、帮助。去年这套教材的小学部分语文、数学教材已被教育部教材审定委员会批准为全国推广使用的试验教材，初中语文、数学教材已进行了四年的试验，目前正在进行总结、修改。这是北京景山学校的一项科研成果，也是东城区、北京市对全国基础教育改革事业做出的一项成果。

"十一五"期间北京市提出了初中建设工程的整体方案，我校在坚持教改传统优势的基础上，积极抓住这次机遇，乘势而上，以课改促发展，加快推进初中建设工程，努力构建社会满意的优质初中教育。

为了落实市区关于初中校建设工程的精神，加快初中建设步伐，提高初中教育教学质量，展示初中教育教学特色及亮点，本学期我校主要通过教学开放日这一活动，来推进初中建设工程，希望通过这样一个机会，使我们能相互交流和学习，更好地借鉴兄弟学校的宝贵经验。在此我们把工作中的一些思考与做法拿出来，抛砖引玉，希望得到各位专家领导和同行的指正。

初中建设工程涉及众多方面，我校主要通过深化课程改革，全面提高初中教育教学质量来推进初中建设工程。以下从四个方面向大家汇报：

■ 第一个方面：明确课程改革的目标和原则

（一）改革目标：

以"三个面向"为指针，构建北京景山学校新的课程体系，即优化基础学科课程，加强综合实践活动课程，开发校本课程，改变传统的单一的学科课程体系，根据"以学生发展为本"的理念和"全面发展打基础，发

做实践"三个面向"的改革者

展个性育人才"的办学宗旨,对我校初中的课程进行调整和改革。全面提升我校初中的教育教学质量,使每个学生都能在此次课程改革中受益,基本素质得到提高,以适应未来社会发展的需要。

(二)改革原则:

1. 面向全体学生,使学生在德、智、体、美等诸方面得到全面发展,同时关注学生的个性特长发展,全面推进素质教育。

2. 全面落实国家课程计划,开足、开齐教育部颁布的课程标准中规定的课程。不以升学考试科目为唯一目标,不随意删减非考试科目。

3. 优化基础工具学科,增加选修课程,创造条件开发校本课程,体现课程的综合性和实践性。

4. 适当综合内容,体现传统与现代的结合,处理好继承、借鉴与创新的关系。

5. 切实减轻学生过重的课业负担,提高教学质量。精心备课,确保每节课教学内容的完成,向40分钟要质量;注意调动学生的积极性,注意启发引导学生;作业要精选题目;不允许利用节假日进行集体补课。

6. 课程改革本着全面发展、因人因课制宜的原则,突破原课堂、课程和课时的限制,形成开放自主的态势。

7. 通过此次课程改革,充分彰显我校的办学理念和特色,在全面发展的基础上,实现我校培养学生的具体特色目标:能写一笔好字、能说一口流利的外语、有一两项各自的特长和掌握一两项适合自己身体的增强体质的运动项目……

8. 课程改革发扬民主、实事求是、立足改革,以求发展。

第二个方面:积极调研,奠定基础

课程改革是一项系统工程,涉及教育观念、教学内容、教学组织形式

探索之路　北京景山学校在"三个面向"指引下的教育改革

和学校管理诸方面的变革，要求我们科学筹划、认真准备、理性操作、稳步推进。今年3月我校就正式启动课改前期各项准备工作，学校教科所对全体初中教师进行了课改问卷调查，问卷涉及课程设置、课时安排、教学质量、选修课设置、课外活动、社会实践活动、对学科特长生的培养和学科基础薄弱生的提高以及学生综合素质评价等方面，通过调查积累了宝贵的第一手资料，及时发现原有课程设置中存在的一些问题。我们又按照语数外、理化生、史地政和音体美科任的学科组连续召开了四次初中教师座谈会，听取老师们对初中课程改革的意见和建议。在充分调研论证基础上制订了《北京景山学校九年一贯初中课程改革意见（征求意见稿）》，并且提交教代会审议，广泛听取教代会代表意见，最后出台了《北京景山学校九年一贯初中课程改革意见》，于今年9月新学期开始实施。

■ 第三个方面：立足校本，调整改革

学校课程的改革与调整应该是基于学校的办学理念、办学目标基础上进行的，立足校本，具有本校特色。我校在"全面发展打基础，发展个性育人才"这一办学理念的指导下，根据我校初中阶段的特点，进行课程的调整与改革，主要从五个方面进行了强化和必要的调整。

（一）设置早读

为提高学生语文和英语听、读、说能力，我校每天早晨增加15分钟的早读时间。充分利用早晨记忆高峰期时间，为学生创设良好的语言学习环境，让学生在教师指导下进行语文和外语早读，有利于提高学生的语言表达能力和教学质量。

（二）加强体育锻炼时间，增强学生体质

我校认真贯彻落实《中共中央国务院关于加强青少年体育增强青少年

体质的意见》，切实开足、开齐体育课，减轻学生过重的课业负担，深入推进基础教育课程改革，提高课堂教学的质量和效率，以便使学生有更多的时间参加体育锻炼，促进学生生动活泼、积极主动地发展。为此，六至九年级每周增加一节体育课，积极组织学生开展丰富多彩的课外体育活动，全面落实每天学生1小时体育锻炼时间。这样，我校的体育工作形成了"4、1、1、2"的模式。"4"即每周有四节体育课，纳入正式课表；两个"1"即每天一次课间操和每周一次课外体育锻炼；"2"即每天两次眼保健操。实践表明，这一举措得到了学生、教师和家长的一致拥护，不仅学生自我锻炼意识得以增加，而且增强了学生体质。

（三）积极开发校本课程

我校在"关注学生，以学生的发展为本"这一课程开发的理念指导下，根据学生共性与个性的特点和需要，充分发挥学校的传统和优势，更好地挖掘和发挥我校教师的潜能和特长，开发一些适合学生发展需要的精品课程，适时体现时代性、科学性，在满足学生的兴趣、爱好和需要基础上，培养学生素质，体现和培育我校课程的特色。

本学期我们开设了生物、动画制作、软陶、木工、桥牌、天文、奥运知识、游泳、法语、英语、音乐欣赏等校本选修课，为学生提供了更多的学习机会，给学生的发展提供广阔空间，极大丰富了学生的学习体验。

（四）加强综合实践活动课程

综合实践活动是基于学生的直接经验、密切联系学生自身生活和社会生活、体现对知识的综合运用的实践性课程，是初中阶段学生的一门必修课程，也是我校一直坚持开设的一门课程。此次我校初中课程改革加强综合实践活动课程，六、七年级隔周安排一下午的综合实践活动，列入课表，学生在教师的带领下走出校门，走进自然，走入社会，通过考察、参观、服务、访问等实践活动，让学生获得实际的体验，密切学生与自然、

探索之路 北京景山学校在"三个面向"指引下的教育改革

社会、生活的联系，深化对自然、社会、自我的认识，发展主动获得知识和信息的能力，养成主动地获得信息的学习习惯和主动探究的态度，发展信息素养、探究能力和创造精神。

各教研组和任课教师在开发课程资源的前提下，积极研究制订学习的系列计划，形成学生感兴趣的、具有一定深度的系列活动主题，以保证综合实践活动有目的、有计划、有组织地实施。本学期拟开展7次活动，目前已实施的有带领学生走进自然博物馆、走进北海公园、参观古钱币展等活动。学生对这门课程非常欢迎，有86%的学生表示很喜欢参加，有83%的家长支持这门课程开设，并且有88%的家长认为学校很重视在活动中培养学生的团结协作精神、主动学习的能力等。

（五）注重社团活动课程设置

学生社团是校园文化建设中不可分割的一部分，它在活跃校园生活，丰富校园文化，营造良好育人氛围，引导学生树立正确的价值取向和发展目标，培养自主学习的习惯和自我发展的能力等方面具有重要作用。我校注重社团活动课程的设置，六至八年级每周五下午安排2课时的社团活动时间，让学生根据自身爱好，自由选择参加一项社团活动，学校组建了管乐、民乐、舞蹈、合唱、排球、游泳、小记者站、文学社、航模小组、计算机爱好者协会、摄影、生物、绘画、武术、手拉手地球村、环保沙龙等一系列社团和兴趣小组，为学生个性发展搭建成长舞台。这些社团活动受到学生的欢迎，许多同学表示学校的这一举措培养了他们的综合素养，给予了他们展示才华的舞台，寓教于乐，让他们青春的能量在这里得以释放。

■ 第四个方面：加强教师队伍建设

我校主要通过教、科研结合，实施"教研组建设"工程来加强教师队伍建设。学校要求各教研组组织教师认真研究课程标准，更新观念，改进教育教学方法，通读教材及教学参考书，把教学改革以科研课题形式加以研究，不断进行课改理念、教学方法、课程评价等方面的研究和探索。初中60位教师都参与了教育科研课题研究，"十一五"期间我校承担的涉及初中阶段的课题有1项联合国教科文组织中国可持续发展教育项目研究课题、1项北京市级课题，2项东城区级课题。

本学期要求各教研组狠抓集体备课和校本研修（定时间、定地点、定内容、定主讲），各学科教研组要制订学科课改计划，明确作课、听课、研讨要求。积极开展组内研究课，采取反思教学、课题研究、集体备课、案例设计、观摩示范、专家辅导、合作交流、资源共享等方式，进行课改研讨和交流，这种互动思考、交流研讨使老师们受益匪浅，促进教师在新课程试验中不断反思与学习，培养一专多能的教师，也积累了一些成功经验。

总之，课程改革涉及学校教育教学的方方面面，它既是教育改革的核心，又是深化教改的重要标志，是一项科学的系统工程。如何更好地实施与推进课程改革，如何通过课程改革使学生终身受益，使教师得到提高，如何利用课程改革的机会，创立具有鲜明特色的学校文化氛围，使学校不断发展，是我们努力的目标，也是做好学校管理的最终目的。我校将进一步推动课程教材改革，不断提高学校的教育教学质量，推进初中建设工程，构建优质初中教育。

（2006年5月）

探索之路　北京景山学校在"三个面向"指引下的教育改革

在积极研究与实践中稳步推进高中新课改

课程改革是教育改革的核心，也是深化教育改革、全面推进素质教育的重要标志。从今年9月起，北京市普通高中学校起始年级全部进入高中新课程的学习，新一轮高中课程改革已经启动，新课程在课程功能、结构、内容、实施、评价和管理等方面都较原来的课程有了重大的创新和突破，为全面推进素质教育和学生发展创造了条件。

北京景山学校是一所教育改革试验的学校，自1960年建校至今一直进行教育教学改革试验，实践证明，北京景山学校的发展，就是抓住了改革的机遇，改革是景山学校的特色，改革是景山学校生命力之所在。作为高中课改的样本校，我校应该抓住课改新机遇，乘势而上，成为实施新课程改革的排头兵。

面对课程改革，学校如何指导教师正确地实施课改，如何利用课改这一机遇使学生、教师、学校得到全面地发展，是我们一直在思考的问题。

一、明确课程改革的指导思想和目标

在新的课程理念和课程标准的指导下，我们确定了北京景山学校高中

做实践"三个面向"的改革者

课程改革的指导思想和目标。

（一）指导思想：

以"三个面向"为指针，坚持科学发展观，全面贯彻国家教育方针，全面推进素质教育，全面实施普通高中新课程方案，根据"以学生发展为本"的理念和"全面发展打基础，发展个性育人才"的办学宗旨，对我校的课程进行调整和改革。构建符合北京市课程改革基本要求、具有北京景山学校特色、充满蓬勃生命力的普通高中课程和教学体系。

（二）改革目标

1. 根据《北京市普通高中课程改革实验方案》，积极探索适合北京景山学校的课程方案和课程管理办法。

2. 积极开发课程资源，规范校本课程，逐步建立具有景山学校特色的课程体系。

3. 探索课程管理办法，建立符合新课程要求的学生发展性评价，构建与新课程相适应的学生选课制度和学分管理制度。

4. 通过课程改革，进一步彰显景山学校的办学理念，实现景山学校的办学目标，夯实发展基础，开发学生潜能，培养具有开阔视野、适应未来社会、具有社会责任感的合格的毕业生。

二、我们的实践

我校根据新课程改革的要求，以先进的教育理论为指引，以锻炼学生的实践能力、培养学生的创新精神、提高教育教学质量为宗旨，借鉴兄弟学校的成功经验，结合我校教育教学实际，多渠道、多层面积极稳步推进新课改的顺利实施。

探索之路　北京景山学校在"三个面向"指引下的教育改革

（一）更新观念，全员培训

在新课程实施过程中，我校始终把观念的更新作为一个重要环节狠抓不放，本着"干部、教师同步发展"的培训思路，确保在培训原则上，坚持理论联系实际；在培训内容上，通识培训与学科培训并举；在培训层次上，全员培训与骨干培训结合，培训要注重实效，要把观念转变、教学实践、教育科研、专业提高紧密结合，综合进行。我们定期组织干部教师学习课程理念，统一认识，为课程改革提供科学的指导和理论支撑。学校以课题引领实践，全体高一教师都参加高中新课程改革的研究与试验，研究高中新课程的特点、要求及带规律性的问题，"边探究、边实践、边培训、边反思、边修正、边完善"，把过程性培训和研究性培训相结合，使培训和教研、科研相互衔接，在培训中研究，在研究中提高，在实践中完善。

我校培训体现全员、全方位、全过程。景山学校是一个整体，高中课改不只是高中教师需要参加，而是需要全校教职员工的支持和配合，我校专门召开全体教职员工大会，认真组织学习高中课改的有关精神，并且利用《教改通讯》向全体教师宣传、介绍高中课改的意义、信息。对于高中教师更是精心组织，加大培训力度，做好开学前培训、试验中培训两个环节，充分开发和利用学校和社会各种资源，采取送出去、引进来、师徒结对式研训、课题研究学习形式，通过专家讲座、自学、集中研讨、实例分析、观摩等方式，形成多层次、多渠道的校内培训形式，促进教师教学观念和行为的转变，促进教师专业发展。

（二）完善制度，强化管理

为了确保课改试验顺利有序、扎实有效地进行，我校成立了以校长为组长，主管高中副校长为副组长的高中课程改革工作领导小组，全面负责组织、协调、管理试验工作，整合校内外的各种资源，在经费投入、政策支持、制度建设、师资培训、舆论宣传等方面提供保障，此外还成立了课程改革专家指导组、课程管理资源开发领导小组、学生管理和社会实践工作小组等一系列组织机构。为了制定科学、可行的课程管理实施方案，学校召集课程改革小组成员结合实际和新课程实施的有关要求积极讨论、研究，系统地构划，在征求老师意见基础上制定了高中课改工作的规章体系，形成一系列可行的新课程实施的方案。目前已形成《北京景山学校高中课程改革实验方案》《北京景山学校高中新课程学生学分认定方案》《北京景山学校校本课程开发与实施工作方案》《北京景山学校学生成长纪录》《北京景山学校学生选课指导》《北京景山学校课堂教学评价方案》等课改工作方案，使课改工作从起步即科学规范发展。课程改革的过程，也是学校管理制度的完善过程，在严格按照北京市有关文件规定的基础上，我们坚持"以学生发展为本、立足本校"，构建与新课程实施相适应的学分制教学管理制度，模块考试制度，过程性管理和校本教研机制以及符合新课程教学理念的教学质量评估体系。

（三）教研组建设与教学展示结合

教研组和备课组是推进课改的重要组织形式，教师之间的研讨和交流是提高教学水平的有效方式。在新课改无现成经验可借鉴的情况下，发挥群体效应，全面挖掘教材，拓展教学思路，探讨教学方法，切磋教学艺术，以课题研究促发展，是实施新课改的捷径。

学校要求各教研组组织教师认真研究新课程标准，更新观念，改进教育教学方法，通读新教材及教学参考书，弄清每一模块的重点难点，把每一个环节以科研课题形式加以研究，不断进行课改理念、教学方法、课程评价等方面的研究和探索。学校还要求各教研组狠抓集体备课（定时间、定地点、定内容、定主讲），制订学科课改计划，明确作课、听课、研讨要求。

本学期我们主要通过市、区级公开课的形式推进课程改革，11月22日我校举行了高中新课程教学开放日活动，学校邀请了英语、历史、物理、

探索之路　北京景山学校在"三个面向"指引下的教育改革

化学、地理等学科高中新教材的主编前来听课指导。通过公开课教学，一方面展示了我校教师对新课程和教材的理解与运用，一方面也得到许多专家的指导和建议。这种交流展示使老师们受益匪浅，加深每位教师对新课程、新课标的理解和认识，促进教师在新课程试验中不断反思与学习。

课改的过程，是学校领导和教师共同参与、同步提高的过程。开学以来，学校领导分学科、分年级参与各教研组的说课、听课，共听课65节，通过听课，及时了解课堂教学的第一手资料，课后及时组织评课，倾听教师的意见，并运用课改的理念，进行评析、指导，促进了教师的发展。

（四）积极开发校本课程

我校在"关注学生，以学生的发展为本"这一课程开发的理念指导下，根据学生共性与个性的特点和需要，充分发挥学校的传统和优势，开发一些适合学生发展需要的精品课程，适时体现时代性、科学性，在满足学生的兴趣、爱好和需要基础上，培养学生素质，真正发挥校本课程育人的功能。本学期，我们开设了《论语》解读、法语、英语阅读（中外校园文化分析）、家庭理财、历史名城、计算机C语言、趣味化学、素描等8门校本选修课。此外，本学期我们还组织学生进行研究性学习，在经过学生申报和学校审定后最终确定了10大类43项课题，涉及政治、历史、语文、化学、计算机、心理、科技等学科，目前已全部开题，进入课题研究阶段。

在校本课程开发过程中，我们重视挖掘教师的潜力，发挥教师的积极性，我校开设的校本课程都是教师结合自己的学科与特长积极主动承担的，并且以新课程的理念指导教学，编辑校本教材。如我校高中语文组进行了新课程理念下的"经典阅读工程"，老师们不仅向学生推荐书目，而且还充分利用语文课堂、选修课学习、文学社活动等多种方式，和学生一起邀游名著海洋，领略名著风采。老师们精心挑选，以经典作品的发表时间为顺序，先中国后外国，向学生推荐值得一读的中外文学经典作品二十部（篇），精心设计了阅读指导，包括"作者介绍"、"内容梗概"、

"推荐理由"、"思考题目"等内容版块,引导学生阅读、思考、解疑。通过这一活动,阅读经典作品的传统延续着,经典作品的师生品读已经形成了教师为主导,学生为主体的自主性学习的新方式。经典作品的品读极大地激发了学生的文学兴趣,开拓了学生的视野,提升了精神境界,从根本上提升着学生的人文素养。这只是我校教师参与校本课程开发与建设的一个缩影,许多教研组和教师都在积极参与校本课程开发。

(五)理性操作,稳步推进

高中新课程改革带来了教育观念、教学内容、教学组织形式和学校管理诸方面的根本变革,要求我们及早筹划、早作准备、理性操作、稳步推进。根据北京市课改指导意见,今年3月我校就正式启动课改前期各项准备工作。新学期开始,我校高一年级整体进入新课程试验,按计划开足开齐课程。在课改实施阶段,我们坚持边培训、边实践、边总结,每月召开一次高一年级教学研讨会,针对新课改中的实际问题进行探讨,提出了具体要求,落实具体实施方案。每月编辑出版一期《课改月报》,及时宣传新课改的理念,总结我校新课改的实践。学校还要求高一的年级组、备课组,根据我校的校情、学情、教情,拿出具体实施细则,力求使"课程的理想"通过研究与实践逐步走向"理想的课程"。

为了及时了解和评估课程改革的进展情况,推动试验工作顺利进行,我校在10月份对全体高一学生进行了课改问卷调查,内容涉及学生课改后的适应情况、学生学习方式的改变情况、学生喜欢的教学方式及学生选课的兴趣及开学后的收获等几方面内容。通过调查为我们积累了宝贵的第一手资料,及时发现课程改革中存在的一些不可忽视的问题,有助于我们比较全面地了解课程改革的进展情况和思考进一步推进课程改革应采取的措施。

(2007年11月)

探索之路　北京景山学校在"三个面向"指引下的教育改革

《北京景山学校九年一贯制义务教育阶段课程与教学改革的试验研究》课题结题报告

作为全国教育科学"十五"规划教育部重点课题之一，《北京景山学校九年一贯制义务教育阶段课程与教学改革的试验研究》自2002年立项以来，经过全体课题组成员的研究与实践，该项课题取得了一些成果和规律性经验。

一、课题的提出

课程改革是教育改革的核心，也是深化教育改革、全面推进素质教育的重要标志，学校实施的课程集中体现了一所学校教育价值的取向，直接影响到学生的发展和教育质量的提高。

面向21世纪，世界各国无不推动学校课程的革新，以提高国民素质，其策略包括制订课程纲要、加强课程的弹性化、大力开发校本课程、注重课程的统整化等等，其中也包括九年一贯设置课程。

2001年6月，教育部颁布了《基础教育课程改革纲要（试行）》，开始了新一轮基础教育课程改革。在《纲要》中明确提出"改变课程结构过于强调学科本位、科目过多和缺乏整合的现状，整体设置九年一贯的课程

做实践"三个面向"的改革者

门类和课时比例,并设置综合课程,以适应不同地区和学生发展的需求,体现课程的均衡性、综合性和选择性。"这些决定为我们的课程改革指明了方向。

在我国基本普及九年义务教育的新形势下,义务教育最理想的学制是九年一贯制。因为这种学制符合我国少年儿童身心发展呈现出快速和提前的特点和趋势,有利于进一步促进他们身心的健康发展;有利于深化教育改革,全面推进素质教育;有利于合理安排课程,综合利用教育资源,更有效地利用学时。《中共中央国务院关于基础教育改革与发展的决定》中提出"规范义务教育学制,'十五'期间,国家将整体设置九年义务教育课程,有条件的地方,可以实行九年一贯制"。北京市作为全国的政治、经济、文化中心,已经提出小学和初中实行九年一贯制教育。

学制从宏观上规定和影响着课程教材的建设和发展,学制改革必须与课程、教材、教学改革同步进行。九年一贯学制已经形成,但与之相适应的课程、教材体系还没有形成。因此,根据时代和社会发展的需要,顺应国际教育改革的潮流,适应国内教育改革的形势,我校基于长期的九年一贯整体实践研究,提出了进行"九年一贯义务教育阶段课程与教学改革的试验研究",探索课程、教材、教法、学法与评估一体化的课程体系和教学模式,旨在为我国义务教育阶段九年一贯课程与教学改革提供具有规律性的实践经验。

二、课题研究的主要内容和方法

本课题研究按照九年一贯的思路,以系统论观点作为思想方法,对义务教育阶段九年一贯制的课程、教材和教学改革进行统整研究,以完善九年一贯课程设置理论,构建新世纪景山学校九年一贯课程与教学新体系;编写全日制义务教育阶段富有特色的语文、数学、外语等教材以及校本课程教材;培养一支理论与实践相结合的研究型的教师队伍,从而为我国中

探索之路　北京景山学校在"三个面向"指引下的教育改革

小学课程改革的发展提供规律性经验。

（一）课题研究的主要内容：

1. 新世纪景山学校课程理念研究。
2. 国家课程校本化的研究及其相应的教材开发建设。
3. 校本课程的开发及其教材建设。
4. 课堂教学改革的研究。
5. 课程评价与课程管理的研究。

（二）课题的研究方法：

本课题研究注意利用现代信息技术手段，进行信息搜集。主要采用行动研究法,案例研究法、调查法、文献法、实验法等多种研究方法。确保研究的科学性、严谨性和超前性。研究力图使理论研究与实践应用结合起来，既进行理论方面的探索，又为中小学提供可以借鉴的实践模式。

三、课题研究的原则和价值

本课题研究提出以下原则，并将贯穿于整个研究过程：

（1）学制改革必须与课程、教材、教学和评价改革同步进行。

（2）义务教育阶段应该加强九年一贯精神（基础扎实、充分发展个性）。

（3）九年一贯制教育需要小—中沟通的教师队伍。

（4）课程、教材和教学改革必须围绕学校实际进行，并突出学校特色。

我国实施九年义务教育以后，义务教育阶段的课程一直分为小学和初中两个阶段，这种客观上的中小学分离给教育工作造成了很大程度的"断层"，在认识上、做法上缺乏系统性、连续性和稳定性，在教育实践中不

做实践"三个面向"的改革者

可避免出现脱节和不必要的重复的问题。而我们提出的"义务教育阶段九年一贯制课程与教学改革的试验研究"重视课程发展的延续性,强调九年一贯的课程设计、教材编制和教学改革,以期能充分发挥九年一贯的优势,使每一位学生都能接受基本而完整的义务教育课程。

我校提出的这一课题,是在继承、借鉴基础上的探索和创新,是以"三个面向"和"全面发展打基础,发展个性育人才"的办学理念为指导的。本课题研究的价值在于保障全体学生享受高质量的教育;促进教师专业化队伍的建设;探索新时期素质教育的学校管理体制;为社会提供优质的教育资源。

四、课题研究的主要成果

(一)明确了课程改革的目标和原则

在新的课程理念和课程标准的指导下,我们确定了北京景山学校课程改革的目标和应遵循的原则。

改革目标:以"三个面向"为指针,构建北京景山学校新的课程体系,即优化基础学科课程,加强实践活动课程,开发校园环境课程,改变传统的单一的学科课程体系,确立"以学生发展为本"的理念和"全面发展打基础,发展个性育人才"的办学宗旨,对我校的课程进行调整和改革。

改革原则:

1. 面向全体学生,使学生在德、智、体、美等诸方面得到全面发展,全面推进素质教育。

2. 全面落实国家课程计划,开足、开齐教育部颁布的课程标准中规定的课程。不以升学考试科目为唯一目标,不随意删减非考试科目。

3. 优化基础工具学科,增加选修课程,创造条件开发环境课程,体

探索之路　北京景山学校在"三个面向"指引下的教育改革

现课程的综合性和实践性。

4. 适当减少门类，综合相关学科。体现传统与现代的结合，处理好继承、借鉴与创新的关系。

5. 切实减轻学生过重的课业负担，提高教学质量。精心备课，确保每节课教学内容的完成，向40分钟要质量；注意调动学生的积极性，注意启发引导学生；作业要精选题目；不允许利用节假日进行集体补课。

6. 课程改革本着因人因课制宜的原则，突破原课堂、课程和课时的限制，建立有诊断、激励与发展功能的评价体系。

7. 课程改革发扬民主、实事求是、立足改革，以求发展。

（二）进行国家课程校本化与优化的研究

国家课程是国家规定的课程，它专门为培养未来的国家公民而设计，并依据未来公民接受教育之后所要达到的共同素质而开发的课程。国家课程强调基础性和统一性，但无法兼顾不同地域和学生的个性发展，这就要求学校构建以学生发展为本的更为合理的基础教育课程教材体系。因此，我校在全面落实国家课程计划，开足开齐国家规定的课程的同时，积极进行国家课程校本化与优化的探索试验。学校和教师通过调整课程计划和结构、选择、改编、整合、补充、拓展等方式，对国家课程进行校本化、个性化的再加工、再创造，使课程结构更符合学生个性、学校和社会的特点和需要。

1. 全日制义务教育语文、数学教材的编写与试验

中小学教材是课程的主要载体，是组织学校教学的主要媒体。因此，在深化教育改革，全面推进素质教育的过程中，中小学教材建设是一项具有战略意义的基础性建设，它直接关系着中小学教育教学的水平，关系着学生终身学习和一生发展的基础。

课程教材建设始终是我校改革试验的重点，1999年6月，全国教育工作会议召开后，我校在总结40年来教学改革实践的基础上，遵循"三个面

做实践"三个面向"的改革者

向"的精神，以国家课程标准为依据，结合我校教育资源优势，开始编写全日制义务教育语文、数学教材。我们希望通过总结和反思我校长期进行课程教材改革试验的成果及其基本经验教训，借鉴国内外有关中小学教材建设的历史经验和教训，根据我国新世纪人才强国战略对人才素质的要求，对照教育部新颁布的课程标准，编写适应学生发展需求、具有学校特色、有利于培养创新精神和实践能力，提高综合素质，有利于促进学生心理健康和良好个性发展的新教材，从理论和实践的结合上，探索中小学国家课程校本化与优化的新范例和新途径，为我国中小学课程教材建设提供规律性的实践经验。

我校教材编写秉承继承传统，与时俱进，体现时代特点和现代意识的原则。教材编写坚持理论联系实际的原则，既注重学习有关课程教材建设的新理论、新经验，注重理性思考，又必须紧密关注教材编写和教学实践中的新问题，使理论研究有目的、有针对性地为教材编写和教学实践服务。参加编写教材的人员有长期主持我校教学改革试验的老领导、长期进行教材改革试验并有丰富实践经验的老教师、在第一线亲自进行新教材试验的中青年骨干教师，并聘请中小学课程教材专家为顾问进行指导。采取边编写、边试验、边听课、边总结、边修改，将教材编写、教学试验和教师培训有机结合起来，增强教材的实践性、针对性和适应性，保证教材具有比较广泛的适用性，以《全日制义务教育语文、数学课程标准（实验稿）》中规定的基本水平为依据编写教材，使教材在国家较发达的地区、城镇适用。

语文教材改革的总体思路是："整体谋划，分段实施，稳步过渡，九年基本达标"。要通盘考虑从一年级到九年级语文学习的整体要求，通过九年语文课程的学习，要让绝大多数学生具备公民应有的语文素养。

数学教材注重体现基础性、综合性、实践性和弹性，使学生在认识数学、理解数学和应用数学的过程中，个性才能同时得到发展。体现数学教育为提高人的整体素质这一中心，使得人人学有用的数学，人人学必需的数学，不同的人从数学上能得到不同的收获。

目前语文、数学教材已编写到小学1—5年级，初中6—7年级，有北京、天津、重庆、四川、江苏、浙江、广西、广东、内蒙古、河南、吉林、江西、海南等18个省、市的60所兄弟学校和我们一同进行新教材的试验，受到了参加试验的学校、教师、学生和家长们的一致好评。

2. 一、二年级综合课程的研究

21世纪中小学课程改革的一个重要发展趋势就是强调课程的整合。我国新一轮课程改革，九年一贯整体设置义务教育阶段的课程，构建了分科课程与综合课程相结合的课程结构，提出小学阶段以综合课程为主。

我校与教育部课程教材研究所共同合作，承担了《面向21世纪义务教育课程综合化的研究与实验》课题，在小学一、二年级进行科学和社会综合课的探索与实践。经过两年的实践，已经成为学生喜爱、家长支持、学校重视、教师在任教中得到提高的课程。

综合课程具有以下几大特点：

（1）课程的宗旨以发展学生素养为本

科学、社会综合课以发展学生科学素养及人文素养为本，对儿童进行自然科学常识及社会科学常识的启蒙教育。注重面向全体，全面发展与个性差异发展相统一的课程，是注重由师本转向生本，强调学生是学习活动的主体，自我发展的主体的课程。

（2）课程内容选取注重生活化、社会化、综合性

科学课和社会课教材由教育部课程教材研究所的专家负责编写，我校的教师进行教学试验。充分体现了编写人员与试验教师紧密结合的特点。新教材考虑到低年级学生的年龄特点和知识、生活经验及能力都是有限的，因此，教材内容联系社会，联系学生生活，选择贴近学生生活的、接近周围社会和环境，符合现代科学技术和社会科学发展趋势的，适应社会发展要求的和有利于他们奠定终生发展的基础所最需要的内容，使学生感觉到学习的内容是熟悉的、亲切的。

教材的综合性强，这就是人们常说的"大综合"。一、二年级的科学课教材，内容主要以低年级同学比较感兴趣的动物、植物、人文、声、光、电以及与生活密切相关的衣、食、住、行等单元为主。社会课涉及自我认识、自我教育、祖国传统文化（如节日）、学校、家庭心理教育、思维训练、生活实践、社会、自然与自我的整合等诸多方面的内容。

（3）教学方式体现自主性和多样性

在教师主导下，学生自主参与各种学习活动，是小学科学与社会课的主要教学形式。两门课程的教学中充分发挥学生的主体作用，强调学生的参与和体验。在科学、社会综合课的教学中根据学生的特点和"以活动促发展"的指导思想，更加突出"活动"的地位。教学中"活动"内容明显增加，几乎每节课都设计了让学生活动的时间，或角色扮演、或游戏，或动手制作、或观察，活动时间平均占每课总量的50%左右。

科学、社会课在教学方法的设计和安排上，吸取了当今教育发达国家的经验和理念，诸如科学课的小班教学、课堂游戏、分组活动、小组讨论、室外活动、试验自主设计、方案评估、试验成果展示等等方法的运用，尤其是科学课采取了小班化小组教学的形式，一个教师面对24个学生，学生4人分成一组，比较四五十人的大班授课，其启发性教学优势突出，师生互动、生生互动效果明显。社会课比较强调学生的参与表演，通过创设与学生生活十分接近的情境，用游戏、小品、表演、配音等方式来"激活"脑力，用角色扮演创设情境，进行实践，加强学习。

通过两年的探索与试验，科学社会综合课的试验取得了明显的效果和突破性的成绩，其表现为：

1. 学生方面：

其一，学生参与课堂活动为100%；其二，学生动手动脑能力得到极大提高，心灵手巧；其三，思维能力的明显提高。

2. 教师方面：

对于任课的教师来说，科学、社会综合课的教学完全是个新课题，面

探索之路　　北京景山学校在"三个面向"指引下的教育改革

对无正式教材、无学具、无任何参考资料的情况，面对新的教学方式，通过两年的教学实践，六位任课教师要千方百计的设计教案、教法，要自己制作各种各样的教具，要制作各种各样的教学课件，两年下来，大家都感觉到了自己的教学能力、教学水平得到了很大的提高。

3. 家长方面：

对于刚刚入学的一年级的小同学上好科学、社会课，家长的协作是必不可少的，由于孩子们十分喜爱科学课，所以家长为了孩子给予了极大的支持，他们帮助孩子准备各种各样的学具，家长当了孩子课外实验的辅导员。

两年来，经过多次调查反馈，科学、社会综合课已成为深受学生喜爱的课程之一。因此我们可以自豪地说：小学科学、社会综合课是学生喜爱、家长支持、学校重视、教师在任教中得到提高的好的试验课。

（三）开发校本课程，进行校本课程系列化的探索

校本课程是我国基础教育新课程体系中的一个重要组成部分，它是体现学校办学理念，发挥学校资源优势，符合学生需要，促进学生和教师发展的一种课程。我校在进行国家课程校本化的研究与试验的同时，积极开发具有学校特色的校本课程，进行校本课程系列化的探索。

1. 必修类校本课程资源的开发

我校在"关注学生，以学生的发展为本"这一校本课程开发的核心理念的指导下，根据学生的特点和需要，充分发挥学校的传统和优势，挖掘教师的潜力，发挥教师的积极性，开发一些适合学生发展需要的校本课程（详见附表一），这些课程都是我校学生必修的校本课程。这些课的教材有的是选用国外的教材，有的是与专家合作编写，有的是老师们自己编写。这些课程都深受学生的喜欢。

附表一：北京景山学校校本课程设置总体框架

课程设置			开设年级	课时分配
校本课程	必修课	科学综合课	一、二年级	每周2课时
		社会综合课	一、二年级	每周2课时
		艺术创意课	一、四年级	每周1课时
		书法课	三、四、五年级	每周1课时
		形体课	四、五、六年级	每周1课时
		生活技能课	六年级	每周1课时
		英语活动课	六、七年级	每周1课时
		数学活动课	六、七年级	每周1课时
		研究性学习	高一、高二年级	每周2课时
		游泳课	一至八年级，高一、高二年级	每周2课时连续5周

2. 选修类校本课程资源的开发

我校在"全面发展打基础，发展个性育人才"的办学宗旨的指导下，始终重视选修课程的开发与设置，以学生主体发展为主，尽量满足学生的兴趣、爱好和需要，为学生的个性发展创造良好的条件。

我校选修课设置的目标是：在课程改革的实践中完善课程选修制理论，构建我校规范化的选修课框架体系；建设一批相应的选修课教材；培养出一支理论与实践相结合的教师队伍，从而为课程改革的发展提供宝贵的规律性经验。

我校选修课设置的基本原则是：（1）发挥教师特长，体现教师主导；（2）发展学生特长，体现学生主体；（3）尊重学生意愿，促进个性发展。

目前我校共开设三大类近40门选修课，（详见附表二）通过这些校本课程的开发，学校为学生提供了更多的学习机会，给学生的发展提供广阔空间，极大丰富了学生的学习体验。同时也促使教师不断思索：怎样才能

探索之路　　北京景山学校在"三个面向"指引下的教育改革

开发出学生喜欢的课程,从而促进了教师的专业发展。

附表二:北京景山学校校本选修课程设置

	类别	对象	目的	课程
校本课程	提高类选修课	针对成绩优秀,兴趣和特长比较定型并希望在某一学科有所特长和进一步发展的学生	目的是培养竞赛型人才,提高他们的才能	数学竞赛专题、物理竞赛专题、化学竞赛专题、生物专题、外语专题
任意选修类	拓展类选修课	针对对某一学科知识有兴趣的学生	目的是通过介绍一些新的科学理论,扩大学生视野,可以促进他们的能力进一步发展	西方戏剧欣赏、现代诗歌欣赏、英语视听课、数学建模、电子技术、国际热点问题、时政风云、关注老北京、植物组织培养、领土与国力、基因奥秘、天文知识讲座、古代建筑、机器人、戏剧欣赏、环境保护、心理常识与健康教育、礼仪常识等
	文体类选修课	针对那些有艺术兴趣和体育爱好的学生	目的是发挥他们的特长	戏剧表演、美术欣赏、素描、服饰欣赏与设计、20世纪西方现代音乐初探、摄影、电脑绘画、陶艺、排球、足球、游泳、舞蹈、声乐

(四)积极推进教学改革

教学是课程实施的关键环节。课程标准是贯穿于我们教学中的"纲";教材是我们教学中行之有效的工具。《课程标准》要在教学中验证;教材要在教学中使用;课程改革的理念只有通过具体的教学活动才能体现出来。

近五年来我校的课堂教学改革始终围绕这一课题开展研究与试验,不断改革探索和确立新的课堂教学观念,树立"以人为本"的教学思想,以新的课程标准的理念为指导,以科学方法论为基础,以促进学生发展为出

做实践"三个面向"的改革者

发点,构建出"教与学"和谐统一的课堂教学;确立新的教学观,推进课堂教学方式的创新,积极探索具有新课程理念的教学模式。

1. 构建以学生发展为本的课堂教学

现代教育观念强调:在学习过程总要力图让所有学生处于教育的优势之中,通过积极参与学习过程,从而取得成功的学习。这里所说的"教育优势"、"积极参与"、"成功的学习"都是与学生的主体密不可分的。所以探索和构建以学生发展为本的课堂教学在课堂教学改革中就显得十分重要。在"全面发展打基础,发展个性育人才"的办学理念的指导下,我校始终把学生的发展作为课堂教学的主线,强调关注每一个学生、关注每一个学生的全面发展。在课堂教学中重视发挥学生的能动性、自主性与创造性。激发学生的内在需求,调动学生在教育中的积极主动性。变被动学习为主动学习。在课堂教学中注意创设良好和谐的教育环境,给学生提供可以自主决定、自由探索、积极参与的活动机会,加强师生交往、积极互动,使课堂教学成为一个"学习共同体"。在课堂教学中要相信学生、依靠学生、强化和提高学生的主体地位,使学生独立自主地学习,在课堂学习过程中学会感悟,获得发展,真正成为课堂的主人。

2. 确立新的教学观,推进课堂教学方式的创新

景山学校经过长期的教改实践,逐渐摸索、总结出具有自己特色的教学基本原则:

(1)德智体全面发展的统一要求与发展学生个性特长的多样性相结合。这既是基础教育与英才教育的辩证统一,也是促进每个学生个性化发展的科学手段。

(2)牢固掌握基础知识、严格训练基本技能与发展智力、培养能力相结合。

(3)提高智能与发展非智力因素相结合。二者相辅相成,共同达到提高学生能力的目标。

(4)发挥教师主导作用与培养学生独立学习的主动探究精神相

探索之路　北京景山学校在"三个面向"指引下的教育改革

结合。

（5）教学中循序渐进的训练方式与集中时间、重点突破、适度跃进的训练方式相结合。

（6）量力性与一定的难度相结合。

（7）常规教学与研究性学习相结合。

（8）班级教学与分类指导相结合。

（9）基础文化教育与劳动技能教育相结合，科学精神与人文精神的教育相结合，强化现代教育技术的使用与课程的整合。

（10）课内与课外、校内与校外的教育工作相结合。

这些原则是我们对教育辩证法的初步认识，是对教育教学规律的切实体会，在这些原则的指导下，我校在课堂教学改革中不断确立新的教学观，转变教学方式，积极引导学生转变学习方式，不断探索多样化的学习方式，推进课堂教学方式的创新。

我校教师在教学过程中不断改变过于强调接受学习、死记硬背、机械训练的现状，打破单一的、落后的教学方式，充分激发学生的学习兴趣和潜能，通过讨论、实验、探究、合作学习等多种教学组织形式，引导学生积极主动地学习，为课堂教学注入新的生机和活力。

我校提出，教学过程是师生交往共同发展的互动的过程，教师应该在课堂教学中使学生做到"真理解"（理解、体验、表达和阐述）、"引激活"（兴趣、参与、开发潜能）、"研迁移"（举一反三、触类旁通）、"促发展"（创设问题、研究问题、解决问题）。这些都要求教师不能只满足从知识为起点到知识为终点的主导者，而更重要的是应以知识为载体，导出方法、导出思路，开发潜能。所以教师应该全方位的解读和理解当今课堂教学的责任与义务，由传统的知识传授者转为现代学生发展的促进者，真正使课堂教学能使学生积极、活泼、主动中得以创造性的发展。

3. 探索具有新课程理念的课堂教学模式

教学模式不仅仅是理论，它还包含着程序、方法、策略，远比理论丰富，它是一套方法论体系，它是在一定教学思想和教学理论指导下建立起来的较为稳定的教学活动结构框架和活动程序。课堂教学模式体现新的课程思想与教学价值观和教学的前沿思维，是教学思想、教学观念体系与教学实践契合的生长点。新课程改革背景下的课堂教学，要求中小学教师确立新的课程思想和新观念，改变传统的课堂专业生活方式，重构具有新课程理念的课堂教学模式，这是实现新课程改革目标的必然要求。缺失了课堂教学模式的创新，新课程的顺利实施、课堂教学效益的大幅度提高及可持续发展，是难以达到的。

我校在更新观念的基础上，全面反思和批判当今的课堂教学，大胆实践、由浅入深、由表及里，在继承、借鉴、融合的基础上创新，强调课堂教学形式的三个支点，即教师指导下的学生主体作用的发挥，学习方法的指导、多种教学媒体的有效使用，使课堂教学形式成立体形式，实现教师、学生、教材、媒体、环境一体化，鼓励教师在课堂教学中"八仙过海、各显神通"，整体进行各学科课堂教学模式探索。几年来，通过老师们的努力，探索出了问题解决方式下的概念教学模式、任务型语言教学模式、合作学习模式、"问题驱动"生物教学模式、化学教学STS（科学、技术、社会）模式、物理探究教学模式、"目标激励——主体实践"劳技课教学模式等一系列课堂教学模式，推进了我校的课堂教学改革。

（五）探索并完善科学的评价机制

评价对课程改革具有导向性，对教学实践具有指向性，评价是教育改革的推动力。我校在"以人的发展为本"新的评价理念的指导下，开始探索并完善对学生、对教师的科学评价方式，体现评价形式的多样化与评价内容的多元化，建立可以促进学生和教师发展的评价机制。其总体思路是：突出教学评价的整体性和综合性；过程评价和终结性评价相结合；"定量评价"和"定性评价"相结合；充分发挥评价的诊断、激励与发展功能；开展特色评价，促进学生、教师和学校全面发展。

探索之路　　北京景山学校在"三个面向"指引下的教育改革

1. 发展性教师评价的改革与实践

教师专业的发展不仅是当前教育发展的需要，也是关系到学校能否培养全面发展人才的关键，没有教师的专业化成长，学生的全面发展就无从谈起。随着新课改的不断推进，以前单纯的"以学生分数"和"升学率"为导向的教师评价方式已经不利于教师的专业的发展和学生的健康成长。教育教学的现实呼唤能对教师教育思想、教育实践提出目标，指出发展的方向的发展性教师评价。

(1)根据上述教师可发展性评价的思路，我校从教学目标内容、教学过程方法、教师素养能力、教学实际效果、现代教育技术使用等几大方面建立了促进教师不断提高和发展的课堂教学评价体系。

(2)建立景山学校学生对教师教育教学工作评价方案。学生是教育教学的主体，学生对教师的教育教学工作最有发言权。学生对教师教育教学工作的评价或反馈的意见，也为教师从另一个角度了解自己的教学工作效果，从而进行反思、改进，最终达到提高教学水平的目的。

(3)建立以教研组为单位的教学研究评价方案

采取形式：开展集体教学研讨活动；开展教研组内的课堂教学观摩评议活动；以教研组为单位，确定科研课题来指导教学水平的不断提高。在评价中充分体现关怀与尊重，鼓励广大教师参与到教学评价中。

(4)建立家长或家长委员会对教师和学校工作的评价方案

请家长来学校参加教学开放日活动（每学期举办一次）；召开家长会听取家长对学校教育教学工作的意见；听取家长委员会对学校及教师工作的意见。

2. 探索发展性的学生评价方式

通过学习《基础教育课程改革纲要》，我们认识到，发展性评价不仅仅对教师，对学生也同样重要。发展性学生评价是落实新课标，推进新课改的强大动力。要建立促进学生全面发展的评价体系，评价不仅要关注学生的学业成绩，而且要挖掘和发展学生多方面的潜能，要了解学生发展的需求。通过评价发挥评价的教育功能，帮助学生认识自我，建立自信，促进学生在原有水平上的发展。那么，什么样的评价方法才能促进学生的发展呢？根据新课改精神和《基础教育课程改革纲要》的要求，本着促进学生全面发展的评价理念，我们尝试构建了一套以促进学生全面发展为根本目的的发展性评价体系。在评价的过程中，坚持过程性评价与终结性评价相结合，定性评价与定量评价相结合，运用多种评价方式，将评价贯穿于整个学习过程。改变对学生评价过分强调甄别与选拔的做法，把评价定位于促进学生的全面发展，发挥评价的激励、诊断和发展的功能。这既是学生评价改革的出发点，也是衡量学生评价改革成败与好坏的重要标准。

（1）强调评价的激励功能：对学生的课堂表现、作业批改等方面多采取鼓励、肯定的评价，重视学生的学习过程和学习态度，尤其重视学生的进步与变化，以起到激励学生自我发展的目的。

（2）对学生进行多方面综合评价：包括学生自评、小组评价、家长评价、教师评价、操行评价。

（3）改进了成绩评价的方法：不仅关注学业测试，还研究学生考试方式、考试内容和评价导向。

（4）重视学生多方面潜能的发展，重视综合素质评定：学校正在研究制定《北京景山学校学生科技、体育、艺术特长培养目标及评价手册》，以促进学生全面的发展与提高。

总之，发展性评价是当前落实新课程、新理念的推动力，在今后的实践中，我们将不断完善评价体系，加强评价机制的建立。

五、认识与思考

1. 学校要为课程、教学改革提供必要条件

学校必须立足自身的人力资源、教育资源、学校环境，确立自己学校

独特的发展方向，体现自己独特的办学理念或教育哲学，否则，学校是不可能进行课程、教学改革的。

首先学校要具有明确的办学理念。学校的教育哲学、办学宗旨、培养目标是进行课程改革的前提条件。我校在"三个面向"指导下，确立了"全面发展打基础，发展个性育人才"的办学理念，这是我校新世纪办学的指导方针，也是构建我校新课程教材体系的依据之一。

其次学校应有一定的课程教学改革和实践基础。我校作为一所教改试验学校，自建校以来在学制、课程、教材、教法和学法、评价等方面进行了综合的整体改革与试验，取得了可喜的成果和规律性的经验，"十五"期间我校又独立承担了教育部重点课题《九年一贯制义务教育阶段课程与教学改革的研究与试验》，这些都为课程、教学改革奠定了坚实的基础。

最后要有课程资源开发的保障。在课程教学改革中，应对学校的师资、设施、经费、器材、场地等课程资源进行合理安排，充分利用。注意挖掘和利用学校现有的课程资源和社会资源，使其服务于课程、教学改革。

2. 学校领导要自觉成为课程、教学改革的发起者

研究表明，校长所提供的支持与协助是促进课程、教学变革的重要因素，尤其是校长的领导风格。校长的远见、推动力、决策与安排是使教师成功地实施课程的重要因素。校本课程的推进与实施同样需要学校领导的引领和组织，没有校长的重视与组织，仅仅靠教师自发进行很难推进。因此，校长要成为新课程改革的发起者，领导班子要首先学习与研究，统筹规划和设计学校课程的实施方案。

3. 教师参与是课程、教学改革顺利进行的重要条件

教师是教育实践的直接承担者和教育变革的实施者，如果学校的课程发展有一线教师的参与，将有利于体现课程研制者的意图，有效地发挥新课程的作用。同时，由于教师的参与，课程可能会更为清晰、易懂，更容易被其他教师所理解与实施。一切教育改革和发展都离不开教师的参与，而教师的发展水平又直接决定着教育改革的成败。因此，教师参与课改及校本课程开发将有助于课程改革的顺利实施。只有教师具有课程改革的正确理念，有课程改革的愿望和动力，有参与课程改革所必要的知识、能力，课程、教学改革才能得以顺利实施。

我校教师积极参与课程和教学改革，并且在这一过程中许多观念正在发生着转变：改变过于注重知识的传播，强调教师要成为学生学习的帮助者、促进者；改变过于注重书本知识，强调教学内容和形式更贴近学生的生活体验，贴近现代社会生活；改变过于注重接受性学习，强调学生主动参与、乐于探究、勤于动手的学习方式；改变过于注重学科本位，强调学科间的综合；改变满堂灌的教学方式，强调采用启发式、讨论式、研究式，师生共同发展，学生真正成为学习的主人；改变过于注重学习结果，强调注重学习过程。

4. 课程、教学改革需要专家的指导

通过综合课的研究与试验，我们感到，我校教师与教育部课程教材研究所专家携手合作，双方为实现试验目标相互合作、相互交流、相互研讨、优势互补、相互推动，这是自主开发校本课程的上佳选择，也是一条可取的、愉快的途径。因此，课程资源的开发不是局限于学校自己内部的资源，而是要挖掘、利用一切可以利用的校内外教育资源，寻求教育专家的指导，这样在一定程度上可以避免课程开发的盲目性和随意性，使课程开发走向科学、规范、完善。

结束语

课程、教学改革是一个长期的实践探索过程，我们能投身这场改革，

探索之路 北京景山学校在"三个面向"指引下的教育改革

既是一种机遇,更是一种挑战,任重而道远。如何更好地实施与推进课程、教学改革,如何通过课程改革使学生受益,使教师提高,如何利用课程改革的机会,使学校不断发展,是我们努力的目标,也是做好学校管理的最终目的。我们相信,只要我们坚持采取"学校领导、课程专家、试验教师"三结合的组织形式,坚持以科研为先导,以试验为基础,遵循继承、借鉴、改革、融合创新的原则,勇于实践,善于总结,与时俱进,不断完善,最终会形成具有北京景山学校特色的课程教材新体系。作为一所教改试验学校,我们有信心继续挺立在教改试验的潮头,并始终坚定着我们的信念:

我们的目标,仍然是使我们的学校成为最好的!这是一所真正坚持教改试验的学校,在这里,所有的孩子离开学校时都已经确定了一项才能,一种能力,一种智力,通过这些,为其终身学习和一生发展奠定了初步的基础。

(2007年7月)

做实践"三个面向"的改革者

北京景山学校综合实践活动课程校本化的实践

国家《基础教育课程改革纲要》规定，从小学中高年级起至高中新设置综合实践活动课程。综合实践活动课程是基于学生的直接经验、密切联系学生自身生活和社会生活、体现对知识的综合运用的实践性课程。北京景山学校作为一所改革试验学校，从1960年建校起，就在学校教育中落实了劳动技术教育，并开展了学农、学军、学工、学商等社会实践活动；70年代末，学校也开始了信息技术教育的探索；90年代，学校就已经与北大、清华、中科院等20多所高等院校和科研单位签订了友好合作协议，开展了研究性学习。在新课程标准实施以来，我校认真学习北京市教育委员会颁布的《关于加强中小学综合实践活动课程的实施意见》，又投入了大量精力从理论到实践上对综合实践活动课程开展了积极探索和研究，形成了现阶段形式多样、内容丰富、资源充足、学段衔接的课程体系。对综合实践活动课程的资源开发、有效实施策略、评价方式等方面进行了更加系统、深入的探索与实践。

一、高度重视，认识到位

为保证综合实践活动课程能科学、规范、扎实、有效、顺利地开展起来，学校将综合实践活动课程做为学校整体教育教学工作中的重要组成部分，校长在行政会议和教师大会上多次进行课程实施动员，并在全校教师大会上宣讲，引起广大教师的思想重视。

学校还成立了校长为组长，分管校长为副组长，教导处人员、教科所人员、教研组长为成员的领导小组。校长室负责全员的宣传发动，并提供必要的经济保证，副组长全面负责课程的开展和实施工作，教科所负责对老师进行理论支持和综合实践活动课程的研究工作，并定期和任课教师进行课程开展情况的研讨。可以说，领导小组的成立为课程的正常开展打下了基础，提供了保障。

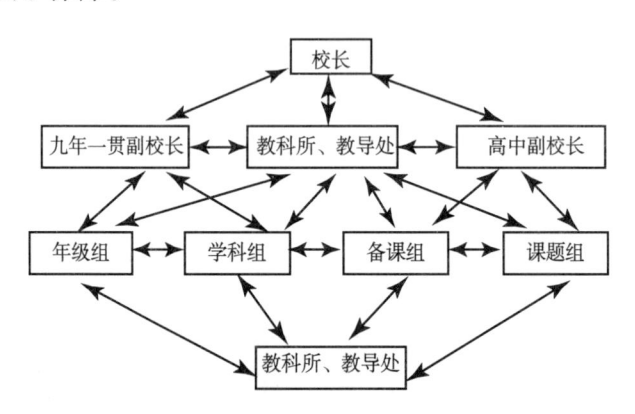

二、认真组织，有效实施

（一）认真调研、科学决策

综合实践活动课程没有现成的经验和资料可以直接引用、参考和借鉴，因此需要充分发挥学校主管部门、一线教师和学生的集体智慧，自主开发，

做实践"三个面向"的改革者

在探索中不断积累完善课程资源。

我们认为，综合实践活动课程资源开发必须基于学校、从学校实际出发、从学生的实际需要出发，选择和开发课程资源；为了选择适合教师和学生实际的综合实践活动课程，我们进行了认真调研，做到科学决策。

学校首先下发了调查问卷，就课程设置、课程实施、课程评价等方面了解广大教师的意见和建议。学校在2007—2008学年度又召开了四个座谈会，分别听取班主任、年级组长、各学科老师的意见和建议。在听取各方面意见基础上，确立综合实践活动课程的内容。

（二）严格课程管理

在课程实施之初，因为没有现成的教材体系和指导体系，教师们感到还是无从下手，不好确定较为详细、可行的活动计划，活动内容较为凌乱，在活动的时间，具体的组织开展方面随意性较大。对此，领导小组经过讨论研究，首先是统一了备课方案，明确了一定的内容及格式，其次是根据各年级的不同情况，组织教师讨论，制订不同年级的工作计划，讨论活动选题和方案，这样使各年级能针对各自特点灵活多样地开展活动，一方面降低了活动开展的难度，有一定的弹性，另一方面确保了各年级活动的有序实效进行。

（三）综合实践活动课程的系列化、规范化

综合实践活动课程是《基础教育课程改革纲要（试行）》规定的义务教育阶段的一门必修课。但它不仅有强烈的现实基础，也有深厚的历史基础。我校在长期的办学过程中形成了自己的教学特色。尤其是在上世纪80年代初开设活动课程以来，开展了艺术、体育、德育、国防教育、环保节能、手工编织、模型制作等系列活动，形成了艺术节、科技节、少年军校等一大批传统活动，积累了大量的开发、实施和管理活动课程的经验。如何将活动课程升级为综合实践活动课程呢?我们将活动课程进行系列整

合，制订活动目标、加强过程管理、实行发展性评价等方面着手，继承、发展、规范活动课程，使之真正升级为综合实践活动课程。综合实践活动课程内容全部安排进入课表和学期工作计划当中。

1. 信息技术教育

我校的信息技术教育起源于1979年，在1979年拥有了全国中小学的第一台计算机，同时，开展了计算机教育，于1984年提出了从景山学校毕业的学生都要接受过计算机普及教育的目标，在20多年的发展中，我校信息技术教育已经由单纯的计算机教育，逐步发展到信息技术与课程、教学有机整合的阶段。

景山学校在信息技术课中率先增设了以智能机器人为教学平台的智能机器人的课程。

2000年，我校老师和学生参与编写了教育部"信息技术课程指导纲要"发布后的第一套中小学信息教材：《高中信息技术教育基础教材》、《初中信息技术教育基础教材》和《小学信息技术教育基础教材》。中学生参与信息技术教材编写，在全国尚属首家。

信息技术教育学期安排一览表

课程（活动）内容	年级	课时
英文打字、画图软件的使用	三年级	18课时/学期
文字处理软件Word对文章的编辑处理、版面设计	四年级	18课时/学期
电脑绘画软件Smoothdraw软件的学习以及电脑绘画活动实践	五年级	18课时/学期
Flash制作、视频制作	六年级	18课时/学期
VB程序设计视频处理	七年级	18课时/学期

做实践"三个面向"的改革者

几何画板	八年级	18课时/学期
人工智能、多媒体应用等	高一	36课时/学期

2. 社区与实践活动

开展社会实践活动是学校一直坚持的传统和特色。20年来，我校始终坚持组织五年级、七年级以及高一学生进行军训，八年级参加社区公益劳动并排入课表。这些实践活动，增加了学生接触社会、了解生活的机会，丰富了他们的社会经验，在活动中培养了学生的社会责任感、独立自主的意识和团结协作的精神。

我校于2006年2月成立了"景山奥运志愿者服务队"，利用每周五中午的时间和寒暑假期间，到学校所在的灯市口社区开展志愿服务工作：主要包括清洁社区环境，慰问孤寡老人，宣传文明礼仪，普及奥运知识等等，至今已累计达1200人次，同学们牺牲休息时间，坚持开展社区志愿服务的行动，得到了社区领导和广大居民的高度赞扬。

社区与实践活动学期安排一览表

课程（活动）内容	参与年级	课时
同心奥运	1—5年级	2课时/学期
才艺展示	1—5年级	1课时/学期
我是地球村的一员	1年级	1课时/学期
感受绿色北京	1—5年级	6课时/学期
"圣火传递"	1—5年级	4课时/学期
"唱响奥运"	1—5年级	2课时/学期
自主实践活动	1—9年级	3课时/学期
阶段性评价	1—9年级	2课时/学期
书店调查	6—7年级	3课时/学期

景山公园（生物）	6年级	3课时/学期
古今中外钱币展（科学）	6—7年级	3课时/学期
航天博物馆（科学）	6—7年级	3课时/学期
首钢（地理、思品）	6—7年级	3课时/学期
孔庙（历史）	6年级	3课时/学期
励志电影	6—7年级	3课时/学期
美术馆敦煌艺术展参观	6—7年级	3课时/学期
中美文化交流	6—7年级	3课时/学期
北海生活中的几何图形：学生在公园中寻找几何图形素材	6—7年级	3课时/学期
黄城根遗址公园：春天的北京	6—7年级	3课时/学期
区科技馆科技小制作：在科技馆老师带领下体验科学知识	6—7年级	3课时/学期
国家大剧院观摩：国家大剧院参观、听讲座	6—7年级	3课时/学期
北海公园	7年级	3课时/学期
语文（"恒源祥"杯作文竞赛颁奖）	7年级	3课时/学期
假期社会实践活动	6年级—高2年级	2天/学期
学农	8年级、高2年级	8年级（4天）、高2（5天）/学年
学军	6年级、7年级、高1年级	6年级（3天）、7年级（5天）、高1年级（8天）/学年
社区劳动	6年级—高2年级	9次/学期

3. 劳动技术教育

劳动技术教育是我校多年经久不衰的特色课程，目前已发展到包括机械维修、制图、摄影、木工、手工编织、汽车基本常识等在内的较为全面合理的教学内容体系。在教学中，提高学生实践能力，培养学生的创新意识。目前，学校正在考虑对原有劳动技术教育课程的调整和改革。

景山学校劳动技术教育一览表

课程（活动）内容	参与年级	课时
纸工、泥工、小种植、手工缝纫	三年级	18课时/学期
纸工、编制、小种植、手工缝纫	四年级	18课时/学期
编制、家庭烹饪、小木工、小金工	五年级	18课时/学期
编织	六年级	36课时/学期
木工	七年级	36课时/学期
通用技术	高二年级	36课时/学期

4. 研究性学习

学校小学部以研究小组的方式开设了科学就在我身边、生活中的团结协作、奇妙的模型世界、心理健康在学习生活中的应用等研究性学习的内容。

初中学生在社会实践活动中开展专题调查，如在书店调查、在公园寻找生活中的几何图形等。

另外，我校从1997年开始就着手开展了中学生研究性学习活动，同学们走进了国家重点实验室，在专家教授的指导下进行研究。几年来，已有400余名同学自报课题，课题涉及生物、医学、计算机等学科。80多名同学参加了中国科学院植物研究所、中国科学院计算机研究所、中国协和医科大学基础医学院等20多个国家重点实验室的活动。同学们在"走进国家实验室"这一活动中获得了许多中学生科技奖项的最高荣誉。

高中实施新课程改革以来，我校依据教育部《普通高中"研究性学

探索之路　　北京景山学校在"三个面向"指引下的教育改革

习"实施指南（试行）》、《北京市普通高中课程改革实验工作方案》、《东城区普通高中课程改革实验工作方案》认真落实该项工作。

在每周周五下午第3、4节课，采用校内、外学习相结合的方式开展。研究性学习的过程主要包括三个阶段：

① 进入问题情境阶段：师生共创问题情境，诱发学生探究动机，提出核心问题，确定研究范围和研究题目。

② 实践体验阶段：学生进入具体解决问题的过程，通过实践、体验，形成一定的观念、态度，掌握一定的方法。

③ 表达和交流阶段：学生将取得的收获进行归纳整理，形成书面材料（论文、实验报告、调查报告、活动设计、展板、刊物等）。

在研究性学习课题的认定上，充分发挥学生的自主性：主要体现为学生选题自主性、研究合作自主性。学生自己寻找感兴趣的问题，将文献资料和现实生活中的"活"资料结合起来，确定自己最想研究解决的课题。学生自愿组成研究小组开展研究性学习活动。2007—2008第一课题选题共计54题，呈现出选题灵活，涉及面宽、关注范围广、研究实用价值较高等等特点。

5. 将综合实践活动课程内容整合于校本选修、学校传统活动及社团活动之中。

初中和高中开设了生物、动画制作、软陶、木工、天文、奥运知识、音乐欣赏等校本选修课程。

我校注重社团活动课程的设置，学校组建了管乐、小记者站、文学社、航模小组、计算机爱好者协会、科学实践组、摄影、生物、手拉手地球村、环保沙龙等一系列社团和兴趣小组，为学生个性发展搭建成长舞台。

学校举办的各届科学节上，我们充分将信息技术教育、研究性学习等课程进行有机整合。在学校22届科学节上学校组织了电脑动画比赛、科学幻想画比赛、科技英语创意大赛、天文比赛、科技小发明、电脑打字比赛、航模比赛，还组织了金鹏科技论坛等各项活动。还邀请著名专家来学校做报告，扩展学生视野。

这些活动的开展激发青少年学生的创新精神、培养了实践能力、提高组织素质。是学校开展综合实践活动课程的重要的部分。

（四）制定综合实践活动课程评价方案

1. 评价方式

综合实践活动课程的评价主要通过师生在活动过程中的摄影摄像、绘画作品、活动记录（档案）、报告、实物展览、手工制作、讨论交流，成果展示等形式以及调查报告，书面总结，活动心得的书面汇报，活动作品展示、墙壁板报、活动过程的个案展示、实践技能考核、观察记录等方式进行，以全方位展示师生活动过程的全貌和学生的综合素质。

2. 评价方法

教师评价学生主要运用观察、记录、查阅档案等方式方法，教师根据活动记录，以激励为主，提倡"激励式评价"。在学期末对每位参与的学生给予恰如其分肯定和鼓励。

3. 评价内容

对学生进行"综合实践活动课程"评价分析，不仅关注学习活动的结果，更关注学习沿途的"风景"，也就是说需要看学生在活动中获得了些什么，还应看他们对活动开展在知识、技能、方法、材料、工具以及心理意识等方面的准备状况，在活动展开过程中所表现出来的兴趣、爱好、特长，所投入的精力以及探索创造欲望等等。

北京景山学校"综合实践活动课程"学生评价表

班级　　　　　　　　　　　　　　　　姓名

活动内容　　　　　　　　　活动时间

评价目标	评价等级			最终评价
	自评	小组	教师	
了解本次实践活动的具体方法，并认真地做好活动之前的准备工作；				
根据收集到的信息，初步制订自己的活动计划和方案；				
活动中，能遵守学校和相关单位的规章制度；				
遇到困难时能主动与同伴、教师进行交流，共同寻找解决问题的对策，倾听并采纳同伴或老师的合理建议；				
整理完整的活动资料，包括访问或观察提纲、访问或观察记录、体验、活动总结、活动过程的音像资料，并将资料放入综合实践活动成长档案袋；				
完成老师布置的报告、填写问卷、观后感等。				

说明：（1）"评价等级"分为ABCD四级，A优秀，B优良，C合格，D不合格。

（2）最终评价是以自评、小组评价及教师评价的均衡评价为结果。

4. 安全教育始终渗透于"综合实践活动课程"的各项活动之中。

安全问题是综合实践活动课程实施过程中必须考虑、必须解决的现实问题。基于学生学习的场所从校内转到校外，很容易引发安全事故。因此我们必须在每项活动中渗透安全教育，而且绝不能是简单地说教。如何在各项活动中渗透安全教育呢?我们可以让学生自己根据本组的活动内容和活动环境制订活动安全公约的方式进行。

附：北京景山学校学生活动安全公约

一、活动准备阶段

1. 准时到达集中地点，路远的同学由家长护送；

2. 步行要走人行道，过马路要走人行横道，过十字路口要看清红绿灯；

3. 自己的财物自己保管好。

二、活动实施过程中

1. 所有组员要到指定活动地点活动，不能擅自离开"工作岗位"；

2. 严格遵守活动场所的各项规章制度；

3. 不与同学发生冲突，若有矛盾，妥善解决；

4. 不能大声喧哗，不能追逐奔跑；

5. 保护环境，不乱扔垃圾；

6. 雨天路滑，小心行动。

三、活动结束后

准时到指定地点集合，由家长接送回家。

四、突发事件应急措施

1. 遇到同学或陪同家长未准时到指定集中地点，组长要及时用电话联系，联系不到要及时请示活动指导教师，再作处理；

2. 遇到大雨、大风等恶劣天气，取消预期活动，并及时通知所有组员和陪同家长，活动时间另定；

3. 在活动中遇到大雨、大风等恶劣天气立即停止活动，及时找安全的地方避风避雨，不要在树下、电线杆下躲避，避免遭到雷击；

4. 在活动中如有身体不适，立即通知活动指导老师；

5. 在活动中发生安全事故，立即停止活动，及时通知活动指导教师。

探索之路　北京景山学校在"三个面向"指引下的教育改革

■ 三、收获与思考

（一）收获：

1. 学校开展综合实践活动教育是景山学校改革的重要内容。

学校注重综合实践活动教育是景山学校全面、自觉贯彻教育方针的具体体现，是学生成长过程中不可缺少的一项课程，是景山学校始终坚持的重要原因。

2. 综合实践活动课改变了学生的学习方法，提高了学生学习的兴趣。

在教师的带动下，学生积极主动地参与综合实践活动。通过综合实践活动，使学生进一步认识到知识的价值和应用的重要，体会到运用知识解决日常生活实际问题的快感，促进学生学习兴趣的提高和学习方法的增多。每次实践活动后学生都将自己的收获和体会进行分享和交流。在对综合实践活动课程的问卷调查结果显示有超过92%的学生很喜欢这门课，有87%的学生反应"有综合实践活动课程"这天，心情都会很好。

杨兰淑仪同学说："这门课大家都很喜欢，通过这门课可以开阔眼界，增长才干，可以学到自己感兴趣的知识。"

六（1）班秦君然同学的家长在给学校的信中写道：

通过这些活动，使原来一直是两点一线之间活动的学生，以恰当的方式接触社会，培养和锻炼了他们独立自主分析解决问题的能力，而这些恰恰是无法从书本中得到的。

七年级语文老师王海兴说："开设这门课后，许多同学的写作水平都有了提高，同学觉得有的可写了，材料丰富了。"

3. 综合实践活动课程的实施提高了学生理论联系实际的能力以及发现问题和解决问题的能力，培养了学生的创造精神和能力。

■ 436

近几年学科、科技类获奖情况统计表

	学科			科技			
	全国	全市	全区	国际	全国	全市	全区
2004年	17	122	71	金牌4 银牌8	8（金牌2块）	33	80
2005年	18	55	0	3	12	107	131
2006年	21	131	0	5	11	18	44
2007年	0	100	0	4	2	26	87

中学生奖项统计表

奖项	市金、银帆奖	金鹏科技奖	金牌	银牌	中学生十佳	市长奖	国际竞赛金牌	国际竞赛银牌
奖数	21块	12块	12块	11块	4人	2人	7人	12人

学校也被评为北京市首批"金鹏科技团"、"北京市中小学生科技示范校"、"奥林匹克示范校"。

4. 社会实践活动课程增加了学生接触社会、了解生活的机会，丰富了他们的社会经验，在活动中培养了学生的社会责任感、服务意识、独立自主的意识和团结协作的精神。家长问卷调查中，有83%的家长支持社会综合实践活动课程的开设，并且有88%的家长认为学校很重视在活动中培养学生的团队精神。

（二）思考

1. 综合实践活动课程是学校教育不可缺少的一部分，其实施必须从学生实际出发，注重实效性。

在实施中，我们深深地体会到，要开好上好综合实践活动课程并不是一件容易的事，绝不是通过办几次专题讲座或几次观摩、培训、外出活动就能做好的，要转变传统的教育观念实现新课程实施的目的，不能仅局限于转变学校领导和教师思想观念上，还应考虑到学生、家长和社会环境

等，特别是通过亲身体验实践过程，在实践活动中逐渐转变教育教学思想、教学方法和手段。在课程实施过程中不断完善管理策略和评价体系；逐步规范实施办法，进一步提高中小学综合实践活动课程实施的实际效益。

2. 综合实践活动课程应充分开发校外教育资源，发展壮大校外指导教师队伍。

由于"综合实践活动课程"的综合性和实践性，其涉及的内容领域广、活动范围大，有的活动主题涉及某一行业、某一专业，具有较强的专业性，现有的学校教师无法满足活动指导的需要。因此，学校因地制宜，扩充指导教师队伍，聘请学生家长、社会热心人士和社会资源单位专业人员来满足学生的发展需要。

3. 综合实践活动课程充分挖掘德育功能。

在综合实践活动课程的实施过程中，应该充分有效发挥活动的教育功能和德育因素，这样，可以使学生在综合实践活动课程中不仅掌握了知识，提高了兴趣，还自觉地接受了教育。

综合实践活动课程内容不是单一的学科知识体系，而是一项教育课程，是个人、社会、自然的综合，体现了科学、艺术、道德的内在综合；学生学习的内容是在教师的指导下，在社会和自然中，发现问题，提出问题，积极寻求解决问题的方法，探求结论的自主学习过程。为学习者发挥个性特点和才能提供了广阔的空间，也为学习者提供了一个自我教育的空间。我们将在以后的工作中继续对其进行深入研究与探索，从而为学生的全面发展奠定基础，真正实现我校"全面发展打基础，发展个性育人才"的办学理念。

(2008年10月)

北京景山学校可持续发展教育的实践与探索

——中国ESD首批示范校申报报告

北京景山学校创办于1960年。它是一所专门进行城市中小学教育试验的学校，北京市示范高中，联合国教科文组织亚洲教育革新计划联系中心之一。1983年国庆节，邓小平为北京景山学校题词"教育要面向现代化，面向世界，面向未来"。

1998年，当联合国教科文组织发起"环境、人口、可持续发展教育（ESD）"项目后，我校积极参与这一项目的研究，十年来，我校一直将这一项目作为对学生进行可持续发展教育的有效载体，并将其融入全面推进素质教育之中。

我们在实践中也在不断探索：如何更好地实施与推进可持续发展教育项目，如何通过可持续发展教育项目使学生受益，使教师提高；如何利用参与可持续发展教育项目的机会，创立具有鲜明特色的学校文化氛围，使学校不断发展，这是我们一直努力的目标和方向。

一、树立可持续发展教育理念，推动学校全面发展

可持续发展是以尊重当代人与尊重差异性与多样性、尊重环境和尊重

探索之路 北京景山学校在"三个面向"指引下的教育改革

地球资源为核心的价值观教育，目的在于使受教育者获得为积极参与可持续发展所需要的科学知识、价值观念、行为习惯和生活方式，进而促进社会、文化、经济与环境的可持续发展。

可持续发展是21世纪人类面临的重大问题，社会发展要求未来的人才既要具备可持续发展的思想、知识和观念，还要具备可持续发展的能力。要实现可持续发展，学校教育是关键，面向21世纪的基础教育改革，我们必须更新教育观念，树立符合"教育要面向现代化，面向世界，面向未来"的可持续发展的教育理念，以可持续发展为导向，以可持续价值观为核心，以环境、资源、人口教育为基础，以构建新型育人模式为主线，全方位地推动学校素质教育和公民道德教育的改革与创新。

可持续发展教育项目的研究目的是发展，研究的核心是人，其实质是促进社会与人的全面发展，这与我校"全面发展打基础，发展个性育人才"的办学理念是一致的。我们用可持续发展教育理念，指导学校各项工作，把"ESD"作为学校的主要创新科研课题，将可持续发展教育理念融入学校教育教学的各项工作中。我校校长及领导班子全员参与可持续发展教育项目研究设计，以可持续发展教育理念指导教育教学工作，并进行培训动员；将可持续发展教育工作列入学校发展规划及各年度计划进行实施；以可持续发展教育理念为指导，整体构建学校课程体系；树立可持续发展教学观，推进课堂教学模式改革；以可持续发展教育理念为指导，制订青年教师培养方案；学校能够为可持续发展教育项目试验提供一定经费支持，用于教师培训、购置试验资料、聘请专家、外出考察等。

我校在开展ESD教育项目时，从课堂教学、学生管理、课程设置、课外活动等方面进行渗透教育，紧紧围绕可持续发展这个主题开展实践与探索，促进和推动学生、教师和学校的全面发展。

首先，丰富和发展了学校教育。可持续发展教育项目的实验，必然

■ 做实践"三个面向"的改革者

对学校的教育思想、办学理念、教育方法、教学模式等等产生深刻的影响。开展可持续发展教育项目的试验，可以进一步确定以人为本思想，推动校本课程建设，丰富环境、人口、健康等教育内容，形成重视学生创新精神和实践能力的教育教学模式，促进学校自身的可持续发展。其次，改善和提高了教师素质。教师参与可持续发展教育项目的试验，必然要转变教育教学理念，加强自身的学习。学习现代教育理念，学习与项目有关的科学知识，学习与实验有关的教育教学方法，促进教师的教育科研，在教育科研中，提高自身教育素养，推进教育改革。第三，完善和健全了学生主体人格。可持续发展教育项目的试验过程，是学生参与、学习、研究和实践的过程，学生在参与、学习、研究和实践中，广泛涉猎科学文化知识，多方面感受社会、生活和环境。社会实践、研究性学习、合作互助活动等，将会激发学生的自主意识、培养学生的自主能力、健全学生的主体人格。通过各种观察、实验、调查、研究，全面接受科学精神和人文精神的熏陶，有利于培养学生科学的研究态度和正确的研究方法。

二、确立可持续发展的课程思想，整体构建学校课程体系

课程改革是教育改革的核心，也是深化教育改革、全面推进素质教育的重要标志。学校实施的课程集中体现了一所学校的办学理念和教育价值取向，直接影响到学生的发展和教育质量的高低。

基于我校的办学理念、办学目标和办学特色，在继承我校的办学传统，学习借鉴新时代课程改革的理念，考虑学校、教师和学生发展的基础上，我校确立了可持续发展的课程思想，并用这一思想去引领学校课程的改革与发展。

探索之路　北京景山学校在"三个面向"指引下的教育改革

改革目标

以"三个面向"为指针,构建北京景山学校新的课程体系,即优化基础学科课程,建设大德育观课程,加强综合实践活动课程,开发校本课程,改变传统的单一的学科课程体系,根据"以学生发展为本"的理念和"全面发展打基础,发展个性育人才"的办学宗旨,对我校的课程进行调整和改革,构建具有景山特色,充满蓬勃生命力的课程教材新体系。

改革原则:

1. 面向全体学生,使学生在德、智、体、美等诸方面得到全面、协调发展,同时关注学生的个性特长发展,全面推进素质教育。

2. 全面落实国家课程计划,开足、开齐教育部颁布的课程标准中规定的课程。不以升学考试科目为唯一目标,不随意删减非考试科目。

3. 优化基础工具学科,增加选修课程,创造条件开发校本课程,体现课程的综合性和实践性。

4. 适当综合内容,体现传统与现代的结合,处理好继承、借鉴与创新的关系。

5. 切实减轻学生过重的课业负担,提高教学质量。精心备课,确保每节课教学内容的完成,向40分钟要质量;注意调动学生的积极性,注意启发引导学生;作业要精选题目;不允许利用节假日进行集体补课。

6. 课程改革本着全面发展、因人因课制宜的原则,突破原课堂、课程和课时的限制,形成开放自主的态势。

7. 通过此次课程改革,充分彰显我校的办学理念和特色,在全面发展的基础上,实现我校培养学生的具体特色目标:能写一笔好字、能说一口流利的外语、有一两项各自的特长和掌握一两项适合自己身体的增强体质的运动项目……

8. 课程改革发扬民主、实事求是、立足改革,以求发展。

（一）建设大德育观课程

素质教育必须以德育为核心，以学生发展为本，根据学生身心发展特点，提高德育工作的主动性、针对性和实效性。我校积极探索新时期的德育工作，坚持以德育人，以大德育的思想来整体构建学校的德育工作体系，加强针对性、实效性和实践性，形成了德育管理规范化、德育工作科研化、德育内容层次化、德育活动系列化、德育成果多元化的德育特色。

我们认为：德育工作是一项整体化工作，学校的德育工作不仅应该领导重视，班主任老师落实，学校的全体教职员工都是德育工作者，应该全员参与。学校的全部工作都应渗透德育，全体教职员工也要树立教书育人、管理育人、活动育人、环境育人的整体育人思想。为此我校每年暑假都召开全体教职员工参加的德育论坛，探讨德育工作规律性经验和出现的问题，宣传、推广德育工作经验和成果，至今已连续召开了八届。

北京景山学校在学制上是小学、初中九年一贯和高中三年，这种一条龙的教育模式给德育工作提供了优势，我们充分利用这种优势，构建整体化的、一贯性的德育工作体系。为此，我校提出以各年级学生心理、生理、思想品德发展特点为依托，详细制定各年级德育工作的目标、内容、途径、方法、管理和评价体系，整体规划构建从小学一年级至高三年级德育工作持续发展的新模式，并制定了《北京景山学校德育序列纲要及实施细则》。这份细则在总的德育目标、德育内容的基础上，分解出各个年级的德育目标、德育内容，并编写出具体的实施途径和方法。例如，把九年一贯制这个统一学段化分为三个阶段：1—3年级以行为规范为主，贯穿五爱教育，渗透环境保护教育；4—6年级以遵纪守法为重点，贯穿公平、公正、艰苦奋斗和公民的权利和义务、责任感、辩证观教育，渗透合作、交往、挫折教育；7—9年级以道德品质为重点，贯穿竞争、诚实守信教育，渗透价值观、世界观、人生观教育。每一阶段德育目标的确定、德育途径和方法的选择，都是由浅入深、由低到高、由感性到理性、由具体到抽象，逐步深化的辩证统一过程。

《北京景山学校德育序列纲要及实施细则》的制定，使我校德育工作跃上一个更新的层面，为我校德育工作的科学化、系列化、制度化，为班级教育、年级教育，提供了循序渐进的教育目标和各层次的教育内容；为实现教育的最终结果，起到了保证和指导的作用。该项成果获全国百项德育科研成果，我校也被评为全国百所德育科研名校。

（二）加强综合实践活动课程

《基础教育课程改革纲要（试行）》将综合实践活动课程列入国家课程体系当中，这些课程对于培养学生可持续发展的思想和能力具有重要的作用。体现了新时代教育的特点，符合人才成长的要求。我校以"主体探究、关注社会、合作体验、创新发展"为指导，将活动课程进行系列整合，从制订活动目标、加强过程管理、实行发展性评价等方面着手，继承、发展、规范活动课程，使之真正升级为综合实践活动课程。综合实践活动课程内容全部安排进入课表和学期工作计划当中。

1. 信息技术课程。

我校的信息技术教育起源于1979年，在1979年拥有了全国中小学的第一台计算机，同时，开展了计算机教育，于1984年提出了从景山学校毕业的学生都要接受过计算机普及教育的目标，在20多年的发展中，我校信息技术教育已经由单纯的计算机教育，逐步发展到信息技术与课程、教学有机整合的阶段。并且在信息技术课中率先增设了以智能机器人为教学平台的智能机器人的课程。2000年，我校老师和学生参与编写了教育部"信息技术课程指导纲要"发布后的第一套中小学信息教材：《高中信息技术教育基础教材》、《初中信息技术教育基础教材》和《小学信息技术教育基础教材》。中学生参与信息技术教材编写，在全国尚属首家。

2. 开展"走进国家重点实验室"的研究性学习。

■ 做实践"三个面向"的改革者

　　学校的科技教育要适应学生多样化需求。在这样的理念基础上，我校的科技教育同样具有多层次和多样化的特征。我们一方面通过必修课程的讲授和研究性学习的开展，使全体学生热爱科学、亲近科学，相信科学、崇尚科学，具备基本的科学素养，形成对科学、技术、社会的正确理解；对于部分学有余力的爱好科技的学生，我们积极创造条件，开展各种社团活动和课外活动，使他们能参加较高层次的科普交流和实践活动，拓展见识，使他们能更深刻地理解科学，了解科学技术发展的过程；对于少部分较早地显露强烈的科学热情和禀赋的学生，我们积极创造条件，开展了一种较高层次研究性学习的探索与实践——"走进国家重点实验室"的活动，使学生能够进入更高层次的学术环境中，去接受初级的系统的科学研究训练，使其有可能发展成为未来的优秀科技人才。

　　我校依托优越的社会资源，与北大、清华、中国协和医科大、中科院等10余所高校和科研机构签订协议，开展了"用科学家的大手，拉起学生的小手"活动，让学生走进国家重点实验室，在专家、教授的指导下进行科学研究。几年来，已有400余名同学自报课题，课题涉及生物、医学、计算机等学科。80多名同学参加了中国科学院植物研究所、中国科学院计算机研究所、中国协和医科大学基础医学院等20多个国家重点实验室的活动。有30多名学生的研究课题如《北京城区湖河水华大爆发的调查研究》、《用B2A法和膳食调查对中学生营养状况的分析》、《以浮游植物对北京城区主要湖泊水质状况的分析》、《评价身体脂肪电子测定和中学生体脂的调查分析》、《城市环境保护》在北京市、全国创新大赛中获奖。

　　3. 社区与实践活动

　　开展社会实践活动是学校一直坚持的传统和特色。20年来，我校始终坚持组织五年级、七年级以及高一学生进行军训，八年级、高二年级参加社区公益劳动并排入课表。这些实践活动，增加了学生接触社会、了解生活的机会，丰富了他们的社会经验，在活动中培养了学生的社会责任感、独立自主的意识和团结协作的精神。

我校成立了"奥运志愿者服务队"，利用寒、暑假和休息日时间，以团支部和少先队中队为单位在灯市口社区开展志愿服务活动。同学们清洁环境卫生，慰问孤寡老人，宣传文明礼仪，普及奥运英语……此项活动，我校已坚持6年，仅2008年，学校志愿者就有800人次参加社区服务，累计有1800余人次的学生参与了此项活动。得到了社区领导和社区居民的高度赞扬。

（三）开发校本课程

我校在"关注学生，以学生的发展为本"这一课程开发的理念指导下，根据学生共性与个性的特点和需要，充分发挥学校的传统和优势，更好地挖掘和发挥我校教师的潜能和特长，开发一些适合学生发展需要的精品课程，适时体现时代性、科学性，在满足学生的兴趣、爱好和需要基础上，培养学生素质，体现和培育我校课程的特色，形成了具有我校特色的校本课程体系。

附表一：北京景山学校校本必修课程设置

		课程设置	开设年级	课时分配
校本课程	必修类	科学综合课	一、二年级	每周2课时
		社会综合课	一、二年级	每周2课时
		艺术创意课	一、四年级	每周1课时
		书法课	三、四、五、六年级	每周1课时
		形体课	四、五、六年级	每周1课时
		生活技能课	六年级	每周1课时
		游泳课	一至八年级，高一、高二年级	每周2课时 连续5周

附表二：北京景山学校校本选修课程设置

	类别	对象	目的	课程
校本课程	任意选修类	提高类选修课	针对成绩优秀，兴趣和特长比较定型并希望在某一学科有所特长和进一步发展的学生	目的是培养竞赛型人才，提高他们的才能	数学专题、物理专题、化学专题、生物专题、外语专题
		拓展类选修课	针对对某一学科知识有兴趣的学生	目的是通过介绍一些新的科学理论，扩大学生视野，可以促进他们的能力进一步发展	《论语》解读、西方戏剧欣赏、现代诗歌欣赏、法语、数学建模、电子技术、国际热点问题、时政风云、课本剧、关注老北京、植物组织培养、领土与国力、基因奥秘、天文知识讲座、古代建筑、智能机器人、新媒体设计、戏剧欣赏、环境保护、心理常识与健康教育、礼仪常识、家庭理财等
		文体类选修课	针对那些有艺术兴趣和体育爱好的学生	目的是发挥他们的特长爱好	戏剧表演、美术欣赏、软陶、素描、服饰欣赏与设计、20世纪西方现代音乐初探、摄影、电脑绘画、陶艺、排球、足球、游泳、舞蹈、声乐

三、树立可持续发展教育的教学观，推进课堂教学模式改革

我校探索和确立新的课堂教学观念，强调学生的主体地位，始终把学生的发展作为课堂教学的主线，强调关注每一个学生、关注每一个学生的全面发展。课堂教学中重视发挥学生的能动性、自主性与创造性。激发学

探索之路 北京景山学校在"三个面向"指引下的教育改革

生的内在需求，调动学生在教育中的积极主动性。老师成为课堂教学的组织者、引导者和合作者，在课堂教学中注意创设良好和谐的教育环境，给学生创设主动参与、乐于探究、勤于思考教学氛围，加强师生交往、积极互动，使课堂教学成为一个"学习共同体"。学校强调课堂教学形式的三个支点，即教师指导和激励下的学生主体作用的发挥、学习方法的指导、多种教学媒体的有效使用，使课堂教学形式成立体形式，实现教师、学生、教材、媒体、环境一体化，鼓励教师在课堂教学中"八仙过海、各显神通"，整体进行学科课堂教学模式探索。目前进行了"示范高中数学教学模式的探索"、问题解决教学模式、任务型语言教学模式、合作学习、"问题驱动"生物教学模式、化学教学STS模式、"目标激励——主体实践"劳技课教学模式等多种教学模式的探索与实践。构建出主体参与、主动探究、合作学习、尊重差异、发展个性、综合渗透、师生互动等适合学生生动、活泼、主动学习的教与学"良性互动、和谐统一"的课堂教学。

我校早在1995年就开始开设环保课，而且我们在学科教学中进行ESD知识的综合渗透教育。教师根据本学科特点和教学需要采用深入渗透、点滴渗透、显性渗透、隐性渗透、理念渗透、行为渗透等渗透方式，在适当的章节适度渗透环保和人口健康教育内容。如在生物学科重点渗透"植物资源保护"、"生物与环境和污染对人体的危害"等知识教学；地理学科重点渗透"农业生态及污染"、"城市生态问题"、"人类与环境"等知识教学。在小学自然课、社会课、英语、音乐等课，利用教材中已有环境、资源、人口的内容进行教育。

■ 四、创设优美环境，营造校园文化氛围

学校是传播文化、塑造灵魂的家园，校园环境文化是学校文化的重要组成部分，它作为一种隐性课程，美化学生的心灵、陶冶学生的情操，对学生起到潜移默化的作用。

在物质环境方面，学校努力体现以人为本思想，为学生全面、健康发展创造良好的条件。学校布局日趋合理，校园环境整洁优美。学校拥有设备先进的天象厅、天文馆、生物走廊以及理、化、生实验室，自然、音乐、素描、书法、形体、计算机、语音等多种专业教室38个。体育设施齐全，室内多功能体育馆、游泳馆和室外塑胶操场构成完整的体育锻炼场所。校内形成计算机、电视、广播、电话"四网"；演播、录像、录音、实录、阅览"五室"；校园网络、国际教育、演播"三中心"；图书馆藏书10余万册，期刊杂志200多种。

学校还重视文化氛围营造，着眼于学校总体布局和谐统一，着眼于环境文化氛围对学生的熏陶和感染。刻有"教育要面向现代化，面向世界，面向未来"题词的影壁和小平同志的半身铜像，印证着景山学校是邓小平"三个面向"教育思想的发源地；操场上"更高、更快、更强"的口号向学生们传达着奥运精神，鼓励他们朝气蓬勃，永远进取，超越自我。刺耳的上、下课铃声没有了，取而代之的是悦耳的音乐；"不许"、"禁止"的招牌也没有了，取而代之的是名人名言及画像。学校环境将自然之美与人文之美有机结合，让学生时时、处处都感受着学校文化的魅力。

我们把办学理念物化为学校环境文化，其目的是通过氛围的营造，让办学理念可以触摸，能够诠释，弥漫在校园的各个角落，以文化的魅力去影响师生，促进他们的自主发展。

五、开展课外校外活动，促进学生全面、主动发展

结合学校和学生实际，设计组织不同专题、多种形式的课外活动是实施中小学可持续发展教育的有效形式。我校以丰富多彩的校园活动为载体，立足于课堂校园，延伸至课余校外，落实可持续发展的教育目标，让学校成为热爱科学的摇篮、文学艺术的花园、社会正气的堡垒、身心健康的乐园。

探索之路 北京景山学校在"三个面向"指引下的教育改革

每年的艺术节、科学节、运动会、摄影展、绘画展等活动不仅为学生搭建了展示才华的舞台,学生在这里施展才能,发展个性,显示风采。而且还让学生在参与活动的过程中培养起合作、创新及勇于竞争的能力,也让"爱科学、爱艺术、爱运动"的良好风貌在学校蔚然成风。

我校广泛开展各种课外活动、学生社团活动,组建了管乐、民乐、舞蹈、钢琴、合唱、排球、游泳、小记者站、文学社、鼓号队、航模小组、计算机爱好者协会、科学实践组、摄影、生物、绘画、电影绘画、乒乓球小组、武术、手拉手地球村、环保沙龙等一系列社团和兴趣小组,为学生个性发展搭建成长舞台。

我校利用开学典礼、升旗仪式、旗前讲话、宣传栏、宣传橱窗等多种渠道,进行宣传教育,创设文化氛围。还利用校学生会、校团委、学生广播站、学生电视台、小记者站等学生社团,组织各种活动创设浓郁的舆论氛围。我校"新星小记者站",小记者们制作的"点石成金"系列校园礼仪访谈节目,很受同学欢迎,为我校争办"文明礼仪示范校"做出了贡献。在工作实践中,我们小记者站、学生广播站、学生电视台在校园采访、制作短片播放的形式,开展礼仪教育,学生易于接受,喜闻乐见,还能引导学生自我教育,收到了良好的效果。

我校积极为有艺术特长的学生创造展示自己才华的机会。在中国最高的艺术殿堂——中国美术馆我们举办了景山学校师生摄影展;在"米罗艺术大展"开幕式上我校学生作画;在保利剧院学生进行了大型英语剧《迷宫》的精彩演出,在中山公园音乐堂我们举办了"唱响2008——北京景山学校迎奥运专场音乐会"。

景山学校在全面推进学生素质提高的过程中,尤其重视社会实践活动在培养学生良好素质方面的作用。学校根据学生特点,组织学军、学农、环保小卫士、植树日、社会调查、走进实验室、走进社区、校园文明岗、保护学校绿地、情系奥运、文明礼仪宣传等多种形式的社会实践活动,为同学们实践道德文明,提高自己综合素质提供了广阔的舞台。

六、建设一支骨干教师队伍，促进教师专业化发展

"振兴民族的希望在教育，振兴教育的希望在教师"，邓小平同志以战略家的远见卓识，指出了教师队伍建设对振兴民族、振兴教育的重要性。我们深切认识到，没有高素质的教师队伍，一切高水平的教育计划都会陷于空谈。近几年来，随着老教师的相继退休，年轻教师队伍逐步壮大，我校小学教师35岁以下的占70%，中学教师35岁以下的占63%。青年教师是学校的希望所在，是办好学校的重要力量，所以这几年我们紧紧抓住青年教师的培养不放松，主要采取了以下几点措施：

1. 注重对青年教师的常规培养，比如建立师徒结对，注重青年教师备课和听课的指导，举办青年教师的研究课、公开课、教学基本功大赛，对青年教师进行景山学校传统和爱校教育等。

2. 注重对青年教师进行端正教育思想和教师职业道德的教育，对青年教师中出现的违反师德的现象，我们既严肃批评，又给予关心和帮助；对青年教师中热爱教育事业，热爱学生，工作业绩突出的，不仅给予表彰和鼓励，还帮助他们总结经验，在全校给予推广。对不合教师要求，专业思想不牢固，学生、家长意见大的青年教师不予聘用。

3. 培养青年教师的方法上，我们注意结合每学期学校工作的不同侧重，对青年教师提出不同的要求，不断提高青年教师工作经验和专业教学水平。我们要求青年教师在总结过去成长经验教训的基础上，制订个人3—5年发展规划，学校将其编辑成册，供青年教师相互交流学习。

4. 鼓励青年教师冒尖，鼓励青年教师成名、成家，为优秀青年教师的职评、评优、进修、出国、提拔等创造各种可能的条件。

5. 对青年教师的表彰形成制度，加大奖励力度，评出层次，评出干劲。

附表三：北京景山学校教师奖励项目

	奖励范围	奖励人数	评选时间
北京景山学校教师突出贡献奖	35岁以上，在景山学校工作10年以上	小学1人、初中1人、高中1人、班主任1人、行政1人	每2年评选一次
北京景山学校职工突出贡献奖	35岁以上，在景山学校工作10年以上	1人	每2年评选一次
北京景山学校优秀班主任、年级组长	现任班主任、年级组长（在校任职3年以上）	无人数限制	每年评选一次
北京景山学校青年新秀	参加工作一年以上，35岁以下	无人数限制	每年评选一次
北京景山学校学科、科技、艺术、体育等学科项目获奖奖励	指导学生参加学科、科技、艺术、体育等学科项目获得国际级、国家级、市级、区级奖励	无人数限制	每年奖励一次
北京景山学校教学基本功大赛奖励	参与国家级、市级、区级教学基本功大赛获奖	无人数限制	每年奖励一次
北京景山学校教育科研成果奖励	参与国家级、市级、区级论文和教育科研成果评比获得奖项	无人数限制	每年奖励一次

通过参与课题研究，我校涌现出了一批具有现代教育观念和科研能力的优秀青年教师，形成了一支以部分骨干教师为代表的高素质教师队伍，有效促进了教师专业化发展。刘长明、宁滨、廖北怀老师在北京市教学大赛中获一等奖，吴鹏、许云尧、吴兰、王红、林红焰老师获得全国教学大赛一等奖，在刚结束的市、区青年教师基本功大赛中，我校又有十位教师分获市、区一等奖，他们只是我校优秀青年教师的代表，我校的青年教师正在快速成长，许多教师成为北京市、东城区的骨干教师，目前我校有市

级骨干教师8人，区级骨干教师35人，他们正在成为北京景山学校的中坚力量。

七、积极开展节能减排行动，创建"节能减排学校"

我校在节能减排学校行动中紧紧围绕"节约能源，保护环境"这个主题，贴近各年段学生实际，循序渐进，教趣结合。通过学科渗透、主题活动、课外实践全方位、多层次地拓宽节能减排教育活动，真正做到知识性、娱乐性、趣味性、教育性相统一，积极探索"节能减排学校行动"这一活动的新经验和新方法，增强全体师生节能、环保意识，创建节能型校园活动。

（一）建立组织，制定制度，落实措施

成立"节能减排学校行动"领导小组，由校长担任组长，具体负责此项工作的安排落实。学校各部门负责人、班主任及任课教师都要明确自己相应的责任，做到各负其责，责任到人。完善学校相关制度，落实具体措施。

（二）开展"节能减排"主题系列教育

通过主题班队会、黑板报、学校宣传栏、广播站、学生小报等形式和"世界环境日"、"地球日"、"世界水日"等节日契机大力宣传节能减排的意义和重要性。举办以节能减排为主题的知识竞赛，让全体师生深刻了解节能减排知识，形成"节能减排"的良好校园风气。

（三）立足课堂，加强节能环保知识教育

在学科教学中渗透节能文化，将节能、节水、节地、节粮、节材等教育内容，以灵活多样的形式，纳入学校课堂教学，真正落实节能环保进学校、

进课堂。加强对节能减排的深刻认识，将节约能源根植于学生心中。

（四）积极创建节约型、节能型校园活动

1. 积极开展节能降耗行动，抓好节能、节水、节电、节材工程，打造节约型学校。

2. 开展创建节能型"绿色学校"活动。

（五）建立考核评价机制

八、面向世界，加强国际教育交流

我校遵循"教育要面向世界"的思想，融古今中外百家之长，坚持"走出去，请进来"的模式，加强与世界各国的交往与交流，积极扩大对外的影响。

我校是教育部首批确定的联合国教科文组织"亚洲教育发展革新计划"的联系中心之一；我校相继与美国、法国、日本、泰国、新加坡、韩国等国家的学校建立了友好校际关系；聘请优秀外籍教师来我校任教；学校先后派出教师231人次、学生513人次赴国外考察、交流、学习；同时，学校也接待世界各地的政府要人、教育界同仁和教育团体的参观访问，成为展示中国基础教育成就的一个窗口。联合国秘书长安南夫人、巴基斯坦总统夫人、日本国前首相海部俊树、美国教育部长理查德·赖利都先后来我校访问。

我们积极鼓励和组织学生参与各种国际交流，参加国内外的各种竞赛。美国航天飞机在太空中实验的项目选中了我校学生李桃桃的"蚕在太空吐丝结茧"的实验方案；我校二年级女学生刘重华的"天圆地方"五色土科技实验方案将于2009年搭载"希望号"奥运小卫星邀游太空；在巴黎举行的世界儿童大会上，我校的孔令蕾同学代表世界儿童进行了发言；在

做实践"三个面向"的改革者

波兰举行的世界航模锦标赛上,我校张尚同学获得冠军;在世界中学生的最高赛事——美国工程大奖赛上,我校的杨歌同学获得银奖,这是目前我国中学生在此项赛事上获得的最高荣誉;我校宫郑同学在第12届国际天文奥林匹克竞赛中获得金牌;在联合国总部召开的"一个适合儿童生存的世界"的会议上,我校马嘉阳同学作为从全球选拔的20名青少年代表之一进行了演讲。在全球中学生网上高峰会议上、在亚太地区青少年科技交流会议上、在全国"长江小小科学家"赛场上,景山学校的学生展示了中国学生的风采;在香港、台湾、美国、法国、韩国、日本、泰国等地都留下了景山学生科技、艺术、体育交流的足迹。

在这种交流与对话的过程中,景山学校真正实现了教育自身的对外开放;在走出去,请进来的模式中,景山学校了解了世界,广泛吸收和运用了世界先进的教育成果和教育理念,为引领中国教育赶超世界先进国家教育水平,奠定了基础。

九、在可持续发展教育理念指导下取得的成绩

十年来,我校一直将可持续发展教育理念与学校办学理念相结合,将其贯彻到学校教育教学的方方面面。促进了学生多方面的发展,促进了教师的专业化发展,提升了学校的办学水平,进一步提高了学校的社会声誉和社会认可度。高考升学率高、学科竞赛成绩喜人、科技教育成果丰硕、体育工作硕果累累、艺术教育丰富多彩。我校被评为:北京市示范高中、中国中学生排球协会主席校、北京市首批"金鹏科技团"、"北京市中小学生科技示范校"、科技创新学校、全国"超新星学校"、"健康教育"金牌示范校、"手拉手地球村"的成员校、北京市可持续发展教育实验校、北京市和东城区教育科研先进校、北京市文明礼仪学校、2008奥运教育示范学校。

附表四：近几年来学校教育科研获奖情况：

国家级获奖论文及课题	北京市获奖论文及课题	东城区获奖论文及课题	校级获奖论文及课题
50余项	120余项	150余项	180余项

附表五：近几年学科、科技类获奖情况统计表

	学科			科技			
	全国	全市	全区	国际	全国	全市	全区
2004年	17	122	71	金牌4 银牌8	8	33	80
2005年	18	55	0	3	12	107	131
2006年	21	131	0	5	11	18	44
2007年	0	100	0	4	2	26	87

附表六：中学生奖项统计表

奖项	市金、银帆奖	金鹏科技奖	金牌	银牌	中学生十佳	市长奖	国际竞赛金牌	国际竞赛银牌
奖数	21块	12块	12块	11块	4人	2人	7人	12人

附表七：近几年艺术类学生获奖统计

	全国	全市	全区
2004年	29	104	190
2005年	9	28	72
2006年	12	26	486
2007年	23	32	381

■ 做实践"三个面向"的改革者

■ 结束语

可持续发展教育是一个长期的实践过程,我们能投身这场改革,既是一种机遇,更是一种挑战,任重而道远。只要我们坚持采取"学校领导、指导专家、试验教师"三结合的组织形式,坚持以科研为先导,以试验为基础,遵循继承、借鉴、改革、融合创新的原则,勇于实践,善于总结,与时俱进,不断完善,最终会实现学校、教师、学生全方位的可持续发展。

作为一所教改试验学校,我们有信心继续挺立在教改试验的潮头,并始终坚定着我们的信念:

我们的目标,仍然是使我们的学校成为最好的!这是一所真正坚持教改试验的学校,在这里,所有的孩子离开学校时都已经确定了一项才能,一种能力,一种智力,通过这些,为其终身学习和一生发展奠定了初步的基础。

(2008年9月)

探索之路　北京景山学校在"三个面向"指引下的教育改革

论学校规范化管理
——以北京景山学校为例

现代社会中，管理的作用越来越大，以管理促发展，已成为人们的共识，并成为一种重要的社会趋势。以"三个面向"为指针，坚持以人为本，全面、协调可持续的科学发展观是学校实施科学管理，提高教育教学质量的前提和根本保证。没有科学管理就没有质量，也就不会有学校的发展。

学校的规范化管理是学校的管理者基于对学校发展的展望和预测，从学校的实际出发，依据教育法律法规和教学规律，制定出各项管理目标和措施，从而去落实、评价、反思、调控的过程。实施规范化管理不仅有利于构建科学的教育集体，实现和谐的教育发展，而且有利于良好校风的形成，从而形成浓厚的文化氛围，提高学校办学的整体水平，从而提升学校内涵发展。纵观一些优秀的学校，无一不重视规范化管理，不仅重视规范化管理，还有规范、科学、高效的管理过程。随着社会的不断进步，学校管理的内涵也在不断地丰富和拓展，规范学校管理，寻求学校的特色发展已成为当前各校面临的重要课题。

北京景山学校是由中共中央宣传部创建的一所专门进行教学改革试验

■ 做实践"三个面向"的改革者

的中小学一贯制的试验学校。坚持教学改革试验是景山学校的历史使命，也是景山学校干部和教师的特殊品质和工作风格。

1983年国庆节，邓小平同志书赠景山学校："教育要面向现代化，面向世界，面向未来"，给我们指明了新时期继续前进的方向。在"三个面向"战略思想的指导下，我们进行了学制年限、课程设置、教材编写、教法学法、考试与评价、思想教育、劳动教育、社会实践、发展个性特长、信息技术、国际交流，以及管理体制等方面结构性的综合整体改革试验，取得了可喜的成果和规律性经验，在国内外享有一定声誉。

作为这所学校的校长，最重要的就是要坚持景山学校的特点，在科学实施学校规范化管理过程中形成并保持景山学校的教改特色。

■ 一、科学、明确的学校发展规划是实施规范化管理的基础

要建设高质量、有特色的学校，首要的是制定好规划，确定好目标。学校发展规划是对学校发展的一种战略规划，制定学校发展规划的过程是对学校未来发展思考和策划的过程。它的使命在于在深刻分析学校发展的历史和当前情况、科学预测未来发展趋势，探索学校有效发展的道路，促进学校长期、稳定和可持续发展。每个学校有每个学校的特点，特点不同制定的方向目标的内容就不同，要因校制宜，因时制宜，既要做好当前，又要谋划长远的发展。

景山学校坚持教改50年，不仅是靠国家的政策，主要还是靠不断的奋斗，靠历任学校领导对教育事业的追求，靠先进的教育思想，靠科学、明确的办学理念和每个时期制定的目标，使全校的工作有章可循，促进学校在原有基础上不断有新的特色和发展。比如，1999年我校借第三次全教会的东风及时制定了《景山学校迎接新世纪的3—5年发展规划》。为了使这一发展规划能够较好的实现，为了使规划的实现有一定的理论和科研

探索之路 北京景山学校在"三个面向"指引下的教育改革

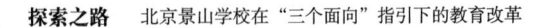

指导，2000年我校又制定了《景山学校五年教育科研计划》，教育科研规划的制定使全校教师更加明确了工作方向，意识到我们的教育教学工作必须以教育科研为指导，教育科研和教改试验是景山学校的办学特色和学校发展的生命力之所在。2005年，我校结合时代发展和本校的实际问题，有针对性地对学校教育教学改革进行了全面的规划，制定了《北京景山学校"十一五"发展规划》，进一步明确了景山学校的办学思想，发展目标，办学特色，学校定位，引领学校发展方向。

景山学校办学思想：以"三个面向"为指针，融古今中外百家之长，走继承、借鉴、融合、创新之路，全面发展打基础，发展个性育人才。

景山学校发展的总目标：全面贯彻邓小平同志"教育要面向现代化，面向世界，面向未来"的教育思想，树立以学生全面健康发展为本，为学生一生发展和终身学习奠定坚实的基础，深化教育改革，全面推进素质教育，以德育为核心，以提高学生的素质为根本宗旨，以培养学生的创新精神和实践能力为重点，把景山学校办成国际一流的现代化的科学知识的摇篮，文学艺术的花园，社会正气的堡垒，身心健康的乐园，努力攀登新世纪基础教育的高峰。

景山学校的办学特色：以先进的教学思想为先导，以教育科学理论为指导，以教改试验为基础，探索21世纪基础教育人才培养的新方法、新模式。

景山学校的定位：坚持进行教育改革的试验学校；传播现代教育观念、教育技术和教改成果的示范学校；推动教育改革与教育交流的促进校；在国内外有影响的有中国特色的国际化学校。

有了规划，有了依据，我们又该怎样行动呢？我认为重要的是两点：第一，规划的内容要体现在学校的工作计划中，逐步去落实去实现，不能只是空谈，如果规划只是空谈，就等于没有规划，只是摆设。第二，要真抓实干，逐步落实规划的各项要求，给全校教职员工以信心，取信于广大教职工。

二、改革、创新的干部教师队伍是实施规范化管理的关键

规范的管理归根结底是人的管理，人的因素在管理过程中是最重要的，也是最核心的因素。因此，在学校管理中，着力打造学校领导队伍和教师队伍，就显得更加重要。

1. 干部要遵循的几条原则

"校长是学校之魂"，在学校干部队伍中，校长作为学校的最高行政领导，每一项决策对学校的未来和发展及教育教学工作都产生严重的影响。我做干部始终遵循五条原则：一是身先士卒，不摆架子；二是任人唯贤，多看别人的长处；三是心胸开阔，不计前嫌；四是团结至上，不偏听偏信；五是集思广益，倾听呼声。在遵循这五条原则的基础上，我要求学校的每一个干部，第一要有吃苦和奉献的精神；第二要有良好的政治素质和忧患意识；第三要善于团结群众，心胸开阔；第四要表里如一，敢于发表意见，敢于负责。我认为这些是我们做好干部工作的基础，是做好学校管理工作首要的先决条件。

2. 推动学校发展，需要营造良好的民主氛围

营造良好的民主氛围，不只是配好学校的三套马车（行政班子、党支部班子和共、青、队班子），更重要的是要使三套班子既能够各司其职，又能协调运转，心往一处想，劲往一处使。

如何实现这种良性循环的机制，在实践中我的体会是：（1）在学校宏观规划的基础上，要安排好全学期规范的、有计划的行政会议制度，切忌心血来潮，想起什么抓什么。（2）要充分发挥党支部在学校的政治核心及保证监督作用，校长必须主动、积极的向支委会通报每一学期学校的中心工作及重大经费使用或改革项目的情况，主动争取支委会对学校行政

探索之路　　北京景山学校在"三个面向"指引下的教育改革

工作的支持，为学校发展献计献策，切忌相互猜疑，相互拆台。（3）坚持工会、教代会参与民主管理和民主监督，重视工会、教代会在学校的作用，如果主要领导对工会组织的作用认识高，配合得好，会给学校发展带来不可估量的推动作用。在这几年的实践中，我们认识到，工会组织是办好现代化学校的重要力量。当前我国的教育进入了深化改革，全面推进素质教育的攻坚阶段，面临教育管理制度、人事制度、办学体制、现代教育教学方法与手段的应用与教材内容更新、课程结构调整等多项改革措施出台。这些改革涉及教职工的切身利益，群众对改革的关心是非常正常的。如此大的改革力度，没有广大教职员工的共同努力，很难闯过难关。对此，我们重视工会主席的人选，关心工会的活动，改善工会活动的场地，保证工会经费的投入，注意虚心听取教代会代表的呼声，重要决策征求教代会意见，保证每学年召开1—2次教代会，每次教代会都形成决议或决定，向全校教职员工反馈，使工会和教代会真正感受到自己在学校工作中的地位和作用。形成了全校上下一心、相互理解、相互支持的良好的民主氛围，推动了学校工作的发展。

3. 高定位的学校需要高水平的教师队伍

在景山长期的教育改革实践中，我们深深地感到，一所好学校，除了要有好的干部队伍，好的教育条件，更重要的就是要有一支优秀的教师队伍。景山学校在建校的50年中，能够在国内外产生广泛的影响，就是因为它有一支热爱教育、勇于探索、敢于实践、有自己特色、愿意为教育做贡献的教师队伍。"振兴民族的希望在教育，振兴教育的希望在教师"，邓小平同志以战略家的远见卓识，指出了加强教师队伍建设对振兴民族、振兴教育的重要性。我们深切地认识到，没有高素质的教师队伍建设，一切高水平的教育计划都会陷于空谈。近几年来，随着老教师的相继退休，年轻教师队伍逐步壮大，我校小学教师35岁以下的占70%，中学教师35岁以下的占63%，青年教师是学校的希望所在，是办好学校的重要力量，一个

做实践"三个面向"的改革者

优秀教师的成长，关键是在年轻阶段的锻炼和培养，所以这几年我们紧紧扭住青年教师的培养不放松，主要做法有以下几点：

1. 注重对青年教师的常规培养，比如建立师徒结对，注重青年教师备课和听课的指导，举办青年教师的研究课、公开课、教学基本功大赛，对青年教师进行景山学校传统和爱校教育等。

2. 注重对青年教师进行端正教育思想和教师职业道德的教育，对青年教师中出现的违反师德的现象，我们既严肃批评，又给予关心和帮助；对青年教师中热爱教育事业，热爱学生，工作业绩突出的，不仅给予表彰和鼓励，还帮助他们总结经验，在全校给予推广。对不合教师要求，专业思想不牢固，学生、家长意见大的青年教师不予聘用。

3. 培养青年教师的方法上，我们注意结合每学期学校工作的不同侧重，对青年教师提出不同的要求，不断提高青年教师工作经验和专业教学水平。我们要求青年教师在总结过去成长经验教训的基础上，制订个人3—5年发展规划，学校将其编辑成册，供青年教师相互交流学习。

4. 鼓励青年教师冒尖，鼓励青年教师成名、成家，为优秀青年教师的职评、评优、进修、出国、提拔等创造各种可能的条件。

5. 对青年教师的表彰形成制度，加大奖励力度，评出层次，评出干劲。

近几年学校优秀青年教师在各级各类评优中取得佳绩。吴鹏、许云尧、吴兰、王红、林红焰、廖北怀、宁斌7位老师获得北京市和全国教学评优课一等奖；刘志江获得北京市青年五四奖章；李巧梅获得北京市岗位能手称号；郝立萍、刘洋、蔡琼获得北京市教师基本功大赛一等奖。他们只是我校优秀青年教师的代表，我校的许多青年教师都已快速成长起来，近四分之一的教师成为北京市、东城区的骨干教师。

三、整体、优化的课程体系是实施规范化管理的核心

学校设置实施的课程集中体现了一所学校教育价值的取向，直接影响

探索之路　北京景山学校在"三个面向"指引下的教育改革

到学生的发展和教育质量的提高，课程设置与管理的规范化，是学校管理规范化的集中体现，学校要全面推进素质教育，就必须抓好学校实施的课程整体优化。

基于我校的办学理念、办学目标和办学特色，我校确立了景山课程思想，并用这一思想去引领学校课程的改革与发展。

改革目标：以"三个面向"为指针，构建北京景山学校新的课程体系，即优化基础学科课程，加强综合实践活动课程，开发校本课程，改变传统的单一的学科课程体系，根据"以学生发展为本"的理念和"全面发展打基础，发展个性育人才"的办学宗旨，对我校的课程进行调整和改革，构建具有景山特色，充满蓬勃生命力的课程教材新体系。

改革原则：1. 面向全体学生，使学生在德、智、体、美等诸方面得到全面、协调发展，同时关注学生的个性特长发展，全面推进素质教育。2. 全面落实国家课程计划，开足、开齐教育部颁布的课程标准中规定的课程。不以升学考试科目为唯一目标，不随意删减非考试科目。3. 优化基础工具学科，增加选修课程，创造条件开发校本课程，体现课程的综合性和实践性。4. 适当综合内容，体现传统与现代的结合，处理好继承、借鉴与创新的关系。5. 切实减轻学生过重的课业负担，提高教学质量。不允许利用节假日进行集体补课。6. 课程改革本着全面发展、因人因课制宜的原则，突破原课堂、课程和课时的限制，形成开放自主的态势。7. 通过此次课程改革，充分彰显我校的办学理念和特色，在全面发展的基础上，实现我校培养学生的具体特色目标：能写一笔好字、能说一口流利的外语、有一两项各自的特长和掌握一两项适合自己身体的增强体质的运动项目。8. 课程改革发扬民主、实事求是、立足改革，以求发展。

国家督学顾问陶西平在"全国百校校长进景山——纪念邓小平'三个面向'题词25周年活动"中说过："在课程改革中必须戒急戒利，注意避免以下三点：一是决策求快。以专家论证取代必要的教育试验，在未经实践检验的情况下，就急于决策，急于推行，造成事倍而功半；二是管理求

做实践"三个面向"的改革者

同。认为划一的模式是最理想的模式，将规范化与多样化对立起来，不鼓励进行多种试验，以少数人的研究成果，取代广大教育届人士的创造力，造成缺乏整体活力；三是做事求名。在教育教学的研究中，急于成名，缺乏对教育周期的尊重，缺乏对教师和学生成长规律的尊重，静不下心来教书，潜不下心来育人。以上三点如不克服，在相当程度上，会影响着课程改革的进行。"

景山学校在并不宽松的情况下，坚持进行包括学制、课程、教材等教育基础领域的试验，耐得住冷遇，耐得住寂寞，耐得住体制困扰，执著地进行探索，不断在探索中前进，为构建具有景山特色的课程教材新体系不懈努力。目前我校编写的小学语文、数学教材已通过国家教育部教材审定委员会审定立项，在全国已有四川、广西、内蒙古、江苏、新疆、云南、北京、天津、浙江等地的几十所学校使用景山教材并和我们同步进行试验，初中语文、数学教材正在修订中。

为实现教育资源共享，推进教育均衡发展，在景山教材试验扩大与推广的基础上，我校提出"创建网络环境下校际联盟"的设想，由国内致力于基础教育改革的中小学校共同创建，以先进的多媒体技术和网络通信技术为依托，共建共享优质学科课程、校本课程和教育资源的服务型协作组织，从而最大限度整合教育资源，达到共建、共享、协作、融合的目标。这一设想得到了教育部、中央电教馆、北京市教科院、北京市以及东城区教委领导的充分肯定和大力支持，全国许多学校积极响应。2009年4月28日，在北京景山学校召开了"数字景山"网络联盟共建校成立大会暨第一届理事会成立大会，来自全国26个省市的66所中小学成为第一届理事学校，并不断有学校加盟。这对于探索教育教学资源的建设与应用，促进我国教育事业的和谐均衡发展有着积极的现实意义和深远的历史意义。

四、多元、系统的评价机制是实施规范化管理的保证

学校规范化管理需要一整套科学、细致、公平、公正的评价机制，并以此推进规范化管理的常态化。因此，探索符合现阶段师生发展、成长的评价机制显得尤为重要。

我校在"以人的发展为本"的评价理念的指导下，开始探索并完善对学生、对教师的科学评价方式，体现评价形式的多样化与评价内容的多元化，建立可以促进学生和教师发展的评价机制，促进学生、教师和学校全面发展。

对教师的评价学校面向教师未来发展，以尊重教师主体地位和人格为前提，积极激发全体教师的主体精神，促进每个教师个体最大可能实现其自身价值。在评价中强调以下几点：1. 评价主体多元化:通过学校领导、教研组、教师、学生、家长多方面开展对教师的评价；2. 评价内容多维化:注重教师综合素质的评价，不仅关注教师的教育教学水平，还要注重教师的师德修养、态度、情感以及科研能力；3. 评价过程动态化：不仅关注结果，更注重教师的发展提高过程，特别是教育教学水平的评价，通过加强过程性的评价指导，促进教师不断完善、发展和提高；4. 评价方式多样化：学校通过"评教评学"、"青年教师基本功大赛"、"领导听课"以及优秀教师奖励等多种方式评价教师，使评价变成激励和促进教师发展的动力。

我校根据"以学生发展为本，促进个性的和谐发展"的指导理念，不断探索促进学生全面发展的评价体系，不仅关注学生的学业成绩，而且注意挖掘和发展学生多方面的潜能，了解学生发展的需求。强调对学生进行多方面综合评价：包括学生自评、小组评价、家长评价、教师评价。重视学生多方面潜能的发展，重视综合素质评定，学校正在研究制定《北京景山学校学生科技、体育、艺术特长培养目标及评价手册》，以促进学生全

面的发展与提高。

为了提高教学质量,加强对学生学习质量的监测及质量管理,2009年3月,我校开始"北京景山学校学生知识形成发展性评价"的启动与试验工作。此项试验采用我校自主开发的"数字景山成绩分析系统"在小学一年级、初中六年级和高一年级三个起始年级进行,边试验边完善,以后逐渐推广到全校各个年级全体学生使用。"数字景山学生成绩分析系统"主要针对学生学业成绩进行统计分析,反映学校、年级、班级的整体教学效果以及具体学生的学习过程,从而评价学生发展成长的进程和水平。

五、"三位一体"的教改特色是实施规范化管理的生命力所在

北京景山学校因教育改革而诞生,依教育改革而生存,随教育改革而发展。在长期的教改实践中,造就出了一支具有一定教育理论水平和教育科研能力的骨干教师队伍,形成了教育教学工作、教育教学改革试验和教育科研三者紧密结合,"三位一体"的教改方法,确立了以学生发展为本,以科研为先导,以教育教学为中心,以科研课题为载体,全面推进素质教育的办学特色。

实践证明,中小学只有走教育科研兴校之路,才会有生机勃勃的发展。中小学教师只有参与教育科研,才能促进自身发展。我校重视引导和组织教师参与教育科研和教改试验课题。"十一五"期间学校独立承担了2项北京市级课题、3项东城区级课题,参加了5项国家级课题子课题研究,此外有校级课题36项。做到学校人人有科研课题。这些课题涵盖了学校改革的各方面,涉及德育、课程改革、教材建设、教法与学法、评价和学校优质教育资源的配置等,紧紧围绕"全面发展打基础、发展个性育人才"的办学方针展开。

我校积极为教师创设有利于自身专业化发展,有利于教学与研究的良

探索之路　北京景山学校在"三个面向"指引下的教育改革

好的环境，鼓励教师冒尖，鼓励教师成名，重视教师科研成果推广，学校出资由教科所将有价值的成果编辑出版成册，从2001年至今已出版老师们的科研成果书籍40余册，出版了8本校本选修课教材，推荐教师撰写的论文参与市级、区级各项论文评比，获奖论文累计有800多篇。

从一定意义上说，科研课题显示着学校改革、课程改革的方向，把握住一个课题就意味着找到了一条研究思路，找到了教育教学改革的突破口，以课题为载体，不仅能得到一批成果，更重要的是可以带出一支队伍，成就一批人才。通过教育科研课题的研究与试验，大大提高了老师们的自身素质，涌现出了一批具有现代教育观念和科研能力的骨干和优秀教师。现在我校教职员工人人有课题，人人参加教育科研，以科学的精神，科研的态度和方法去工作，已逐渐成为教职员工的基本要求，学校形成了良好、浓厚的教育科研氛围。这也是我校办学理念的一个基础，是我校的教师群体由传统经验型向专家学者型转变的基本途径。

通过教育科研，我校也取得了丰硕的科研成果，仅一年来，我校教师获得市、区各级各类科研论文奖项达126篇，其中一等奖25篇。学校被评为全国教育管理科研成果优秀奖；获得2005—2008年度东城区教育科学研究先进单位、联合国教科文组织中国可持续发展教育（ESD）项目示范学校称号。

实践证明，坚持规范化管理、规范办学，不仅促进学生、教师的发展，同时也促进学校的发展，学科竞赛成绩喜人、科技教育成果丰硕、体育工作硕果累累、艺术教育丰富多彩。

规范化管理只是现代学校管理的起点，学校管理的实践永无止境，我校将继续以"三个面向"为指导，坚持我校的办学理念与特色，努力构建面向现代化，面向世界，面向未来的人民满意的优质教育，为学生的终身学习和一生发展奠定坚实的基础。

（2010年）

探索之路

做实践"三个面向"的探索者

■ 做实践"三个面向"的探索者

革命人永远是年轻

——访北京景山学校校长范禄燕

【注：采访对象谈话内容均为编导理解或概括大意，具体问题的设定和对答有待整合重组。】

片头：外拍采访景山学校老领导、教师、80年代毕业生，描述、评价"小范"这个人、这个教师、这个校长。

（主持人）刚才在片头里出现的人，都跟全国著名的教改试验学校——北京景山学校有关，他们谈到的"小范"，就是现在坐在我身旁的这位——北京景山学校校长范禄燕（范示意）。

范校长，我想观众朋友这会儿大概有点纳闷，大家为什么都不称您校长、倒叫"小范"呢？

（范）到现在我自己还习惯自称"小范"呢，尽管看上去可能不太像"小范"了。在挺长一段时间里大家确实都这么叫。因为最初当上景山副校长的时候，我才29岁，那是1984年，在北京的中小学里，也是最年轻的校长。任职讲话上，我曾说过："我小范，还是小范。"希望大家能一如既往地对待我，也提醒自己还年轻，要保持年轻人的干劲儿，也要克服年轻人的不成熟。

（主）29岁就当上了景山学校的校长，不管怎么说也太年轻了点儿

探索之路　北京景山学校在"三个面向"指引下的教育改革

吧？

（范）年轻应该也算是景山学校的传统。这所学校就是由一群年轻人在1960年为教育改革创办的。既然是教改试验，在包括用人机制在内的各个方面就都有试验、创新精神。另外当时我虽然只有29岁，但已在景山工作七年了，从实习教师做起，当过班主任、年级组长……直到校长，是一步一个台阶走过来的。

（主）刚才您提到的职位一共有多少种？

（范）九种。

（主）就是说学校里的各项工作基本都干全了。

（范）都干全了。

（主）做得这么游刃有余，是不是从小就有这方面的天赋，从小就想过长大后当个名校校长？

（范）否认。理由：行医世家，父亲通晓中医，自己是七个子女中唯一的男孩，希望学医。而且在读小学三年级时赶上了"文革"，亲眼看到老师、校长挨斗。特别是景山这样的学校，当时是有名的"封、资、修黑实验田"。

（主）那时候您在哪个学校读书？

（范）东交民巷小学。

（主）您是一个什么样的学生呢？

（范）好学生，听话。家教严，在家听父母话，到学校听老师话。背书、背语录，背得非常熟（可背上两句）。这也说明景山建校初期就开始实行的小学生语文教改"集中识字、精读名篇"是符合儿童成长规律的，那个年龄段记忆力太好了。

（主）可惜这种记忆力主要用来背语录？

（范）别的也没的背，学校里不教，家里的书差不多都烧毁了。尤其是我家，1968年我父亲被打成"地主兼资本家"，挨斗，姐姐陪斗。父亲五十多岁的人了，还得到北京火车站扛大包，一直到1976年7月9号（朱德

■ 做实践"三个面向"的探索者

去世后的第三天）去世，没能赶上"文革"结束。

（主）家境突变，教育断流，这一切都发生在您11岁到21岁之间，那一定是您人生中最灰暗的日子了。

（范）不幸中有幸运。磨难本身就是最好的人生教育。就在这些波折中与学校结缘。上了高中，插队，为村小代课，被东城师范招回城。报一师，服从分配学中文，1977年到景山实习，被景山看中，服从学校安排教高中历史和政治。

（主）这么说您一直都在"服从分配"，偶然地被教育选中、被景山选中了。1977年的景山已经被确立为全国第一所重点学校，您是"文革"后分去的第一批青年教师，那时候的老师好当吗？

（范）服从分配，是那个时代的要求，也是相信自己干什么都能干出样来。年轻气盛，就想着如何面对比自己小不了几岁的学生（举例谈克服困难：老教师、老领导的指点、帮扶），教育面临的普遍性时代背景——如同重新开垦荒废的土地。

（主）类似的困难并不是您一个人遇到的？

（范）学校百废待兴，工作千头万绪。教改恢复阶段（恢复了什么，以学生为中心的教改思路的延续）。这个时期的工作虽然举步维艰，却得到党和国家高层领导人的关怀和指引（首批特级教师，学制改革，学生跳级，第一台电子计算机等），1983年，邓小平同志为我校题词"教育要面向现代化，面向世界，面向未来"。当时全校师生受到的鼓舞，自己的心情（1980年代，改革开放初期，对未来、对世界、对现代化的渴望与憧憬）。

（主）"三个面向"题词发表的第二年，您就被提升为副校长了，这中间有什么必然的联系吗？

（范）个人的升职带有一定的偶然性，学校的发展却必然地从此进入了一个新阶段。再发展了什么——"全面发展打基础，发展个性育人才"的教学思想的确定。

探索之路　北京景山学校在"三个面向"指引下的教育改革

（主）全面和个性之间不矛盾吗？

（范）二者关系，个性的绝对存在，有教无类，因材施教。教学科研所的成立；宁可牺牲眼前利益，也要弘扬创新精神（教改是要担责任、冒风险的，举例说明放弃了什么样的眼前利益，以维护和发扬学生个性）。

长久以来，学校教出来的学生个个相似，很大程度上是因为缺少肯尊重和发掘学生个性的老师。

怎样发现和引导学生发挥潜能——首先要放下居高临下的所谓"师道尊严"，肯和学生建立平等合作的关系（"教"不如"育"，良师首先是益友，引出自己课下与学生打篮球）。

（主）跟校长打球?学生敢跟您动真格的吗？

（范）要跟我比赛，他们不使出浑身的劲儿还真不一定上得去场（自述体育强项和曾经创下的纪录）。

（主）难怪景山的学生体育素质很强，跟您这样的校长练出来的?

（范）应该说是跟着一群老师练出来的。不光是体育——学校的荣誉称号（排球、舞蹈、科技示范、超新星）。多年来坚持开展多种课外活动（如"祖国在我心中"系列活动等，学生们在活动中的表现），从1986年开始，年年主持举办景山学校文化节、科学节，这是学生们一年一度最期待的校园"节日"，对学生们的才华和创造力的深刻印象（举例，关于蚕的研究，孙珊、黄英的论文《磁场对家蚕的生态因子效应》入选1992年国际昆虫学年会；李桃桃"蚕在太空中吐织结茧"实验方案搭载美国航天飞机在太空中完成实验，美宇航员对此的评价）。

（主）小小的一粒蚕种，能结出这么多的成果。这就是景山试验的目的吧？

（范）景山要做的，就是给孩子们提供尽量丰厚的土壤，然后灌溉施肥、去病除虫、修枝打杈，保证他们都能够健康地成材，但是绝不是强迫他们长成一个模样。

（主）社会上评价学校的标准就要简单得多了，就是看你们学校有多

■ 做实践"三个面向"的探索者

少学生考上了大学，又有多少进了名牌。

（范）这正是长期"应试教育"留下的社会偏见和弊端（可略谈景山在这方面所受影响和压力）。近几年景山学校的高考升学率是100%，1/3以上的考生超过了清华、北大的录取分数线，但是景山从不以高考来评判教师和学生的素质。我们的学生在考试中取得的成绩只是他们的综合素质的一方面体现。通过学校的考试，不等于通过社会和人生的考试。景山的毕业生最终从学校获得的，不是一纸毕业证和高校录取通知书，而是终生开拓进取的自觉性、灵活性、开放性，这就是学习的革命。

（主）能不能这样理解——学习的革命，首先是教育的革命？

（范）如果可以把教育改革称作"革命"的话，那景山的确是有着优良"革命传统"。受教育者首先要受教育（观念上的，业务上的，各种方式的培训措施），景山的创始人曾自比"孙悟空"（大闹天宫——放胆创新）、"猪八戒"（向前拱——顽强勤奋）、"老乌龟"（清醒理智的头脑——明理谨慎），联系到今日校训。

（主）校训要求老师和学生做到的，校长应该首先能做到吧？

（范）简述进修学习、外出取经的体会（知识的更新，视野的开阔，观念的转变，举例说明曾经有过的教改认识误区、思维弯路）。人生是停不下的学习之旅，不学习，连自己的女儿都赶不上了。

（主）您的女儿多大了？

（范）今年满18岁，在景山读高中二年级。

（主）18岁，刚好是邓小平同志为景山学校题词的那一年生的；在家里是您的女儿，在学校是景山新时期教改的试验对象，她也像您小时候一样听话吗？

（范）也听话，但不像我小时候那种听话。有时候我也管不了她（什么时候管不了？）。

（主）这是您对她的看法，作为您的女儿和学生，她对您和景山也有着自己的看法。我们背着您采访了她，下面我们一起来听听女儿是怎么说

探索之路　　北京景山学校在"三个面向"指引下的教育改革

的。

　　采访范校长的女儿：在景山读了十多年书，等于一直在爸爸的眼底下长大，你爸爸管你吗（在家、在学校）?怎么管（或不管）的?对爸爸的管教方式有哪些满意和不满意的地方?如果自己能够选择，想不想换个学校（景山的好与不够好）?本段采访如落实，请女儿给父亲留点"悬念"。

　　（范）对女儿的回答表态（作为父亲，作为校长）。管好学校，就是对女儿最好的管教。

　　（主）目前您的女儿只读过景山一所学校，您却有机会去过世界各地的许多学校，您认为今天的景山能同最发达国家的学校相比较吗?

　　（范）引用联合国教科文官员的评价（小面积，多功能）。罗马不是一天造成的，现代化的景山是几代人40年的努力成果。软件——观念现代化：继承、借鉴、创新的改革途径，有中国特色的教育哲学；硬件——教育手段现代化，眼见它起高楼：新景山六年建设的不易。

　　（主）景山的今天确实来之不易，但是一所学校的座位终究是有限的，您认为景山的现代化建设和试验对国内的其他学校——比如说偏远山区的一所希望小学或中学，有什么实际的借鉴意义呢?

　　（范）景山可以算作教育改革领域的一个特区，它对一般中小学校的意义相近于深圳对内地的意义，可以借鉴的不是哪一份具体的教案，而是"三个面向"指引下"以人为本"的改革思路和创新精神，这里的"人"，包括学生，也包括教师；是个体意义上的人，也是民族意义上的人。中国人的富裕和进步不是少数人的富裕和进步，教育的现代化进程也不能由一两所景山这样的学校完成，目前已经出现的"百花齐放"的教改局面正是景山所期待的。

　　（主）景山这个"特区"也是您个人成就的依托，现在回想起来，弃医从教还有遗憾吗?

　　（范）遗憾谈不上（或一点点?），悬壶可以济世，科教可以兴国。1980年中期曾有两次调转的机会，在老校长的劝说下都放弃了，但自己相

476

■ 做实践"三个面向"的探索者

信,就是真的转了行,也一定会有所作为的。

(主)您已经不是当年的"小范"了,怎么还会这样"气盛",这样自信呢?

(范)这不只是我个人的自信,应该也是景山人的自信。和中国几千年的教育发展史相比,景山41年的探索是短暂的;和几代景山人的奋斗相比,我一个人做的事只是一小部分。再者,就像一首老歌里唱的那样:革命人永远是年轻——我喜欢这种年轻的感觉,景山也是这样。从这两层意义上我都可以说:今天的我,还是"小范"。

(主)当年的"小范"是因为年轻而自信,今天的"小范"是因为自信而年轻。您和景山的自信应该来自经历风雨后的不惑。作为比您年轻几岁的人,现在我很想知道:这四十多年里,您感受到的磨难和幸福哪一边更多一点?

(范)我的记忆还是愿意更多地保存幸福的感受。小时候的幸福,是周末父亲骑着自行车带我去浴池洗澡的路上,我坐在后座,听父亲一边蹬着车一边哼着歌儿;后来,我的幸福是看着女儿一天天长大,学生一年年地远走高飞,景山翻新的校园里,不断地出现似曾相识的新面孔。我希望,也相信,将来不会再有人像我的父亲那样含冤而终,我的下一代会有比我更好的生活——这些年来我所做的事情,刚好有助于实现自己的这个心愿,想到这些,我就觉得自己是幸福的。

(主)我想今天我们大家都分享到了您的幸福。

致谢,道别。

片尾:拟用范校长从青少年到现在各个时期的代表性照片,叠、压缩画面,遮幅处出字幕,做成"个人档案"或"校长语录"。

编导:刘红梅

(2001年5月)

477

探索之路　北京景山学校在"三个面向"指引下的教育改革

承上启下　勇往直前
——记北京景山学校党总支书记、校长范禄燕

范禄燕，男，1955年2月出生，中共党员，研究生毕业，中学高级教师。现任北京景山学校党总支书记、校长。1977年1月执教于北京景山学校，曾任班主任、年级组长、政治教师，1978年9月任团委书记，1984年7月起任副校长，1994年1月兼任党支部副书记，1997年5月起任党总支书记，2001年4月任校长。

社会兼职：东城区学校管理研究会理事，中国西部地区教育顾问，中国科协教育专家委员会基础教育研究部副主任，全国教育硕士专业学位教育指导委员会委员，联合国科教文组织环境、人口与可持续发展教育（EPD项目）工作委员会委员。

曾多次荣获东城区教育局优秀教育工作者、东城区政府优秀教育工作者称号，1992年被评为东城区十大青年人物，2000年被评为东城区和北京市爱国立功标兵，2002年被评为东城区有突出贡献的优秀知识分子。

主要著作：论文《三个面向指引我们实施素质教育》获东城区第十二届教育科研论文三等奖，论文《后浪胜前浪教改路上勇往直前》获"首都教育辉煌50周年"征文二等奖，获东城区1999年党建优秀论文三等奖，2002年研究成果《电脑辅助教学试验班的研究与试验》获北京市教育科学

■ 做实践"三个面向"的探索者

研究基础教育专项奖。

■ 绿 叶

1977年1月,范禄燕怀着对教育事业的满腔热情,踏入了景山学校的大门。此时的景山学校,刚刚结束了十年浩劫的磨难,"文革"中教改试验被迫中断了,教师队伍受到重创,面对这一切,倔犟的景山人以"而今迈步从头越"的大无畏精神,笑迎困难,决心重振景山学校教育改革的辉煌。"忠诚党的教改事业"是一代代年轻的景山人进入学校工作后的第一课,教改试验铸就了景山人不安于现状、永不满足的进取精神。当时大家怀着劫后再生的亢奋,又踏上了教育改革新的征程,那种为教改甘于献身的精神极大地震撼了范禄燕那颗年轻的心,他立志在景山学校这块教育改革的沃土上生根发芽。他与学校共同经历了1977—1982年五年教改恢复期,经历了1983—1997年学校综合改革试验的阶段,其间,他成长了、成熟了,随着学校教改的深入发展的需要,他在学校的角色也出现了变化,1978年9月担任了学校团委书记,1984年7月成为景山学校新一届领导班子中最年轻的副校长,时年29岁。在担任副职的十几年中,他非常理性地认识到:教改事业的发展,需要有一个坚强的领导集体,班子的团结是工作的基础。于是他不断强化自己的角色意识,摆正位置,做好校长的助手。他以宽厚的胸怀,质朴的工作作风去完成分管的工作。他没有什么豪言壮语,头上也没有耀眼的光环,但是在学农、学军的田间、军营;在国庆35周年的方队、亚运会训练场;在法治教育和主题教育的讲台;在学校体育代表队的赛场;在学生课外活动场所;在工会组织的活动中;在夜间值班室——都能看到他那年轻、矫健的身影。他默默地做着他该做的和能做的一切,为学校全面实施综合整体改革忙碌着。为了不断地适应工作的需要,提高思想理论水平、专业知识水平和工作能力,他利用业余时间在1985年取得了中国人民大学中文本科学历,1998年取得北京市委党校党建

探索之路　　北京景山学校在"三个面向"指引下的教育改革

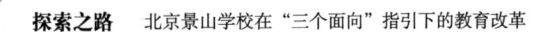

硕士学历。功夫不负有心人，在十几年副职工作的实践中，他分管的工作经市、区检查评比，由于成绩突出，学校多次被评为先进集体，他本人被评为先进个人。

■ 使　命

1997年的春天对景山学校来说是个多事的春天，学校为贯彻邓小平同志"三个面向"方针提出"启动现代教育六大工程，实现21世纪办学模式"三年规划后，引起社会各界的兴趣，大家关注着这一新的改革措施。然而在这关键时刻，老校长患癌症住进了医院。景山学校向何处去？一时间成了校内外议论的中心话题，我们就仿佛在一艘失去领航员的大船上，感到前途未卜。这时身为党总支副书记、常务副校长的范禄燕同志义无反顾地承担起主持学校全面工作的重担：学校的稳定、日常教育教学工作的管理、现代教育六大工程的实施、校级班子的缺员、二期工程的建设、老校长疾病的治疗——重重困难、错综复杂的矛盾均摆在了他的面前。

记得在一次探视老校长返回的途中，他非常感慨地说："要当好景山学校的校长，就会像崔校长那样累死！"一语道出做景山学校校长的责任、艰辛和苦衷。1998年4月，老校长病逝，谁做景山学校校长，又成为校内外关心的问题，对于种种说法和议论，范禄燕同志以很强的党性及一颗平常心去面对，学校各项工作照常按部就班地去做。5月，教育局党委组织部在听取各方面意见后，正式任命范禄燕同志主持景山学校全面工作，并担任学校法人，考察期一年。他面临着严峻的考验。

景山学校自建校以来一直以教育改革为办学宗旨，决定了她与社会各界有着千丝万缕的联系，学校工作受到多方面的评价，校长的工作更是大家关注的焦点。1996年以来，学校校级领导班子因两位副校长退休、老校长病逝，当时仅有他与一位1996年任命的副校长，在任务艰巨、领导班子严重缺员的情况下，范禄燕同志没有畏缩，而是以坚定的信念、清醒的头

做实践"三个面向"的探索者

脑,勇敢地承担起领导的责任。一年的考察期到了,党委组织部听取了反馈意见,我们并没有盼来正式任命的消息,相反,东城区教育格局调整,要建立"景山学区"的消息在校内外传开,对景山学校的前景、对范禄燕同志的任命,议论纷纷,可是从正规渠道我们又得不到明确的说法,各种小道消息使校内教职工对学校的发展产生了忧虑。太多的考验,太多的磨难,有人出于对他的关心,劝他离开景山学校这块是非之地,甚至有的公司以高薪聘请他去做高层领导,面对又一次的挑战,他坚定地说:"不管将来谁做校长,只要我在这个岗位上待一天,就不能让景山学校在我手里衰退。"实践是检验真理的唯一标准。范禄燕同志以他坚强的党性、对景山学校的挚爱、对教育改革的忠诚,赢得了教职工的信赖和支持,经受了组织的考察,2001年4月教育局党委组织部正式任命范禄燕同志为北京景山学校校长,学校法人。范禄燕同志待人宽厚,作风朴实是有口皆碑的,"范校长不记仇。"这是校内教职工对他最质朴的评价。也正是这样,在他面临诸多考验和磨难时,群众给予了他极大的信任和支持,给予他战胜逆境的信心。

奋 进

景山学校是一所应教育改革而诞生的学校,因40年教育改革试验取得的成果而被世人瞩目,所以,景山人视教育改革试验为学校发展的生命线。范禄燕同志在主持学校全面工作后,排除一切干扰,面对各种挑战,牢牢把握办学方向,为"启动现代教育六大工程,实施21世纪办学模式",推动景山学校的教育改革试验的发展,做着脚踏实地的努力。并取得了可喜的成绩。1998年9月是邓小平"三个面向"题词发表十五周年纪念日,范校长利用这一教育契机,在全校大张旗鼓地进行校史教育,强化教改意识,为启动新的教改规划进行思想动员,将全校教职工集合在教育教学改革的旗帜下。

探索之路　　北京景山学校在"三个面向"指引下的教育改革

几年来，由学校教科所组织，学习了教育法规、现代教育理论，请专家介绍国际教育动态、最新的教育理念和手段，为老师进行科研方法的辅导，使教职工提高了以法治教的认识，更新了教育观念，树立超前意识，以适应教改的新形势。特别是1999年范禄燕校长作为第三次全国教育工作会议的代表，亲自聆听了党中央关于"全面实施素质教育"的重要决定，他深感这次大会是中国教育新的里程碑，为新世纪中国教育的改革和发展吹响了进军号。作为景山学校的带头人，他知道景山学校在这场伟大的教育革命中的历史使命，知道自己的责任。在挑战与机遇并存的时刻，范校长凭着景山人对教育改革事业的那份执著，迎着困难和风险而上。

范校长牢牢把握"继承、借鉴、创新"的六字方针，对景山学校的办学目标进行了潜心的研究。为了构建学校21世纪办学模式，真正使学生能接受到"全面发展打基础，发展个性育人才"的教育，他根据我校学制特点，全面实施小学、初中九年一贯制改革试验；结合示范高中校的申办，进行高中现代课程改革试验。在校内外经过多次反复论证，决定以课题形式，与科研结合，成立课题领导小组，对课程设置、教材编写、管理体制、人事制度等进行综合试改。确立18个课题，涵盖了学校方方面面的工作，全校教职工几乎人人参与，在整个课题实施过程中，教师们真正感到自己是学校的主人，因此奠定了课题实施的基础。

经过几年的教改试验，在许多方面取得了喜人的成绩。在深化课程改革优化必修课的同时，开发和加强选修课和活动课，实现了学科之间的适度综合，提高了学生的综合素质。2000年学校与北大、清华等十所高校签定协议，聘请名牌大学和科学院的专家、学者、教授为导师，安排课时，以"走出去、请进来"的方式，培养了学生的实践能力和创新精神。不断加强实践活动课程，让学生在学会学习、学会合作思想的基础上，提倡研究性学习，在实践中培养了学生的优秀个性品质和科学意识，激发了学生强烈的学习兴趣和创造热情。充分显示了景山学校学生能力强，知识面宽，学有特长的优势。近三年来，每年都有近三分之一的学生被北大、清

■ 做实践"三个面向"的探索者

华录取，90%的学生进入重点大学。在国际、全国、市、区学科的竞赛、科技活动、对外交流中也获得了优异的成绩。

学校的计算机教育有着20多年的历史，近几年，学校进行了计算机远程网络的改造，创建了有自己特色的网上学校，并开设了虚拟课堂，突破了教育空间的局限性，把优秀的教育资源介绍给全国的中小学，并为老、少、边、穷地区提供良好的教育服务。为了让学生在丰富的教育信息资源中，能够方便、独立地查询和获取自己感兴趣的知识，学校进行了"将计算机作为学具进入课堂"的课堂教学模式的探索和研究。实验班组建了以计算机教研组长为课题组长，以青年教师为志愿兵的教师集体，经过三年的教学实践，培养了学生信息意识、信息能力、信息道德。学生学习主动性空前高涨，得到了家长的普遍欢迎。

学校从现代人才发展的需要出发，投入很大的人力、物力对小学、初中语文、数学进行教材的编写、试教和修定，编写选修和活动课教材，建立景山学校的校本课程体系。目前，小学语文、数学1—4册编写结束，其他编写工作也进展顺利。

在教育改革的实践中，学校始终从为学生今后发展奠定一个坚实的基础出发，以基本的知识、能力、品格、身心素质做基础，实施"全面发展，发展特长"的教育，学校尊重学生的个性、特长、爱好，为他们的发展提供必要的条件。几年来，学校对学科、文体特长生进行积极的培养，挖掘每个学生的潜能，使各类有专长的学生都能得到发展。一批学生在国际、国内、市、区组织的竞赛中取得了优异的成绩。

范禄燕校长深知，在新世纪要深化教育改革，实现改革目标，必须建立一支有经验、高水平、懂教育、具有献身教育改革精神的教师队伍。他不仅加强了学校的民主建设，充分发挥工会、教代会在学校的民主决策、民主监督作用，在力所能及的情况下，创造条件改善教师的工作条件和生活条件。他还积极地创造条件，为教师的专业发展提供空间。如：学校开展了"名师工程"，采取请近来、走出去的方法向广大教师灌输现代先进

探索之路 北京景山学校在"三个面向"指引下的教育改革

的教育思想，培养他们扎实的业务知识和使用现代化教育技术的技能，帮助他们树立爱岗敬业、锐意改革的精神；制定有关政策鼓励教师冒尖、著书立说；帮助优秀教师总结经验，出版专著；不断推荐"新秀"等方法，优化了教师队伍，形成合理结构。几年来，学校有16位青年教师被评为"新秀"；15位教师被评为市、区中青年骨干教师，10多位教师受到各级政府的表彰。为了推动21世纪教育改革的步伐，范校长在学校提倡科研、教研、课堂教学相结合，鼓励教师以科研带教研，要求教师从传统经验型教师向现代学者型教师转变。校内形成了人人有课题，人人参与教改试验，人人边科研边工作的特色风景。使广大教师切实树立起素质教育、终身教育的观念，把人才培养作为社会的基础工程来建设，强化质量意识、创造意识，不断提高教育质量。同时，教师的职业道德、敬业精神也得到升华。在两届的"德育论坛"上，许多教师交流了在新形势下，积极探索和研究学校德育工作的经验、体会，提高了教师进行学校德育教育的积极性，增强了德育教育的整体功能和德育工作的实效性。

范校长在学校完成二期工程后，对学校的校园环境分阶段进行改善和美化，修建、装备了天文馆、天象厅等，为学生的学习和发展创造了良好的学习环境。

在范校长朴实、务实的工作作风的影响下，全校上下团结一致，奋力拼搏，开创了学校工作的新局面。在迎接邓小平"三个面向"题词20周年的今天，我们对学校的发展前景充满信心，我们将在范校长的带领下，努力构建21世纪景山学校的办学模式，发扬景山学校教育改革的传统和优势，全面贯彻邓小平同志"三个面向"的教育思想。树立新的适应知识时代、以学生发展为本、为学生一生发展着想的教育理念，探索适应现代社会对人才培养要求的教育思想、教育方法、教育手段以及学制、课程、教材，加强对学生认知力、道德风貌、精神力量和情感的全面培养，提高学生的创新精神和实践能力，把景山学校办成国际一流的现代化的科学知识的摇篮，文学艺术的花园，社会正气的堡垒，身心健康的乐园；使景山学校成为积极进行教育改革与全国各地教育加强交流的促进学校，成为在国内外教育界有影响的国际学校。

北京景山学校
（2003年3月30日）

探索之路　　北京景山学校在"三个面向"指引下的教育改革

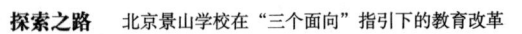

重任一身兼

——记北京景山学校党总支书记范禄燕

1999年春天，景山学校为贯彻邓小平同志"三个面向"的方针，提出"启动现代教育六大工程，实现21世纪办学模式"的三年规划，引起社会各界的极大兴趣，大家都关注着这一新的改革举措。然而就在这关键时刻，校长崔孟明身患癌症，离开他为之服务了34年的学校住进了医院。景山学校向何处去？这时作为书记的范禄燕义无反顾地承担起学校日常全面工作的重任。困难重重，错综复杂的矛盾都摆在了他的面前。同年5月，东城区教育局党委组织部正式任命范禄燕为景山学校副校长，学校法人，他面临着严峻的考验。

景山学校自建校以来一直以教改试验为办学宗旨，决定了它与社会各界有着千丝万缕的联系，学校工作受到多方面的评价。校内由小学、初中九年一贯、高中三年的学制构成，学校战线长，学生年龄差距大，这无疑增加了学校教育教学管理的难度。近年来，学校校级班子因书记退休、两位副校长退休、校长病逝，现仅有他与一位1996年任命的副校长。在任务艰巨、领导班子严重缺员的情况下，范禄燕没有畏缩。

■ 做实践"三个面向"的探索者

■ 明确目标，增强凝聚力

1998年"十一"前夕是邓小平同志为景山学校"三个面向"题词15周年纪念日。作为全国、市、区组织的各种纪念活动之一，学校在9月举办多种形式的纪念活动。范禄燕抓住这一契机，带领全校师生认真学习，深刻理解邓小平同志题词的历史意义，使大家明确景山学校是应教改而诞生，因教改而生存，唯教改而发展，树立教改是景山学校生命线的意识，为景山学校"启动现代教育六大工程，实现21世纪办学模式"进行思想发动，将全校教职工凝集在教育教学改革的旗帜下。由教科所组织全校教职工进行教育法规、现代教育理论的学习，提高依法治教的认识，更新教育观念，树立超前意识，适应教改的新形势。为配合校园网的开通，对全校教职工进行电脑应用技术培训，使人人都能掌握计算机应用基本技术，并将参与学习、应用作为对校内教职工考核的一项重要内容。为了构建21世纪办学模式，结合学校的学制特点，全面实施小学初中九年一贯制的改革试验，进行高中现代课程改革试验，在校内外经过多次反复论证后，制订出改革试验方案，并结合课程设置、教材改革、管理体制、人事制度等进行试改，与科研结合，以课题形式出现。每位领导与教师都参与该项工作。经过多种形式座谈、研讨，九年一贯制方案初步形成。在方案酝酿过程中，教师们真正感到自己是学校的主人。这无疑为方案实施奠定了坚实的基础。

■ 依靠群众，真抓实干

范禄燕常说："依靠组织，依靠群众，才是搞好学校各项工作的保证。"他利用党政一身兼的优势，发挥党组织的核心作用，建立了两周一次的支委会、行政会的会议制度，加强了工作的计划性，而且开学前就将

探索之路 北京景山学校在"三个面向"指引下的教育改革

本学期会议内容布置下去。在校级领导缺员的情况下,组织一支能独当一面的中层干部队伍是极其必要的。于是他明确每一位干部的责任范围,严格对中层干部的各项考核,增加透明度,实行政务公开,学校重大决策交总支委员会和行政会讨论,充分体现了集体领导、民主决策的意识,使干部之间增进了团结,增强了自律意识。

景山学校是一所规模较大的学校,在编教职工380人,分布在三个部门工作:本部、分部、企业。由于办学、工作性质不同,在管理体制与用工制度上都有很大差异。在范禄燕的提议下,在区教育工会的支持下,学校进行了工会管理体制改革的尝试。1998年4月建立了企业分会,6月建立了分部分会,形成了一个委员会、两个分会的管理模式。目前两个分会根据自身特点,加强组织发展工作,最大限度地团结、维护教职工的利益,强化教职工的主人翁意识,推动企业和分部工作的开展。

除了教学改革、组织建设等大量繁重的工作外,范禄燕在关心群众生活、解决他们的后顾之忧方面不遗余力。由于学校发展的需要,从1994年至1998年初,校内结构工资一直没有得到调整,老师们的情绪受到影响。1998年学校基建工作基本结束,范禄燕精打细算,量入为出,为全校教职工提高结构工资,改善生活条件的同时,对离退休教职工本着教改成果利益共享的原则,给予一定的补贴。这极大地调动了教职员工的积极性,增强了学校的凝聚力。

在范禄燕朴实、务实的工作作风影响下,全校上下团结一心,不断开创学校工作新局面。目前学校硬件建设临近收尾,校风整顿取得可喜成绩。广大教职工对学校的前途充满信心,一个面貌一新的景山学校正面向现代化,面向世界,面向未来,大踏步向前。

作者:龚慧

《人民日报》(2000年06月09日第八版)

教育要面向现代化

——景山学校"三个面向"系列报道之一

1983年,邓小平同志为北京景山学校题词——"教育要面向现代化,面向世界,面向未来"。这精辟凝炼的16个字不仅成为了作为直接承接者的景山学校进行教改试验的旗帜和灵魂,而且如同高悬的塔灯,从国家教育工作的总体战略高度为我国教育事业的改革和发展指明了前进的方向:"三个面向"是一个相互联系、协调统一的整体,它们统一于一个目标,就是为我国实现社会主义现代化的宏伟目标培养各级各类人才;它们统一于一个过程,就是努力探索具有中国特色的社会主义教育改革之路,建立具有中国特色的社会主义教育体系。

今天,景山学校傲然高举"三个面向"的伟大旗帜,深化教育改革,全面实施素质教育,坚持进行综合整体改革试验,取得了令人瞩目的成绩,用自己的实践为"三个面向"作出了最为圆满的诠释和最有力的证明。我们通过访谈、调查等诸多形式深入景山,力图将她全新的教育理念诉诸笔端,然而,当我们面对犹如宝藏般的景山时,深知仅靠短短的几篇文章是很难穷尽景山之全部内涵的。不过我们仍然希望,通过此次系列报道,能够引发更多的启迪与思考、探索与试验,正如陈寅恪先生所云:"士之读书治学,盖将以脱心志于俗谛

探索之路　　北京景山学校在"三个面向"指引下的教育改革

之桎梏，真理因得以发扬。"愿以此语与读者诸君共勉，这是笔者之责，更是景山之心！

——题记

　　大凡历史稍长一点的学校，都有属于自己的"永恒的风景"。构成这道"风景"的，除了眼见为实、可以言之凿凿的校园建筑、图书设备、科研成果、名师高徒外，还有必须心领神会的历史传统和文化精神。在景山，这个传统就是教学改革：景山学校因教改而诞生，随教改而发展；"景山人"总是在不断地攀登教改的顶峰：景山学校这四十多年，走的是一条前人没有走过的教学改革之路，而实践，是最客观公证的历史见证人——

　　1977年国家教育部为落实邓小平同志关于要办重点学校的指示，将景山确定为全国20所重点学校之一。

　　1978年，景山学校被确定为北京市和东城区的重点学校。

　　1979年2月，景山学校在全国中小学中率先成立了教育科学研究室，认真学习毛泽东和邓小平的教育理论，研究总结了国内外教育改革的经验教训和发展趋势，为在新时期进行新的改革试验，从理论和实践的结合上作了准备。

　　1982年，景山学校在全国率先进行了小学五年、初中四年"五四"学制的改革试验。

　　1984年，景山学校又进行了"九年一贯"的学制试验，取得了成功的经验，得到了教育部领导的肯定，对全国的学制改革起到了积极的带头作用和推动作用。

　　1985年，景山学校被确定为联合国教科文组织"亚洲教育发展革新计划"的联系中心之一。

　　1992年，景山学校与长城计算机公司共同研制的计算机辅助教学软件《化学题库》获奖，成为我国中小学第一个商品化的大型题库软件。

■ 490

做实践"三个面向"的探索者

1995年底,景山学校在全国中小学中率先建成了"校园信息高速公路"。

1998年,在汉城举办的首届亚太地区青年竞赛中,景山学校的学生荣获科技金奖,学校被教育部确认为"现代教育技术实验学校";在"中学生网上论坛"的活动中,我国有七位中学生赴美参加"论坛高峰会议",其中就有两位出自景山,他们在国外向世人充分展示了中国学生的风采。

1999年,景山学校进行的《北京景山学校小学、初中整体改革的研究与实验》荣获国家教育部"全国第二届教育科学优秀成果"二等奖;《以"三个面向"为指导,推动学校综合整体改革的研究与实验》荣获北京市"基础教育首届教学成果"一等奖。

2000年景山学校与北京大学、清华大学、中国人民大学、北京师范大学、北京外国语大学、北京工业大学、对外经济贸易大学、中国协和医科大学等十一所重点大学签订了校际合作协议书,双方合作、采取各种学习和研究的形式,为大学输送优秀的学生。

2001年,在北京乃至全国的奥林匹克竞赛中,景山学校又高奏凯歌,共有67人次获奖,其中刘畅、何江舟两位同学更是以优异的成绩摘取了全国奥林匹克金牌,进入国家集训队,由于这些同学在竞赛场上的出色表现,使景山学校在全国竞赛上取得了历史性的突破。

……

景山学校就如同一座教学改革的"熔炉"。在长期的教改实践中,不仅造就了一大批高素质的人才,锻炼出了一支具有一定教育理论水平和教育科研能力并能独立进行教改试验的干部和骨干教师队伍,更重要的是凝聚成了团结奉献、锐意改革的"景山精神"!而景山学校取得的一个又一个科研成果对教育界来说,就如同丢了一块石子在一池止水的中央,一圈一圈的微波会从中荡漾开来,而且愈漾愈远、愈漾愈大一样,所产生的影响非常深远。

探索之路　北京景山学校在"三个面向"指引下的教育改革

■ 现代化的教育理念

"穷则变，变则通，通则久"是言国家政治之变革，"时易世移，变法宜矣"亦就国事而言。然而，凡事皆有此理。党的十一届三中全会以来，我国的教育事业取得了显著成就，为21世纪教育事业的振兴奠定了坚实的基础，但是，我国教育发展水平及人才培养模式尚不能适应现代化建设的需要。教育要真正担负起中华民族伟大复兴的重任，就必须进行改革。

作为一所专门进行城市中小学改革的试验校，建校40多年以来，景山学校一直坚持教改试验。自邓小平同志为景山题词的那一天起，景山人就一直在探索一个问题，即如何按照"三个面向"的战略思想改革中小学教育。在多年的探索与实践他们认识到，"三个面向"是邓小平同志建设有中国特色社会主义教育的核心思想。正如范禄燕校长所说：要真正贯彻和实现邓小平同志的教育思想，必须面对我国的社会主义发展和建设的实际，必须面对我们的教育发展的实际，必须面对景山学校教育改革的实际，更新教育观念，树立现代教学思想，按照21世纪我国社会主义现代化对人才素质要求的高度，对学生全面实施素质教育。

而任何改革和教育科学事业的复苏和发展，都是以观念的改革开始的。正确的教育思想是学校的灵魂，也是人民教师的灵魂。这一点早已被景山人所领会和实践。为此，景山学校以"三个面向"的教育思想为指导，以教育科研为先导，以教改试验为基础，制定了"全面发展打基础，发展个性育人才"的整体改革方案和学校建设的"六大工程"，即：现代德育工程，现代教学系统工程，现代教师队伍工程，现代校园大网络工程，现代新校舍工程，现代教育产业工程。在学制、课程、教材、教法、考试、教育思想、劳动教育、发展个性特长教育以及学校管理体制方面进行了整体改革试验，取得了可喜的成果与规律性的经验。

■ 做实践"三个面向"的探索者

　　在改革试验的过程中，景山人发现传统教育观念赖以生存的一个重要温床，就是单纯的应试教育体制，因此要破除传统的应试教育观念，就必须改革教育教学体制。基于这种深刻的认识，景山学校按照"三个面向"的精神，在全国中小学校中第一个提出并且实行"小学、初中九年一贯制"的学制改革试验。即九年中实行小学五年、初中四年的学制，学生入学以后，从小学一年级一直学到九年级。景山学校把小学和初中作为一个统一的学段，从学制、课程、管理等方面统筹安排九年义务教育阶段的教育教学活动，实行一体化统一管理。并且改革了原有的高中招生制度，实行部分九年级学生直升高中的方法。从1983年起，景山学校先后参加了"六五"规划教育部级重点科研课题《小学、初中五、四学制的研究与试验》、"七五"规划国家级重点科研课题《普通教育整体改革的研究与试验》、"八五"规划国家级重点科研课题《面向21世纪中小学教育模式的研究与试验》和"九五"规划教育部级重点科研课题《21世纪中小学教育现代化的研究与实验》等总课题中的子课题研究与试验，均已通过专家组的鉴定验收。

　　此外，景山学校把课内教学改革与大力开展课外活动相结合，有完整的课外活动规章制度，健全的课外活动领导机构，还有一大批既有特长又有热心的课外辅导教师，40多年来，课内打基础、课外出人才的目标结出了丰硕的成果。

■ 现代化的教学设施与手段

　　致天下之治者在人才，成天下之才者在教化，教化之所本者在学校，学校之所本者在育人。让学生在一个开放的环境中接受教育，是景山学校"教育要面向现代化"的一个重要特征。为此，景山学校积极、主动地加大对教育的投入，重视用现代教育技术装备教育。

　　1984年，邓小平同志提出："计算机的普及要从娃娃抓起"，为落实

探索之路 北京景山学校在"三个面向"指引下的教育改革

小平同志的指导精神,学校在当时旧校舍十分艰苦、用房十分紧张的情况下挤出两间教室建设机房,成立了计算机教研组。并率先在全国中小学开展LOGO语言程序教学。由于景山学校计算机教育起步早、普及面大,有一定的实践经验,在1982年、1984年、1986年由教育部、中国科协、北京市教委、东城区教育局等单位举办的先后三次计算机教育经验交流会上,学校都作了经验介绍和公开课。1993年,校园内部的光缆网络建成,并在以后进行了多次改造与提高,实现了全校联网,先后与中国教育科技网、国际互联网联网,建立了图书馆、专业教室、学校办公等多媒体计算机系统;全校各教室都可以使用光盘、磁盘、录像带等辅助手段开展教学,为教育手段的现代化创造了必要的条件和环境。2001年,景山将原有的校园网改造成为具备国际先进水平的多媒体宽带网,为信息人才的培养,迎接信息化发展对基础教育的挑战,把信息技术教育有关内容,如录音、录像、光盘、课件、题库、软件等进行归纳整理,为景山学校信息技术教育面向世界打好基础。同时,建成了景山学校信息资源库,为课堂教学模式及课堂教学内容、方法、手段的改革,提供了良好的条件和资源。

多媒体技术的发展为计算机辅助教学增添了活力,因其文、图、声并茂且具有良好的交互性,使得各种教育信息的表达更加生动、直观和多样化。计算机领域里的虚拟现实技术正在快速发展,并开始在辅助教学中得到应用。虚拟技术以电子信息装置取代原有的感知对象,具有其他方法无可替代的优势。学生在现代信息技术营造的教育环境中学习,各种感官被充分调动起来,思维活跃,更能积极地参与到教学过程中,大大提高了学习的兴趣和效率。此外,计算机辅助教学有助于克服传统班级授课的"工业化"教学模式,为因材施教、实施教学个别化、突出学生的主体地位提供了强有力的手段。

景山学校在计算课堂教学中,实行任务驱动,要求学生用最新的技术解决并完成教师向学生提出的任务或学生自己提出的任务,使学生不断掌握新技术的使用与操作,赶上新技术发展的潮流。同时为了开辟"师生互学,生生互学"的新的学习模式,学校还组织了"北京景山学校青少年计算机爱好者协会"。根据学生的爱好与特长,把计算机爱好者分为"硬件组"、"软件组"、"网络组",并安排丰富的活动内容。协会硬件组成员们在老师的带领下,承担起了学校机房计算机更新换代的任务,他们用节假日采购各种硬件设备,然后自己动手组装。在不到两个月的时间里,就组装了55台计算机,改造了一个机房。通过这项活动,学生们不仅在计算机方面学到了更多知识,也提高了自己的动手能力。协会软件组的同学和各科教师一起研制教学中需要的课件,以此来提高自己的软件制作水平,并加深对学科知识的理解。在利用学校校园网建立各班网页的活动中,网络组的学生成为了设计各班网页的主力。在学校每年举办的"网页设计竞赛"活动中,学生们设计出的许多精美的网页,其技艺之高令专家们都赞叹不已。

为了让学生在丰富的教育信息资源中,能够十分方便和相对独立地查询和获取自己感兴趣的知识,景山学校制定了"将计算机作为学具带进课堂"的课堂教学模式的探索与研究。学校在六年级组建一个教学班进行试点,让试验班的每个家长出资购置计算机和相关的软件带进课堂,学校则购进教师的主机,进行联网。并为试验班组建一个青年教师为主体的教学班子,以计算机教研组组长为课题组长,制定精细的教育教学方案,将各科的教学资料输入主机,并将网上各种适合学生学习的资料下载到主机里。学生可以根据自己学习的需要,在教室里模拟上网,提取自己所需的资料。这种做法使学生的学习主动性空前高涨,得到了家长们的普遍欢迎。

随着计算机多媒体技术与网络通讯技术的发展,远程教学和虚拟学校已初露端倪,并在迅速发展。1996年,景山学校与泰德集团合作,成立了景山远程教育网技术有限公司,经过几年的实践和探索,景山远程教育网逐步形成了有自己特点,受各界重视、家长和学生较欢迎的网络学校。在远程教育网上,不仅设置同步教学课程,列出教材中的要点、重点、难点

探索之路　　北京景山学校在"三个面向"指引下的教育改革

的教学思路和学生学习的方法，供教师和学生在教学和学习时参考；而且开设了虚拟课堂，每一个虚拟课堂分为若干个园地，例如：兴趣乐园、学科史料、名人名家小传、应用园地、学生论坛、竞赛园地、科技动态等等。以增加上网学生的课外知识，拓宽他们的知识面。每个虚拟课堂设立一个主持教师，与上网师生互相交流。景山远程教育网的开通，突破了师生必须在同一个教室空间里才能进行交互式学习的状况，使教与学有了更大的灵活性，使得教育空间的局限性不再存在，使得资源的利用、信息的传递变得更加的快捷而方便。

江泽民总书记曾指出，我国要办出若干所世界一流的大学。"世界一流的大学如果没有世界一流的中学作基础是不可能的。"景山人深知：先进的办学设施是办出一流学校不可或缺的物质基础。在学校基础建设方面，景山以赶超一流学校为原则，做到"人无我有，人有我优"。建校之初，景山学校占地仅为9亩，建筑面积不足十万平方米，校舍拥挤且陈旧，设备简陋而落后。到今天，可以说是实现了一个质的飞跃：学校占地面积46亩，建筑面积36000平方米，拥有现代教学楼，理化生实验室10个，计算机教室4个，室外体育场4500平方米，室内体育馆2个2000平方米，国际标准的游泳馆和形体馆各1个，全国中小学最大口径的天文望远镜和天文观测台。在景山学校，校内形成了四网（广播、电视、电话、计算机）、六室（演播室、录像室、录音室、实录室、心理咨询室、学生阅览室）、二中心（校园网络中心、演播中心）的现代化教育教学设施。图书馆藏书10万册，校园内环境整洁、优美，三季有花，绿草如茵，为教学改革及学生成长奠定了坚实的基础。

■ 现代化的人才培养

现代教育的一个重要特点，是出人才，尤其是出尖子人才。江泽民总书记在第三次全国教育工作会议上提出："每一个学校，都要爱护培养学

■ 做实践"三个面向"的探索者

生的好奇心、求知欲,帮助学生自主地学习,独立思考,保护学生的探索精神,创新思维,为学生的禀赋和潜能的开发创造一种宽松的环境。"景山人深刻领悟江总书记的讲话精神,经研究确立了"九年一贯数学特长生的研究与实验"、"高中数、理、化、生培养优秀特长生的研究与实验"等景山学校进入21世纪的18项科研课题,提出了在初高中阶段特别要注意在全体学生全面发展的基础上,对有才华、有潜力、个性特长突出、有一定研究能力的学生,允许他们超步学习,鼓励他们冒尖,为他们的成材创造有利的学习环境。为此学校制定了一系列的措施,如聘请北京市著名专家学者来校任教,与校骨干教师相结合,对有潜力的学生实施尖子生培养;建立导师制,开放实验室;在重点基础学科中实行分层教学,使有区别的个体实现有差异的发展,为尖子生的成长创造宽松的教学环境。

　　此外景山学校还深化课程改革,加强选修课程和实践性、研究性课程的建设,这不仅弥补了学科课程的不足,让学生接受科学方法的训练和科学精神的教育,而且发展了学生的兴趣爱好,为学生施展聪明才智,提高综合素质创设了必要条件和环境。并取得了明显的效果:1998年高中学生刘欧、刘青平等同学参加了协和医科大学基础研究实验室的国家级实验活动;1998年在美国举办的"网上论坛高峰会议"上,该校高中学生的英语发言博得了好评;李星平同学进入了"生命科学领域"国家重点实验室,利用课余时间,接受著名生物学家的直接辅导,选择科研课题进行研究,她的论文经过答辩和专家评审,获得了1998年北京市青少年科学小论文一等奖;参加了第九届全国青少年发明创造比赛和科学讨论会,获得了科学论文一等奖(金牌),为北京市代表队夺得九枚金牌;1999年获北京市银帆奖。景山学校还组织了200多名学生参加搭载美国航天飞机上太空搞科学实验的"超新星"方案设计活动,其中"蚕在太空中生活"已选入实验项目。景山学校也因此被评为"超新星"学校,并由美国太空公司投资5万元,在学校建立了地面实验室,共同开展试验项目……

　　景山学校不仅在学科教学中注意分类指导,因材施教,而且积极开展

探索之路 北京景山学校在"三个面向"指引下的教育改革

丰富多彩的课外活动。范禄燕校长更是深入学生当中了解研究现代学生的特点，组织学生参加军事训练、农场（乡村）学农、社会实践等。他积极探索构建具有特色的校园文化模式，景山学校从1986年起的每一届文化节、科学节，都是由他亲自主持、策划，尽管主题不同却蕴涵着一个共同的主旨——"发展个性育人才"。

此外，把网络运用到育人的各个环节之中，在培养学生收集、处理和使用信息的同时，让学生在一个更开放的环境中接受教育，是景山学校"教育要面向现代化"的又一个体现。学校八年级五班的"我为奥运考察团做报告"以及"同心盼奥运——我们在行动"等的大型主题教育活动，就是一个鲜明的例证。八年级五班是景山学校第一个"电脑实验班"，是运用高科技培养高素质人才的有益尝试。在"我为奥运考察团做报告"的活动当中，由学生自己设计题目、开展调查并处理数据得出结论的"申奥社会调查"，不仅让学生开阔了眼界，也让他们在充分接触社会的过程中锻炼了自己的能力。在"同心盼奥运——我们在行动"的活动中，八（5）班32位同学每人通过K12网（全国中小学教育网）上的全国中小学名录，联系一个省（直辖市、自治区、包括台湾省）的省会城市中一所重点学校，以电子邮件的形式展开网上大讨论"中学生应以何种实际行动、何种精神面貌迎接奥运会"。通过这种活动，既培养了学生的社会责任感，也培养了学生的沟通、交流能力，与他人合作的意识，同时培养了学生的信息意识、信息能力、信息道德。

多年来的事实证明，在景山这座现代化的菁菁校园里，群英竞秀、英才辈出。景山学校培养出来的学生既能"独善其身"，又能"兼济天下"，他们基础扎实、勤奋好学，有理想有抱负，有较高的综合素质和很大的发展潜力，受到大学和社会的好评，是社会主义建设各条战线的骨干力量。2000年景山学校高考上线率百分之百，考入清华大学、北京大学的学生有32人，占高三学生总数的25%，近90%的学生考入重点大学。九五期间，景山学校共有3316人次获得国际、国内竞赛奖项，9人获北京市中

498

学生银帆奖。学校被评为"北京市科技活动先进校"、"北京市科技示范校",并被授予"金鹏科技团"第7分团称号。

走进21世纪,随着我国现代化建设步伐的加大加快,景山人更是站在时代和历史的制高点上,高瞻远瞩,以时不我待的紧迫感和责任感,从理论和实践等诸多方面向着"教育要面向现代化"伟大目标迈进,努力建构适应知识经济时代的以学生发展为本、为学生一生发展着想的现代化教育理念,不断加强现代化设施的建设和现代教育信息设备的改造,积极承担国家、北京市、东城区、学校四级科研课题,不遗余力地把景山建设成为一个孕育现代化科学思想的摇篮。

正当我们瞩目于景山昨日之辉煌、今日之灿烂时,景山这颗璀璨的明珠已在铭记昨日光泽的同时,以而今迈步从头越的果敢与豪迈,在教育现代化的修远征程上,上下求索、开拓进取,力争为中国教育现代化改革试验拓展一个更为广阔的空间,引领中国教育走向更加辉煌的明天!

本篇作者:陈金明、王丹
(2001年)

探索之路　北京景山学校在"三个面向"指引下的教育改革

教育要面向世界

——北京市景山学校"三个面向"系列报道之二

1983年国庆前夕，邓小平同志欣然为景山学校题词："教育要面向现代化，面向世界，面向未来。"如今，题词20周年就要到来，回眸这些年来教育战线所取得的令人瞩目的成就，面对跨世纪中国教育改革和发展的历史使命，重温邓小平同志的题词，我们愈加体会到"三个面向"所蕴含的重大而深远的意义。邓小平以其对中国历史的深刻洞察和高瞻远瞩的战略家眼光，在教育改革和发展的战略问题上，为我们正确解决教育领域里遵循传统还是锐意创新，以古为法还是面向未来，自我封闭还

2005年范校长在美国和教育界人士交流

做实践"三个面向"的探索者

> 是对外开放,空谈政治还是服务经济等一系列原则问题,用十分精辟的语言,概括为"教育要面向现代化,面向世界,面向未来。"从而使我们在各种纷繁复杂的教育思潮面前,找到了中国教育向何处去的路标;为我们正确处理教育与经济、政治、科技的关系,教育与传统文化的关系,教育与对外开放的关系,教育与下一世纪发展的关系提供了基本思路;为当今乃至下个世纪中国教育的发展勾画出了一条鲜明的轨迹。换句话说,中国教育只有服务于现代化,只有向发达国家的先进教育水平看齐,只有为21世纪的国力竞争造就人才,教育才有希望,中国才有希望。教育要"三个面向"的题词是邓小平同志对景山学校的期望,更是他高瞻远瞩,对我国教育事业改革与发展提出的重大战略指导方针。
>
> ——题记

世界是由各国组成的。人民是世界的主体,是世界文明的创造者。教育通过实现人的社会化和促进社会人的发展而影响一个国家,使一个国家走向世界,进而影响世界。

教育要面向世界,当代中国校长应以面向世界为前提,结合本校实际,放眼世界,广泛地了解和吸取世界各国的先进科学技术和教育经验,做到"洋为中用"。面向世界,就要正确认识世界,面对当今世界的复杂形势,具有辨别大是大非的能力;面向世界,就要了解世界各国政治、经济、科技、文化教育等方面的历史和现状,增强受教育者的竞争意识和应变能力;面向世界,就要有民族自尊心和自信心,把爱国主义和国际主义结合起来,大力弘扬我国固有的优秀文化传统,并逐步将我们的教育水平提高到与我国的国际地位相适应的高度,使它能自立于世界教育之林。

北京景山学校现任校长范禄燕在赴美国的友好校波士顿牛顿城学校进行友好交流和考察的几个月里,对中国教育与美国教育的异同,特别是教育观念和思想的差别作了细致的分析。他认为:"中国的教育是有悠久的

探索之路　　北京景山学校在"三个面向"指引下的教育改革

历史,对世界教育曾做过重大的贡献,但我们不能永远躺在历史已有的教育成果上。我们不能不承认由于历史的原因,我们与世界教育的发展隔离了许多年,而恰恰在隔离的这些年代里,正是世界教育飞速发展的时期。仅从美国教师对学生的热爱,对学生个性心理的发展给予鼓励的方法来看,也是非常值得我们借鉴的。"

正是在邓小平同志"教育要面向世界"的正确指导下,也正是在如同范禄燕对教育要面向世界有着深刻洞悉和深入实践的诸多教育工作者的带领下,景山学校才能引领我国的教育事业面对世界、了解世界、学习世界、走向世界。

■ 加强对外交流　实现与国际接轨

邓小平同志在民族教育如何面向世界的问题上,为我们提供了宝贵的建议:一是用世界先进的科学文化知识充实我国的民族教育内容,他说:"教材非从中小学抓起不可,教书非教最先进的不可。"二是直接利用外国人的智力,把先进国家的各方面的专家请进来。邓小平同志多次谈过:"要利用外国的智力,把外国人请来参加我们的重点建设以及各方面的建设,办教育,搞技术改造。"早在60年代初,景山学校为了吸收和借鉴国外中小学数学教学改革的先进成果,就曾引进了日本、法国、前民主德国的数学教材进行试验。70年代末80年代初,景山又以国外最先进的教材为蓝本,吸收其先进的教学体系,结合我国学生的特点,改编成一套新的试验教材并进行试验,并在试验过程中不断加以修改。目前,这套具有现代先进水平的,适合我国师资条件较好的小学使用的试验教材,仍在全国24个省、直辖市、自治区的500多个教学班中使用。

景山学校在继承我国传统语文教学经验的基础上,吸收和借鉴了当代语文教学思想,为一至五年级的小学生编写了《识字课本》、《阅读课本》,并在此基础上自编了《北京景山学校小学语文试验课本》,全套教材共十册93万字。在这十册教材中每册都配有《伊索寓言》之类的阅读材料和包容古今中外名家名篇的精读材料。在初中六至七年级古文课上，景山学校使用的教材也是自编的《少年学诗》和《古诗词文》；在六至八年级开设的现代文阅读课上，使用的是诸如《十万个为什么》和《凡尔纳科幻小说》等科普类读物及大量中外名著。以教学改革试验起家，以教学改革为己任的景山学校，以自身对于语文这门学科的正确认识，不仅在语文教学改革中确立了自己的地位，而且为弘扬我国的国语文化做出了突出贡献。

此外，景山学校相继编写出劳技课（编织、手缝工艺和服装剪裁）、音乐欣赏、体形训练等教材，为一些学校开设相关课程和活动提供了教学依据。同时在2000年1月，景山学校还召开了"21世纪景山学校小学语文、数学新教材研讨会"，并进入正式编写工作。到2001年9月，景山学校正式试教第四代新教材。景山学校在教材上所做的一系列大胆改革和试验，为我国教育改革提供了不可限量的典范作用。

计算机科学是涉及众多学科的边缘科学。中小学计算机课程本来就不具有严格意义上的所谓计算机学科性。它既是文化课，又是一种操作课，从某种意义上，还可以把它视为为其他各科教学服务的工具课。针对目前我国中小学计算机教育发展的状况，景山学校既要看到计算机课程的文化性，也要重视它的工具性，他们淡化了中小学计算机课程的"学科性"，强调了它的综合性。景山学校的计算机课程开始同计算机辅助教学结合起来。计算机教师自己和其他学科的教师互相配合，利用计算机课的课时或其他课时，上计算机美术课、计算机音乐课、计算机数学课、计算机语文课等等，教学内容丰富有趣，使学生不仅轻松愉快地学到了相关学科的知识和技能，而且在实际使用计算机的过程中建立了对计算机的感性认识，培养了使用计算机的兴趣和意识，提高了应用计算机处理信息的能力和使用计算机进行创造的能力。

现代科学技术和传播手段的发展为广泛学习、借鉴世界文明提供了条

探索之路　　北京景山学校在"三个面向"指引下的教育改革

件。在1995年11月,景山学校接受了联入INTERNET国际网的设计和实施的工作。加入INTERNET国际互联网络以后,景山学校计算机的发展水平进入了一个更高的层次,学校的教育教学也开辟出了一条新的道路。通过INTERNET,景山学校实现了校园内部的联网,学校与学生家庭的联网,以及与海内外的联网。全校的教学、学习、通讯、阅览也都实现电子化、网络化管理,形成一种交互式的学习与对话,人机对话,实现艺术与资料等资源共享的良好态势。

　　为了扩大对外交流,加深了解,发展友好关系,增进友谊,使教育更具开放性,1984年景山学校就和美国(波士顿)牛顿城公立高中建立起友好校关系,定期交换师生至对方学校教学和学习,到去年年底已互派9批师生,相互交流。1995年,景山又同法国阿尔萨斯学校建立了友好关系,已交换了两批师生交流。此后,学校又相继与新加坡莱佛士书院、韩国现代女子学校,建立了友好关系,增进了友谊。1983年至1997年,景山有100多人次出国访问、考察、学术交流,先后出访了日本、韩国、以色列、泰国、马来西亚、巴基斯坦、美国、英国、法国、德国、瑞士、奥地利、澳大利亚等国家。同香港、澳门往来频繁。景山学校成为联合国教科文组织所属的"亚洲教育革新发展计划"组织的联系中心之一。同时,景山学校也接待世界各地的国际友人、教育界同仁和各教育团体的参观访问。日本国前首相海部俊树、美国教育部长理查德·赖利都曾来校访问;前联邦德国著名音乐教育家施耐特夫人来校考察音乐课,并在课上向学生赠送T恤衫;德国教育代表团、美国西亚斯教育友好交流团、台湾教师校长教育交流团以及新加坡崇福小学学生都曾到景山访问……

　　在这种交流与对话的过程中,景山学校真正打破了封闭的办学模式,实现了教育自身的对外开放;在"走出去,请进来"的模式中,景山学校了解了世界,广泛吸收和运用了世界先进的教育成果和教育理念。为引领中国教育,赶超世界先进国家教育水平,奠定了基础。

做实践"三个面向"的探索者

振兴民族教育 让世界了解中国

教育要面向世界,一方面是指汲取世界各国先进的科学技术与文化知识,吸收世界教育发展和管理的成功经验,尤其是借鉴反映世界优秀文明成果以及现代科学技术文化最新发展的教材、教学内容和方法;另一方面是指将中国教育改革的走向放入世界教育体系观照,在与世界各国教育系统的互动中探索和拓展具有中国特色的教育体系。其实,我国现代教育体制的形成很大程度上是借鉴外国教育体制的结果,从早年采纳日本式学制,到学习杜威的教育理论,再到采纳前苏联的教育模式。这种借鉴多半是一个学习移植的过程,未体现反思的互动的特色。而随着我国教育体系的发展和成熟,我们与先进国家教育系统的对话和互动也将产生,并在互动中展示特色。所以面向世界的教育既是希望通过观察和学习寻求教育崛起之路,更是希望通过构建一流的中国教育体系使我国屹立于世界教育之强林,并在知识—教育—人才的世界性竞争中赢得先机。观察世界不是我们的目标,我们的目标是发展自己。

而景山学校深知:要发展自己,要构建我国一流的教育体系,要让我国的教育事业屹立于世界教育之强林,仅靠像景山这样的名校、重点校,还是远远不够的,而必须从整体上提高我国的教育水平和教育质量。为此,景山学校在充分借鉴吸收世界上一切优秀的教育思想、教育方法,提高自身的同时,还不断探索如何实现我国各中小学教育资源共享的有效途径。

景山学校计算机远程网络的建成,为全市乃至全国的中小学校园计算机化、信息化的建设开创了一条成功之路。景山网上学校的建成,还有着更为深远的意义。景山学校通过建立网上学校,把一些优秀的教育资源介绍、传播给国内各大、中、小学校,使我国的广大青少年特别是老、少、边、穷地区的青少年也能接受到良好的教育,尤其是为教育落后的偏远地区,搭建起了一个对外交流、接触先进教育理念的平台,充分发挥了作为

探索之路　北京景山学校在"三个面向"指引下的教育改革

传播现代教育观念、教育技术和教育成果示范校的窗口作用。以往对希望工程的资助多以硬件形式出现，如捐盖校舍、捐赠图书等，而教师教学水平提高的问题，却一直没有很好解决，教师培训工作受到时空限制，不能保持连续性。而"景山网上学校"利用互联网向希望学校不断发送教师培训材料，从而突破时空界限，保证培训连续性，降低培训成本，使希望学校不仅有较好的硬件设施，同时具有高质量的教学"软件"。"景山网上学校"还通过互联网络，连接全国各地的学校用户，实现与全国乃至国外的学校之间交流教学经验。

除了通过网上教育资源的共享普及优秀的教育思想，让更多的青少年接受优良的教育外，景山学校还通过与一些普通校直接联合办学，来帮助他们迅速提高。1997年，在文化部、教育部有关领导的支持下，景山学校与山东潍坊艺校签署了在普通中小学办艺术中专班的合作办学计划。四年来，两校优势互补，互相促进。两校合办的舞蹈实验班多次参加国内外文艺会演，在练就自身实战能力的同时，也向世人展示了中国艺术教育的风采。

在国内外教育系统的互动交流中，景山学校不仅为我国民族教育的发展添砖加瓦，而且向世界充分展示了自己的魅力，展示了中国教育未来的希望。在内蒙古举行的全国青少年创造发明和科学论文大赛上；在杭州举行的全国青少年首届科技论坛答辩会上；在中国科技会堂里；在美国举行的"全球青少年网上论坛"会上；在美国举行的青少年工程大奖赛上；在新加坡举行的第二届亚太地区青少年科技交流会上，景山学校的学生充分利用多媒体手段设计软件，制作展板，均获得最高奖项，受到与会者的好评。

■ 弘扬爱国主义传统　培育国际化人才

站在世纪之交，展望世界，国际竞争，千头万绪，表面上看是综合国力的竞争，说到底乃是国民素质、人才创新能力的竞争。"创新"，

■ 做实践"三个面向"的探索者

是一个国家、一个民族生命力之所在。1995年日本政府决定，基本国策从"科技模仿立国"改为"科技创造立国"。今年，我国已正式建立了知识创新基地，启动了"知识创新工程"，这对于更好地落实"科教兴国"和"可持续发展"两大战略，具有十分重要的意义。知识创新和技术创新是知识经济的主要资源，而创新的源泉则是人的创造力。哈佛大学校长陆登庭说，"一个人是否具有创造力，是一流人才和三流人才的分水岭"。我们的教育能不能培养出大批具有创造力的"一流人才"，是关系到我们能不能实现知识创新和科技创新、能不能"屹立于世界先进的民族之林"的大问题，是关系到我们能不能适应新世纪知识经济时代潮流的大问题。显然，仅以记忆存储知识为目标的传统教育是不能适应知识经济时代要求的。有人说，中国的小学教育是"听话教育"，中学教育是"分数教育"，大学教育是知识教育。这种评价虽不够全面，但也在一定程度上反映出我国学校教育忽视创造力培养的实际情况。鉴于此，景山学校大力弘扬中华民族的创新精神，积极提倡开展创新教育。结合学校的优势和有利条件，景山学校深化高中的课程改革，优化必修课，开发和加强选修课和活动课程。景山学校开设的选修课，实现了学科之间的适度综合、不同学科学习方式上的综合以及运动健身和运动心理的综合。这种综合选修课的加强，对提高学生的综合素养具有十分重要的作用。同时，景山学校在选修课中还加大了人文学科的比例和科学素养的含量，拟定了生命科学、信息科学、人文科学、管理科学以及综合的边缘科学作为培养拔尖人才的主攻方向。通过聘请名牌大学和科学院的专家、学者、教授为导师，安排必要的课时，以走出去、请进来的方式，进行专题研究和个别指导，培养高中学生的实践能力和创新精神，为大学培养高层次人才苗子，输送优秀高中毕业生。另外，景山学校还不断加强实践活动课程，在学会学习、学会合作思想的指导下，提倡研究性学习，让学生从自身对社会热点问题的体验出发，确定选题、收集资料、自行研究并得出最终的研究成果。去年暑假，景山学校

探索之路　北京景山学校在"三个面向"指引下的教育改革

组织学生到香港进行科技考察、到内蒙古中国科学院生态系统定位研究站进行草原生态的实地测量、到怀柔太阳观测站进行测量和研究，在这一系列活动过程中，不仅让学生学到了科学家们的科学精神，培养了学生的优秀个性品质和科学意识，丰富了学生们的知识，拓展了学生们的视野，而且由于学生们是以研究者的身份参与到学习及实践过程中的，因而学生们激发了强烈的学习兴趣和创造热情。

近三年来随着中高考试题向考察学生能力的方向转变以后，充分显示了景山学校学生能力强，知识面宽，学有特长的优势，近三年，景山学校的高三毕业生每年都有三分之一以上的学生达到清华大学、北京大学的录取分数线，实际录取清华、北大的人数也在四分之一以上。另外在国际、全国、市、区各学科竞赛、科技活动、对外交流中也获得了优异的成绩。可以说，景山学校培养出来的学生都是理论和实践相结合的，一定的广度和深度相结合的，创造能力和思维能力相结合的人才。

科技创新精神和创新能力固然是世界性人才不可或缺的重要素质，然而面对世界上各种文化和价值观的冲击，面对世界的人才更要有正确的分析、鉴别和选择人生观、价值观的思想基础；还要有敢于投身世界经济、科技竞争的勇气和自强不息的精神；更要有面对多元化社会生活和对外开放环境的健康心理和文明风度，等等。因此，培养国际化人才的一个重要方面就是要加强思想品德教育。

基于这种认识，景山学校不仅始终将德育放在各项教育工作的首要位置来抓，而且十分注重德育工作的针对性和实效性，并在继承、借鉴的基础上不断进行大胆的探索和创新。学校以"三个面向"为指导，每年都要举行一次"德育工作论坛"，紧密结合学校的教育教学和管理工作的实际，以科研课题的形式，积极探索和研究新时期的学校德育工作。在研究中，景山学校针对中小学分离给德育工作造成的"断层"现象，在实行九年一贯制的基础上，提出了"遵循学生身心发展特点和规律构建九年一贯制的德育模式。"根据这一模式，景山学校将德育划分为三个阶段：1—3年级以行

■ 做实践"三个面向"的探索者

为规范训练为重点,贯穿"五爱"教育,渗透保护环境教育;4—6年级以遵纪守法为重点,贯穿公平、公正、艰苦奋斗和公民的权利、义务、责任感、辩证观教育,渗透合作、交往,挫折教育;7—9年级以道德品质为重点,贯穿竞争、诚实、守信教育,渗透价值观、世界观、人生观教育。每一阶段德育目标的确定、德育途径和方法的选择,都是由浅入深、由高到低、由感性到理性、由具体到抽象,逐步提高,以保证各个阶段德育工作的层次性和渐进性,以发挥九年一贯制德育系统的整体功能,提高德育工作的实效性。

在实施德育的过程中,景山学校还将德育与法制教育结合起来,将德育与环保教育结合起来。通过小学部与武装部队举办联合队日活动,高中生接受正规军事训练以及各种法制教育报告和参观活动,让学生树立正确的法制观念和纪律观念。在此基础上,景山学校把保护生态环境纳入到初中德育过程中来。学校结合环保课,让同学们走向校外做环保小调查,自行检测汽车尾气,做汽车流量实地调查,在超市做口香糖销售情况调查,并在校外统计口香糖胶污染数字。通过这些活动学生真正树立起了环保意识,真正加入到了环保的实际行动中来。

发达国家非常注重对青年一代民族精神的培养,在他们的培养目标中都明确规定德育必须培养忠诚于本国的、具备民族精神的公民。这一经验对我国学校德育的总体改革和思想政治课教学内容的改革具有很大的启迪作用。只有把学校德育植根于深厚的民族文化之中,弘扬优秀民族文化,才能培养出一代富有民族精神的中华英杰。

针对这一情况,景山学校把德育寓于丰富多彩课余文化生活、寓于各学科的课堂教学之中,让学生在潜移默化中接受爱的熏陶、理的教化,从而将他律内化为自律,把形成高尚的人格要求内化为自身的品格修养。同时学校还通过日常的升旗仪式、重要活动纪念日等诸多方式,利用一切时机向学生传播爱国主义思想;通过组织各种德育讨论及主题班会,集中开展如何看待英雄、烈士、科学家、身边的模范、市场经济中的成功人士、

探索之路　北京景山学校在"三个面向"指引下的教育改革

知识经济中的领袖人物的讨论，以此引导学生学会学习不同历史时期、不同领域的榜样，树立加强人格修养、努力学习报效祖国的崇高理想；通过让学生参与学校校园环境等方面的建设，让学生从自己做起、从身边小事做起，引导学生培养起对他人负责、对集体负责、对社会负责，对祖国前途、人类命运负责的高度的社会责任感；通过组织初中学生参观塘沽港，高中学生在南口农场参加劳动、到密云参加学农劳动，与密云县松树峪小学的同学一起座谈，帮助学生树立劳动意识和在艰苦条件下成才的精神。另外，景山学校还通过各种活动竞赛，让学生逐步树立起公平竞争、合理竞争的意识。

景山学校作为一个中国教学改革的试验校，作为中国教育成果展的窗口校，在继承、借鉴、创新的道路上不断把我国的教育事业推向世界的前沿，在展示中国教育风采的同时，也为我国的现代化建设培养出大批具有国际化水准的优秀人才。

于　宁，1963年景山学校第一届毕业生。现任"人民日报"副总编。

龚　克，景山高中毕业生。现任清华大学副校长、教授。

刘嘉宜，景山1967年高中毕业生。现任中国农业银行教育部总经理。

霍建起，1961—1976年就读景山学校初中、高中。现为北京电影制片厂导演。1999年在第23届蒙特利尔国际电影节荣获"观众最喜欢的影片"（加拿大）大奖。2000年在印度荣获第31届国际电影节评委会大奖——银孔雀奖。2001年荣获我国电影金鸡奖——最佳导演（《蓝色的爱情》）。

唐若昕，景山1973年高中毕业生。现为中国人民保险公司副总经理。

魏国栋，景山高中毕业生，现为人民教育出版社副社长。

程东红，在景山从小学一年级直至高中毕业。现为中国科学技术学会青少年部部长。

郭雅君，景山1970年高中毕业生。现任中国文联秘书处处长，组联部副部长。

做实践"三个面向"的探索者

胡知鸷,就读景山小学、初中直至高中毕业。英国剑桥大学毕业。现任德利佳信有限公司中国地区首席代表。

……

景山学校自创办以来,景山人就始终以培养社会所需要的人才为己任。在过去数十年中,景山学校成为了培养优秀高级人才的摇篮,而面对新的世纪,景山人将一如既往地凭借一种时不我待的精神和科教兴国的职责,为国家培养出一代又一代的能够在国际竞争中大显身手、大展国威的栋梁。

同时,在新的世纪里,随着世界一体化步伐的加快,以及我国加入WTO的既成事实,我国的教育事业将面临着前所未有的机遇和挑战,作为一直走在我国教育最前沿的景山学校,在过去几十年中,在"教育要面向世界"方面的超前规划和大胆实践,必然能为我国的教育界提供一个成功的范例,也必然能引领我国的教育事业屹立于世界教育之林!

本文作者:陈金明、王丹
(2001年)

探索之路　北京景山学校在"三个面向"指引下的教育改革

教育要面向未来

——北京市景山学校"三个面向"系列报道之三

教育要面向未来，是教育面向现代化的延伸，揭示了教育发展的超前性规律。美国学者约翰·奈斯比特在《大趋势》一书中认为：在信息社会中，人们的时间倾向性是将来。人们必须学会如何根据现在预测未来。如果我们能做到这一点，我们就能掌握发展的趋势而不听任摆布。美国另一位学者阿尔温·托夫勒在《未来的冲击》一书中更加明确地提出，设计建立面向未来的教育是人类对付未来冲击的对策。他指出：人们要像集中大批大批的工程师、地质

2005年范校长和美国宇航员参加中国航天之星发布会

做实践"三个面向"的探索者

> 学家、物理学家、冶金学家和其他专家多年来致力于研究能使人造地球卫星承受着陆冲击而设计的"软着陆"系统那样,来设计最好的、面向未来的教育系统,从根本上来改善和发展人类自身,使之能适应未来的冲击。这就是要建立一种面向未来的教育体系,从未来,而不是从过去寻找目标和方法。而早在1983年,邓小平同志在给北京景山学校的题词中就做了"教育要面向未来"的科学诊断。同时,在谈及教育时,邓小平同志还说:"我们不但要看到近期的需要,而且必须预见远期的发展趋势。"这是对教育发展要有预见性的指示,也是对把握今天教育改革的方法论指导。因此,面对未来社会突飞猛进的科技发展和更为激烈的社会变革,我们的教育必须研究未来社会发展规律和趋势,实行面向未来的对策,以21世纪的要求来规划发展我们的教育,从而掌握适应未来世界发展变化的主动权。我们现在的教育对象是21世纪的建设者,我们必须以高度的历史责任感,把关系到我们国家、民族未来命运的教育办好,培养一代又一代能够适应未来社会变化发展的合格建设者和接班人,使社会主义的千秋大业代代相传。
>
> ——题记

邓小平同志提出的"教育要面向未来",是要把教育放在21世纪甚至更长的历史时期的时间坐标进行考察,是要从历史的发展趋势来把握教育的发展趋势,是要突出教育的超前性和先导性。学校教育,特别是基础教育的价值是体现在未来的。教育能否真正为社会主义现代化建设服务,主要看学生毕业之后、步入社会时所能发挥的社会功能的性质和水平。如果教育的出发点只是追求暂时的、片面的,或者表面的效果,那么这种教育就很难经受起社会的历史的检验。因此,教育面向未来,就是要解决当前教育与未来教育的关系。在这里,"面向未来"意味着一种双向审视,一

探索之路　　北京景山学校在"三个面向"指引下的教育改革

方面是站在今天预计未来的各种可能性，并将一个理想目标确立为需要谋划的最大可能性；另一方面是站在未来某一点上判断我们今天的位置和去向，并以未来的眼光设计我们今天的行动程序。为此，教育要面向未来，也就有了两方面的含义：一是教育要为社会和经济的发展准备人才，根据21世纪对人才素质的要求，特别是根据我国21世纪中叶实现第三步战略目标的要求改革教育教学，培养好人才；二是教育要为我国儿童和青少年一生的幸福和全面发展奠定良好的基础，也就是要改革片面的"应试教育"为全面的"素质教育"。

未来是从今天开始的，未来是现在的延伸，今天一切选择和行动必然影响未来。因此，要真正做到教育面向未来，就不能丢开当前空谈远景规划，而应在把握今天的基础上把握未来，处理好近期与远期、现在与未来的关系，必须立足现在，着眼未来。国家教委副主任柳斌在谈到"三个面向"时强调，坚持"三个面向"关键的关键，根本的根本，是要办好今天中国的教育。他说，抓住这一点，就抓住了"三个面向"的精神实质，丢掉了这一点，就从根本上背离了"三个面向"的方向。

而景山学校在40多年的教育教学改革实践中，特别是在1983年邓小平同志"三个面向"的引导下，在"全面发展打基础，发展个性育人才"办学思想的指引下，逐步形成对学生全面实施素质教育的办学理论、办学思路以及具有现代化教育理论、符合国家对教育的要求的办学特色，正是在把握现在，预测未来的层面上，对"教育面向未来"所做出的一种科学阐释，对"要办好今天中国的教育"所提供的一个成功范例。她在教育面向未来的伟大征程上所做的卓越探索、所取得的巨大成就，值得我们每一位教育工作者学习和借鉴。

■ 创建适应当前与长远之需的教学模式

"教育要面向未来"，从经济发展的意义上说，今天的教育决定明天

做实践"三个面向"的探索者

的科学技术，明天的科学技术决定后天的生产力，因此，经济建设必须依靠教育，而教育也必须紧跟现代化科学技术发展的趋势，建立适应未来需要的新学科、新课程、新的教学模式，使之既适应当前，又具有一定预见性和超前性。素质教育是促进全体学生得到全面发展的教育模式，是让学生在全面发展的基础上得到个性发展的教育模式，是通过学校使每位学生都获得受教育的机会，并在学校教育中学会适应未来社会生活，培养面对未来生活的信心，使他们内心充满走向人生旅程的希望之光的教育模式，是实现"教育面向未来"的根本要求。景山学校正是以素质教育这种先进的教育思想为先导，以教育科研理论为指导，以教改试验为基础，积极探索21世纪从小学到高中的人才培养的新方法和新模式。

李岚清同志指出："实施素质教育的关键是教师"，"建设高质量的教师队伍是全面推进素质教育的基本保证"。景山学校同样认识到：在新世纪要深化改革，实现改革目标，必须建立一支有经验、高水平、懂教育、具有教育理论水平的教育科研队伍。为此，景山学校开展了"名师工程"，采取"走出去、请进来"的方法向广大教师灌输现代先进的教育思想，培养他们扎实的业务知识和使用现代化教育技术的技能，帮助他们树立爱岗敬业、锐意改革的精神；鼓励老、中、青教师冒尖；鼓励优秀教师著书立说，对先进、优秀教师的教育教学成果及时在市、区全国进行总结、研讨、推广；同时还通过出版特级教师的专著、总结优秀教师的经验、不断推举新秀等方法，优化教师队伍，形成合理结构。为了推进21世纪教育改革的步伐，景山学校提倡教研、科研、课堂教学相结合，鼓励教师以科研带教研，要求广大教师从传统经验型教师向现代学者型研究型教师转变。景山学校采取在全国招聘、反聘，与国家教育部、人民教育出版社、中央教科所、北京教科院、北京师范大学、东城区教研中心等单位合作的方式，成立了学校自己的教科所，加强和充实了学校的科研力量。在教科所的带动下，景山学校形成了人人有课题，人人参与教改试验，人人边工作边科研的特色风景。

探索之路　　北京景山学校在"三个面向"指引下的教育改革

在基础教育改革中，转变教育思想、更新教育观念是至关重要的问题，也是首先要解决的问题。有什么样的教育思想观念就有什么样的教育行为、教育实践。为此，景山学校组织广大教职工紧紧围绕素质教育、终身教育、知识经济、质量观、人才观等开展学习讨论，重点实现：从以传授继承已有知识为中心的封闭型的传统教育向着重培养学生创造思维、创造精神、创造能力的开放型的现代教育转变；由单一的知识教育向全面的综合素质的教育转变；由一次性的学历教育向终身教育转变。并让这些转变内化为全体师生的自觉行动，使广大教师切实树立素质教育、终身教育观念；切实把教育作为基础性、先导性、全局性的战略产业，把人才资源开发作为整个社会的基础工程来建设；切实强化质量意识、创造意识，不断提高教育质量和办学效益。

通过"名师工程"的建设以及教育观念的转变，景山学校已经形成了一支事业心强、甘于奉献、愿意扎根在学校教改试验沃土上求实创新的干部教师队伍。这支优秀的教师队伍从多年的教育教学实践中认真总结、研究各学科的时代性、探索性、综合性、实用性、个别性、人文性等内容，对陈旧的、落后的、无用的内容进行删改；对有时代特征、有探索性、研究性、培养性综合能力的内容予以补充，努力开拓新的教法。

素质教育的实施是全方位的，涉及观念的更新、结构的调整、内容的改革等方面，但就当今而言，课堂教学仍是实施素质教育的主渠道。集中探讨课堂教学改革问题，具有推进深化学校素质教育改革的全局性意义。就课堂教学而言，它受制于诸多因素，包括教学设计、教师对教材的理解、实施策略、教学内容、学生的认知水平、师生情感、课堂环境等主客观因素。景山学校在课堂改革上，立足于现在，着眼于未来，进行整体研究和整体改革。

景山人深知：要真正使素质教育深入课堂，首先要在观念上有所升华，树立课堂教学的新理念。为此，在对素质教育理论进行认真分析和研究的基础上，景山学校的教师充分认识到：学生是一个充满活力和生机的

■ 做实践"三个面向"的探索者

人,他在一切活动中要表现出自身的主观能动性和独特的个性,教学要充分发挥学生的这种能动性,要尊重学生的人格;另外,学生是教育的对象,要把学生塑造成符合社会要求的个体,教学就必须建立在其原有的基础之上。对作为班集体成员当中的每一个学生来说,虽然他们的角色是相同的,但他们之间在知识基础、发展水平、道德风貌、个性品质等诸方面存在的差异也是十分明显的,因此要因材施教,要对每一个学生负责,要让每个学生在原有的基础上都求得发展;同时,学生是认识的主体,是发展的主体,教学只有符合学生的认识规律,只有为学生提供发展的条件,才能让学生真正获取知识、获得发展。这种新型的课堂教学观念一旦形成,其在实际的教学过程中所体现出来的威力是不可限量的。

在这种新型的课堂教学观念的指导下,景山学校进行了单元结构的教学试验,在教学设计、备课方面,以单元知识为一个整体,用联系观点对待每一节课的实施,使整个单元结构成为一个有机的教学整体,用联系观点对待每一节课的实施,使整个单元结构成为一个有机的教学整体。在单元结构教学的实施过程中,教师向学生说明科学概念和原理的来龙去脉,以及它的发生、发展;说明哪些内容是主干,哪些内容是由此派生的分支;说明科学概念、科学原理之间的逻辑顺序,以及它们之间的推导、联系。这种结构教学法,有利于学生掌握科学知识、有利于完成教学认知过程,从而使认识论和知识论在课堂教学过程中加以统一,使学生在课堂中得以发展,使课堂教学过程成为学生的认知过程。

全方位地调动学生的主动性和积极性,保证学生学习的有效性,提高学生学习的质量,促进学生学习的良性循环,是课堂教学的首要任务和核心课题。最大限度地发挥教师的作用也是我国课堂教学的一个重要方面。为此景山学校把引导学生主体参与作为课堂教学的一个重要方面。景山学校把引导学生主体参与作为课堂教学的主旋律,打破教师满堂灌、学生被动听的格局,课堂上给学生阅读、思考、交流、操作的时间和机会,并注意充分调动通过多种途径去训练学生,如语文课、外语课就从听说读写去

探索之路　　北京景山学校在"三个面向"指引下的教育改革

训练，注重思维训练；理、化、生等学科注重培养学生的动手能力。这些多方位、多层次的训练，使学生的内在素质得到了提高，并逐步内化为适应社会发展的能力。

教学过程对学生来说，是对科学规律的认识过程。景山学校的教师综合考虑每一部分教学内容的基本结构和学生的认知结构，从而确定教学过程。在教学过程中，教师又让学生对所遇到的实际问题、所看到现象进行了一系列教学模式的尝试。如生物课进行了"探究法教学试验"，强调要让学生感受、理解知识的产生发展过程；语文课进行了"探究法教学试验"，强调要让学生感受、理解知识的产生发展过程；语文课进行了"教学组织形式多样化"的试验，强调让学生在相互交流中学会共同发展；以听说为主的英语课进行了"分组互动式教学法"的试验，将学生分成若干小组，在轻松、愉快、和谐的氛围中达到生生互动、师生互动教学情境；数学课进行了"高中数学教学中提高不同学生学习水平的策略研究与试验"，将学习水平相近的学生放在同一个教学班上课，实施分层教学，从而提高了教师课堂教学的针对性，提高了课堂教学质量。

景山学校的多层次、多样化的教学模式，既包括了学生学的行为，又包括了教师教的行为；既体现了学的规律，又体现了教的规律；更体现了教与学对立统一的规律。这些教师从多角度激发学生学习的兴趣，形成学生自主学习、主动参与、主动探究、教师与学生双向良性互动的教学过程，在充分发挥学生主动性和教师能动性的基础上，实现教与学的有机统一。

■ 为孩子们的未来奠定坚实的基础

中小学教育不是专业教育，也不是职业教育，而是为学生将来生活、就业、升学打下良好基础，培养出合格的公民。因此，学科教育传授的知识应是与生活存在的就业紧密相关的知识，应是学科中最为基本的最有价

做实践"三个面向"的探索者

值的知识；学科教育教会学生的应是学生终身受益的思想、方法、观念、意识、态度、精神和学习能力；学科教育培养的学生具有合格公民的爱国、爱民、遵纪守法、文明礼貌、忠诚老实等优良品质；学科教育还应教会学生适应社会、适应变化，如何生活，如何做人的基本常识和基本能力。总之，基础教育要真正着眼于为学生的未来和一生的发展打基础。

在教育教学过程中，景山学校的中小学校教育始终面向学生的未来，努力为学生今后的发展奠定一个坚实的平台，这个平台是以基本的知识、能力、品格、身心素质作基础的。景山学校通过情感学习、社会学习培养学生稳定的情绪、健全人格和良好的社会适应性。学校挖掘这些知识的文化价值和教育价值，充分利用教学等其它方式的教育功能和社会功能，充分发挥教师作为多种角色的榜样和影响作用，使学生在掌握知识的基础上，获得能力，求得发展，养成个性；让学生通过知识的学习，树立科学意识和人文意识，形成科学精神和人文精神，养成科学道德和科学作风；通过知识的学习，学会学习，学会思考，学习解决问题，学会创造；通过学习，产生学习兴趣，形成学习动机，树立理想和信念，形成辩证唯物主义世界观和科学的人生观；通过学习，养成遇事具有自觉性、果断性、坚持性等意志品质，并具有自我调节、自我控制的能力。同时，景山学校在小学教育阶段，还加强培养学生动手操作的能力，让学生从小就认识到动手和实践的价值，让学生养成敢于动手、勤于探究的习惯，并具备基本的观察、模仿实验的能力，为今后的发展打下基础。

进入21世纪，由于新技术、新发明的大量涌现而带来的知识爆炸和知识更新周期的缩短，促使人们为了生存而必须终身学习，以便不断更新、补充自己的知识来适应社会的激烈竞争。具备终身学习的能力已成为21世纪所需要的关键能力。而且学生知识的获得、能力的提高、个性品质的形成，归根结底是学生学习的结果，各种外在影响必须通过他自己的内化才能成为他自己的知识、观念、才能。这个内部的心理转化过程任何人都无法替代。为此，景山学校以可持续发展的战略眼光看待课堂教学中素质教

探索之路　北京景山学校在"三个面向"指引下的教育改革

育的实施，教师以自己"会教"让学生"会学"，他们树立起学生主体性的教学观，教会学生自主学习，把教会学生学习作为课堂实施素质教育的着眼点。他们由重视传授知识结论转变为引导学生经历知识的形成过程，由重视学生记住现成知识转变为引导学生再次发现知识和重组知识，由重视单科独进、单个知识点的教学转变为重视学科之间和知识点之间的综合贯通，由重视统一要求转变为重视学生的差异和个性发展。他们不仅教给学生一粒粒的珍珠，而且教给学生用珍珠串项链的方法。

21世纪是信息技术的社会，接收信息、处理信息的能力已成为未来人才的一项重要素质。为了培养学生的这种素质，景山学校从1997年就开设了研究性试验。在这些研究性课程的教学过程当中，学生通过观察和练习，收集资料获得感性认识之后，再和教师一起对感性材料进行分析、综合、归纳、比较，进行概括和抽象，发现科学的规律，提出新的科学概念、科学命题和科学原理，并对提出的科学概念下定义，对科学命题进行论证，对科学原理进行实践上的验证，从而形成"新"的科学理论。在这种新科学理论的基础上，学生再去分析问题、解决问题，并由教师指导学生开始进行新的科学探索。这种研究性学习强调学习过程，学生通过自主参与整个学习过程，获得亲身体验，逐步形成乐于研究、努力求知的愿望。学生在提出问题和解决问题的过程中，掌握了多种途径、多种方法收集、加工处理信息，这些都将为学生今后的学习和发展奠定良好的基础。

■ 为国家的未来孕育合格的人才

1983年，邓小平提出："教育要面向未来"。1986年，邓小平在会见包玉刚等人时曾指出，"政策上的失误是很容易纠正过来的，而知识不是立即就能得到的，人才也不是一两天就能培养出来的，这就要抓教育，要从娃娃抓起"。在会见朝鲜总理李根模一行时，邓小平又说："现在要为

■ 做实践"三个面向"的探索者

将来的发展打好基础,第一位是发展教育和科技,要从现在的娃娃抓起,因为将来管理的是他们"。教育要面向未来,就是要求教育必须从自身特点和现代化建设的长远目标出发,使今日的教育能够适应和满足未来社会的发展的需要,高瞻远瞩,培养跨世纪的开放型高素质人才。景山学校校长范禄燕和全体教育工作者,始终将多出入才,出好人才,作为自己伟大而艰巨的任务,坚持不懈地为我国的社会主义现代化建设输送优秀人才,为我国在21世纪的伟大振兴储备人才。

未来的社会是一个开放社会,开放的社会需要博学、广智、多能的通才。通才是一种一专多能的复合型人才;是一种既有坚实的专业基础,又有广博的知识和开阔的思路,极富创造性人才。根据未来社会对人才素质的这种要求,景山学校向学生实施"全面发展,发展特长"的教育,并在长期改革实践的基础上,确立了以"三个面向"为指导,继承、借鉴、创新,全面发展打基础,发展个性育人才的21世纪办学理念。

每个个体都是独特的,苏霍姆林斯基认为:"没有也不可能有抽象的学生,每个孩子都是一个世界——完全特殊的、独一无二的世界。"每个学生都有个性特长,每个学生的特长、爱好、能力各不相同。学校教育应当帮助学生"在无数的生活道路中,找到一条最能鲜明地发挥他的创造性和个性才能的道路。"学校教育应尊重学生的个性、特长、爱好,并提供相应的条件使他们充分发展自己的优势所在,从而保持一个健康的心态和积极向上的精神面貌。发展个性不仅成为现代社会赋予教育的一大任务,而且也成为个体发展本身对教育提出的必然要求。

同时,发展个性特长教育也是景山学校一直坚持的传统与特色。景山学校在"九年一贯"数学特长生、高中数理化优秀特长生、艺术类特长生等诸多方面都进行积极的培养与试验,他们尽可能为满足学生发展创造条件,挖掘每个学生的潜力,使各类有专长的学生在景山学校都能得到与之相适应的教育。

在小学、初中的数学教育过程中景山学校在突出体现义务教育的普及

探索之路　北京景山学校在"三个面向"指引下的教育改革

性、基础性和发展性，使教学教育面向全体学生，实现人人学有价值的数学，人人都能获得必要的数学素质的同时，还十分注重培养尖子生。从数学特长的角度出发，结合课堂教学培养学生数学素质，培养学生的创新精神和实践能力，为其个性发展奠定基础。

为了培养高中数理化方面的优秀特长生，景山学校聘请著名专家学者与学校骨干教师相结合为学生上课，对有潜力的学生进行培养。并初步进行高中与大学的知识衔接、学习方法衔接、思维方式的衔接的尝试，从而发展学生在数理化方面的特长，培养学生的创新精神和实践能力。通过这项课题研究，扩展了学科视野，培养了学生学科兴趣，提高了学生的学习能力和积极性。

培养走进国家重点试验室的科研特长生也是景山个性教育的一个重要方面。景山学校已与科研单位以及北大、清华等十所高校签订协议，协作培养科研特长生。

景山学校不仅关注学科特长生的培养，而且重视培养艺术、体育等方面有专长的学生。学校主要通过选修课外活动对艺体类特长生进行培养。加大了选修课的开设力度，开设了排球、篮球、游泳、音乐欣赏、素描、绘画等课程。加强了对学生课外活动的组织和领导，成立了各种专项体育运动队、体操舞蹈队、学校银帆乐团等课外活动小组，配备专职教师和兼职教师，学生根据自己兴趣和特长自愿参加。每个学期学校都要举行艺术节、运动会、摄影展、绘画展等丰富多彩的活动，为有特长的学生充分展示自己的才能创造机会。1998年，景山学校的师生在中国最高的艺术殿堂——中国美术馆举办了摄影展；景山学校的学生还曾在"米罗艺术大展"开幕式上作画；在保利剧场做精彩的文艺演出……

景山学校通过对艺体特长生的培养，一方面使体育、艺术方面有特长的学生得到发展和提高，为他今后的发展打下良好的基础；另一方面促进了学生体育、艺术人才的培养工作，不仅在市、区竞赛中一直名列前茅，而且为国家运动队和艺术团体输送了大批人才。

做实践"三个面向"的探索者

"教育是农业，不是工业"。叶圣陶先生这句话正道出了个性教育的真谛。所谓"农业"，即种瓜得瓜，种豆得豆，但种出的"瓜"或"豆"绝不会有两个一模一样的；而"工业"则是指通过同一规格的模子成批地生产的铸件，一模一样，标准化的。叶老这句话形象地告诉我们，教育培养的是各具特色的人，发展的目的在于使人日趋完善，使他的人格丰富多彩，表达方式复杂多样。可以说景山学校在实施个性教育，培养当今和未来社会所需的各级人才方面，是独具特色的，也是极为成功的。景山学校培养出的人才，不仅热爱社会主义事业，具有为国家富强和人民富裕而艰苦奋斗的献身精神；而且不断追求新知，具有实事求是，独立思考，勇于创造的科学精神。

面向未来的教育，就是要站在制高点上，把视野置于未来社会经济的大背景下预设改革蓝图。面对21世纪，景山人发扬40多年来探索试验的精神，不怕困难、不怕寂寞、不怕外界议论、讽刺，努力构建起景山学校21世纪的办学模式。他们用自己的实力和远见，为世人勾勒出了一幅宏伟的教育蓝图：景山人将在各级教育部门领导下，发扬景山学校教育改革的传统和优势，全面贯彻邓小平同志"三个面向"的教育思想。树立新的适应知识时代、以学生发展为本、为学生一生发展着想的教育理念，探索适应现代社会对人才培养要求的教育思想、教育方法、教育手段以及学制、课程、教材，加强对学生认知力、道德风貌、精神力量和情感的全面培养，提高学生的创新精神和实践能力，把景山学校办成国际一流的现代化的科学知识摇篮，文学艺术的花园，社会正气的堡垒，身心健康的乐园；使景山学校成为积极进行教育改革与全国各地教育加强交流的促进学校，成为在国内外教育界有影响的国际学校。

本文作者：陈金明、王丹

（2001年）

探索之路　北京景山学校在"三个面向"指引下的教育改革

高扬起理想的风帆

——记北京景山学校的学子们

常言道：自古英雄出少年。在北京景山学校这座校园里，在这个优秀的群体中，你会感受到"弃燕雀之小志，慕鸿鹄以高翔"的壮美；体悟出"少有食牛气"的豪情；领略尽"桃花别样红"的魅力与风采——他们秉景山之灵秀，载日月之精华，天资极高、基础宽厚。作为中国素质教育改革的向导和试验田，北京景山学校以世界的眼光和标准来塑造自己的学子们，为孩子们将来成大才、成大器，引领时代和社会之潮流搭建舞台、铺设阶梯……

——题记

当21世纪第一个春天来临的时候，美国宇航中心向全世界青少年征集太空科学的实验方案，由北京景山学校李桃桃同学提出的"蚕在太空中吐丝结茧的构想"的实验方案在中国各地中小学生提出的近900项方案中脱颖而出，获得了搭乘"哥伦比亚"号航天飞机在太空中进行科学实验的资格。并被命名为"超级新星方案"。该方案将研究蚕卵、蚕的幼虫和成虫在太空失重环境下的发育受到何种影响，在太空环境下能否改变蚕丝品质

做实践"三个面向"的探索者

这一课题。带着对未来的希冀,少年的梦想伴随着人类探索的脚步飞向了遥远的太空。2003年1月,"哥伦比亚"号航天飞机的宇航员把蚕在第七天吐丝、第十一天蚕蛾破茧而出的音像传回了地球。景山学校的孩子们是幸运的,他们能在一位世纪老人规划了中国教育的伟大诗篇的地方度过他们如诗如画的青春年华!

给我这双翅膀　我就翱翔在蓝天

"景山意谓着改革,不改革就不是景山!"范禄燕校长这样说道:"景山学校要探索一条路子,今后要为科技人才,尤其是要为培养拔尖科技人才打好基础。景山很注意的一点是中西方文化的结合。以中国传统文化为主,汲取西方文化,找到一个结合点,走自己的路,越是要走向世界,越是要扎下中国传统文化的根"。这是一直工作在教研教改一线的教育工作者对于景山历史使命的认识,更是他一切育人思想的出发点。

景山学校在邓小平同志"三个面向"的教育思想的指导下,把"以学生发展为本"的理念确立为自己的立校之源,不断推进教育改革,着眼于同学们的知识水平、科学素养、人文精神和个性品质的全面发展。

"以学生发展为本"就是要以提高学生素质为中心,以发展学生个性为基础,以注重教育的社会化和终生化为特征,为了培养"面向现代化,面向世界,面向未来"的21世纪优秀人才,培养学生的创新精神和实践能力。学校的科技活动与学生多元化的发展相适应,景山人认识到:在科学技术发展迅猛的今天,开展科技活动、进行研究性学习已经成为发展学生智力、培养学生实践能力的一条重要途径。对于同学们而言,研究性学习既可弥补学科课程的不足,使学生能接受科学方法的训练和科学精神的教育,又能发展学生的兴趣爱好,为他们施展聪明才智、提高综合素质创造必要的条件和环境。从1997年开始,景山中学就着手开展了中学生研究性学习活动,同学们走进了国家重点实验室,在

探索之路　北京景山学校在"三个面向"指引下的教育改革

专家教授的指导下进行研究。几年来，已有300余名同学自报课题，课题涉及生物、医学、计算机等学科。60多名同学参加了中国科学院植物研究所、中国科学院计算机研究所、中国协和医科大学基础医院以及中国医学研究院基础医学研究所等20多个国家重点实验室的活动。他们到香港进行科技考察、到内蒙古中国科学院生态系统定位研究站进行草原生态的实地测量、到怀柔太阳观测站进行测量与研究。在这些活动中，同学们不仅学到了专家身上的科学探究精神，培养了科研意识，而且还开阔了视野，扩充了知识面。"实验的过程是艰苦的，但正是艰苦的过程，使我懂得了科学的真谛"。同学们在这一活动中从科学家那里获取了做人的经验和道理，并激发了自己对科学的兴趣，使自己的综合能力得到了很大的提高。研究性学习对同学们的帮助是巨大的，在学习中，同学们通过专家的引导和与同学的共同讨论，首先从问题入手，聆听专家的理论指导，学习相关的理论知识，阅读相关书籍，收集资料，然后在观察与实验的基础上确定课题。最后通过科学论证，从一次又一次的实验中得出结论。在这一过程中，同学们更加体会到了科学研究的崇高与严谨。

　　景山学校的同学们在"走进国家实验室"这一活动中取得了优异的成绩，他们获得中学生最高荣誉或科技奖的有：市银帆奖5人，金鹏科技奖5人，金牌5人，银牌12人，中学生十佳2人，胡楚南奖1人。李星平同学在香港举行的全国第九届青少年发明创造和科研论文优秀项目竞赛中获得了金牌，他考入北京大学后，又经学校推荐到香港大学免费就读。最关键的一点是：在这种学习的过程中，同学们面临新情景、新问题，感到需要解决又无现成答案的时候，老师们激发了他们的求知欲，鼓励他们以积极的态度去探寻解决问题的方法和手段。这样，同学们的好奇心被唤醒了，并由此产生出探索世界的兴趣和愿望。同时，在研究性学习的过程中，各种知识都会通过具体的问题贯穿和联系起来，它不仅涉及数、理、化、生、地以及逻辑方面的知识，而且还要求较强的计算机能力，在对这些知识的综合运用中，同学们的创造性思维得到了锻炼。同学们选择他们最熟悉、最关心的社会热点问题进行研究，他们接触社会、了解社会，体会投身社会的酸甜苦辣，"无声润物三春雨，有意催花六月风"。这一切都在潜移默化之中，激发了同学们的社会责任感。并且，同学们在这一活动中也树立起了可贵的自信心。

近几年来，随着中、高考试题向考察学生能力的方向转变，景山学校的同学们显示出了能力强、知识面宽、学有特长的优势，近三年来，景山学校高三毕业生每年都有三分之一的同学达到北大、清华的录取分数线，实际录取在这两所学校的人数也达到四分之一以上。

■ 探索之沃土　人才之摇篮

和李桃桃一样，北京景山学校的许多同学都有着自己的科研课题和实验项目。刁玉鹤同学在参加实验室活动的一年多里，对景山学校的257名年龄在12—18岁之间的学生进行了身高和体重的测定、全身电阻抗测量、皮褶厚度测定以及膳食和体育活动的调查测定。通过调查测定得到了有关学生脂肪含量、个人状况、膳食情况和各种指标的大量数据，经过分析研究，他提出了"中学生应科学膳食，养成良好的膳食习惯；平衡营养，不要偏食、挑食；加强体育锻炼"的合理化建议。他撰写的论文《用B2A法和膳食调查对中学生营养状况的分析》在全国"长江小小科学家"竞赛场上、在美国举行的全球青少年工程大奖会上及在新加坡举行的全球青少年科学节交流会上，都受到了一致的好评。

今年刚满18岁的汤一诺同学已经在各类期刊上发表了百余篇文章。2002年，他就如何使像中国一样具有较强科研实力但经费匮乏的国家建成昂贵的植物基因库进行了研究，写出了论文《超干处理提高油菜种子耐藏性》，并因此获得了全国中学生科技论文大赛一等奖，他的另一篇论文《怀柔蝴蝶及环境资源调查报告》也曾获得这一奖项。他还多次在市、区

探索之路　北京景山学校在"三个面向"指引下的教育改革

级的数学竞赛、物理竞赛、英语竞赛及计算机竞赛中获奖。他在钢琴方面具有较高的造诣,曾多次在全国、全市比赛中获奖。他出访过美、德、俄、澳等十七个国家并多次举办过个人独奏音乐会。他在他的作品集《青春的味道》一书中写道:"我要感谢我的父母,还有我的学校北京景山学校里的所有同学们。他们是我生活和写作的源泉以及动力。"是呀!正是在景山学校这一着眼于学生的综合素质,鼓励同学们全面发展的环境中,他找到了使自己步入良性发展的基础。

"只有促进学生自我管理和自我发展的教育才是真正的教育"。素质教育的真正目的不仅是要教给孩子们点什么,更关键的是它要探寻孩子们需要什么,然后按照其特点和发展规律使他们发展个性、完善自我。每一个学生都是一处等待开掘的宝藏。教育的终极目标就是被教育者能够自我教育,教师的终极职责就是教给学生自我成长的能力。学生们渴望知识、对世界充满了好奇心,这种好奇心和求知欲正是人类进步的根本动力。教育只有纳入了科学的轨道,才可能引导受教育者步入到良性发展之中,在景山学校,同学们都能找到一个发挥自身特长的平台。学校把培养全面发展、学有所长、具有创新意识和实践能力的学生作为一个重要目标。努力为学生的发展创造条件,使有特长的学生能得到与之相适应的教育。

为了培养数理化方面的特长生,学校在"全面发展打基础,发展个性育人才"的办学宗旨的指导下,利用课余时间,对学有所长的学生进行学科奥林匹克竞赛知识方面的教学和指导。2001年,景山学校学生在数学、物理、化学、生物、信息学科的全国奥林匹克竞赛中取得了优秀的成绩。其中,刘畅同学参加全国物理竞赛获得了一等奖,何江舟同学参加全国信息学竞赛获得金牌,朱汇同学以优异的成绩入选了北京市代表队,并在全国竞赛中获得了二等奖。在全国高中数学联赛北京赛区的竞赛中,景山学校有6人获得一等奖,占一等奖总人数的17%;在全国高中化学联赛北京赛区的竞赛中,景山学校有6人获一等奖,占一等奖人数的14%;在全国

■ 做实践"三个面向"的探索者

高中物理联赛北京赛区的比赛中,景山学校有4人获得了一等奖;在全国高中生物联赛北京赛区的竞赛中,景山中学有2人获得了一等奖。

2002年景山中学的同学们在数理化竞赛中又取得了骄人的成绩,其中高二年级的王文翰同学参加全国高中物理联赛获得了一等奖,并且被清华大学提前破格录取到"诺贝尔基础班"。2001年和2002年两年里,景山中学共有十人因获得学科竞赛奖被保送到北京大学、清华大学学习。

21世纪"全球化"的趋势对中国传统的教育思想、教育观念、教育结构、乃至整个教育体制都构成了很大的冲击。20年来,景山学校在"教育要面向世界"方面做了许多工作,确立了"融古今中外百家之长,走继承、借鉴、创新之路"的原则。立足中国,放眼世界,走向全球。为此,学校先后与美国波士顿市的牛顿公立高中、安德伍德小学,法国的阿尔萨斯学校、新加坡的莱佛士书院、泰国佛统皇家学院建立了姊妹学校、友好学校关系。并组织学生参与各种国际交流。1985年7月,余晨同学应美国Apple计算机公司的邀请到美国参加访问;1992年,孙珊同学参加了国际昆虫学会年会并在会上用英语宣读了自己的论文;1999年10月,范禄燕校长带领孔令蔷、樊松同学参加了在巴黎举行的世界儿童大会,孔令蔷同学在会上作了精彩的发言;1999年,在美国举行的青少年工程大奖赛和同年在新加坡举行的第2届亚太地区青少年科技交流会议上,景山学校的同学们精心设计的软件、制作的展板都获得了最高奖项。

信息化是21世纪最显著的特征。为了培养同学们的信息素养,新时期伊始,景山人就把人脑+电脑的先进理念引入了教育教学之中,开始了有景山特色的将现代先进技术与教育教学实践相结合的改革和实践。游铭钧同志成为了我国内地第一位决定在中小学开展计算机教育的校长;沙有威老师成为我国最早在中小学开展计算机教育活动的教师;景山学校出现了我国中小学第一台电子计算机;景山学校成立了第一个学生计算机活动小组;1995年,景山学校在全国中小学中率先建成了"校园信息高速公

探索之路　　北京景山学校在"三个面向"指引下的教育改革

路"。

　　学校从一年级到高二年级全部开设信息技术课。从1999年开始，景山学校作出了"电脑辅助教学实验班"的重大决策首次提出以多媒体为学具，以网络为资源，开发人脑潜能，全面发展学生素质。这些努力都取得了良好的效果，景山学校有6名同学在中科院计算机所首席科学家、博士生导师、北航教授的指导下，参加了《e矛e盾》一书的撰写工作，这本书着重介绍了网络信息的安全知识，它以生动活泼的语言和大量真实的案例介绍了黑客、病毒、密码、有害信息、垃圾邮件等方面的知识，出版之后引起了较大的反响。同学们能取得这样的成绩是与景山学校长期强调信息教育分不开的。

　　在景山，每天一早同学们都能在公告栏里看到最新的国内外新闻。这个小小的公告栏在景山学校已经存在了几十年。然而，从这个小小的公告栏我们可以看到景山人的世界胸怀。我们有理由相信，一批立足国内，面向世界，具有国际水准的属于21世纪的优秀人才将从景山起飞！

■ 青春因理想而美丽　信念因追求而闪光

　　"欲成才，先成人，不成人，宁无才"。科技创新精神和创新能力固然是世界性人才不可或缺的重要素质，然而，面对当今社会各种文化和价值观的冲击，面对世界的人才更要有正确的分析、鉴别和选择人生观、价值观的思想基础。基于这种认识，景山学校把德育工作放在首位来抓，十分重视的德育工作的针对性和实效性。他们强调德育工作的现代化。"景山学校不仅育才，而且育人，在景山这样的教育环境中，我学会了堂堂正正做人，勤勤恳恳治学。"全国中学生物理竞赛一等奖获得者，景山学校01届高三（4）班的刘畅同学这样说道。

　　学校德育工作的现代化，就是要结合现代青少年学生的特点，以不同年龄学生心理、生理发展的特点为依据构建学校的德育工作体系。景山学

■ 做实践"三个面向"的探索者

校在学制上是小学、初中九年一贯和高中三年，中小学一贯制给学校的德育教育工作提供了一个优势，学校利用这种优势构建起具有整体性、一贯性的德育工作体系，使之充分适合各年龄段学生的特点。他们提出了"遵循学生身心发展的特点和规律构建九年一贯制的德育模式。根据这一模式，学校把德育化分为三个阶段：1—3年级以行为规范训练为重点，贯穿"五爱"教育，渗透保护环境教育；4—6年级以遵纪守法为重点，贯穿公平、公正、艰苦奋斗和公民的权利和义务、责任感及辩证观教育；7—9年级以道德品质为重点，贯穿竞争、诚实、守信教育，渗透价值观、人生观教育，每一阶段的德育目标确定，这样，同学们由浅入深、由感性到理性，逐步确立起健全的人生观、世界观。

针对小学生道德形成的特点，景山学校小学少先队举行了"体验教育"活动，以学生的爱好为基础，开展了红领巾篮球沙龙、茶艺沙龙、驱车沙龙、环保沙龙、钢琴沙龙等活动。2002年11月，景山小记者团正式成立，小记者们进行了隔周一次的培训。他们模仿采访，练习摄影摄像，在丰富多彩的活动中学到了许多知识。今年3月，小记者团组织开展了"历史的留恋——大栅栏主题摄影"活动，《北京日报》对这一活动进行了报道；6月，有六名优秀的小记者被选入中央电视台《大风车》节目组担任主持人；7月1日，他们又采访了全国人大委员长蒋正华。小记者们的下一步计划是出一部以《前辈的童年》为题的采访集。在这些活动中，孩子在活动中成长，体验到如何关心周围的人和事，逐渐形成了正确的道德观念。

在实施德育的过程中，景山学校还把德育与法制教育、德育与环保教育结合起来，同学们与武装部队举办联合队日活动，高中生接受正规军事训练以及各种法制教育报告、参观活动，逐步树立起正确的法制观念。同学们结合环保课，走出校园做环保小调查，他们自行监测汽车尾气、做汽车流量实地调查，在超市做口香糖销售情况的调查，在这些活动中树立起了环保意识，真正参与到环保活动的实际行动中来。

探索之路　北京景山学校在"三个面向"指引下的教育改革

针对过去在"关心"这一主题上，人们往往局限于对"人"的关心而忽略了对环境的关心。同学们认识到：21世纪是以环境为主题的世纪。从2000年3月起，"手拉手地球村"环保活动一直在深入开展，全体少先队员参加了"小手拉起大手"的红领巾环保活动，以实际行动实践和体验着"节约回收、保护环境、救助伙伴"的光荣义务。在每周四的回收日，回收站里都是热火朝天。平时，地球村的"村干部"们通过广播、板报、壁报等形式，向大家宣传环保知识。3年多来，队员们共积累了上万元回收款，为环保、为帮助贫困地区建立希望小学做出了贡献，得到了全国少年儿童手拉手地球村总部的表扬和肯定。2002年11月下旬，美国著名科学家珍·古道尔到景山学校访问，特意与环保沙龙的部分同学进行了座谈。近几年来来，景山学校先后有一百多名同学获得了市、区级"先进环保个人"的称号。四（2）中队的梁嘉彤同学在北京市"绿色小天使"评选活动中荣获特等奖，并获得了免费畅游迪斯尼乐园的机会。

景山学校的同学们往往以不同的节日为契机，开展各种主题的课外活动。在活动中体验爱心、体验友善、体验助人的快乐。比如，结合3月份的节日（3月5日，学雷锋纪念日；3月8日，国际劳动妇女节；3月12日，中国植树节；3月22日，国际水日），他们有针对性地开展教育体验活动。围绕着"人与自然"的主题，少先队员们在植树节、世界水日组成了"护绿小分队"，开展"花卉展示会"、"今天我植树"、"今天我该喝什么水"等中、小队活动，在活动中体验人与自然和谐相处的重要性。围绕着"人与人"的主题，同学们在学雷锋纪念日、国际劳动妇女节建立了"学雷锋小队"、"红领巾志愿小队"，开展"今天我是雷锋"、"妈妈的一天"等活动，在这些活动中，他们学会了怎样关心别人，体谅、热爱劳动者。

今年4、5月份"非典"肆虐京城期间，景山学校的少先队员们通过互联网向全市中、小学生发出倡议"把这次挑战与考验当成一次锻炼我们人

■ 做实践"三个面向"的探索者

生意志的机会"。他们开辟了"非典时期,非常论坛",征集给医务人员的爱心祝福语,为医务工作者的子女送去祝福。在这些活动中,同学们体验到了关心他人的快乐。在东华门街道、东华门敬老院、北京市孤儿园和美术馆公共汽车站,都留下了青年团员们志愿服务的身影……学校与法国阿尔萨斯学校、美国麻省波士顿学校结成了友好学校,每年都互派师生到对方学校交流学习半年,同学们住在美国同学家里,与他们同学习、同生活。在这一过程中,他们看到了中西文化的差异,学会了尊重不同文化的存在。在比较中,他们看到了西方学生身上的优势和不足,学会了取长补短。走出国门,他们真正发现爱国是一件具体而实在的事情,大到参与一个项目,小到课堂上的一次发言,总有一个声音在提醒着:"你代表着中国学生,你要做得漂亮!"(引自学生美国之行的感受)

"在景山待了七年半,知识的学习仅仅是一方面,而人品上的磨砺却使我受用终生。在这里,你不但能从老师身上学到很多东西,也能从身边的同学们那里获得很多有益的启示。景山倒更像是一个温暖的大家庭,它根本不存在师生间的界限与隔膜"。

是呀,十年树木,百年树人。最终决定一个人成才与否的,不是别的,而是他的综合素质,尤其是他面对世界、人生的态度和方式。景山学校的同学们在这个充满健康活力、友爱关切的环境中确立起了自己的人生价值与信念追求。正当记者即将结束采访的时候,好消息又传来了:景山学校男子排球队在北京市青年排球锦标赛中获得男子甲组第二名、乙组第三名的好成绩。白月、张尚同学在北京市航空、航天模型锦标赛中获一等奖。在第十八届全国青少年科技创新大赛中,陈晓霁、张丽德两位同学荣获金牌。在韩国举行的亚太地区青年科学节上,白月同学获得创造发明金奖。未来是现在的延伸,在景山学校——这样一个荡溢着生机与理想的氛围中,同学们以不懈的努力点染着自己青春的光辉,成为同龄人中的佼佼者,并获得了日后发展的坚实基础。更为重要的是,他们找到了自己人生的坐标和前进的方向。倾一腔豪情,托起明天的太阳;撒一路汗水,播

探索之路　　北京景山学校在"三个面向"指引下的教育改革

种崭新的希望。回首景山璀璨的过去，展望它无比美妙的将来，笔者坚信"长风破浪会有时，直挂云帆济沧海"。让我们衷心地祝愿景山的莘莘学子们能够以大鹏展翅之姿、俯瞰寰宇之势，扶摇直上、万里征程，为中华民族的伟大复兴再传捷报、再立新功！

本文作者：陈金明、王丹

（2003年）

■ 做实践"三个面向"的探索者

求真务实 开拓创新 勇为天下先
——北京景山学校的教改之路

不论是从世界各国都把教育置于优先发展的战略地位来说，还是纵观我国素质教育生机勃勃、精彩纷呈的舞台，抑或是对我们的基础教育领域作一次深情回眸，我们都无法忽略和回避一个闪光而响亮的名字——北京景山学校。它作为一所专门从事城市中小学教育教学改革试验的学校，在其成长壮大和步入成功之旅的历程中，无疑会有许许多多对教育的独特看法和不同寻常的感悟。

今天，时值邓小平同志为景山学校写下著名而光辉的题词"教育要面向现代化，面向世界，面向未来"发表20周年之际，沐浴着秋日习习的凉风，我们慕名走访了这所首都示范性高中校，也尽情领略了这面教改试验旗帜的动人风采！

——题记

北京市景山学校是中宣部于1960年创建的一所专门进行教育教学改革的学校。建校四十多年来，学校始终坚持教育教学改革之路，求真务实、开拓创新，为国家培养了一批又一批全面发展、基础扎实、个性鲜

探索之路　　北京景山学校在"三个面向"指引下的教育改革

明、学有专长的英才。特别是1983年邓小平同志为该校题词"教育要面向现代化，面向世界，面向未来"以来，在这一思想的指引下，学校在学制、课程、教材、教法、考试与评价、课外教育和劳动教育以及发展学生的个性特长等方面都进行了一系列的整体改革试验和单项试验，取得了可喜的成果和许多规律性的经验。学校连续参加了"六五"、"七五"、"八五"、"九五"期间的国家级、北京市及东城区级的课题试验，均取得了良好的效果。在长期的教改实践中，景山学校造就了一支具有一定教育理论水平和教育科研能力的骨干教师队伍，确立了教育教学工作、教育教学改革试验和教育科研三者紧密结合、"三位一体"的教改方法，形成了以科研为先导，以教育教学为中心，以课题为载体，以学生发展为根本，全面推进素质教育的办学特色。

改革是生存之道，改革是发展之道。景山学校在邓小平同志"三个面向"的思想的指导下，全面推进教育改革。早在1979年，景山学校就在全国中小学中率先成立了教育科学研究室，研究总结国内外教育改革的经验教训和发展趋势，为新时期的教育改革与试验作出了理论和实践上的准备。1999年6月，中共中央、国务院作出了"深化教育改革，全面推进素质教育"的决定。在这一思想的指引下，学校领导和教科所的同志们共同探讨了"我校如何进一步全面推进素质教育"的问题，从而掀开了景山学校新一轮的整体改革的序幕。由范禄燕校长主持制定的《北京景山学校教改试验课题六年规划》中明确指出："教改是景山学校的特色，教改是景山人的性格，教改是景山学校生命力之所在"。学校结合时代精神和本校的实际问题，有针对性地对学校教育教学改革进行了全面的规划。他们确立了学校办学的战略目标，即：按照"三个面向"的指导方针，探索中小学培养人才的客观规律，要出人才、出经验、出理论、出教材，为提高教育质量，为发展具有中国特色的社会主义教育理论和教育实践做出贡献。

■ 做实践"三个面向"的探索者

■ "全面发展打基础，发展个性育人才"的办学理念

"三个面向"是党的基本路线在教育领域的具体体现。"面向现代化"是"三个面向"的核心和基本要求。它要求教育要为21世纪我国社会主义现代化培养人才。"面向世界"要求我们的教育要与世界教育接轨，与世界教育的发展同步。"面向未来"要求教育应该为未来社会的发展培养人，根据未来社会对人的素质的要求来办今天的教育。这是对属于21世纪的人才的素质要求，也是对面向21世纪的中国教育的要求。

美国现代教育理论认为，学校应当为学生提供四部分课程，一是个人成长的课程，包括自尊和自信的建立。二是生活技能课程，包括创造新的解决问题的办法和自我管理。三是学习如何学习的课程，让学习成为终生的过程而且充满乐趣。四是具体内容的课程。教育是一个复杂的系统工程，它牵涉到学生发展的方方面面。学校在完成具体的教学内容的同时，更应该着眼于学生未来的发展、整体综合素质的提高。为此，景山学校把"全面发展打基础，发展个性育人才"确立为学校的教育理念和办学目标。

为了培养"面向现代化，面向世界，面向未来"的21世纪的优秀人才，培养学生的创新精神和实践能力，提高他们的综合素质，开展科技活动、进行研究性学习已成为发展学生智力、培养学生实践能力的一条重要途径。为此，学校确立了"把常规教学和研究性学习结合起来"的原则。从1997年开始，景山学校就着手开展中学生研究性学习实践活动。让学生走进国家重点实验室，在专家、教授的指导下进行研究。几年来，已有300余名学生自报课题，课题涉及生物、医学、计算机、化学等学科。有60多名同学参加了中国科学院植物研究所、中国科学院计算机研究所、中国协和医科大学基础医学院、中国医学研究院基础医学研究所等20多个国家重点实验室的活动。在刘德培院士、何维教授等知名专家的指导下进行研究。在活动过程中，他们到香港进行科技考察、到内蒙古中国科学院生

探索之路　北京景山学校在"三个面向"指引下的教育改革

态系统定位研究站进行草原生态的实地测量、到怀柔太阳观测站进行测量与研究。在这些活动中，同学们不仅学到了专家身上的科学探究精神，培养了科研意识，而且还开阔了视野，扩充了知识面。

2001—2002年第二学期，学校进行了建构初中语文探究式活动课程的尝试，开设了"关注老北京文化"的校本课程。该课程借鉴了研究性学习的具体实施方法，让探究式学习贯穿于课程选题、开题、实施、结题的全过程。在这一过程中，教师主要扮演"引路人"的角色，教会学生完成这门课程所必需的一些方法，引导整个课程按正常的流程不断推进。并由教科所的老师们为学生讲解研究性学习的特点。在课题申报答辩会上，由专家、领导和学生共同质疑，帮助各个小组修正自己活动的方案。让同学们在严谨而热烈的研究氛围中，受到科学精神的熏陶。同时，同学们在感知、发现问题、分析问题、解决问题的过程中慢慢培养出科学的探究精神。

教育面对的是一个个具有个性的学生，教育应促进每一位学生的发展。景山学校的领导们充分认识到了这一点，他们注意到了课程结构必须有选择性，以适应学生的个性差异。学校从发挥教师特长、体现教师主导，发挥学生特长、体现学生主体，尊重学生意愿、促进学生发展的原则出发，把班级教学与分类指导结合起来，积极进行选修课的开发与规范化研究。他们调查学生的需要和兴趣，根据学生的需要和兴趣确定选修课的大致科目和范围，然后每位教师按照学校确立的选修课课程目标和学生的需要，结合所教年级学生的特点，本着拓宽和加深学生的知识，培养学生兴趣、特长的原则开设选修课。学校开设了提高类选修课，如数学、物理、化学、生物、外语竞赛专题；拓宽类选修课，如中外文学作品欣赏、英语视听课、电子技术、信息技术、国际热点问题、天文知识讲座、戏剧性欣赏等等；文体类选修课，如戏剧表演、美术欣赏、素描、服饰欣赏、摄影、排球、形体等科目。这些课程的开设都起到了非常积极的作用，超过半数的学生认为选修课的内容和教学形式与必修课相比较有新意。84%的初中学生和79%的高中学生认为学校开设的选修课基本符合自己的需要，并且具有良好的效果。

为了促进学生的全面发展，景山人贯彻把基础文化教育与劳动技能教育结合起来；把科学精神与人文精神的教育二者结合起来；把传统教学媒体与现代教学媒体结合起来的原则。1999年9月，景山学校作出了成立"电脑辅助教学试验班"的决定，学校提出，电脑不仅是教师辅导教学的教具，而且是学生自主学习的用具。把电脑与网络引入教室，大力探索在基础教育阶段如何迎接教育信息化的挑战。经过三年多的课题试验，试验结果表明这一举措对于激发学生的学习兴趣，调动学生的学习积极性，提高学习质量，开发学生的潜能，全面发展学生的综合素质方面都起到了良好的作用。

从"把提高智能与发展非智力因素结合起来"的原则出发，把课内和课外、校内和校外的教育活动结合起来。景山学校不仅关注学科特长生的培养，而且注意培养艺术、体育方面有特长的学生，学校主要通过选修课和课外活动的方式对艺体特长生进行培养，加大选修课的开设力度，开设了排球、篮球、游泳、音乐欣赏、素描、绘画等课程。加强学生课外活动的组织与指导，成立了各种体育专项运动队、体操舞蹈队、学校银帆乐团等课外活动小组，并配备专职教师和兼职教师，学生根据自己的特长和兴趣自愿参加。每个学期学校都要举行艺术节、运动会、摄影赛、绘画展等丰富多彩的活动，为有特长的学生创造展示自己才能的机会。

在景山学校，学生们的知识水平、科学素养、人文精神和个性品质都得到了全面的发展。他们是素质教育的受益者，是景山学校在邓小平同志"三个面向"教育思想指导下不断推进教育改革和发展的受益者。

20年来，景山学校的全体干部和教师在"三个面向"的战略思想的指引下，在学制、课程、教材、教法、考试与评价、课外教育和劳动教育以及发展学生的个性特长等方面都进行了综合整体的改革和试验，取得了可喜的成果和规律性的经验。2000年，景山学校高考上线率达百分之百，考入清华大学、北京大学的学生有32人，占高三学生总数的25%，近90%的

探索之路　北京景山学校在"三个面向"指引下的教育改革

学生考入了重点大学。"九五"期间，景山学校共有3316人次获得国际、国内竞赛奖项。这正是学校秉承"全面发展打基础，培养个性育人才"的办学理念，开拓创新、与时俱进的积极结果。

在教育过程中，景山学校始终面向学生的未来，努力为学生今后的发展奠定一个坚实的平台。这个平台是以基本的知识、能力、品格、身心素质为基础的。它在使学生获得知识的基础上，获得能力，求得发展，养成个性。学校让学生通过情感学习，培养起稳定的情感、健全的人格和良好的社会适应能力。让学生通过知识的学习，树立科学意识和人文意识，养成科学道德和科学作风。通过知识的学习，学会学习、学会思考、学会解决问题。通过学习，培养学生的学习兴趣、使他们形成学习动机、树立起人生的理想与信念。通过学习，培养学生的自觉性、果断性、坚持性等意志品质，增强学生自我调节、自我控制的能力。为培养走向现代化、走向世界、走向未来的有理想、有道德、有文化、有纪律的一代新人，为学生的终身学习和一生的发展奠定了坚实的基础。

■ 教学工作、教学改革试验和教育与科学研究三者紧密结合的教改方法

现代课程理论认为：课程是人才培养的基石，是教育活动中最具有实质性的因素，它制约着教育的培养目标、内容、方法和手段，制约着学生在学习中的地位和学习方法。不同课程的出现是社会发展不同阶段对教育要求的体现。课程改革是教育改革的核心，也是深化教育改革、全面推进素质教育的重要标志。课程集中体现着一所学校的教育价值取向，直接影响着学生的发展和教育质量的提高。21世纪基础教育的任务要为我国在本世纪中叶基本实现现代化所需的各方面的人才奠定基础，这就必须建立面向21世纪的课程。景山学校是一所专门进行中小学教育改革试验的学校，

■ 做实践"三个面向"的探索者

从1960年建校至今四十多年的时间里，它一直在努力进行教育改革的试验。特别是在课程和教材方面进行了积极的改革探索，取得了一些带有规律性的成果和经验。

景山人认识到，国家课程注重基础性和统一性，但无法兼顾学生的个性发展，这就要求学校构建以学生发展为本的、更合理的基础教育课程体系。他们在全面落实国家课程计划，开好国家规定课程的同时积极优化基础学科课程，进行国家课程本校化、校本课程系列化的探索与试验。

整体设置九年一贯的课程和教材是景山学校课程改革的基础，根据学生身心发展的规律，学校对课程结构进行了九年一贯的统筹安排，重新调整课程计划和结构，落实中小学课程的衔接问题。小学与中学的课程、教材与教学，必须能承上启下；各科课程、教材、教学，在不同年级必须取得纵向连贯，以免在学习上有不当的重复或脱节。景山学校一直使用自编的小学语文、数学教材。1999年，他们成立了"全日制义务教育语文、数学教材编写组，开始编写九年一贯的语文、数学教材。继承传统、与时俱进，他们力图编写出一套能够与现代社会发展相适应的、能促进青少年身心健康发展、能培养学生思想道德素质、科学文化素质、全面提高学生语文、数学素养的教材。在教育试验过程中，他们采用教材编写、教学试验、教学理论研究三结合的方法，在试验中不断总结、提高认识，掌握新理念，探索新方法，不断提高编写教材的水平和教学实践能力。

近年来，学校领导明确提出了"科研兴校"的口号，学校的教育科研工作已经同教育教学工作一起作为学校的一项重要工作，纳入了学校的办学计划和年度工作计划之中。学校重视教育科研，不断加大教育科研投入。

早在1979年，景山学校就已在全国中小学中率先成立了教育科学研究室，1989年扩大为"教改研究所"，由校长兼任教科所所长，设常务副所长一名具体负责学校教科所工作，教科所教师均为教育学硕士研究生。每学期校长、校领导以及教科所的老师们共同制订学校的教育科研工作计划，负责全校教育科研和教改试验的指导、实施和评价工作。学校教科所

探索之路　北京景山学校在"三个面向"指引下的教育改革

制定了一系列教学、科研工作的规章制度，如：《北京景山学校试验课题管理的规定》、《北京景山学校教学科研经费使用、发放原则》以及《北京景山学校教改试验课题论证报告评定标准》等等，学校的科研工作有计划、有检查、有总结，从校长、教科所到每一位教师都有科研工作计划。每学期教科所都对每个课题组进行中期检查，教科所每学期都有科研工作总结。学校每学期有2—3次全体科研培训，每个月课题组都有课题研究活动，课题的开题、结题都召开专门的会议。学校教科所和图书馆为教师的科研活动提供丰富的资料和信息。教科所每学期编辑出版3期《教改通讯》，宣传教改动态和科研信息。并利用景山校园网：宣传科研成果和信息。同时，学校还将有价值的科研成果编辑出版，从2001年到现在已经出版了有关教师们的科研成果的书籍30余册。学校有专门的教育科研经费，并有健全的评选、奖励科研优秀教师的制度。并把参加教学科研作为教师晋级、职称评定和晋升工资的重要指标。"十五"期间，学校共承担了1项教育部重点课题，2项国家级课题子课题和5项东城区课题。此外还有校级课题六大类73项，内容涉及课程、教材、教学、德育、评价和行政的方方面面。这些课题都围绕着"全面发展打基础，发展个性育人才"的办学目标展开。

教学科研促进了学校教学质量的提高，景山学校连续两年有学生在全国数、理、化和信息奥林匹克竞赛中获得一、二、三等奖，学校的中、高考升学率不断提高。同时，学校多次被评为东城区教育科学研究先进集体。1999年，学校教改成果《北京景山学校小学初中综合整体改革的研究与实验》获全国第二届教育科学优秀成果奖，《以"三个面向"为指导推动学校综合整体改革的研究与实验》获北京市首届教育教学成果一等奖，2002年《电脑辅助进行实验班的研究与实验》获北京市第四届教育科学研究优秀成果基础教育专项奖。教育科研的开展大大提高了教师们的素质，一大批优秀教师在景山、在东城区、在北京市脱颖而出，成为北京市中小学教育的骨干力量。如：徐伟念老师积极进行教改试验，他组织进行的

《培养化学优秀特长生的课题试验》获得了东城区优秀论文奖,所撰写的《如何提高金属元素化合物教学质量》的论文获全国二等奖。他所教的各届学生的化学高考成绩在全区名列前茅,所培养的学生多次在市、区以及全国化学竞赛中获奖,他自己也被评为北京市中青年骨干教师,东城区学科带头人及学科指导组成员,并因为教学成果优异而荣获首都劳动奖章,被市政府授予先进工作者的称号。刘长明老师先后被评为学校、东城区、北京市的优秀青年教师,并被聘为景山学校二十一世纪小学语文教材的编委,他在北京市专任教师普通话朗诵比赛中、在东城区"东兴杯"教学大赛语文学科比赛中都曾多次获奖。另外,周群、许云尧、欧丽、殷玫君、李云飞、邱悦、尹辉等多位老师已经成长为北京市东城区中青年骨干教师。"九五"期间学校参与课题研究的教师有200多人次,参与科研的教师达90%以上,撰写的论文和课题报告累计达800多篇。"十五"期间学校形成了教职员工人人有课题,个个参加教育科研的局面,用科研的态度和方法去开展工作已经成为了学校的普遍趋势。学校涌现出了一批具有现代教育观念和科研能力的优秀教师,教师群体正由传统经验型向现代专家学者型转化。这一支具有共同教育理想、有一定教育理论和科研能力的干部和骨干教师队伍构成了景山学校搞好教改试验的基本保证。

取古今中外百家之长,走继承、借鉴、创新之路

景山人知道,要发展自己,构建我国一流的教育体系,要让我国的教育事业屹立于世界教育之强林,必须充分借鉴吸取世界上一切优秀的教育思想、教育方法,在继承、借鉴、创新之中不断发展。范禄燕校长在赴美国波士顿牛顿城学校交流期间,对中美两国教育的异同进行了细致的分析。他说:"中国的教育具有悠久的历史,对世界教育曾作出过重大的贡献,但我们不能永远躺在历史已有的教育成果上,我们不能不承认由于历史的原因,我们与世界教育的发展隔离了许多年,而恰恰在隔离的这些年

探索之路　北京景山学校在"三个面向"指引下的教育改革

代里,正是世界教育飞速发展的时期。仅从美国教师对学生的热爱,对学生个性心理的发展给予鼓励的方法来看,也是非常值得我们借鉴的。"

早在60年代初,景山学校为了吸收和借鉴国外中小学数学教学改革的先进成果,就曾引进了日本、法国、民主德国的教材进行试验。70年代末80年代初,景山学校以国外最先进的教材作为蓝本,吸收其先进的教学体系,结合我国学生的特点,改编成一套新的试验教材并进行试验,并在试验过程中不断进行修改。

改革开放以来,景山学校在"教育要面向世界"方面作出了的更进一步的努力,他们在积极吸取世界各国创造的一切丰富而优秀的文明成果方面迈出了坚实的步伐。确立了"融古今中外百家之长,走继承、借鉴、创新之路"的原则。立足中国,放眼世界,走向世界。为此,学校先后与美国波士顿市的牛顿公立高中、安德伍德小学,法国的阿尔萨斯学校、新加坡的莱佛士书院、泰国佛统皇家学院建立了姊妹学校、友好学校关系。并组织学生参与各种国际交流。1985年7月,余晨同学应美国Apple计算机公司的邀请到美国参加访问。1992年,孙珊同学参加了国际昆虫学会年会并在会上用英语宣读了自己的论文,开创了中学生参加国际专业研究会议的先例。1999年10月,范禄燕校长带领孔令蕾、樊松同学参加了在巴黎举行的世界儿童大会,孔令蕾同学在会上作了精彩的发言。1999年,在美国举行的青少年工程大奖赛和同年在新加坡举行的第2届亚太地区青少年科技交流会议上,景山学校的同学们精心设计的软件、制作的展板都获得了最高奖项。2000年,美国宇航中心向全世界青少年征集太空科学实验方案,由北京景山学校五年级学生李桃桃提出的"蚕在太空中吐丝结茧"的实验方案在全国各地中小学生提出的近900项方案中脱颖而出,获得了搭乘"哥伦比亚"号航天飞机在太空中进行试验的资格。2001年1月,美国宇航员哈里森专程来华,在人民大会堂"中国航天之星"青少年2000年太空试验方案发布会上,授予了北京景山学校"中国航天之星"青少年探索计划2000年活动"超新星"学校的匾牌和证书。从1983年到现在20年中,北

做实践"三个面向"的探索者

京景山学校先后已有师生近200人次出国访问、参观学习。先后出访了美国、英国、德国、法国、瑞士、澳大利亚、韩国、日本等近20个国家参加学术会议和进行学术交流。此外,景山学校曾接待世界各国政府要人、专家学者、教育同行、友好人士来校访问。

景山人注意到,21世纪是信息全球化的世纪,也是教育的世纪。现代信息技术的发展必然促进教育的现代化,并为教育面向世界提供更加有利的条件。北京景山学校已经建立了现代化的信息网络,实现了学校与家庭联网,实现了与海内外的联网。为学校进一步面向世界和走向世界开辟了一条更加快捷的通道。

景山学校遵循"教育要面向世界"的思想,按照"扎根中华,放眼世界,以我为主,博采众长,洋为中用,融会创新"的方针,走出去,请进来,相互学习,广交朋友,广泛汲取世界各国的先进经验,做到古为今用,洋为中用,探索中西教育的结合点,为培养走向世界的具有国际竞争力的人才奠定坚实的基础。努力攀登世界基础教育的高峰。

确立"以学生发展为本"的理念,整体构建学校的德育工作体系

"以学生发展为本"的理念的确立,是时代的要求、历史的必然。这一理念充分体现在以提高学生的素质为核心,以发展学生个性为基础,以重视教育的社会化和终生化为特征。"以学生发展为本"的德育就是要为学生的终身发展负责。

加强青少年的思想道德教育是关系到他们终生发展,关系到国家命运的一件大事。景山学校始终把德育工作放在各项工作的首位来抓,而且十分注意德育的针对性、时代性和开放性。景山人注意到:德育工作的效果,不仅依赖于各种外部条件,而且必须依赖于学生自身的内部因素。德

探索之路 北京景山学校在"三个面向"指引下的教育改革

育工作不能超越青少年身心发展规律的制约。就大多数学校的情况而言，客观上中小学的分离给德育工作造成了很大的断层，在认识上、做法上缺乏系统性、连续性、稳定性；在德育目标上，尚未做到分层递进；在德育内容上，尚未做到循序渐进；在教育实践中，不可避免地出现脱节、倒挂和不必要的重复等问题。

景山学校在学制上是小学、初中九年一贯和高中三年，这样的中小学一贯的学制给学校德育工作的开展提供了优势。他们充分利用这种优势，构建整体化、一贯性的德育工作体系，以保证这个德育过程中要素结构的完整性和连续性，使之充分适应各年龄阶段的学生身心发展的特点。因此，他们提出了一个以不同年级学生心理、生理、思想品德的发展规律为依托，整体规划、构建从小学一年级至高三年级的德育新模式，并制定了《北京景山学校德育序列纲要及实施细则》。这份细则在总的德育目标、德育内容的基础上，分解出各个年级的德育目标、德育内容，并编写出具体的实施途径和方法。例如，把九年一贯制这个学段化分为三个阶段：1—3年级以行为规范为主，贯穿五爱教育，渗透环境保护教育；4—6年级以遵纪守法为重点，贯穿公平、公正、艰苦奋斗和公民的权利和义务、责任感、辩证观教育，渗透合作、交往、挫折教育；7—9年级以道德品质为重点，贯穿竞争、诚实守信教育，渗透价值观、世界观、人生观教育。每一阶段德育目标的确定、德育途径和方法的选择，都是由浅入深、由低到高、由感性到理性、由具体到抽象，逐步深化的。

学校注意到了德育工作的时代性，德育的内容必须适应时代的要求，使学生具有与社会主义现代意识、观念和相应的能力。例如，以爱国主义、集体主义、社会主义为灵魂的各种现代意识：竞争的精神、开拓创新的精神、吃苦耐劳的精神、敢冒风险并能经受各种失败和挫折的精神、质量意识、法制观念、全球意识等等。

在实施德育的过程中，景山学校还将德育与法制教育结合起来，将德育与环保教育结合起来。通过小学部与武装部队举办联合队日活动，高中

■ 做实践"三个面向"的探索者

生接受正规军事训练以及各种法制教育报告和参观活动，让学生树立起正确的法制观念。在此基础上，学校把保护生态环境纳入到初中德育过程中来。学校结合环保课，让学生走出校门做环保小调查，自行检测汽车尾气，做汽车流量实地调查。在超市做口香糖销售情况调查，通过这些活动使学生真正树立起环保意识，加入到环保的实际活动中来。

同时，学校们也注意到了德育工作的开放性，景山人认识到，德育的舞台不仅是在校园，更在于广阔的社会。学生在学校的道德仅限于"知"的层面，德育的关键在于内化和吸收，这在很大程度上需要走向自然、走向社会、走向世界，在实践中学会做人、学会共处、学会关心、学会求知。另外，学校强调德育工作的针对性和实效性，在改革开放的今天，学生与社会、学校、家庭，与老师、父母之间的关系日趋复杂，独生子女的特殊性、复杂的社会背景都给学校的德育工作增加了不少难度，景山学校的老师们主动走进孩子们的心灵，去体会他们的感受，理解孩子，读懂孩子，使自己的德育工作更富于针对性和实效性。

沧海横流，方显英雄本色。40年来，景山人始终以培养为时代、社会所需的高素质人才为己任，成为了培养高级人才的摇篮。

面对新的世纪，景山人将以"三个面向"为指针，以教育科研为先导，以教育改革为动力，以教改试验为基础，构建具有北京景山特色的课程新体系，形成课程、教法、学法评估和管理一体化的教学新模式，从根本上解决受"单纯应试教育"制约、过于注重学科课程，忽视实践活动类课程的弊端，为我国中小学课程改革的发展提供规律性经验。

改革，铸成了景山的品格，也铸就了她光荣的历史。面对新的机遇、新的挑战，景山人将开拓创新、与时俱进，在建设"面向世界，面向现代化，面向未来"的中国教育新体系的伟大战役中创造新的辉煌！

本文作者：陈金明、王丹

（2003年）

探索之路　北京景山学校在"三个面向"指引下的教育改革

[浓缩生命精华　铸就育人华章

——记北京景山学校的教师们]

"振兴民族的希望在教育,振兴教育的希望在教师"。教师的辛勤付出与素质修养是学校得以发展的根本动力。走进北京景山学校,记者感触最深的就是教师们渊博的学识、高尚的师德和澎湃的激情。在这里,无论是初为人师的年轻大学生,还是德高望重的老前辈,无论是决策千里的书记、校长,还是执教数十年的讲台精英,他们共同拥有的是一颗忠诚于教育事业的赤诚之心和对学子们倾注的万般深情。因为是"太阳底下最崇高的职业",所以就选择了奉献;因为是"燃烧自己,照亮别人的蜡烛",所以就选择了"牺牲";因为是"人类灵魂的工程师",所以言谈举止都选择了崇高和使命。正如陶行知先生所言:"捧着一颗心来,不带半根草去",他们"淡泊以明志,宁静以致远"——不求名利,为了倾全力以实现崇高之理想;甘于寂寞,为了将事业之路拓得更宽更远,纵使为之"消得人憔悴"、"衣带渐宽"而终不后悔!

——题记

■ 做实践"三个面向"的探索者

北京景山学校创办于1960年，现有小学至高三12个年级，53个教学班，在校生2400人，教职员工243人，其中特级教师6人，中学高级教师74人。

四十多年来，景山学校超前发展，以高度凝练的成长历程，铸就了精彩纷呈的育人华章！作为一所专门进行中小学教改试验的学校，景山始终坚持教改不倦。特别是1983年邓小平同志为学校题词"教育要面向现代化，面向世界，面向未来"以来，在"三个面向"思想的指引下，学校在学制、课程、教材、教法、考试与评价、课外教育和劳动教育以及发展学生个性特长等方面进行了一系列整体改革试验和单项试验，取得了可喜的成果和规律的经验。连续参加"六五"、"七五"、"八五"、"九五"期间的国家级、北京市级和东城区级课题试验，均取得了良好的效果。

面对这一份份浓缩成长精华的成绩和荣誉，范禄燕校长一再强调指出："景山成功的秘诀就在于有一个特别能战斗的教师群体。""在长期的教育改革实践中，我们深深感到，一所好学校，除了要有好的领导群体，好的教育条件，更重要的就是要有一支优秀的教师队伍，景山学校在建校的四十多年中，能够在国内外产生广泛的影响，就是因为它有一支热爱教育、勇于探索、敢于实践、有自己特色、愿意为教育做奉献的教师队伍。"

近日，记者有幸采访了这个优秀教师群体中的卓越代表。让我们惊讶的是，接受我们采访的二十几位老师，他们对学校办学理念、办学特色、办学思路的认识竟然能够那么高度统一；他们对于个人之于团体、教师之于学生、教育之于社会的责任把握，同样又是那么深刻与一致。"景山就是我们的大家庭"！于是，我们听到了"痴迷教育"、"奉献教育，矢志不渝"、"我们输送的孩子是个顶个儿的棒"、"做伟人的启蒙老师"这样的真情告白与芬芳誓言……

探索之路　　北京景山学校在"三个面向"指引下的教育改革

■ 播撒爱的种子　为教育插上爱的翅膀

教育是一个艰辛、漫长的历程，它需要严格的要求和管理，更需要宽容，需要爱心。古今中外许多著名的教育家，在教育工作中都非常重视教师热爱学生的重要作用。孔子曾说："仁者，爱人；君子学道则爱人。"裴斯泰洛齐被人奉为"爱的教育之父"。苏霍姆林斯基也曾说："我一生中最主要的东西是什么?我会毫不犹豫地回答：热爱儿童。"景山学校的教师们坚信：以爱作为教育学生的感情基础，让学生充分感受到尊重、感受到理解、感受到关怀与支持，能更有效地发挥教育的功能。

采访中，高颖老师这样说道："孩子的心是片空地，种什么，就得什么。种真诚，种善良，种自信。我们最希望让良好的道德、美好的情感深深扎根于孩子的心灵。而要做到这一点，我们教育者首先要做到的就是能走进孩子的心灵，去体会他的感受。如果你走进孩子的心灵，你会发现，孩子是快乐的，你也是快乐的。在这个时候，两颗心灵是相融的、相通的，任何教育都仿佛是春雨润物般地自然和悄无声息了。"尹辉老师也真情流露："用爱的等待和爱的磨合让孩子们成长起来。因为对于学生的成长而言，没有什么能替代得了等待，等待他们在你的耐心教诲、真诚呵护下，自己睁开眼睛去观察，伸出双手去实践，开动脑筋去思考。给他们选择、思考的时间，尝试、修改的机会，宽容他们的固执与冲动，在他们迷茫，甚至犯了错误的时候，还能充分地理解他们，真挚地呵护他们，用平静的充满信任的耐心去等待，我想这也是教育前辈们常说的：十年树木，百年树人的原因吧。"王春晖老师坦言："有时候我觉得自己真的就像一个孩子王，活跃极了!是教育这份'给爱'的工作让我的生活如此充实!"

细致的刘长明老师在处理学生问题方面提出了"换位思考"观念。他说，老师要尽量使自己具备"学生的心灵"，用"学生的大脑"去思考，用"学生的眼光"去看待；用"学生的情感"去体验，用"学生的兴趣"去爱好。王京梅老师提出"捕捉最佳的教育契机"——当教育和学生心理、客观环境三者处于最佳结合状态时，就形成了最佳教育契机。在最佳教育契机里，学生的思想与老师最易产生共鸣，也就能收到事半功倍的效果。

人都是有脾气的，再好的老师也难免会有发火的时候。遇到压不住火的时候老师该怎么处理？年轻有为的朱畅思老师向记者道出了关于"黔驴技穷"的典故："我觉得人之所以要发火是因为他已经无计可施了。这让我想到了一个词，黔驴技穷。所以每当我要发火的时候，就让班长提醒我一声：'驴'。一听到这个我马上就停住了。"殷玫君老师笑言："我很喜欢教育，非常喜欢教书。平时生活中也会有很多琐事，可是一进教室，一见学生，什么样的烦恼都没有了"……也许这些都只是一些很小的细节，但是体会过这些细节的人想必会跟记者有同样的感受，那就是赞叹之余，又心生了许多感动——为景山人对孩子们细致入微的关心感动，也为孩子们能在这样一所学校生活、学习而感动。

"经师易得，人师难求"，古人如是说。"人师"的标准不只是传授知识，更要求为人师表。教育家加里宁说："教师的世界观、品行和他的生活以及他对每一现象的态度，都这样或那样地影响全体学生。"教师的言行对学生的成长同样起着耳濡目染、潜移默化的作用。景山学校的教师们谨记自己的职责，在对学生严格要求的同时，对自己也严格要求，没有一刻的放松。在景山工作了近30年的何丽华老师曾说："作为老师，为人师表，各方面都应走在学生的前头。你的一举一动都在影响学生。"许多学生也都反映了老师们以身作则的事例："人一定要有责任心。这是我从老师们身上学到的"；"在景山待了7年，知识的学习是有限的，但是人品上的学习却是使我受益终身的"；"景山的老师，亦师亦友"……

"让我怎样感谢你，
　当我走向你的时候，

探索之路　北京景山学校在"三个面向"指引下的教育改革

我原想撷取一朵浪花，
你却给了我整个大海；
让我怎样感谢你，
当我走向你的时候，
我原想收获一朵花朵，
你却给了我整个春天。"

于是，对孩子的爱成为了"景山人"的一个传统！

■ 上下求索　创建全面发展的空间

师资建设在现代学校发展历程中不仅是不可或缺的、而且是至关重要的环节。教师队伍的建设是教育改革与发展的根本大计。基于此，景山学校始终将建设一支具有一定教育理论水平和教育科研能力并能够独立进行教改试验的干部和骨干教师队伍当作首要来抓。学校开展了"名师工程"，采取走出去、请进来的方法向广大教师灌输现代先进的教育思想，培养他们扎实的业务知识和使用现代化教育技术的技能，帮助他们树立爱岗敬业、锐意改革的精神；鼓励老、中、青教师冒尖；鼓励优秀教师著书立说；对先进、优秀教师的教育教学成果及时在市、区及至全国进行总结、研讨、推广；学校一直重视对青年教师的培养，采取师徒结对、每学期上研究课、年级组备课等多种形式，为教师的成长提供了广阔的发展空间。同时针对青年教师主观能动性强等特点，提出由青年教师自己设计个人发展成长的目标的发展思路。同时还通过出版特级教师的专著、总结优秀教师的经验、不断推举新秀等方法，优化教师队伍，形成合理结构。正如周群老师所说："景山最有吸引力的就是'活力'。学校永远是在变动中的，在不断的运动当中也不断地有超前性。老师不能光'看家守院'，更要'冲锋陷阵'。学校会不断地促进老师们去想、去改革、去适应、去

做实践"三个面向"的探索者

发展。"

为了推进21世纪教育改革的步伐，景山学校提倡教研、科研、课堂教学相结合，鼓励教师以科研带教研，要求广大教师从传统经验型教师向现代学者型、研究型教师转变。景山学校采取在全国招聘、反聘，与国家教育部、人民教育出版社、中央教科所、北京教科院、北京师范大学、东城区教研中心等单位合作的方式，成立了学校自己的教科所，加强和充实了学校的科研力量。在教科所的带动下，景山学校形成了人人有课题，人人参与教改试验，人人边工作边科研的特色风景。许云尧老师的一席话也许道出了许多老师的心声："今年正值邓小平同志为景山学校题词'三个面向'二十周年，也是我到景山学校的第八个年头，在这八年里，让我深深感受到了景山人的科研意识。在景山，每时每刻，每个角落你都能感受到教科研的气氛。在景山，大到国家每一次教育形势的变化，小到学校内部每一次出现的小问题，都可以成为科研课题。这八年伴随我成长的也是教科研，我最深的体会是只有教科研才能真正提高办学质量。"

科研的过程是学习的过程，是积累的过程、提高的过程、创新的过程，同时也是教师成功自励的过程。为了真正担当起为师的职责，北京景山学校的每一位教师都在积极地苦练内功，利用一切机会提高自己的教学水平，主动投入教学研究和教育科研工作，踊跃参加教育研究和现代教育技术学习。有了发展自我的迫切需求，加上善于学习的基本能力，景山学校的老师在很多方面都走在了同行的前面。其中教改试验成果《北京景山学校小学初中综合整体改革的研究与实验》获全国第二届教育科学优秀成果奖；《以"三个面向"为指导推动学校综合整体改革研究与实验》获北京市首届基础教育教学成果一等奖；2002年《电脑辅助进行实验班的研究与实验》获北京市第四届教育科学研究优秀成果基础教育专项奖。此外，徐伟念老师在教学改革试验中突出以疑激思，以思激学。在化学特长生的培养方面积极探索培养规律和方法，采用任务驱动的方法培养学生的能

探索之路　北京景山学校在"三个面向"指引下的教育改革

力，提高学生的科学素质，他所撰写的论文多次获奖，并出版专著多部；张小军老师从事劳动技术课教育16年，摸索出一套完整的教学规律，并获得全国优秀劳动技术教学比赛一等奖；李玉祥老师在她所担任的历史课教学中，注重运用辩证唯物主义和历史唯物主义的观点和教育输导的方式启发学生思考人生，深受学生好评。

"大学生—合格教师—优秀教师—教育专家"，"熟悉期—适应期—称职期—成熟期—个性化的成长期"是景山学校为广大教师设计的不断超越的发展道路。在工作实践中，青年教师们完成了从学生到学生式的教师再到一个合格的教师的角色转变过程。而当他们不断地学习，并把学到的东西用于工作实践中时，便逐渐由经验型的教师向一个科研型的教师转变，由一个感性的教师向一个理性的教师转变。一份耕耘，一份收获。景山学校涌现出了一大批教师骨干和教师新秀，如华罗庚数学竞赛金牌教练员欧丽；"紫禁杯"优秀班主任李洁；东城区中青年骨干教师李云飞、吴国起；东城区优秀科技辅导员、优秀青年教师沙有威；东城区优秀教师王敏洁、李巧梅……

荣誉的纷至沓来并没有让"景山人"迷失在成就的光环中，"士不可以不弘毅，任重而道远。"他们本着一切为了学生的思想，在教育教学工作中，处处留心，处处积累，强化自己甘为人梯的服务意识，在平凡的工作岗位上，用自己的智慧、自己的创造力去努力探索适应当前教育规律的教育模式和方法，使教育更有成效，使学生更主动、更积极、更健康地学习与成长。

于是，永不自满的进取精神，无私奉献的敬业精神，求实开拓的创新精神便成了"景山人"一生的雕琢！

■ 激情·奋斗　与成功有约

在景山这片育人的沃土上，广大教师固守的是一份艰辛与执著，拥有

做实践"三个面向"的探索者

的是一笔投身教育实现自我价值的丰硕财富。然而是什么让如此之多的教师能够在艰辛中坚守一份认真,让如此之多的年轻好动的生命安于职守、甘于付出呢?在老师们朴实真情的对话中,我们找到了答案。

徐伟念老师深情地说:"我非常热爱我们的学校,这不仅是因为它为我提供了一个发展的空间,更重要的是培养了我积极进取的精神和脚踏实地的工作作风。是它使我一步步地知道了怎样才能做好教师工作,是它使我热爱了教育事业。它那种催人奋进的改革创新精神、奋发向上永不停息的教改环境、勇于奉献的敬业精神将永远激励着我前进!"袁立新老师真情流露:"我选择了景山学校,被景山学校教改氛围深深吸引,想在这所为教改而诞生的学校中发挥自己的聪明才智,实现自己的价值和理想。"邱悦老师更是动情地说:"景山是我的母校。我愿意把我全部的精神,全部的才智都献给我的教育事业!"

正如我们所感受到的,在景山这个融融春日般的学校氛围里,昂扬着一种澎湃的激情。教师之间、团队之间的交流与合作,都是坦诚以对、真情互动的,同时,老师们又都能在这种轻松自如的氛围下释放自己的工作激情。一方面,学校领导竭尽全力为广大教师的成长铺路搭桥:"在景山,你的心有多大,学校给你施展才华的舞台就有多大";另一方面,全体教职工一心扑在教育事业上的拼命三郎式的奋斗、进取精神,"明理、勤奋、严谨、创新"的教风,同样也为学校的长远发展构筑了一个坚实的平台。在这个平台上,他们把自己的生命精华浓缩进了学校这个代表着他们共同理想的地方,他们既是学校发展的建设者,也是学校发展历程的经历者,他们随着学校的成长而成长,在个人与集体的休戚与共中谱写出了一首首壮丽的育人之歌。而在老师们一番真情的表白中,我们看到了这样一群耕耘者:他们是如此深刻地洞悉了教育内涵、明晰了自身肩负的职责,就像夸父气贯长虹献身逐日,他们每个人都在为实现心中的理想而努力奋斗,为发展而拼搏,为创新而探索。

"苟为千秋故,敢开风气先"。奋斗在景山这片教育热土上的年轻生

探索之路　北京景山学校在"三个面向"指引下的教育改革

命,在学校全方位的育人理念的指引下,在点滴渗透的育人积淀的基础上,必将使得中华民族深厚的文化底蕴、灿烂的人文之光,汇聚成涓涓之河流,从而灌溉每一颗淳朴的心灵,启迪每一个懵懂的少年,绘就新世纪的教育蓝图,放飞民族复兴的希望!

本文作者:陈金明、王丹

(2003年)

中国现代教育的航标

——写在邓小平诞辰100周年及"三个面向"题词20周年之际

刚刚过去的20世纪,是一个难忘的世纪,是东方巨龙由泥沼中跃起、在曙光中腾飞的世纪。新时期的中国,在世纪伟人、改革开放总设计师邓小平同志的正确思想的指导下,初步实现了民主富强、经济繁荣、科技进步、教育振兴,为世界、为世人创造了奇迹,为中华民族的伟大复兴抒写了一卷光辉夺目的华章!

1983年国庆节,邓小平同志为北京景山学校题词"教育要面向现代化,面向世界,面向未来"。"三个面向"不仅是邓小平同志对北京景山学校在新时期坚持搞好教育教学改革的殷切希望,更是他以中国改革开放和现代化建设总设计师的战略眼光,在改革开放之初为我国教育事业的发展指明的方向,它的前瞻性、科学性、预见性使得它在当时和以后的20年里,成为社会主义教育事业改革和发展的战略指导方针。这一理念科学、高度浓缩了邓小平同志的教育思想的精髓,是邓小平理论的重要组成部分和新世纪教育形式创新、崛起的奠基石和指路明灯!

20年过去了,当初的三句话题词在我国教育事业的方方面面产生了巨大而深远的影响,取得了举世瞩目的成就,它的科学内涵和意义越来越被挖掘、深化和拓展。在无数次认识、实践、再认识的过程中,我们深切地

探索之路　北京景山学校在"三个面向"指引下的教育改革

感到"三个面向"这一科学论断内部所蕴涵的生机和活力……

■ "三个面向"正确指导　首都教育日新月异

"三个面向"的题词如同一股温暖的春风吹醒了百废待兴中的首都教育，给它带来了强大的动力。北京景山学校一马当先，在"三个面向"思想的指引下，拉开了教育改革的帷幕。他奋力开拓、努力拼搏、全力进取，在探索现代学校制度、课程教材改革、个性特长教育等方面取得了显著成绩，形成了一整套科学的办学经验，培养了一批又一批德、智、体、美全面发展的高素质毕业生；他在全国中小学中第一个提出并实行"小学、初中九年一贯制"的学制改革试验；在教材改革上一直走在全国的前列，编写的具有先进水平的、适合我国师资条件较好的小学使用的试验教材，多年来在全国24个省市、自治区的500多个教学班中得到使用；课程教学改革实行单元结构的试验；在国内较早建设了教室机房、成立了计算机科研组，并率先在全国中小学开展LOGO语言程序设计教学；1993年以后，学校又率先实现了全校联网，建立了图书馆、专业教室、学校办公等多媒体计算机系统，使用各种现代化的教育手段开展教学；2001年学校更完成了具备国际先进水平的多媒体宽带网，同时建立了景山学校信息资源库；学校有自己的教科所，形成了全校人人有课题、人人参与教改试验、人人边工作边科研的特色风景。在新世纪里，景山学校围绕邓小平同志"三个面向"的教育思想，树立新的、适应知识经济时代的、以学生发展为本，为学生一生发展着想的教育理念，以提高素质教育为宗旨，培养学生创新精神和实践能力为重点，把景山学校办成国际一流的、现代化的科学思想的摇篮，文化艺术的花园，社会正气的堡垒、身心健康的乐园。

"实践是检验真理的唯一标准"。20年来，景山学校在"三个面向"的旗帜下，捧出了丰硕的成果，成为一所推动教育改革与交流的促进学校、一所在国内外有影响的国际化学校。他们以具体的成绩和经验作为最

做实践"三个面向"的探索者

实在、最珍贵的献礼,验证了"三个面向"这一思想的科学性、准确性和前瞻性!

景山学校的教学改革犹如新时期首都教育园地的一支报春花,预告了在深入学习"三个面向"思想后的整个首都教育事业的桃李芳菲、缤纷满园。在最近的20年里,首都教育发展迅速,势头喜人:高等教育正在由大众化向普及化迈进,基础教育继续保持高标准、高水平的发展势头,职业教育和成人教育在调整中进一步发展,社会力量办学进一步规范发展,教育信息化水平不断提高,"数字教育"的雏形正在形成,教育对外开放程度持续提高,教育改革不断深化;教育与经济社会发展的结合更加紧密,对现代化建设的贡献率不断提高,成为北京经济发展新的增长点和社会进步的主要的动力源,以教育现代化促进首都全面现代化已经成为首都现代化的重要特征,为新时代条件下首都教育科学的发展和可持续发展、为首都教育创建知名品牌及率先实现教育现代化奠定了坚实的基础,率先实现教育现代化已经成为首都教育的重要特征。

20多年翻天覆地的变化和巨大成绩证明,"三个面向"的方针是正确的,是符合中国特色社会主义国情的。"三个面向"的光辉思想,集中体现了建设中国特色社会主义的伟大事业对教育提出的客观要求,反映了我国社会主义教育的实际情况和发展趋势,是我国教育现代化事业的根本指导思想。如果没有这一思想的正确指导,首都的教育事业不会有今天这样发展壮大的局面,我们的现代化建设也不会取得今天这样伟大而辉煌的成就。正是因为有了"三个面向"思想的引导,以及在这面大旗下广大教育工作者坚持解放思想、更新换代,实事求是、深化改革,与时俱进、求真务实的精神,才有了今天首都教育的这番局面。这是"三个代表"重要思想的具体体现和深入渗透,也是我们在学习、领会"三个面向"的过程中得出的三条宝贵经验。

跨入新世纪,我国进入全面建设小康社会、加快推进社会主义现代化的新的发展阶段,科技进步日新月异,综合国力竞争日趋激烈。北京市

探索之路　　北京景山学校在"三个面向"指引下的教育改革

提出了要在全国率先基本实现现代化、实现"新北京、新奥运"的宏伟蓝图。面对这种机遇和挑战并存、动力与压力共在的形势，首都教育产生了强烈的责任感和机遇意识，它充分意识到自己在全国教育界的龙头地位和作用，是全国教育整体水平最高地区的优势，主动出击、把握大局、抓住时机，提出要在全国率先基本实现教育现代化，以带动首都建设全局的现代化，并作为国家教育的重要代表队，参与世界教育的合作与竞争，在世界教育格局中赢得一席之地，为国家和民族赢得荣誉和尊严，作出自己的贡献。这是"三个面向"在新的时代条件下的呼应。

■ 抓住发展机遇　深化实践"三个面向"

坚持"三个面向"，关键在于把握"三个面向"的思想精髓，即必须从社会主义初级阶段的基本国情和21世纪现代化建设的总体要求出发，坚持解放思想、实事求是、开拓创新、与时俱进的思想路线，全面、准确地理解教育在社会主义现代化建设初期中的重要地位。教育要面向现代化，就是强调教育要与经济发展和社会全面进步协调发展，要求教育能够全面适应社会主义现代化建设对各类人才培养的需要，提高劳动者素质，培养造就一代又一代"有理想、有道德、有文化、有纪律"的社会主义建设者和接班人；这是对我国教育的总的要求，是教育价值的既定取向，是"三个面向"的核心。邓小平指出，我们要实现现代化，要赶上世界先进水平，关键是科学技术能够上去。发展科学技术，不抓教育不行。他敏锐地指出："我们有个危机，可能发生在教育部门，把整个现代化水平拖住了。""靠空讲不能实现现代化，必须有知识、有人才。"因此，培养高素质人才是"三个面向"的指向所在。教育要面向世界，就是强调教育改革和发展既要立足国情，也要追踪世界前沿，要求教育工作者不断解放思想，抓住机遇开拓创新，而不能因循守旧、丧失机遇，改变与现代教育不相适应的教育思想、教育内容和方法，大胆吸收人类文明的一切成果，

■ 做实践"三个面向"的探索者

积极借鉴世界各国教育发展和改革的有益经验，为我所用。教育要面向未来，就是强调教育发展既要考虑当前，更要着眼长远，要求教育要具有前瞻性，要面向未来的挑战，不断改革教育结构和教育体制，更新课程教材内容、改进教学方法和手段。"三个面向"是实施"科教兴国"战略的重要保证，对于新世纪、新阶段我国科教兴国战略思想具有重要的指导意义，同时也是新世纪中国教育科学发展观的重要依据。

无论是20年前处于改革开放的初期，还是站在新世纪潮头的今天，面对着新时期教育这一份沉甸甸的业绩，我们不能不深切地感受和体会到邓小平同志"三个面向"所具有的强烈的时代特征和深远的战略指导意义，它的科学性、准确性、前瞻性、指导性，促进了首都教育从办学体制到教育理念的一系列深刻变化，也为我们在新的世纪继续推进教育事业的前进奠定了坚实的基础。在新的时代条件下，首都教育要坚持"三个面向"的关键，就是要紧密围绕首都率先实现现代化的大局，加快首都教育发展，积极推进教育创新。

"三个面向"思想是邓小平同志在深刻分析了当今世界的特点和我国的实际情况后提出的，有着极其深刻的内涵和深远的意义。当今世界已经进入了经济全球化、信息现代化、政治多极化、文化多元化的时代，我们的教育事业也必须着眼于世界、未来和现代化，与时代、与世界同步。"三个面向"的精神实质就是要与时俱进，就是要随着世界和我国情况的变化发展而不断创新，就是要跨越式的发展，尽快占领教育与科学的制高点。因此，在新的历史阶段坚持"三个面向"，关键就是要充分认识到教育是发展科学技术和培养人才的基础，在现代化建设中具有先导性、全局性作用，必须摆在优先发展的战略地位；要全民贯彻党的教育方针，坚持教育为社会主义现代化建设服务，为人民服务，与生产劳动和社会实践相结合；要坚持教育创新，深化教育改革，优化教育结构，合理配置教育资源，提高教育质量和管理水平，全面推进素质教育，造就数以亿计的高素质劳动者、数以千万计的专门人才和一大批拔尖创新人才。

探索之路　　北京景山学校在"三个面向"指引下的教育改革

用这一发展的眼光来观照我们目前的教育事业，我们就会发现，尽管它已经取得了举世瞩目的成就，但是也还存在着低水平、不全面、不完善等不足之处。正确、科学地运用"三个面向"的指导意义，能够科学、和谐地解决新时期新阶段中国教育存在的问题。

从全民教育向全民优质教育转变的新的趋势是当今世界各国的共同目标，也是新世纪我国全面建设小康社会的教育追求。优质教育是指高质量的教育。随着义务教育的基本普及，人民对享有接受教育的机会的追求转变为对接受良好教育机会的要求，我国教育总体供给水平、能力不足，特别是优质教育资源严重缺乏的矛盾更加突出。时代在强烈地呼唤优质教育，大力发展优质教育是摆在全体教育工作者面前的重要任务。因此，党的十六大也提出要建设比较完善的现代国民教育体系，形成全民学习、终身学习的学习型社会，促进人的全面发展的目标，这集中体现了对教育的高质量的要求，昭示了我国教育向优质化发展的方向。

而另一方面，为了给人民在社会发展中提供均等机会，教育均衡发展是社会公平的重要体现。尽管发展迅速，但是由于教育发展的非均衡状态，我们还难于实现受教育机会的均等，这样，推动教育均衡发展的问题就和推动教育优质发展同时提到了重要的议事日程上来。而教育的发展既要体现优质，又要体现均衡，这就必须将扩大教育规模与提高教育水平统一起来，就必须最大限度的增加教育投入，加快办学体制多元化的步伐是推动我国教育优质均衡发展的重要途径。应该要根据提供选择而又允许选择的原则，激活学校之间的竞争，推动各类学校向着优质化方向发展。多元化办学格局的形成有利于教育投入、扩大优质教育资源，有利于向公民提供多种选择的机会，有利于形成竞争机制，激发学校的活力，也有利于教育的均衡发展，它应该成为我国教育优质发展与均衡发展相结合的主要方式。

发展优质教育必须以观念创新推动传统教育理念与现代教育理念的承接。在新的时代条件下，传统的智力理论和现代智力理论的冲突，促使我

■ 做实践"三个面向"的探索者

们必须形成具有中国特色的智力理论和优质教育理念，我们必须重视教育理念的承接，决不能简单地以现代教育理论机械地取代传统教育理论。我们应该通过借鉴与开发相结合的探究，形成我国的智力理论体系，实现教育理念的创新，为全民推进优质教育提供坚实的理论支撑。

实现科学精神与人文精神的紧密结合是学校教育落实"三个面向"和"三个代表"重要思想的重大课题。当前科学精神教育与人文精神教育的薄弱与脱节，是基础教育的严重缺陷。经济的发展、社会的进步，不仅需要科学技术的促进，同时需要人文精神的推动，因为实现在市场经济体制下公民道德的重建、人文精神的重振是我们当前的重要任务。人文精神突出对人的尊重，对人格的尊重，同时也突出了对做什么样的人和怎样做人的关注。它与科学精神是互相依存的。教育应该实现科学精神与人文精神的完美结合。课程改革应该高度重视纠正学科教学目标的偏颇，以体现科学精神与人文精神相结合的教学目标对社会发展以及对人的发展的价值。我们必须抓住培养青少年科学精神这一关键环节，培养他们实事求是、勇于探求真理和坚定地捍卫真理，求实精神与创新精神是科学精神的集中体现。当前学校的科学教育不应该局限于科学知识的传承，也不应该局限于科学能力的提升，更应该高度重视以求实精神与创新精神为重点的科学精神的培养。而另一方面，人的发展既是社会发展的一个重要组成部分，也是社会发展的最终目标，而社会的发展又是实现人的发展的途径。在加强科学精神与人文精神教育的过程中，存在着忽视人文和社会科学学科的教育和在这些学科中的人文精神的培养、将科学精神与人文精神的教育割裂开来以及将现代人文精神与传统文化割裂开来的倾向。在全球化进程加快的今天，使学校的人文精神教育充分体现时代精神和民族精神的完美结合，更有其深远的意义。

"三个面向"思想的本质是与时俱进。在日新月异的当今社会，要更好地发扬"三个面向"的精神，就是要适应现代化需要，全民推进素质教育，提高教育质量，建立符合受教育者全面发展规律、激发受教育者创造

探索之路　北京景山学校在"三个面向"指引下的教育改革

性的新型教育教学模式。21世纪是知识经济的时代，是人才竞争的时代。只有坚持"三个面向"思想，实事求是、与时俱进，才能使教育适应现代化建设的需要，科学地解决改革发展过程中的种种矛盾。

■ 在新的时代条件下再放光芒

1985年5月，邓小平同志在全国教育工作会议上，对发展我国教育事业特别是基础教育事业的重大意义，从战略的高度讲过一段很重要的话。他说："我们多次说过，我国的经济，到建国一百周年时，可能接近发达国家的水平。我们这样说，根据之一，就是在这段时间里，我们完全有能力把教育搞上去，提高我国的科学技术水平，培养出数以亿计的各级各类人才。我们国家国力的强弱，经济发展后劲的大小，越来越取决于劳动者的素质，取决于知识分子的数量和质量。一个十亿人口的大国，教育搞上去了，人才资源的巨大优势是任何国家比不了的。有了人才优势，再加上先进的社会主义制度，我们的目标就有把握达到。现在小学一年级的娃娃，经过十几年的学校教育，将成为开创21世纪大业的生力军。"他的这一科学论断是建立在对我国现代化"三步走"战略目标的构想的基础上的。

改革开放之初，根据我国社会主义初级阶段的基本国情，朝着实现国富民强的目标，邓小平同志制定了分"三步走"的战略部署：第一步从1981年到1990年国民生产总值翻一番，解决人民的温饱问题；第二步从1991年到20世纪末，国民生产总值再翻一番，人民生活水平达到小康水平；第三步到21世纪中叶，人均国民生产总值达到中等发达国家水平，人民生活比较富裕，基本实现现代化。现在，我们已经实现了"三步走"的第一步、第二步目标，人民生活总体上达到了小康水平。事实证明，"三个面向"思想与这"三步走"战略目标的构想是一脉相承的，是有着精神上的联系的。"三个面向"思想正是从面向现代化、面向世界、面向未来

■ 做实践"三个面向"的探索者

三个角度，推动了我国教育的大力发展，为"三步走"战略的实现提供了配套的智力支持。在新的时代条件下，党的十六大又对于现代化建设，特别是未来二十年战略机遇期的历史任务作出了新的部署。十六大明确提出："我国正处于并长期处于社会主义初级阶段，现在达到的小康还是低水平的、不全面的、发展很不平衡的小康，人民日益增长的物质文化需要同落后的社会生产之间的矛盾仍然是我国社会的主要矛盾，我国生产力和科技、教育还比较落后，实现工业化和现代化还有很长的路要走"，并把"全民族的思想道德素质、科学文化素质和健康素质明显提高，形成比较完善的现代国民教育体系"、"人民享有接受良好教育的机会，基本普及高中阶段教育，消除文盲。形成全民学习、终身学习的学习型社会，促进人的全面发展"作为"全面建设小康社会"的奋斗目标之一。这一论述深刻地反映出，在新的战略目标中，"三个面向"仍是推动我国教育事业发展的根本指针。

我们党和国家的教育思想始终是连贯的、有序的。实事求是、与时俱进的精神贯穿了这个社会主义教育思想体系，从"三个面向"一直到"三个代表"重要思想，它们是一脉相承、完全一致的。从我们党理论建设的新高度上讲，从改革开放以来的历史进程和世纪之交世界和中国发展变化的新趋势上讲，从党的十六大提出的全面建设小康社会的新任务中，我们再来看邓小平同志在20多年前提出的"三个面向"，更感到它和"三个代表"的内在联系的紧密性、一致性。"三个代表"重要思想继承并发扬了"三个面向"的指示精神，并指出"三个面向"代表了先进文化的前进方向。把"三个代表"思想运用于教育事业，代表先进生产力发展要求就是要确立人力资源是第一战略资源的观念，努力实现教育现代化，最大程度地开发人力资源；代表先进文化的前进方向就是既要继承源远流长、博大精深的中华传统美德，又要面向世界，借鉴和吸纳人类文明的一切优秀成果，使学校培养出来的下一代成为有理想、有道德、有文化、有纪律的四有新人；代表最广大人民的根本利益就是要面向未来，即关注人民群众的

探索之路　　北京景山学校在"三个面向"指引下的教育改革

长远利益,满足人民群众随着经济与社会迅猛发展对高质量、多层次教育的需求。

20年前,邓小平同志高瞻远瞩地为我国教育发展提出了"三个面向"的指导方针,而之后的实践中,我国教育用蓬勃发展的事实证明了这个方针所具有的重大战略指导意义。20年来,包括景山学校在内的首都各级各类学校坚定不移地坚持"三个面向"方针,已经使我们缩小了同世界发达国家在教育发展水平上的差距,使首都教育现代化事业站在了一个新的历史起点上。现在,在伟人的思想指导下,在他所开创的辉煌局面面前,我们除了景仰、追念,更多的是信心、勇气和万丈豪情。我们深信,"三个面向"思想过去是、现在是、将来仍然是指导我国教育事业前进的不二指针,仍然是指引全国广大教育工作者实践和认识的精神法宝,它必将在新的时代条件下、新的发展机遇中,焕发出更加夺目的光彩,取得更加喜人的成就,描绘更加壮阔的图景。"三个面向"思想必将和"三个代表"思想一起,在"三步走"的战略部署下,使我国教育事业走向更加灿烂的明天,使我们全面建设小康社会及中华民族的伟大复兴的目标早日实现。它必将为人类的文明和文化的进步作出其应有的卓越贡献!

今天,我们回首已往、展望未来,以无比激动的心情呈以此文,深切地缅怀中华民族的骄子、中国人民的好儿子——邓小平!

本文作者:陈金明

(2003年)

做实践"三个面向"的探索者

以底蕴引航船，以创新谱新篇

——记北京景山学校校长 范禄燕

三十二载育人路，一曲桃李争艳歌。如果说北京景山学校是一曲大江东去竞风流的豪迈之歌，范禄燕校长则用青春、智慧和爱心为这首歌奉献上了最高亢的音符……

——题记

"教改试验

像园丁的花园

朵朵鲜花争相斗艳

师生并肩追求探索

迎接光辉灿烂的明天……"

伴随着旋律悠扬的校歌，信步走进这座已有49年历史的校园，一进校门，映入眼帘的便是小平同志为这所学校的题词"教育要面向现代化，面向世界，面向未来"，满目灿烂辉煌。这里环境优美、设备一流，这里的校长以深厚底蕴引领航船、以求实创新谱写新篇，这就是全国名校——北京景山学校。

探索之路　　北京景山学校在"三个面向"指引下的教育改革

北京景山学校因教育改革而诞生，依教育改革而生存，随教育改革而发展，专门进行中小学教育教学改革试验，是北京市示范性普通高中，北京市科技教育示范校，中国中学生排球协会主席校，联合国教科文组织亚洲教育革新发展计划的联系中心之一。"校长是学校之魂"，景山人都感谢一位将青春、智慧和爱心奉献给教育事业的校长——联合国教科文组织亚太地区项目联系中心副主任、全国教育硕士专业学位教育指导委员会委员、北京师范大学教育学院兼职硕士导师、中国中学生体育协会排球分会主席、北京市优秀教育工作者、北京市东城区第十二届和十三届人民代表大会代表、教科文卫委员、东城区人民检察院特约监督员，北京景山学校校长范禄燕。

三十二载育人路，一曲桃李争艳歌。他在教育事业上耕耘三十二载，以自身成功的办学实践，向我们展示了一位求实创新的好校长风范。

■ 深厚底蕴——人格魅力聚人心

范禄燕于1977年毕业后被分配到北京景山学校工作，从教师基层扎扎实实做起，历任团委书记、班主任、年级组长、教导处主任、副校长、党总支副书记、书记等职，2001年被任命为景山学校校长。

三十二载育人路，他以深厚底蕴诠释责任。

"作为一个学校的主要负责人，必须要有事业心，必须要有共产党员高尚无私的胸怀，必须具有政治敏感性，必须要有脚踏实地的实干精神，必须要有勇于开拓不怕困难的勇气，具有较强的决策能力和组织协调能力。"他如是说。作为一名基础教育工作者，他视教育为生命。多年来，不仅全身心投入到景山学校的教育教学改革中，更在学制与课程改革、教材的编写、网络数字联盟建立等多方面为中国基础教育躬耕不休。"身为教育工作者，能多为教育做点事，是应该的"，他的笑容谦和，眼神中折射出的责任感令人动容。

做实践"三个面向"的探索者

三十二载育人路,他以不懈追求缔造辉煌。

"教改是景山学校的特色,教改是景山人的性格,教改是景山学校生命力之所在!"他如是说。北京景山学校创办于1960年,它是一所专门进行中小学教育试验的学校。1983年,小平同志为景山学校题词:"教育要面向现代化,面向世界,面向未来。"作为一所教改试验学校的校长,他不仅有敏锐的眼光、深入的思考和求实开拓的创新精神,更身体力行担负起教育改革先行者与科研领导者的责任,带动广大教师进行教育教学改革试验,探索适应时代要求的办学新模式、新方法与新途径。范校长以小平同志"三个面向"教育思想为指针,以"全面发展打基础,发展个性育人才"为办学宗旨,带领景山学校走继承、借鉴、创新之路,在教改的道路上不断探索、不懈追求,朝着辉煌的目标不断奋进。

三十二载育人路,他以人格魅力汇聚人心。

在教育教学改革中,范校长"一切为了学生,为了一切学生,为了学生一切",处处起表率作用,成绩斐然;作为校长,他清正廉洁、作风朴实、顾全大局、平易近人,深受群众拥戴。学生会主席赵罡是学校校刊《高山景行》的负责参与者,他说:"我们常常拿着半成品的校刊请校长提意见。这时,校长总会很耐心地放下手边的工作跟我们探讨校刊的内容、版面的设计、栏目的分类等。校长特别平易近人。"每年学代会上反映出来问题,范校长都会仔细思考,一一给予答复。景山学校从1986年起的每一届文化节、科学节、运动会,他都亲自过问,确定主题,尽管内容形式不同却都蕴涵着一个共同的主旨——"发展个性育人才"。凡此事例,不胜枚举。"范校长特别把同学们的事当事,把教育当成他生命的一件大事,让我们觉得校长把我们放在心上了。"同学们这样评价。

"随风潜入夜,润物细无声。"范校长的深厚底蕴如春风,盎然万物;范校长的人格魅力如化雨,润物无声。在他身后,是干部、教师、学生、家长的人心凝集、干劲汇聚,是校园中一片绮丽的风景。

探索之路　北京景山学校在"三个面向"指引下的教育改革

■ 智慧领航——和谐交响开新篇

工作一处，兴教一方，学校要发展，关键是领航。

范校长在主持景山学校全面工作后，牢牢把握办学方向，提出了富于教育智慧的办学理念："启动现代教育六大工程，实施21世纪办学模式"。"六大工程"即：现代德育工程、现代教材编写试验工程、现代教师队伍培养工程、现代数字校园网络工程、现代校园环境建设工程、面向世界现代学校办学工程。在学校整体发展中，范校长注重多方面的均衡发展：注重教师队伍建设，注重教育科研工作的推进和教改科研试验的全面开展，注重课程教材的建设与改革，注重高中阶段的成才培养，注重体育工作，注重教育面向全国和全世界的沟通与交流。在范校长的智慧领航下，景山学校的教育教学改革不断深化，为学校的跨越式发展奠定了坚实的基础。

教师队伍和谐高效。范校长深知，学校的民主氛围至关重要，于是他充分重视工会、教代会在学校中的作用；干部配备、选拔的标准透明公开，充分参考工会、教代会的意见；发挥工会、教代会的作用，承担起民主治校、科学治校、学校可持续发展的重任。他深知，一支有经验、高水平、懂教育、具有献身教育改革精神的教师队伍至关重要，于是他积极创造条件，为教师的专业发展提供空间，制定有关政策鼓励教师冒尖、著书立说；帮助优秀教师总结经验，出版专著；鼓励优秀教师成长成才。在他的带领下，景山学校已形成了一支优秀的教师团队。据不完全统计，近两年，有11名教师在全国、北京市教师基本功大赛中荣获一等奖；2008年学校教师有43人被评为市、区级骨干教师，占全校教师总人数的20%；30多位教师受到各级政府的表彰；在全国、北京市、东城区各级各类教育科研成果评比中获奖教师为150人次，占全校教师总人数的70%。

科研教学和谐共融。为了推动21世纪教育改革的步伐，范校长在学校

做实践"三个面向"的探索者

提倡科研、教研、课堂教学相结合。充分发挥学校教育科学研究所在教改试验中的作用,专门指导教师以科研带教研,引导教师从传统经验型向现代专家学者型转变,校内形成了人人有课题,人人参与教改试验,人人边科研边工作的特色风景。"十一五"期间,学校独立承担了4项国家级课题子课题、2项北京市级课题、3项东城区级课题,此外有校级课题六大类36项。这些课题涵盖了学校改革的各方面,涉及德育、课程改革、教材建设、教法与学法、评价和学校优质教育资源的配置等,紧紧围绕"全面发展打基础、发展个性育人才"的办学理念展开。这些课题的研究是景山学校坚持和深化教育科研的基础,确保学校的教育教学沿着科学的方向前进。景山学校也连续多年被评为全国、市区级教科研先进校。

"细雨湿衣看不见,闲花落地听无声"。范校长的智慧似闲花落地,在一片宁谧中打动人心,无语感动;范校长的领航如细雨湿衣,在一种氛围中引人奋进,踏实前行。

锐意创新——身体力行促改革

"景山意味着改革,不改革就不是景山",范校长有这样深刻的认识。他坚持以教育理论为指导,以教育教学为试验基础,以教改课题为依据的"三位一体"改革原则,把教育科研、教改试验和教育教学三者紧密结合,锐意创新,身体力行促改革。

"景山学校坚持进行包括学制、教学体系、教材等教育基础领域的试验,耐得住冷遇,耐得住寂寞,耐得住体制困扰,执著地进行探索,不断在探索中前进,这是值得我们提倡和学习的。"国家督学顾问陶西平在"全国百校校长进景山——纪念邓小平'三个面向'题词25周年活动"中这样由衷地评价道。

北京景山学校从1960年创建以来,一直坚持进行结构性的综合整体改革试验,而课程教材建设始终是改革试验的重点和特色。从2000年开始,

探索之路　北京景山学校在"三个面向"指引下的教育改革

在范校长的主持下，学校开始编写21世纪实验教材并进行试验。他认为：教材的改革与试验是团体性的事业，一套教材的成功与推广需要在一定范围、一定数量的学校中进行试验，它需要集体的智慧，需要实践的探索。因此，他积极联系北京、四川、广西、浙江、新疆等十几个省市上百所兄弟试验学校一起参与教材试验。2005年11月，北京景山学校小学语文、数学教材通过国家教育部教材审定委员会审定立项，批准成为新一轮课程改革的第一个试验教材。喜讯传来，大家无不对范校长心生感佩，而范校长的话语犹在耳畔："教材编写虽苦虽累，但功在当代，利在千秋，我们要一心为学生一生的发展着想，为中国教育事业的发展着想，为国家输送更多更好更优秀的人才着想！"

为实现教育资源共享，推进教育均衡发展，在景山教材试验扩大与推广的基础上，范校长又提出"创建网络环境下校际联盟"的设想，由国内致力于基础教育改革的中小学校共同创建，以先进的多媒体技术和网络通信技术为依托，共建共享优质学科课程、校本课程和教育资源的服务型协作组织，从而最大限度整合教育资源，达到共建、共享、协作、融合的目标。这一设想得到了教育部、中央电教馆、北京市教科院、北京市以及东城区教委领导的充分肯定和大力支持，全国许多学校积极响应。2009年4月28日，在北京景山学校召开了"数字景山"网络联盟共建校成立大会暨第一届理事会成立大会，来自全国26个省市的66所中小学成为第一届理事学校，大会一致推选北京景山学校为网络联盟的中心校，范校长为理事长。网络联盟的建立对于探索教育教学资源的建设与应用，促进我国教育事业的和谐均衡发展有着积极的现实意义和深远的历史意义。

范校长关注学生的健康成长，在学生体育工作方面积极创新、身体力行。从2000年开始，他结合改革经验提出：在小学、初中阶段，每周设置体育课程3—4节，比国家建议的课程设置每周多出1—2节。另外，北京景山学校是中国中学生排球分会主席校，会员校132个。每年在北京景山学校的组织下举办各种竞赛和各种培训。2004年在北京举办了第一届全国中

■ 做实践"三个面向"的探索者

学生排球锦标赛，共有116个队参赛，创建国以来中学生单项排球赛参赛之最。2007年7月，又在北京成功举办"迎奥运·景山杯"国际中学生排球邀请赛，共有7个国家派代表队参加；邀请赛期间，范校长还亲自主持了"奥林匹克与学校体育教育研讨会"及"国际中学生奥林匹克论坛"两项重要活动，成果斐然，广受赞誉。由于成绩突出，2008年北京景山学校排球队代表中国参加在意大利举办的国际比赛，荣获第六名。范校长在学生体育工作方面运筹帷幄、把握全局，有力推动了学生排球运动的健康发展，以实际行动在为中国排球事业的发展、为培养更多的体育后备人才做出了突出贡献。

生命之道，大道至简，方成博大；大智无声，方显精华。范校长说"一切只要做起来"，简单、实在、智慧。而行动中的锐意创新赢得的便是尊重。

■ 特色教育——续写时代新篇章

"景山学校要探索一条路子，今后要出人才，尤其是要为培养拔尖科技人才打好基础。景山学校的教育改革很注意中西方文化之间的融合，以中国优秀传统文化为主，汲取西方文化的精华，找到一个结合点，走自己的路。越是要走向世界，越是要扎下中国文化的根"，这是范校长对景山历史使命的认识，更是他一切育人思想的出发点。

2007年9月北京市高中进入新课改。而早在2006年，范校长就为每位高中教师配备了高中新课标，并要求教研组长组织大家学习、研究新课标的教学理念，更新教育观念，探索新的教育模式。范校长每学期要听40节课，边听边做笔记，按课堂教学评价打分，给每一个教研组都提出明确、具体的要求。"范校长要求每位学校行政会领导干部走进课堂听课，了解课堂教学的第一手情况，及时解决课堂教学中出现的一些问题，"化学组特级教师徐伟念说。

探索之路　　北京景山学校在"三个面向"指引下的教育改革

　　景山学校将大众教育与英才教育相结合，用扎实有效的教育教学特色促进学生的全面发展。"走继承、借鉴、融合、创新之路，全面发展打基础，发展个性育人才。"这是范校长坚定不变的办学理念。仅最近三年，北京景山学校就已有21名学生获金、银帆奖，12人获金鹏科技奖，3人获得市长奖，21人在国际竞赛中获得金、银牌，89人在全国竞赛中获奖。2000年学校与北大、清华、人大等十所重点大学签署了校际合作协议，有目的地培养优秀毕业生。每年，景山学校重点大学上线率均在95%以上。从1999年开始，景山学校就开展了较高层次的走进国家重点实验室的研究性学习活动。十余年来，有400多名学生主动申报研究课题，课题涉及生物、医学、计算机、化学等多个学科。60多名学生参加了中国科学院植物研究所、中国协和医科大学基础医学院等20多个国家重点实验室的活动，在刘德培院士、白明教授、何维教授等40多位著名专家学者指导下进行研究活动。在研究性学习的过程中，学生不仅从专家身上学到了科学精神、科研意识，而且丰富了自身知识，拓展了学习视野，提升了科学探究能力。"我走进的不仅是实验室的大门，我开启的是一段旅程，进入的是一个课堂。对我来说，走进实验室不仅仅是一项科技活动，它拉近了我和梦想的距离，使我在科学之路上又向前迈进了一步。"全国青少年科技创新大赛一等奖、市长奖获得者，在北大一年级就被美国耶鲁大学提前录取的景山学校毕业生杨歌的话说出了太多人的心声。

　　在开展国际教育交流方面，范校长落实小平同志"三个面向"中的"面向世界"题词精神，确立"扎根中华，放眼世界，以我为主，融合创新"的对外交流原则，注重与世界各国的交流，请进来，走出去，研究中西教育的最佳结合点，探索有中国特色基础教育办学模式。从1980年以来，学校与美国、法国、奥地利等多个国家建立姊妹校关系，学校师生先后400多人次出访美国、法国、奥地利、日本等20多个国家和地区，参加各种国际教育会议、学术交流、考察学习，以及进行国际中学生之间的各种国际体育比赛。范校长见解独到："通过国际教育交流的窗口，了解各

■ 574

做实践"三个面向"的探索者

国教育、体味各国文化,培养学生的国际化视野、多元文化意识和国际理解精神,为中国与世界教育接轨打下扎实的基础,为世界的发展与和平做贡献。"由于开放办学的特色,这里的学生健康、阳光、乐观、开朗,每名学生都能讲一口流利的英语。基于北京景山学校先进的理念和实践,一些国家的教育部长、专家纷纷到景山学校来交流探讨,并对范校长的国际化视野赞不绝口。

前程似锦百花艳,特色教育谱新篇。在风云际会、鬼斧神工的时代,范校长与时俱进、高瞻远瞩,为一批批学子的似锦前程尽心竭力。

"啊,景山,我可爱的校园;
啊,景山,科学知识的摇篮,
面向现代化,面向世界,面向未来,
勇敢探索,勇敢试验,勇敢向前……"

2009年4月,中山音乐堂灯火辉煌。北京景山学校第23届文化节闭幕式暨北京景山学校与美国牛顿高中联合专场音乐会上,范校长与师生们高唱着这首校歌。一曲歌毕,掌声雷动。轻声问他三十二载育人路的心得,他神采奕奕地答道"尽情投入便是!"

三十二载育人路,一曲桃李争艳歌。如果说北京景山学校是一曲大江东去竞风流的豪迈之歌,范校长则用青春、智慧和爱心为这首歌奉献上了最高亢的音符……

本文作者:刘志江

(2010年)

图书在版编目(CIP)数据

探索之路：北京景山学校在"三个面向"指引下的教育改革/范禄燕著.—北京：商务印书馆，2010
ISBN 978－7－100－07315－8

I.①探… II.①范… III.①中小学—教育改革—经验—北京市 IV.①G639.21

中国版本图书馆CIP数据核字(2010)第149751号

所有权利保留。
未经许可，不得以任何方式使用。

探 索 之 路
——北京景山学校在"三个面向"指引下的教育改革
范禄燕 著

商 务 印 书 馆 出 版
(北京王府井大街36号 邮政编码 100710)
商 务 印 书 馆 发 行
北 京 瑞 古 冠 中 印 刷 厂 印 刷
ISBN 978－7－100－07315－8

2010年12月第1版　　开本787×1092 1/16
2010年12月北京第1次印刷　印张37　插页8
定价：56.00元